MANUEL

DE

DROIT MARITIME INTERNATIONAL

SAINT-DENIS. — IMPRIMERIE CH. LAMBERT, 17, RUE DE PARIS.

MANUEL

DE

DROIT MARITIME

INTERNATIONAL

PAR

F. PERELS

CONSEILLER INTIME D'AMIRAUTÉ ET CONSEILLER RÉFÉRENDAIRE
A L'AMIRAUTÉ IMPÉRIALE A BERLIN

TRADUIT DE L'ALLEMAND ET AUGMENTÉ DE QUELQUES DOCUMENTS
NOUVEAUX

PAR

L. ARENDT

DIRECTEUR AU MINISTÈRE DES AFFAIRES ÉTRANGÈRES DE BELGIQUE

PARIS

LIBRAIRIE GUILLAUMIN et Cie

Éditeurs du *Journal des Économistes*, de la *Collection des principaux Économistes*
du *Dictionnaire de l'Économie politique,*
du *Dictionnaire du Commerce et de la Navigation*, etc.
RUE RICHELIEU, 14.

—

1884

PRÉFACE DU TRADUCTEUR

En entreprenant la traduction du livre de M. Perels, j'ai cru faire chose utile à tous ceux qui, en France et dans les pays de langue latine, prennent intérêt aux questions du droit des gens maritime.

Le mérite de cet ouvrage réside dans son caractère éminemment pratique. Sans négliger les principes, sans se départir d'une méthode d'exposition à la fois logique et succincte, M. Perels ne perd jamais de vue le but qu'il s'est assigné. Il a voulu faire un traité de droit positif, et offrir un guide à ceux que leur profession appelle à s'occuper des choses de la mer. De l'avis de juges compétents, il a réussi. La sûreté des vues, l'abondance des informations appuyées sur les documents officiels les plus récents, dénotent à chaque page le savant et l'homme d'expérience, versé dans l'administration de la marine d'un grand pays.

Anciennement les livres traitant la matière exposaient à peu près exclusivement les conflits que font naître les droits et les devoirs si peu définis, si contestés des belligérants et des neutres sur mer. Bien qu'elles soient devenues plus rares depuis la déclaration de Paris du 16 avril 1856, ces controverses n'ont rien perdu de leur importance, et M. Perels ne les omet pas. Mais les relations pacifiques se développent constamment entre les divers peuples ; elles se compliquent et réclament plus que jamais l'entente des puissances et de nouveaux règlements. La moitié du livre que j'ai traduit leur est consacrée : on lira avec intérêt les chapitres qui traitent de l'étendue de la souveraineté sur les eaux du littoral, de la nationalité des navires, surtout de la situation juridique des bâtiments de guerre et de commerce en dehors des eaux territoriales.

Ce manuel est destiné avant tout aux officiers de la marine allemande. Il nous fait connaître, et ce n'est pas l'un de ses moindres avantages, comment les graves problèmes du droit maritime sont appréciés dans les sphères administratives d'une nation qui compte parmi les plus puissantes du monde. Comme tous les publicistes du droit des gens, l'auteur s'inspire des intérêts de sa patrie et reste fidèle aux idées qui ont cours dans son pays. Certaines appréciations soulèveront peut-être à ce point de vue quelque contradiction. Mais nous ne connaissons pas d'œuvre qui n'y prête; le lecteur, du reste, rendra hommage à l'impartialité et à la modération dont il rencontrera des preuves nombreuses. Les Français remarqueront la haute estime en laquelle est tenu à l'étranger M. T. Ortolan, l'éminent auteur des *Règles internationales et diplomatie de la mer.*

M. Perels a reproduit dans la langue originale toutes

les citations qu'il emprunte aux écrivains ou aux documents officiels français, anglais, italiens. Il m'a paru que cet exemple, imité de plusieurs ouvrages français, notamment de celui de M. T. Ortolan, devait être suivi, au moins en ce qui concerne les citations anglaises. Il n'est personne, en effet, qui puisse se livrer à l'étude du droit des gens sans consulter dans les sources les publicistes, la jurisprudence, les lois de l'Angleterre.

J'ai pensé également qu'il serait utile de compléter le livre par l'addition de quelques documents qui ont vu le jour depuis la publication de la première édition allemande.

L. ARENDT.

Bruxelles, septembre 1883.

PRÉFACE DE L'AUTEUR

———

Le manuel que je présente aujourd'hui au public a été rédigé sur des leçons faites par moi, de 1873 à 1877, à l'Académie impériale de la marine à Kiel. Il doit, pour répondre à son but, servir de guide pratique à ceux que leur profession appelle à s'occuper des choses de la mer.

Les principes qui constituent le droit maritime contemporain, c'est-à-dire postérieur à 1856, se trouvent exposés soit dans les traités généraux du droit des gens, parmi lesquels ceux de Phillimore, de Twiss et de Calvo consacrent à cette partie une place prépondérante, soit dans des ouvrages spéciaux, qui traitent d'une manière approfondie et systématique l'ensemble du sujet, comme Ortolan et Cauchy, ou certaines questions seulement, comme Hautefeuille, Gessner et Bulmerincq[1].

Entre les travaux d'ensemble sur la matière, le livre d'Ortolan, destiné surtout à l'usage des officiers de la ma-

---

[1] Ce dernier dans le Rapport sur les prises maritimes qu'il a présenté à l'Institut de droit international.

rine française, est le seul qui soit exclusivement écrit au point de vue du droit positif[1]. Il ne peut suffire cependant aux Allemands qui doivent connaître les modifications apportées aux coutumes et aux lois internationales par les rapports de l'empire avec les puissances étrangères et par la législation de leur pays, pour autant qu'elle puisse servir de source au droit des gens. Il y a donc là une lacune, et elle se fait sentir davantage à mesure que s'accroît la marine nationale, et qu'elle est appelée sur de nouveaux rivages pour défendre les intérêts et l'honneur du pays, et protéger les droits de nos concitoyens avec l'efficacité et le prestige qui conviennent à une puissance de premier rang.

Je me suis appliqué dans ce manuel à présenter les questions sous le point de vue du droit positif. Il m'a semblé toutefois qu'il ne fallait pas se borner strictement à exposer, dans une forme abstraite, les règles existantes; les tendances récentes vers le progrès et la réforme devaient au moins être mentionnées. Le développement historique est retracé brièvement, chaque fois que cela est indispensable pour faire saisir la portée de principes qui n'ont été complètement reconnus et admis que par le cours du temps. Ceux qui désirent de plus amples lumières sur cet aspect du sujet les trouveront dans les ouvrages de Wheaton, de Hautefeuille et de Cauchy.

Il n'a été possible de formuler en règles précises que les principes sur lesquels les auteurs d'une part, la pratique internationale de l'autre, se trouvaient d'accord. Cette

---

[1] *Règles internationales et diplomatie de la mer.* 2 vol. 4ᵉ édition. **Paris, 1864.**

entente ne se rencontre pas toujours en matière de droit
maritime. Particulièrement les opinions diffèrent, aussi
bien dans la doctrine que dans la pratique, lorsqu'il s'agit
de fixer les droits et les devoirs des neutres. J'ai dû me
borner à indiquer sur ces points les opinions contraires et
à fournir, par une brève critique, les éléments de solution
pour les questions les plus importantes. Puissé-je avoir
contribué ainsi, dans la mesure de mes forces, à dissiper
les obscurités du droit! Ce sont précisément les notions
essentielles du droit de la mer, en matière de blocus et de
contrebande de guerre, qui manquent de netteté et
n'offrent aucune résistance aux efforts qu'on fait pour
dénaturer leur sens vrai. La cause d'une aussi regrettable
incertitude doit être cherchée dans cette circonstance
qu'à défaut d'actes internationaux clairs et formels, les
divers états se laissent entraîner aisément à interpréter
les préceptes douteux ou peu clairs selon les exigences de
leurs intérêts propres. Il arrive fréquemment en outre
que les droits des belligérants ne concordent pas avec les
droits des neutres, et entrent en conflit avec les intérêts
politiques et maritimes de ceux-ci. « C'est, dit excellem-
« ment Cauchy, cet état mixte, où la paix et la guerre se
« promènent pour ainsi dire côte à côte sur le même
« élément, qui fait le difficulté principale du droit des
« gens maritime, et l'embarras de tous ceux qui essaient
« d'en préciser les règles. » La notion d'une neutralité
parfaite est déjà, en elle-même, mal circonscrite et se plie
à toutes sortes d'interprétations, comme l'atteste l'histoire
des dernières guerres. Dans cet ordre de relations internationales, les intérêts politiques, favorisés par les hési-

tations de la jurisprudence, tiennent une place plus grande que partout ailleurs.

Il m'a semblé utile de reproduire dans la langue originale les citations les plus importantes tirées des auteurs anglais et français et de la législation des deux pays. Le lecteur se trouvera ainsi mieux en mesure d'apprécier leur valeur; et j'ai cru que le but de mon livre se trouverai par là plus complètement atteint.

F. PERELS.

Berlin, novembre 1881.

INTRODUCTION

§ 1. — Notion et limites de la matière.

I. On comprend sous le nom de droit maritime l'ensemble des règles juridiques concernant les relations maritimes. Ces règles appartiennent en partie au droit privé, en partie au droit public interne, en partie au droit des gens. Les dernières constituent le *droit maritime public international* : ce sont les principes servant de règles juridiques pour les relations internationales qui se font par la mer et qui sont en dehors de la sphère du droit privé. Ces relations revêtent un caractère particulier en temps de guerre ; elles sont régies par une série de maximes qui se sont établies successivement et déterminent dans le domaine maritime les rapports juridiques des belligérants entre eux, et des belligérants avec les nations qui ne prennent point part au conflit. De là résulte la division de la matière en droit international maritime dans l'état de guerre et droit international maritime dans l'état de paix.

Les termes de *droit des gens maritime* ou *de la mer* ont la même signification que ceux de *droit maritime public international*.

Bien que le droit *international* public de la mer constitue
l'objet propre de notre étude, on ne pourrait, sans nuire à la
valeur pratique de ce manuel, le séparer rigoureusement du
droit maritime *public* de chaque état en particulier, avec lequel
comme nous le verrons, la matière que nous traitons a de
nombreuses affinités.

II. Le droit maritime international public, comme le reste
du droit des gens, n'étend pas son empire dans le monde entier. La création d'une législation universelle n'est d'ailleurs
pas possible, aussi longtemps que tous les peuples de la terre
ne se seront pas élevés au niveau des états civilisés ; même
parmi ces derniers, la variété des religions et les diverses
conceptions qui en résultent relativement aux droits des nations et des individus s'opposent à l'établissement d'une législation unique.

Le droit des gens moderne s'est développé au sein des nations chrétiennes de l'Europe, et des états de l'Amérique,
organisés sur le modèle de ceux d'Europe et où dominent les
races européennes. Son domaine n'a pas dépassé ces limites
jusqu'à une époque récente, mais il s'est notablement étendu
depuis le milieu de ce siècle, et tout d'abord à la suite du
traité du Paris du 30 mars 1856, en vertu duquel la Turquie
a été admise dans la communauté juridique internationale.
L'article 7 de ce traité est ainsi conçu : « Sa Majesté l'empe-
« reur des Français, Sa Majesté l'empereur d'Autriche, Sa
« Majesté la reine du Royaume-Uni de Grande-Bretagne et
« d'Irlande, Sa Majesté le roi de Prusse, Sa Majesté l'empereur
« de toutes les Russies et Sa Majesté le roi de Sardaigne dé-
« clarent la Sublime Porte admise à participer aux avantages
« du droit public et du concert européen. »

En renonçant à fermer leurs frontières à tout trafic intérieur
et extérieur, les grands états civilisés de l'Asie orientale, le
Japon et la Chine, ont dû régler pratiquement leurs relations
internationales nouvelles, et ils ont adopté en conséquence
une notable partie du droit des gens, qui jusqu'alors était
reconnu obligatoire entre les nations chrétiennes seulement.

En outre, plusieurs peuplades de l'Asie, de l'Afrique, et des îles de la Polynésie tendent à entrer dans la communauté juridique internationale, à la suite de la conclusion de traités d'amitié et de commerce avec les puissances maritimes de l'Europe et de l'Amérique, et de l'organisation d'une représentation consulaire permanente qui a été le résultat de ces traités.

Pour répondre aux exigences de la civilisation et la developper autant que possible, les états européens et ceux qui sont organisés sur leur modèle ont le devoir d'appliquer les règles générales du droit des gens dans leurs rapports avec les races non civilisées, pour autant qu'une dérogation ne s'impose pas impérieusement. Toutefois, et même dans ces derniers temps, des opinions divergentes se sont fait jour à cet égard.

§ 2. — Des sources du droit international en général.

Les relations des divers peuples, en se multipliant, donnèrent successivement naissance à des idées nouvelles; certaines règles s'établirent; la nécessité de ces règles devint bientôt de plus en plus évidente. Telle est l'origine du droit international. On ne peut, en effet, concevoir des rapports internationaux réguliers sans qu'il y ait une entente formellement exprimée sur ce qui constitue le droit; de même, l'existence des membres d'un état ne peut être assurée sans un ordre juridique commun à tous et obligatoire pour tous; il est aussi indispensable dans les rapports des peuples, que dans la vie nationale de chacun d'eux. La conscience d'une loi morale supérieure, dominant ces rapports, se manifesta ensuite lorsque la civilisation eût progressé, et s'affirma surtout lorsque l'esprit du christianisme eût fait disparaître ou tout au moins combattu l'égoïsme et l'isolement qui régnaient auparavant dans la vie privée comme dans la vie publique.

La raison et la morale sont donc les éléments essentiels d'où sortit l'ordre juridique international. Quant aux principes qui le constituent, ils se sont peu à peu dégagés et développés, puis ils ont été formulés en règles précises, les uns à la suite d'une longue application, qui leur a donné le caractère de *coutumes*, plusieurs autres à la suite de l'entente expresse établie entre divers états, d'autres enfin, et c'est le plus grand nombre, grâce aux travaux de la science.

Dans chaque pays, le droit positif se forme de la même manière au moyen de la coutume, des lois, de la doctrine ; il est interprété et appliqué aux cas particuliers par le pouvoir judiciaire et le pouvoir administratif. Mais les états, étant indépendants les uns des autres, ne possèdent ni un pouvoir législatif commun, ni une autorité judiciaire ou administrative qui leur soit supérieure. L'application des principes du droit des gens aux relations internationales n'est assuré que par la volonté, conforme à la raison, de chaque état. Si l'un d'eux refuse de les reconnaître et de les observer, il n'y a d'autre moyen de l'y contraindre que l'emploi de la force par celui ou ceux qui se sentent blessés dans leurs intérêts, et qui ont ou croient avoir la puissance de faire triompher leur cause par la voie de la coaction.

II. Les sources du droit des gens peuvent être divisées ainsi qu'il suit :

1. Les coutumes internationales, qui, dans cette partie du droit, constituent la source la plus ancienne et en même temps la plus importante.

2. La volonté des nations affirmant leur accord dans les traités. Si les états contractants sont nombreux et puissants, les stipulations qu'ils ont arrêtées perdent le caractère de conventions particulières, et les autres états se voient contraints de les accepter expressément ou tacitement. La convention de Genève du 22 avril 1864, concernant l'adoucissement du sort des militaires blessés en campagne, en est la preuve frappante ; originairement conclue entre douze états, elle est aujourd'hui acceptée formellement, en dehors de l'Allemagne, par les états suivants : la Belgique, la Bolivie, le Chili, le Danemark, la France, la Grèce, la Grande-Bretagne, l'Italie, les Pays-Bas,

l'Autriche, le Pérou, le Portugal, la Roumanie, la Russie, la Suède et la Norwège, la Turquie, les États-Unis d'Amérique[1].

Mais les traités conclus entre deux états seulement, qui, à la rigueur, ne sont obligatoires que pour les parties contractantes et ne créent pas un droit des gens général, constituent une source précieuse d'information pour autant qu'ils se basent sur des principes reconnus, leur donnent une formule, interprètent les règles douteuses, ou même les modifient. Ils prennent en outre le caractère d'une source du droit des gens positif et général, à mesure que des traités semblables sont conclus en plus grand nombre par les diverses nations. Tels sont notamment les traités d'extradition, de commerce et de navigation, et les conventions consulaires.

3. Les lois, les ordonnances, les règlements, etc., édictés par les divers états en matière de droit des gens et pour autant qu'ils reposent sur des principes établis et reconnus. On peut citer, par exemple, les *Instructions for the government of armies of the united States in the field*, première codification du droit de la guerre sur terre, rédigée en 1863, par le professeur Franz Lieber de New-York, et adoptée par le président Lincoln, après avoir été examinée par une commission militaire. Ce sont des instructions détaillées en 157 articles, au sujet desquelles Bluntschli dit : « Comme d'un bout à l'autre elles contiennent des règles géné-« rales, relatives au droit international dans son ensemble, et « qu'en outre la forme en laquelle elles sont exprimées est en « corrélation avec les idées actuelles de l'humanité et la manière « de faire la guerre chez les peuples civilisés, leurs effets s'éten-« dront certainement bien au delà des frontières des États-« Unis; elles contribueront puissamment à fixer les principes « du droit de la guerre. »

4. Les décisions des tribunaux d'arbitrage international, dont l'autorité se fonde sur une convention préalable, et bien qu'elles ne s'appliquent qu'au seul cas qu'elles doivent juger. On ne peut pas davantage refuser le caractère d'une source

[1] Voir l'annexe K, et l'ouvrage intitulé: *La Convention de Genève*, par Luder.

d'information aux jugements impartiaux des tribunaux nationaux, rendus en matière de droit des gens; mais on va trop
loin, lorsqu'on prétend qu'une série de décisions uniformes du
tribunal suprême d'un pays peut créer des principes du droit
des gens ou trancher des controverses d'une manière obligatoire pour tous.

5. Les consultations d'autorités impartiales, données sur des
questions ou des cas spéciaux de droit des gens, ont le même
caractère; la casuistique est, en effet, d'une importance considérable précisément dans cette partie de la jurisprudence.

6. L'histoire des relations internationales et des traités. On
peut y comprendre, entre autres, le *Projet d'une déclaration internationale concernant les lois et coutumes de la guerre*, en 56 articles, formulé par le congrès international réuni à Bruxelles en
1874 sur l'initiative de la Russie, ainsi que les négociations
préliminaires et les protocoles des séances. Le congrès a apporté des modifications essentielles au projet présenté par la
Russie. Il n'y a pas eu de ratifications. Si la Déclaration n'a pas
une valeur d'autorité, elle n'offre pas moins des matériaux
importants pour connaître les opinions qui ont cours sur le
droit moderne de la guerre. Le droit de la guerre maritime
en a été exclu.

7. La science proprement dite; dans ce domaine, sauf quelques ouvrages traitant des matières spéciales, elle n'a commencé à se développer qu'à partir du xviie siècle. Son autorité s'affirme notamment, lorsqu'un certain nombre de publicistes éminents de diverses nations sont unanimes sur les
principes du droit des gens, et que cet accord est constaté ou
par les écrits de chacun d'eux, ou par des résolutions prises
en commun. Mais, d'autre part, il ne faut pas méconnaître la
haute valeur des œuvres individuelles et impartiales dans lesquelles les règles du droit international sont exposées, motivées
et expliquées; c'est le témoignage le plus important que l'on
puisse avoir sur les opinions et les usages des diverses nations
dans leurs rapports réciproques, et par conséquent sur le droit
qui est réellement en vigueur. La doctrine contemporaine

cherche parfois en s'unissant aux hommes d'action, à exercer son influence de deux manières, soit par des travaux de codification qui élaborent des définitions précises, soit en formulant des projets de réforme du droit des gens. Il y a deux associations qui travaillent avec une grande activité sur ce terrain, l'*Association for the reform and codification of the law of nations*, et l'*Institut de droit international*, dont les statuts établissent dans leur article 1er ce qui suit :

« L'Institut de droit international est une association exclusivement scientifique et sans caractère officiel. Il a pour but :

« 1° De favoriser le progrès du droit international, en s'efforçant de devenir l'organe de la conscience juridique du monde civilisé ;

« 2° De formuler les principes généraux de la science, ainsi que les règles qui en dérivent, et d'en répandre la connaissance ;

« 3° De donner son concours à toute tentative sérieuse de codification graduelle et progressive du droit international ;

« 4° De poursuivre la consécration officielle des principes qui auront été reconnus comme étant en harmonie avec les besoins des sociétés modernes ;

« 5° De travailler, dans les limites de sa compétence, soit au maintien de la paix, soit à l'observation des lois de la guerre ;

« 6° D'examiner les difficultés qui viendraient à se produire dans l'interprétation du droit, et d'émettre, au besoin, des avis juridiques motivés dans les cas douteux ou controversés ;

« 7° De contribuer par des publications, par l'enseignement public et par tous les autres moyens, au triomphe des principes de justice et d'humanité qui doivent régir les relations des peuples entre eux. »

III. Le droit international maritime étant une partie du droit des gens général, les sources de celui-ci lui sont communes.

§ 3. — Des sources spéciales du droit maritime.

I. *Les livres juridiques du moyen âge.* — L'origine du droit maritime positif doit être cherchée dans les principes qui se

sont établis en Europe au moyen âge, à l'époque de la prospé-
rité du commerce maritime, et qui ont été admis ou bien par
tous les peuples qui usaient de la navigation, ou bien par le
plus grand nombre d'entre eux. Parmi les règles du droit maritime des temps antérieurs, les lois rhodiennes n'ont aucune
importance pour le droit international ; mais l'on ne peut refuser
quelque valeur historique, même pour la science actuelle,
aux principes concernant notre matière qui se trouvent con-
signés dans les codes de Justinien.

Les livres juridiques élaborés à partir du xiie siècle ne sont
pas des codes de lois, mais de simples résumés du droit maritime en vigueur. Bientôt après avoir été publiés, ils acquirent
au loin une grande autorité. On les considéra comme l'expression du droit coutumier de l'époque dans le vaste domaine de
la navigation maritime, et à ce point de vue ils ont encore aujourd'hui force de loi, particulièrement en ce qui concerne le
droit commercial. Ils touchent à tous les points de la législation de la mer, et le droit public interne contemporain reproduit encore parfois, en les modifiant suivant les besoins du
temps, certaines dispositions de ces lois anciennes. Elles
n'offrent cependant que peu d'éléments pour le droit maritime
international, ce qui ne doit pas nous étonner, car, à cette
époque reculée, on ne s'était pas encore rendu compte de l'utilité et de l'importance qu'offrirait un ensemble de règles juridiques pour cet ordre de relations.

L'accord qui se rencontre souvent entre les principes exposés dans les divers livres de cette espèce s'explique par le caractère universel de la navigation maritime. Il y a particulièrement trois régions qui virent naître ces œuvres de législation.

A. — La Méditerranée.

Depuis les temps les plus reculés jusqu'à la découverte de
l'Amérique, la Méditerranée a été le centre du mouvement maritime. Les règles juridiques adoptées par les états riverains furent
réunies dans le *Consolato del mare*. Il y a doute sur le temps

où ce recueil a vu le jour; ce fut probablement au XIIIe ou au XIVe siècle. Il est écrit en langue catalane; on l'appelait primitivement « la loi de Barcelone ». Le nom de *Consolato* se trouve pour la première fois au XVe siècle; on l'explique parce que les consuls regardaient ce recueil comme constituant le droit coutumier en vigueur. Nous manquons de renseignements précis sur son origine; on admet généralement qu'il a été publié d'abord à Barcelone, d'autres disent à Marseille. La première édition imprimée date de l'année 1494 (à Barcelone). Cet ouvrage très étendu a, pour le droit maritime moderne, une valeur qui n'est pas moindre que celle des livres de Justinien pour notre législation civile; même dans les états qui possèdent un code maritime, la doctrine aussi bien que la jurisprudence invoquent l'autorité de ces règles comme droit subsidiaire et les emploient fréquemment pour interpréter les principes admis aujourd'hui.

B. — L'Océan Atlantique.

Les *Rooles d'Oléron*, compilation en vieux dialecte français, ont été publiés probablement vers l'an 1100. Les origines de ce recueil sont d'ailleurs assez obscures. Il ne contient pas le droit maritime de l'île d'Oléron, mais celui des ports français de l'Ouest, et il a servi de base au droit maritime actuel de la France et de l'Angleterre; son autorité, comme source d'information, dépasse de loin les limites des régions où il constituait le droit coutumier en vigueur.

Le droit maritime de Damme ou de Westcapelle n'est qu'une traduction littérale, pour les Pays-Bas, des vingt-quatre premiers articles des Rooles d'Oléron.

C. — La mer du Nord et la mer Baltique.

Le droit maritime allemand et scandinave se base sur une œuvre privée, appelée *Seerecht von Wisby*, et écrite en dialecte bas-saxon, ce qui s'explique parce que dans la seconde moitié du XIVe siècle, époque où ce livre a été vraisemblablement rédigé à Wisby en Gotland, les villes de la Hanse allemande avaient dans le commerce maritime la prépondérance.

II. Déjà depuis la fin du moyen âge, nous trouvons, notamment en Allemagne, un grand nombre de *codes* de droit maritime. Mais les rapports *internationaux* y occupent une place moindre encore que dans les livres que nous venons de citer. L'*ordonnance de la marine* de 1681, publiée en France, fait exception. Elle est tirée en partie du *Guidon de la mer* qui remonte à la seconde moitié du xvie siècle. C'est un traité complet, de la plus haute valeur, comprenant le droit maritime tout entier, et qui, en France, est encore invoqué subsidiairement à titre de loi; ses dispositions ont, sur bien des points, été conservées par les lois postérieures. Il est divisé en cinq livres qui traitent les matières suivantes : 1º des officiers de l'amirauté et de leur juridiction; 2º des gens et des bâtiments de mer; 3º des contrats maritimes; 4º de la police des ports, côtes, rades et rivages de la mer; 5º de la pêche qui se fait en mer.

III. Les traités et autres actes internationaux qui concernent les rapports maritimes forment également une source d'information fort importante pour notre sujet. Ce sont surtout les traités de commerce et de navigation, ceux concernant la pêche, les conventions consulaires. Dans les traités récents de commerce et de navigation, les stipulations portent d'ordinaire sur les points suivants : admission réciproque des navires de commerce et de guerre dans les ports des parties contractantes; droit d'asile dans certains cas, particulièrement en cas de danger en mer; traitement des navires des deux parties conformément à celui de la nation la plus favorisée; commerce du cabotage, qui, en règle générale, est refusé aux navires de l'autre partie; reconnaissance de la nationalité des navires d'après les règles de la législation du pays dont ils portent le pavillon; valeur des papiers du bord, en ce qui concerne la preuve de la nationalité et de la capacité du navire; dispositions relatives à l'entrée et à la sortie, aux taxes, aux frais de tonnage, de port, de pilotage, de chargement et de déchargement; à la juridiction et à la police de l'équipage ; aux secours en cas de naufrage et d'échouement ; à l'embargo et l'angarie ; aux rapports avec les navires de guerre ; à l'extradition des marins déserteurs des navires marchands et des navires de guerre ; au cérémonial ; aux règles à suivre entre les parties contractantes dans le cas de guerre entre l'une de ces parties avec une tierce puissance, surtout en matière de prises, de blocus, de contrebande de guerre.

Les conventions consulaires et les traités de commerce et de navigation, actuellement en vigueur en Allemagne, sont contenus dans le recueil intitulé : *Deutche consular Vertraege (Conventions consulaires allemandes, réimpression des conventions ayant actuellement force obligatoire, concernant les attributions des consuls, et conclues avec des états étrangers par l'empire allemand, la Confédération de l'Allemagne du Nord, le Zoll et Handelsverein et les états particuliers de la Confédération germanique. Berlin,* 1878.) Ce recueil contient les traités d'amitié, de commerce et de navigation et les conventions consulaires spéciales conclues avec la république Argentine, l'Autriche-Hongrie, la Belgique, le Chili, la Chine, la Colombie, le Costa-Rica, le Danemark, la république Dominicaine, la France, la Grèce, la Grande-Bretagne et l'Irlande, le Guatémala, l'Italie, le Japon, le Liberia, le Mexique, les Pays-Bas, la Perse, le Portugal, la Russie, le Salvador, la Suède et Norwège, Siam, l'Espagne, le Tonga, la Turquie, les États-Unis d'Amérique et le Zanzibar. — Il faut y ajouter les traités d'amitié avec les îles Hawaïennes du 25 mars/19 septembre 1879 (*R. G. Bl.*, 1880, p. 121 et suiv.), avec Samoa du 24 janvier 1879 (*R. G. Bl.*, 1881, p. 29 et suiv.), ensuite la convention commerciale avec la Roumanie du 14 novembre 1877 (*R. G. Bl.*, 1881, pages 199 et suiv.).

Le commandant de l'*Ariadne*, suivant l'exemple d'autres nations, a négocié pour l'Allemagne, dans l'année 1878, quelques traités avec divers groupes d'îles de la mer du Sud, en concluant les accords nécessaires avec les chefs de ces îles, notamment le 12 novembre 1878, le roi Jacopo de Funafuti dans les Iles-Ellice, et le 29 du même mois, avec les chefs suprêmes de Jaluit et du groupe des îles Ralick (dans les îles Marschal) [1].

Il faut aussi mentionner le protocole réglant les rapports de commerce et de navigation dans l'archipel Sulu, arrêté entre les plénipotentaires de l'Allemagne, de l'Espagne et de la Grande-Bretagne, le 23 mai 1877 [2].

Sont encore de grande importance, les accords qui sont intervenus à diverses époques entre plusieurs puissances maritimes, et leurs déclarations collectives sur des questions maritimes.

Il faut y comprendre notamment :

1. Les déclarations concernant les droits des neutres en temps de guerre, connues sous le nom de *Déclarations de la neutralité armée*, qui ont été formulées sur l'initiative de la Russie en 1780 et en 1800, puis acceptées par un grand nombre d'autres états [3].

2. La déclaration de Paris du 16 avril 1856, concernant le droit maritime en temps de guerre, qui fut arrêtée à l'occasion du congrès de paix de Paris entre les puissances contractantes (la Grande-Bretagne, la France, l'Italie, la Russie, la Turquie, la Prusse et l'Autriche) et acceptée ensuite par toutes les puissances maritimes, à l'exception de l'Espagne, des États-Unis d'Amérique et du Mexique (annexe H). La déclaration reproduit en partie les principes établis déjà en l'année 1780, par les puissances du Nord.

3. La convention de Londres du 13 juillet 1841, entre la Prusse, l'Autriche, la Russie, la France, la Grande-Bretagne et la Porte, concernant la fermeture des Dardanelles et du Bosphore pour les navires de guerre de toutes les nations, maintenue et modifiée successivement par l'article 10 du traité de paix de Paris du 30 mars 1856 et par le traité de Londres du 13 mars 1871.

---

[1] Voir Documents du Parlement allemand, 1879, n° 239.

[2] *Central Blatt* pour l'empire allemand, 1877, n° 20; voir aussi *Marine-Verordnung-Blatt*, p. 74.

[3] Sur la première, voir *de Cussy*, t. II, pp. 34 et suiv ; sur la seconde, le même, pp. 191 et suiv. On s'occupera plus tard en détail de ces deux déclarations.

4. Le traité de Londres du 20 décembre 1841 conclu entre les cinq grandes puissances de l'Europe (mais non ratifié par la France), pour la répression de la traite des nègres ; en vertu d'un accord en date du 29 mars 1879, l'empire allemand a été substitué à la Prusse (annexes B et C).

5. Les articles additionnels à la convention conclue à Genève en 1864, pour l'adoucissement du sort des militaires blessés en campagne, ils portent la date du 20 octobre 1868. Les articles 6 à 13 règlent ce qui concerne la guerre maritime. (V. annexe K, et le § 37, VII.)

IV. Les lois, règlements, ordonnances, instructions, etc., rendus par les différents états et dans lesquels se rencontrent des règles touchant le droit maritime, fournissent de nombreux éléments propres à fixer le droit maritime international positif. Il a déjà été fait mention de l'ordonnance de la marine de Louis XIV de 1681. Il faut signaler, en outre, les règlements relatifs à la course, aux prises, au blocus, les législations consulaires, les déclarations de neutralité, et parmi les lois anglaises et américaines particulièrement les *Foreign Enlistment Acts*. Tous les actes de cette espèce ont une valeur très grande pour constater les principes admis, mais il faut que les mêmes principes soient proclamés partout [1] ; ils revêtent dans ce cas le caractère d'*autorité* dans les rapports réciproques des états. Ce caractère se rencontre notamment dans les ordonnances des divers états qui ont pour but d'éviter les collisions des navires sur mer. Le règlement anglais de 1862 a servi de modèle à tous les autres, de sorte que, sans qu'il y ait un acte formel constatant l'entente internationale, ces lois contiennent partout les mêmes dispositions.

V. Les jugements rendus dans le domaine du droit maritime international, spécialement en matière de prises, bien que souvent leur autorité soit exagérée, notamment par les publicistes et les praticiens anglais et américains [2].

---

[1] When the institutes of great maritime countries agree upon a question of international maritime Law, they constitute a tribunal from which there can rarely, if ever, be any appeal. Phillimore, I, § 56.

[2] Entre autres par Vernon Harcourt (Historicus). Dans des conférences faites

Les tribunaux de prises ne sont pas des cours internationales ; il est vrai qu'ils doivent observer dans leurs arrêts le droit des gens ; mais ils ont coutume, en jugeant les causes maritimes, d'appliquer les lois et règlements de leur propre nation, pour autant que les traités internationaux ne leur imposent pas des règles particulières. Rien ne garantit la conformité des unes et des autres ; de plus, l'élasticité de la plupart des principes du droit de la guerre maritime favorise la partialité des cours nationales.

Ce n'est pas sans raison que Bulmerincq[1] dit : « Nous possé- « dons de nombreuses décisions des tribunaux de prises ; mais « jusqu'à présent celles-ci ont rarement servi à faire un droit « généralement en vigueur, parce qu'elles se basent trop sur « un point de vue national, et sont inspirées par des intérêts « nationaux,..... la conformité des décisions anglaises et améri- « caines a peu d'importance internationale, puisque les tribu- « naux américains, de l'aveu même des Anglais et des Améri- « cains, appliquent souvent, sinon presque toujours, le droit an- « glais. » Heffter[2] remarque de même que « quelle que soit l'au- « torité du tribunal d'un pays en particulier, ce qu'il a adopté « ne saurait, sans autre formalité, constituer un principe de « droit des gens. » (Voir aussi, plus haut, § 2, II. 4.) Les sa- vants arrêts de Sir William Scott (lord Stowell) et de Story, juge des prises aux États-Unis, offrent toutefois des matériaux pré- cieux pour fixer le droit international en cette matière.

VI. A plus forte raison, ce que nous venons de dire s'appli- que aux doctrines contenues dans les écrits des publicistes

aux séances du Royal united Service Institution, les 9 et 30 juin 1865, sur les droits et les devoirs des neutres en temps de guerre (traduites en français dans la *Revue maritime et coloniale*, t. XIX, p. 499 et suiv., et t. XX, p. 425 et suiv.), il affirme que de semblables décisions doivent être considérées comme la source la plus importante du droit international maritime, et il trouve étrange que les publicistes du continent ne tiennent pas davantage compte de leur autorité (spé- cialement en ce qui concerne les décisions des tribunaux de prises anglais et américains). Il explique ceci par la circonstance que la langue anglaise n'est pas familière à la plupart de ces publicistes (1).

[1] Pages 214, 215.
[2] § 8 ; Voir aussi Calvo, I, § 32, et Cauchy, II, p. 147 et suiv.

impartiaux, dont les ouvrages traitent soit du droit des gens
en général, soit du droit international maritime, soit des matières spéciales.

VII. Il faut ajouter comme source accessoire les recueils
de documents et les répertoires des causes les plus remar-
quables.

PREMIÈRE PARTIE

DROIT MARITIME DANS L'ÉTAT DE PAIX

SECTION PREMIÈRE

DE LA SOUVERAINETÉ DE LA MER

§ 4. — De la liberté de la mer.

I. Dans l'antiquité, il s'est trouvé quelques nations qui, à l'apogée de leur puissance, revendiquèrent un droit exclusif à la navigation de certaines mers. Cependant le droit romain range en principe la mer parmi les choses qui, en vertu du droit naturel, sont communes à tous [1]. L'idée d'un droit de haut domaine ou de propriété sur la mer se rencontre d'abord au moyen âge, lorsqu'on attribuait à l'empereur romain, comme au maître du monde, la domination sur l'Océan tout entier. Le droit des gens moderne proclame en règle générale la liberté absolue de la mer. On a vu surgir toutefois, encore à des époques récentes, des prétentions, isolées à la vérité, qui n'étaient point en harmonie avec ce principe. Pour comprendre combien elles sont peu fondées, il est utile de jeter un coup d'œil rapide sur les périodes de l'histoire durant lesquelles on a revendiqué, à différentes reprises, des droits de souveraineté sur certaines parties de la mer.

[1] Notamment L. 2, § 1. D. *de div. rer.* : Et quidem naturale jure omnium communia sunt illa : aër, aqua profluens et mare, et per hoc litora maris.

2

II. Au commencement de l'ère des grandes découvertes
opérées par la voie de la mer, l'intervention de la cour romaine exerça une profonde influence. Une bulle du pape
Alexandre VI, donnée en 1493, conféra aux couronnes unies
de Castille et d'Aragon la souveraineté de tous les territoires
et îles nouvellement découverts par Christophe Colomb; et
une autre bulle de la même année attribua aux mêmes couronnes toutes les régions et les îles nouvellement découvertes,
ou à découvrir dans l'avenir, à l'ouest d'un méridien passant
par les îles du Cap-Vert, tandis que les terres situées à l'est de
ce méridien étaient attribuées à la couronne de Lusitanie (Portugal). Pendant longtemps les deux royaumes ont fondé sur ce
partage leurs *prétentions exclusives à découvrir et à acquérir*
des contrées et des mers; le Portugal particulièrement, a
prétendu en déduire le monopole du commerce sur les côtes
d'Afrique et des Indes orientales [1].

II. Les prétentions des états ibériques n'empêchèrent point
d'autres nations de réclamer à leur tour la souveraineté de
certaines mers, de faire des découvertes, d'en prendre possession, et même d'obtenir une reconnaissance internationale
de ces prétendus droits, arrachée souvent, il est vrai, par la
force [2].

Il faut citer surtout les états de la Méditerranée, la Hollande,
les puissances scandinaves et l'Angleterre. Il en résulta natu-
turellement des querelles, des conflits et des guerres. Sur un
seul point, il y avait entente unanime : c'est dans l'oubli com-

---

L. 3, § 7. D. *de injuriis*»: Et quidem mare commune omnium est et litora sicuti
aër. — Certaines parties de la mer pouvaient seules, au moyen de limites maté-
rielles, devenir l'objet de la propriété privée pendant la durée de leur possession.
Voir de plus amples détails dans Cauchy, I, p. 175 et suiv.

[1] Les bulles pontificales donnaient le titre juridique pour les découvertes; quant
au mode d'acquisition, il ne causait guère de difficultés. Ainsi Bilbao parcourut en
1615 l'isthme de Panama, découvrit la mer du Sud, et il proclama la prise de possession au nom de la couronne d'Espagne, en entrant jusqu'aux genoux dans les
flots, tenant d'une main une épée, et de l'autre un drapeau avec l'image de la
Sainte-Vierge.

[2] Azuni, I, p. 22 et suiv., donne, entre autres, les dates avec des détails historiques. *Voir* aussi Nau, §§ 87 et suiv., où l'on trouve la littérature du sujet.

plet des droits des peuples habitant les territoires nouvellement découverts.

a) Les états de la Méditerranée.

La Turquie s'arrogea la souveraineté de toutes les mers
baignant ses possessions, en particulier de la mer Noire (voir
aussi § 5, vi). Gênes prétendit à la domination de la mer de
Ligurie ; Venise, à celle de l'Adriatique en s'engageant à protéger le commerce maritime contre les Sarrasins et contre les
pirates.

b) Les puissances scandinaves.

Déjà en 1432, Eric, roi de Danemark et de Norwège, déclara
au roi d'Angleterre que jamais il n'avait été permis à personne
de faire le commerce ou la pêche dans les mers norwégiennes,
sans une autorisation spéciale du Roi. Dans la suite, ce privilège fut accordé aux sujets anglais par plusieurs traités, qui
furent tantôt observés, tantôt proclamés de nul effet. Il s'agissait du territoire maritime qui environne l'Islande et de la
pêche de la baleine, qui était très fructueuse. De nombreux traités prouvent que, dans le cours du xviie siècle, on reconnais-
sait encore la domination des rois de Danemark sur la mer
qui entoure l'Islande et le Groënland.

c) L'Angleterre.

Depuis le règne du roi Edgard (959-975)[1], les maîtres de
l'Angleterre avaient coutume de revendiquer la souveraineté
de toutes les mers qui environnent le pays, au sens le plus
large, « mare anglicanum circumquaque ». S'il arriva un jour
à la reine Élisabeth de dire que l'usage de la mer et de l'air
était commun à tous et qu'aucune nation, aucun particulier ne
pouvait exercer de droit sur l'Océan, parce que la nature ni
l'usage ne permettaient d'en prendre possession, ce fut là une

---

[1] Schanz, *Politique commerciale de l'Angleterre*, t. 1, p. 354.

affirmation isolée, qui trouvait sa raison d'être dans la politique commerciale de l'époque. En ce qui concerne la politique que suivit plus tard la couronne d'Angleterre, voir ci-
dessous n° IV.

IV. La question de la souveraineté de la mer devint l'objet
de débats scientifiques au commencement du xviie siècle, pour
la première fois en 1609, lorsque parut l'écrit de circonstance
du Hollandais Hugo de Groot (Grotius), intitulé : *Mare liberum*,
scu de jure quod Batavis competit ad indica commercia[1]. Cet
ouvrage avait pour but de prouver le droit des Hollandais à
commercer contre les prétentions des Portugais, fondées sur
les *bulles pontificales de 1493*[2]. Les arguments de Grotius ou-
vrirent la voie au principe de la liberté de la mer. Le célèbre
auteur, qui le premier, par son ouvrage *De jure belli ac pacis*, a
élevé le droit des gens au rang d'une science, refusait absolument de reconnaître une souveraineté quelconque sur la pleine
mer [3].

L'œuvre de Grotius souleva de vives contradictions chez les
nations qui revendiquaient des droits contraires au principe
qu'elle proclamait. Non qu'elle manquât d'arguments sérieux,
mais parce que ses adversaires étaient convaincus, avec pleine
raison d'ailleurs, que l'application des idées de Grotius mettrait
fin à leurs prétentions exclusives, et bouleverserait les rapports
maritimes à leur détriment. Charles Ier, roi d'Angleterre, réclama du gouvernement hollandais le châtiment de Grotius, et
écrivit à son ambassadeur à La Haye : « First we hold it a
« principle not to be denied, that the King of Great Britain is
« a monarch at land and sea to the full extent of his dominions
« and that it concerneth him as much to maintain his soverei-

---

[1] L'écrit parut d'abord à Utrecht sous l'anonyme ; la seconde édition, en 1616,
porte le nom de l'auteur.

[2] Grotius dit sur ce point : « Donatio nullum habet momentum in rebus extra
commercium positis. Quare cum mare aut jus in eo navigandi proprium nulli
dominium esse possit, sequitur neque dari a Pontifice, nequi a Lusitanis accipi
potuisse. Præterea cum supra relatum sit ex omnium sani judicii hominum sen-
tentia Papam non esse dominum totius orbis ne maris quidem. »

[3] Voir Nau, § 69, pour la littérature du sujet.

« gnty in all the british seas as within his three kingdoms ;
« because without that these cannot be kept safe, nor he main-
« tain his honour and due respect with other nations. But
« commanding the seas, he may cause his neighbours and
« all countries to stand upon their guard, whensoever he
« thinks fit. To such presumption *Mare liberum* gave the first
« warning piece, which must be answered by a defence of *Mare*
« *clausum*, not so much by the discourses as by the louder
« language of a powerfull navy, to be better understood, when
« overstrained patience seeth no hope of preserving her right
« by other means. » Il fit écrire ensuite une réponse intitulée
« *Mare clausum* » ; elle parut en 1635 à Londres sous le nom de
Selden. Dans la première partie de cet ouvrage, d'ailleurs habile-
ment fait, Selden essaie de prouver que, d'après la nature et le
droit des gens, la mer n'est pas commune à tous, mais qu'elle
peut être l'objet d'une appropriation comme la terre ferme.
Dans la seconde partie, qui a pour but de justifier le droit exclusif des Anglais à la pêche du hareng dans la mer du Nord,
il s'efforce de démontrer, à la suite d'Albéric Gentilis [1], que la
mer environnant l'Angleterre « circumquaque », est une dépen-
dance du territoire et que le roi d'Angleterre en est le maître
dans toute son étendue [2]. Charles Ier fit valoir contre les Hollandais, «by the language of a powerfull navy», ses prétentions telles
que Selden les avait défendues, particulièrement quant à la
pêche exclusive du hareng dans la mer du Nord. Déjà en 1636,
il envoya une flotte de soixante navires pour chasser les Hollandais des endroits où se faisait la pêche, et il exigea, à titre
de satisfaction, qu'ils vinssent lui demander l'autorisation de
la continuer contre le paiement d'un tribut annuel.

Plus tard, Cromwell voulut également mettre en pratique le

---

[1] *De advocatione hispanica* (1613) lib. I, ch. VIII.

[2] Voir la littérature du sujet dans Nau, § 70 et suiv., en ce qui concerne les
mers d'Angleterre, §§ 79 à 81. Valin remarque ceci à propos du livre de Selden:
« A la vérité, il n'est pas possible de défendre avec plus d'esprit et d'adresse une
« cause de cette nature; mais enfin il n'emploie aucun argument qu'on ne puisse
« facilement réfuter. » II, p. 686.

« *Britannia rules the waves* ». Il déclara catégoriquement que l'Angleterre ne souffrirait pas qu'un autre drapeau que le sien flottât contre son gré sur l'Océan [1].

En ce qui concerne le cérémonial établi dans le but de reconnaître les droits de souveraineté maritime, voir § 25.

IV. Après un siècle et demi environ, les principes établis par Grotius furent universellement admis dans la pratique et dans

---

[1] Par son *Acte de navigation* promulgué le 9 octobre 1651, Cromwell jeta le fondement de la grandeur maritime de son pays. La plus ancienne mesure du même genre est une décision du parlement du 12 novembre 1390, d'après laquelle les marchands anglais ne pouvaient affréter que des navires anglais. Cette décision fut, toutefois, modifiée dès l'année suivante, et l'on autorisa les marchands anglais à affréter des bâtiments étrangers, si dans les ports étrangers ils ne trouvaient pas des navires anglais en nombre suffisant. Parmi les dispositions de l'Acte de 1651, il faut signaler les suivantes : Dans les ports hors d'Europe, les marchandises de toute espèce, à destination d'Angleterre et de toutes les possessions anglaises, ne peuvent être chargées que sur des navires de nationalité anglaise, dont le capitaine et les trois quarts de l'équipage sont sujets anglais, sous peine de confiscation du navire et de la cargaison. Les marchandises venant d'Europe ne peuvent, sous la même peine, être transportées en Angleterre et dans toutes les possessions anglaises que sur des navires anglais ou sur des navires, soit du pays dont proviennent les marchandises, soit du pays où elles ont été originairement embarquées. Les poissons de mer et les autres produits de la pêche ne peuvent être apportés en Angleterre que par des navires du pays dont les sujets les ont pris ou préparés; les objets de cette espèce, lorsqu'ils sont pris ou préparés par des pêcheurs anglais, ne peuvent être exportés que sur des navires anglais. — Les marchandises importées en Angleterre sur des navires étrangers sont soumis à des droits de douane plus élevés. — L'interdiction de faire le commerce de cabotage, portée contre les étrangers par la reine Élisabeth, est aussi renouvelée.

L'Acte de navigation était surtout dirigé contre le commerce des Hollandais ; la Hollande protesta immédiatement et réclama, mais en vain, le retrait de cette mesure. Une guerre s'ensuivit entre les deux états, et elle se termina en 1654 par la victoire de l'Angleterre. Quelques années plus tard, la lutte recommença ; la Hollande eut de si grands succès que l'Angleterre dut se résigner, lors de la paix de Bréda de 1667, à restreindre, au profit des Hollandais, les dispositions de l'Acte. Celui-ci subit d'autres modifications essentielles lorsque, à la suite de la guerre d'Indépendance, le Congrès des États-Unis d'Amérique (1787) eût porté un acte semblable dirigé contre le commerce de fret des étrangers. Dans les vingt premières années de ce siècle, des mesures de rétorsion furent également prises par d'autres puissances ; elles provoquèrent une série de traités de commerce et de navigation avec les états d'Europe et d'Amérique, qui abrogèrent successivement toutes les dispositions importantes de l'Acte et y substituèrent le régime d'un égal traitement pour les navires étrangers et nationaux.

la doctrine. Nous ne nous arrêterons pas ici à quelques affirmations contraires qui surgirent plus tard[1].

Aujourd'hui, Phillimore ne peut que le constater : « The reason
« of the thing, the preponderance of authority, and the practice
« of nations, have decided, that the main ocean, inasmuch as it is
« the necessary highway of all nations, and is from its nature in-
« capable of being continuously possessed, cannot be the pro-
« perty of any one state[2]; » de même Twiss, parlant des anciennes prétentions anglaises : « All these pretentions are now
« matter of history[3]. » On peut ainsi formuler le principe juridique actuellement en vigueur : un droit de propriété ou de haut
domaine sur la mer, pour autant qu'il s'agisse de possession ou
de domination, n'existe pas et ne saurait faire l'objet d'une acquisition. L'usage de la haute mer dans un but politique, ou indus-
triel, ou scientifique, appartient à toutes les nations et ne peut
être refusé à aucune d'elles. L'usage exclusif de certaines parties
de la mer, qu'aurait eu une nation depuis un temps immémorial
et que l'on qualifie erronément de possession immémoriale, ne
peut pas justifier un droit exclusif, comme le non usage depuis
un temps immémorial n'a point pour conséquence la perte du
droit[4]. On discute sur la question de savoir s'il faut tenir pour
obligatoire un traité par lequel une nation renoncerait pour
elle ou pour ses sujets à l'usage de la mer, qui lui appartiendrait en vertu d'un droit primordial. La plupart des publicistes
admettent la force obligatoire d'un semblable traité pour les
parties contractantes : parmi les anciens, Grotius[5], Vattel[6],
G. F. de Martens[7], Klüber[8]; parmi les auteurs récents, Philli-

[1] Nous rappelerons brièvement ici que la Russie, encore en l'année 1822,
a revendiqué la souveraineté de la partie de l'Océan Pacifique qui est située au
nord du 51e degré de latitude, de la mer de Behring ou du Kamtchatka. Elle s'est
heurtée cependant à une opposition décidée de la part des États-Unis d'Amérique.

[2] I, § 172.

[3] I, § 183.

[4] Vattel, I. §§ 95 et 285; Hautefeuille, *Histoire*, p. 24, et *Droits et Devoirs*, I,
p. 225 et 226; Heffter, § 74; Gessner, *Droits des neutres*, p. 20.

[5] *De jure belli ac pacis*, I. 2, c. 3. § 15.

[6] I, § 284.

[7] *Précis*, I, p. 149.

[8] § 132.

more [1], Twiss [2], etc. D'autre part, Hautefeuille [3] pense, avec quelques auteurs, comme Vergé [4], que tous les traités par lesquels on renonce à l'usage de la mer sont sans valeur. Ses arguments, bien qu'ils méritent d'être considérés, ne semblent pas décisifs et ne sont pas de nature à réfuter l'opinion contraire. Hautefeuille ne distingue pas rigoureusement entre l'*empire de la mer* et l'*usage de la mer*, et il arrive à cette conséquence que de semblables traités ne restent en vigueur qu'aussi longtemps que cela convient aux parties contractantes. Nous ne pouvons que nous ranger à l'opinion d'après laquelle ces conventions lient les contractants, parce que c'est là un principe général de droit des gens en matière de traités [5]. Par contre, le consentement tacite de tous les autres intéressés ne suffit pas pour justifier un semblable droit exclusif [6].

§ 5. — Des eaux nationales.

I. Le principe de la liberté de la mer subit plusieurs restrictions, les unes dans l'intérêt des relations maritimes en général, les autres dans l'intérêt des divers peuples qui participent à ces relations. Parmi les premières, on peut citer : les obligations imposées aux navires par rapport à la preuve de leur nationalité ; les prescriptions destinées à éviter les collisions en mer ; celles qui sont relatives à l'arrêt et à la visite des navires, etc. Les institutions et les règles qui ont été reconnues nécessaires à ce point de vue, pour assurer une protection aux vaisseaux, ne sont point des restrictions au libre usage de la mer, mais des mesures destinées à maintenir en tous les temps la libre et paisible jouissance de la plus grande partie de la superficie du globe.

[1] I, §§ 172-174.
[2] I, §§ 175-176.
[3] *Histoire*, pp. 24, 25.
[4] I, p. 152.
[5] Voir là-dessus Heffter notamment, §§ 94, 98 et 99.
[6] Voir aussi Hautefeuille, au passage cité, et Gessner, *ibidem*, rem. 4 contre Vattel.

Il en est autrement des restrictions de la seconde espèce, de ces droits spéciaux que le droit des gens moderne concède à tous les états maritimes, ou à quelques-uns d'entre eux sur certaines parties de l'Océan ou sur les mers particulières[1]. Elles font l'objet des développements qui vont suivre.

A. — La mer territoriale.

II. La mer territoriale ou le territoire maritime (*Küstenmeer* ou *Territorialmeer* en allemand, *territorial waters* en anglais) est la partie de la mer qui s'étend depuis le rivage jusqu'à une certaine distance. Elle est regardée comme domaine national de l'état dont elle baigne les côtes, et, en vertu d'une fiction, on la considère comme la continuation du territoire continental. On justifie ceci par les motifs suivants :

a) Parce qu'il est possible et nécessaire pour la sécurité de l'état de protéger la frontière du territoire national, en prenant possession exclusive du rivage jusqu'à une certaine distance en mer.

b) Parce qu'il est nécessaire, au point de vue des intérêts politiques, commerciaux et financiers du pays, et pour assurer une bonne police, de surveiller les navires qui entrent dans cette partie de la mer, ceux qui la quittent et ceux qui s'y trouvent à l'ancre.

c) Enfin, et ceci n'est pas une des moindres raisons, parce que cette restriction est indispensable pour assurer l'existence du plus grand nombre des habitants des côtes.

Hautefeuille [2] dit très justement à ce propos: «Admettre la liberté des mers territoriales serait anéantir les bases actuelles du commerce international et priver la plupart des états navigateurs des avantages immenses qu'ils tirent de leur trafic. Aussi, tous les traités sans exception, qui se sont occupés des intérêts commerciaux, ont reconnu aux nations le droit de dicter des lois sur toutes les mers territoriales, qui baignent

---

[1] Cauchy, I, p. 37 et suiv.
[2] *Droits et devoirs*, I, p. 232.

leurs côtes; c'est-à-dire, qu'ils ont sanctionné le domaine souverain de la nation sur cette partie de l'Océan. Cette exception au principe général de la liberté des mers ne porte aucune atteinte au principe lui-même; l'usage de l'Océan pour la navigation et la pêche de la haute mer reste libre et commun à tous. Tous peuvent aller sans entraves, dans les régions les plus éloignées, commercer avec tous les peuples; tous peuvent poursuivre les poissons, qui habitent loin des côtes, sans que nul puisse y mettre obstacle. L'Océan est donc libre, mais l'espace étroit, qui baigne le littoral, est réservé; il est propriété du domaine souverain d'une nation qui peut en exclure les autres, il n'est pas libre. »

Réservant ainsi la mer territoriale, on ne prétend pas y exercer un droit de propriété, *dominium*, tel que celui qui appartient à l'état sur le littoral même[1]; il s'agit d'un *imperium*, et, comme conséquence, du droit de disposer, d'exclure et d'accomplir d'autres actes de nature diverse. Un arrêt du tribunal suprême de la Prusse du 28 novembre 1866 s'exprime ainsi : « Les états riverains ont seulement la faculté de prendre « des mesures dans l'intérêt de la protection des côtes, de la « navigation et du commerce, et c'est à ce point de vue seule- « ment que le droit des gens a admis l'extension nécessaire de « la mer territoriale jusqu'à la portée de canon[2]. »

III. Pour fixer la limite de la mer territoriale, il faut poser préalablement deux questions : Où commence la mer territoriale, en partant du rivage; et en second lieu : Jusqu'où s'étend la mer territoriale, en partant de la ligne où elle commence.

a) Limite du littoral.

La limite naturelle entre le littoral et la mer territoriale, même en ne tenant pas compte des alluvions et des empiètements des eaux dont il n'y a pas à se préoccuper ici, ne saurait

---

[1] *Code général de la Prusse*, II, 15, § 80.

[2] Dans les archives de Goltdammer, t. XV. — Schiatarella (*Del territorio*, p. 5), parle erronément d'un « dominio continuo, pieno, assoluto del popolo della riva. »

jamais être permanente; elle varie selon les marées, les vents,
les courants. Si on veut la déterminer pour en tirer des conséquences juridiques, il ne suffit donc pas dire qu'elle se trouve
sur le rivage. Tandis que le droit romain détermine la limite
du rivage de la mer par celle de la plus haute marée [1], les
sources récentes du droit des gens, et particulièrement les conventions relatives à la pêche prennent au contraire pour ligne
de démarcation la laisse de basse mer; les publicistes, pour autant qu'ils se soient occupés d'éclaircir cette question, adoptent
en général la même règle. Au dire de quelques-uns cependant,
il faut fixer la limite d'après l'état de la marée au moment de
chaque fait particulier, de sorte qu'une capture opérée, par
exemple, à la limite de la mer territoriale, devrait être jugée autrement selon qu'elle aurait été faite à marée haute ou à marée
basse [2]. Il est évident que cette opinion ne peut être d'aucune
utilité. D'autres encore placent la limite là où la mer commence
à être navigable [3], mais on ne saurait trouver un motif à l'appui
de cette solution.

Toute la question est en rapport étroit avec celle de la limite
de la mer territoriale du côté de la pleine mer. Elle se résout
d'elle-même, si l'on ne place pas cette dernière limite à une
distance fixe, toujours la même, du rivage, mais si on la fait
dépendre de la possibilité de dominer l'espace le plus rapproché
de la mer en se plaçant sur le rivage. Nous verrons que ce point
de départ est le seul satisfaisant. Si on l'admet, on trouve que
la limite du littoral doit être la ligne d'où, en tout temps, cet
imperium peut être exercé de fait. C'est donc une ligne tirée
des points du rivage où l'on peut élever des batteries, qui ne
soient pas menacées par la marée haute, même à l'époque

---

[1] §3. J. 2, 1 : « Est autem litus maris quatenus hibernus fluctus maximus
excurrit. » 96 pr. D. *de V. S.*: « Litus est quo usque maximus fluctus a mari per-
venit. » L. 112, *ibid.* « Litus publicum est eatenus, qua maxime fluctus
exaestuat. »

[2] Jacobsen, p. 580, 585.

[3] Wheaton, *El.* I, p. 168 : « Il est entendu que cette distance ne commence à
compter que depuis le point où la mer est navigable. »

des plus fortes eaux[1]. On ne doit cependant pas tenir compte
ici des marées extraordinaires, qu'il n'est pas possible de prévoir, comme par exemple celles du mois de novembre 1873
dans la Baltique. Il importe peu que des batteries soient réellement érigées ; il suffit qu'il y ait possibilité de le faire.

Mais si des traités internationaux déclarent que la laisse la
plus éloignée de basse mer servira de limite au territoire, il
faut respecter cette stipulation et non prendre la haute mer
pour limite en ce qui concerne les matières que règlent ces
traités. On doit cependant remarquer que cette définition,
bien qu'elle ne soit pas rationnelle, a été admise récemment
dans le British Waters Jurisdiction Act de 1878[2], et que, si elle
n'a pas son origine dans des considérations pratiques, elle
n'en a pas moins été adoptée par la doctrine et appliquée aux
cas particuliers.

b) Limite de la mer territoriale.

On la détermine soit d'une manière irrévocable en la fixant
à une certaine distance qui ne change pas, soit en tenant compte
de la possibilité de dominer la mer en se plaçant sur le littoral. La pratique, comme la théorie, a souvent confondu les
deux définitions; et parmi les traités les plus récents, il s'en
trouve qui recourent à des notions peu claires pour échapper
à la confusion que nous signalons. Cependant la solution
n'offre pas de difficultés sérieuses, si l'on se tient au seul fondement exact, c'est-à-dire, à la possibilité d'exercer, sur le
rivage même, l'*imperium* qui doit s'étendre en mer, et d'y
prendre d'une manière continue les mesures de protection
nécessaires.

Les autres motifs que l'on allègue pour justifier cette appropriation de la mer territoriale ne sont pas de nature à en donner une explication complètement satisfaisante. Mais en se

---

[1] Nizze (pp. 32 et 33) insiste également sur le côté rationnel de la notion adoptée
par le droit romain.

[2] One marine league of the coast measured from law-water mark.

plaçant à notre point de vue, on arrive tout naturellement à la conséquence que les bornes de la mer territoriale du côté de la haute mer sont marquées par la ligne extrême jusqu'où s'étend la protection des eaux exercée sur le rivage [1].

L'étendue de la mer territoriale se fixe donc d'après la portée des canons de chaque époque. Mais dans chaque époque, elle est la même pour toutes les mers. Car elle ne saurait dépendre pour un pays en particulier de l'établissement réel de batteries sur les côtes; — lorsqu'une côte est très étendue, il n'y a, en effet, que quelques points qui doivent être armés de cette manière. On ne pourrait davantage la modifier selon qu'un état possède ou ne possède pas des canons de longue portée. Il ne faut considérer que la *possibilité* de placer de semblables canons sur la côte [2].

En adoptant une distance fixe et invariable, qui se traduit par une mesure de longueur, les auteurs n'ont pas agi tout à fait arbitrairement; ils veulent par là fixer une distance commune à tous les états, ou bien indiquer seulement la limite qui, mettant un terme à des prétentions excessives, doit servir à certains états déterminés en exécution d'actes législatifs ou de traités internationaux. Mais ceux d'entre les auteurs qui déclarent que la mer territoriale s'étend à portée de canon *ou* à trois milles de la côte, ne s'expliquent pas sur le rapport qu'ils établissent entre ces deux termes, et ils laissent supposer que, d'après une entente internationale, expresse ou tacite, devenue obligatoire pour tous, ou bien d'après une pratique constante,

---

[1] Cette règle a été exprimée clairement pour la première fois par Bynkershoek, qui résume ainsi son appréciation : « Quare omnino videtur rectius, eo potestatem terræ extendi, *quousque tormenta exploduntur*, eatenus quippe cum imperare tum possidere videmur. Loquor autem de his temporibus, quibus illis machinis utimur; alioquin generaliter dicendum esset : *potestatem terræ finiri ubi finitur armorum vis* : etenim hæc, ut diximus, possessionem tuetur. (*De dominio maris*, cap. 2.)

[2] De Martens, *Précis*, I, p. 144 : « La conservation du domaine de la mer territoriale par la nation riveraine n'est pas subordonnée à l'établissement et à l'entretien d'ouvrages permanents, tels que batteries ou forts; la souveraineté de la mer territoriale n'est pas plus subordonnée à son mode d'exercice que la souveraineté du territoire même. » Voir aussi Schiatarella, *Del territorio*, p. 8.

la portée des canons a été fixée à cette distance en ce qui
concerne le droit maritime international.

Les publicistes allemands et la plupart des Français et des
Italiens n'ont pas versé dans cette erreur[1]. On n'est arrivé à
identifier la distance de trois milles et la portée de canon que
par une série de généralisations portant sur des actes ou des
écrits qui ont décidé certaines questions spéciales. Il n'était
pas possible de tirer de ces faits un motif fondé sur la *natura-
lis ratio*. Ainsi qu'il résulte des déclarations faites par le gouvernement dans la discussion du *Territorial Waters Bill* à la
Chambre des Lords le 14 février 1878, la pratique anglaise récente s'est rangée au système de ceux qui identifient les deux
mesures, et cette manière de voir a été adoptée par les publicistes anglais et américains[2].

D'autres mesures proposées pour déterminer l'étendue de
la mer territoriale, telles que la portée de la voix humaine
émise sur le rivage, la profondeur de l'eau, la distance de

---

[1] Bluntschli distingue nettement (art. 382) la limite générale déterminée par la
portée de canon, et la limite de trois milles fixée par des actes particuliers; de
même Heffter (§ 75), tandis que Geffken (Remarque sur le § 75) dit sans trop de
raison : « La portée des armes à feu s'étant beaucoup perfectionnée, on admet généralement que le haut domaine s'étend jusqu'à trois milles ». Voir aussi Klüber
(§ 130), Oppenheim (p. 128), Goltdammer, *Archives*, t. III, p. 651 et suiv. Voir
pour la pratique, un arrêt du tribunal suprême de Prusse, du 28 novembre 1866
(*ibid.*, t. XVI, p. 77-79); Gessner, *Droits des neutres*, p. 22, 23, constate que
le principe posé par Bynkershoek est généralement adopté, et dit : « C'est pour-
« quoi les droits des riverains ont été augmentés par l'invention des canons rayés. »
Mais il ajoute : « Précédemment on avait évalué dans la règle la portée à deux
milles ; aujourd'hui on prend ordinairement pour base une distance de trois
milles ». Parmi les Français, il faut citer avant tout autre Ortolan (I, p. 153 et
suiv., surtout p. 158 et 159); parmi les Italiens, Schiaratella (*Del Territorio*,
p. 8), d'après lesquels la plus grande portée de canon est la véritable base et la
seule rationnelle. Parmi les publicistes plus anciens, on peut encore mentionner
Surland (§ 483), et G.-F. de Martens (*Précis*, I, pp. 141, 142 et 399).

[2] Phillimore lui-même (I, § 198) déclare : « But the rule of law may now be considered as fairly established namely that this absolute property and jurisdiction
does not extend unless by specific provision of a treaty or an unquestioned usage
beyond a marine league (being three miles) or the distance of a canon-shot from
the shore at law tide ». Dans un autre passage, cependant, il part du principe que la
souveraineté s'étend jusqu'à portée de canon. II, § 303. — Twiss, *Territorial Waters*,

deux journées de voyage, etc., ne méritent pas qu'on les discute [1].

Nous ne pouvons cependant pas terminer nos observations sur ce sujet sans dire que, de nos jours, il est encore des publicistes qui étendent la limite de la mer territoriale, parfois bien au delà des prétentions les plus aventurées du moyen âge [2]. Ils se rattachent à la doctrine de Vattel; celui-ci reconnaît, il est vrai, que d'après le droit des gens de son temps la mer ne peut être reconnue comme une continuation de territoire que jusqu'à portée de canon du rivage; mais plus loin, il pose en principe que la domination d'un état s'étend généralement sur les mers riveraines aussi loin que l'exige sa sécurité et que le permet sa puissance [3]. Kent va plus loin que tout autre dans cette voie. Bien qu'il constate aussi que dans le droit des gens actuel la portée de canon sert communément de mesure, il dit que les États-Unis d'Amérique pourraient prétendre, sur les mers qui baignent leurs côtes, à une souveraineté beaucoup plus étendue, en invoquant les intérêts du fisc ainsi que des considérations de défense nationale. Ils useraient de ce droit d'une part en imitant l'exemple de l'*imperium* que les Anglais revendiquèrent sur les « Chambres du Roi » (voir ci-dessous, § 8); de l'autre, en étendant au delà de la portée de canon la distance de la limite normale.

Kent cite les parties de la mer qui devraient être soumises à la juridiction des États-Unis en tirant chaque fois une ligne entre deux promontoires, et il y comprend, entre autres, la partie

p. 306, et *The law of nations*, I, § 172. —Wolsey, p. 80; Wheaton, *El.* I, p. 168, 169. — Il en est de même de Calvo, I, §§ 229 et 243.

[1] Tout aussi arbitraire et complètement impraticable est l'idée de Rayneval, qui veut pour limite extrême l'horizon qu'on peut voir de la côte. Abstraction faite de l'absence de toute raison à l'appui, il est évident que cette règle ne donnerait rien de certain, puisque l'étendue dépendrait de la force visuelle de l'observateur, et varierait selon les circonstances du lieu, du temps, de l'air, etc. La définition alternative de Cancrin est trop vague (10e sect., § 11 et 46): aussi loin que la côte peut être balayée par le canon ou gardée par des navires de guerre.

[2] Jusqu'à 60 milles; ordinairement, toutefois, jusqu'à une distance de 100,000 pas du rivage seulement.

[3] I, p 29 et suiv.

du golfe du Mexique qui serait limitée par une ligne de démarcation allant de la pointe méridionale de la Floride aux
bouches du Mississipi. La souveraineté des États-Unis s'éten-
drait dans ce cas jusqu'à 180 milles environ de la côte. Le
gouvernement des États-Unis, remarque Kent, ne pourrait
d'ailleurs voir sans appréhension ses eaux riveraines devenir,
même en dehors de la portée de canon, la base d'opérations
militaires dans une guerre entre des puissances maritimes
étrangères, et il ajoute : « In 1806 our government thought it
« would not be unreasonable considering the extent of the
« United States, the shoalness of their coast and the natural
« indication furnished by the well defined path of the Gulf-
« stream, to expect an immunity from belligerent warfare, for
« the space between that limit and the american shore [1]. »

La Grande-Bretagne s'arroge, dans l'intérêt de la douane,
un droit de surveillance exercé par ses croiseurs douaniers
jusqu'à quatre *leagues* (douze milles); elle revendique le droit
d'arrêter et de visiter tous les navires qui se dirigent vers les
ports britanniques et se trouvent dans cette limite. En cas de
contrebande ou de fraude, elle se réserve la faculté de saisir
et de faire juger le navire coupable par un tribunal britannique [2]. Kent croit devoir réclamer les mêmes droits pour les
États-Unis d'Amérique [3]; il prétend surtout attribuer le caractère de neutralité à la mer riveraine jusqu'à cette distance. De
semblables dispositions ont pris naissance dans les intérêts
particuliers de chaque état, et ne tiennent pas compte du
principe général du droit des gens, en vertu duquel aucune
nation ne peut, en temps de paix, exercer le droit d'arrêt sur des
navires étrangers en dehors de la limite normale, c'est-à-dire
hors de la portée de canon (voir § 12). On ne peut prétendre raisonnablement à voir ces revendications reconnues par les tiers.

[1] Wolsey (§ 56), remarque là-dessus : « Such broad claims have not, it is believed, been much urged, and they are out of character for a nation, that has ever
asserted the freedom of doubtful waters, as well as contrary to the spirit of the
more recent times. »

[2] 9 Geo. III, ch. 35 et 24, Geo. IV, c. 47 (Hoverings Acts).

[3] I, p. 31, 32.

Tout état dont le pavillon a été l'objet d'une semblable mesure d'arrêt, peut protester et, selon les circonstances du cas,
réclamer des dommages-intérêts du chef des lésions subies. Aux
termes de la loi britannique 26 Geo II, les navires venant de
ports infectés doivent donner un signal de quarantaine lorsqu'ils rencontrent d'autres navires en dedans des quatre *leagues* de la côte britannique, et cela sous peine de 200 £ d'a-
mende. Bien qu'elle ait une utilité incontestable au point de
vue sanitaire en général, cette loi n'est pas obligatoire pour
les navires étrangers à une pareille distance des côtes. Il appartient à l'état, dont le pavillon a dû souffrir l'exécution de
cette mesure, de juger s'il y a lieu d'élever des réclamations [1].

Hautefeuille [2] repousse justement ces tentatives de domination : « On a beaucoup discuté sur l'étendue de la mer territoriale ; aujourd'hui encore quelques nations donnent à cette
acception un tel développement, qu'elle deviendrait l'anéan-
tissement du principe même de la liberté de la mer. La définition de la mer territoriale suffit pour fixer son étendue. Les
eaux maritimes ne deviennent territoriales que lorsqu'elles
peuvent être défendues par le souverain du rivage d'une manière absolue et permanente ; il n'y a donc que celles qui sont
ainsi soumises au joug qui acquièrent cette qualité. La portée
réelle de la puissance défensive est la limite de la mer privée.
La plupart des peuples civilisés ont adopté cette limite ; ils
regardent comme territoriale toute la partie de la mer com-
prise sous la grande portée d'un canon placé à terre. Toutes
réclamations faites par certaines nations, au delà de cette
limite, sont des prétentions illégitimes, qui ne sauraient être
justifiées. »

IV. La limite de trois milles a une grande importance. Il
faut entendre par *milles*, les milles nautiques de 60 au degré de
l'équateur, dont 4 font un *mille géographique*, et 3 *une lieue
marine (grosse Seemeile, marine league* [3]). Cette limite se trouve

---

[1] Voir aussi Twiss, I, § 181.

[2] *Histoire*, p. 20.

[3] Une lieue marine (*legua, marine league*) = 5555 1/2 mètres = 2999 milles
nautiques ; un mille nautique = 1852 mètres.

dans de nombreux traités, notamment dans les conventions de pêche et dans les lois, règlements, déclarations de neutralité, ordonnances concernant la course, et autres actes des divers gouvernements.

Son origine doit être cherchée au temps où l'on regardait trois milles nautiques comme la limite de la portée des canons. Il n'est pas douteux que ces arrangements conventionnels sont obligatoires pour ceux qui les ont conclus; les dispositions qui ont le caractère de règlements intérieurs ne doivent être reconnues par les états étrangers que pour autant qu'elles ne réservent pas une étendue de mer territoriale plus considérable que celle établie par le droit international.

La limite basée sur la portée de canon n'est pas fixée définitivement, mais elle dépend de la plus grande portée des meilleurs canons de chaque époque [1]. Les canons des grands navires et ceux des batteries de côte portent aujourd'hui à une distance d'environ huit milles nautiques.

B. — Mers fermées.

V. La réserve de la souveraineté de certaines mers ou parties de mer trouve sa raison d'être dans la configuration géographiques de celles-ci, par rapport aux frontières des contrées riveraines. Ici également on a élevé souvent des prétentions qui ne pouvaient se justifier au point de vue rationnel. Il faut prendre pour critère du droit exclusif que l'on se réserve sur de semblables mers ou bien la possibilité d'y exercer d'une manière permanente la souveraineté, ou bien l'absence de toute communication avec l'Océan. Lorsque ni l'une ni l'autre de ces conditions ne se rencontre, il ne peut jamais y avoir une appropriation complète, et il ne peut être question d'un haut domaine *restreint* que pour autant qu'il soit reconnu conventionnellement ou admis par la pratique.

Parmi les mers fermées, celles qui sont complètement sépa-

[1] La plus forte portée de canon selon les progrès communs de l'art à chaque époque. (Ortolan, I, p. 158.)

rées de l'Océan, c'est-à-dire, qui ne peuvent pas communiquer avec lui par un passage naturel et accessible aux navires, sont désignées sous le nom de *mers intérieures* (*Binnenmeere*), par opposition à celles qui sont accessibles par un détroit que peuvent dominer les états riverains, ou qui forment elles-mêmes un semblable détroit. Si les mers intérieures sont situées en entier au dedans des frontières d'un état, la question de souveraineté se décide d'elle-même; l'état possède un droit de propriété absolue.

Il en est autrement si plusieurs états touchent à cette mer; on se trouve en présence d'une propriété collective dont les parts doivent être fixées (voir aussi ci-dessous, n° IX); les principes généraux de la mer territoriale ne pourront trouver leur application qu'aux parties qui longent les côtes. Il n'y aurait lieu de modifier ces principes que si l'un des états intéressés avait cédé à un autre son droit de co-propriété, de haut domaine ou d'usage [1].

Une mer ou un golfe communiquant avec l'Océan par un ou plusieurs détroits ne peut être reconnu comme mer appropriée que dans le cas où toutes ses côtes appartiennent à l'état qui est aussi maître du détroit y donnant accès, pourvu que ce passage soit assez étroit pour être commandé par des canons placés sur les deux rives [2]. Traitant de la liberté de la navigation commerciale dans la mer Noire d'après les nouvelles conventions, Heffter n'admet pas l'application de ce principe. Il faut

[1] Twiss, 1, § 174. — Les rapports de la Russie et de la Perse au sujet de la mer Caspienne offrent de l'intérêt.

[2] *Voyez* Calvo, I, § 232; Wheaton, *Éléments*, I, p. 168. Hautefeuille remarque là-dessus : « Cette dénomination (mers fermées) ne peut être appliquée qu'aux portions de mer s'avançant profondément dans les terres, et ne communiquant avec les parties libres que par un détroit assez resserré pour être commandé par les forces des deux rives. Il faut, de plus, pour qu'une mer soit réellement fermée, que tous ses rivages et les deux côtés de son entrée soient soumis au même souverain. Lorsque ces deux conditions sont réunies, une pareille mer, quelle que soit son étendue, est réputée territoriale. Elle est la propriété exclusive de la nation qui règne sur ses rives. Mais du moment où le littoral appartient à plusieurs souverains, aucun d'eux, pas même le propriétaire des deux bords du détroit, n'a le pouvoir de fermer le passage. » (*Hist.*, p. 21.)

remarquer cependant que la situation de la mer Noire est d'une nature particulière (voir ci-après, n° VI), et qu'Heffter n'élève pas d'objections juridiques contre le principe général [1].

VI. Le droit exclusif dont il s'agit n'est pas, dans tous les cas, un droit absolu. Sous ce rapport, les dispositions qui concernent la mer Noire et la mer de Marmara avec ses détroits, ont une grande importance, comme, à un autre point de vue, celles qui regardent la mer Baltique.

a) La mer Noire.

Anciennement, lorsque la mer Noire était complètement entourée de possessions turques, on la regardait comme appartenant à la Turquie, plus tard comme propriété commune de la Turquie et de la Russie. Dans notre siècle, les stipulations du traité de paix de Paris du 30 mars 1856 doivent être mentionnées avant tout. On y voit apparaître clairement le but principal de ce traité, qui était d'établir des garanties efficaces pour le maintien de l'indépendance et de l'intégrité de l'empire Ottoman vis-à-vis de la Russie. Ces stipulations devaient rendre, à l'avenir, la puissance de la Russie notablement inoffensive pour la Turquie. Elles peuvent se résumer ainsi :

1. La mer Noire est déclarée neutre et ouverte, avec toutes ses eaux et tous ses ports, à la libre navigation et au commerce de toutes les nations ; elle est interdite aux navires de guerre, même à ceux des états riverains. (Art. 11 et 12.)

2. Exceptionnellement la Russie et la Turquie pourront entretenir un nombre restreint de petits bâtiments de guerre pour le service des côtes, notamment six vapeurs de cinquante mètres de long à la ligne de flottaison, et d'un tonnage maximum de 800 tonnes, et quatre vapeurs légers ou bâtiments à voile de 200 tonneaux au maximum. (Art. 14 et annexe II.)

3. Chacune des parties contractantes peut faire stationner aux bouches du Danube deux légers bâtiments de guerre, afin

[1] § 76 a.

d'aider à l'application et à l'observation du Règlement sur la navigation du Danube (Art. 19) [1].

[1] Le droit de navigation sur les bouches du Danube est fixé, en dehors du traité de Paris (art. 15 et suiv.) par l'*Acte de navigation pour les bouches du Danube*, du 2 novembre 1865, par le tarif des taxes de navigation à percevoir aux bouches du Danube, de la même date, et par le traité de Londres du 13 mars 1871 (art. 4 et suiv.). Voici le contenu essentiel des dispositions du traité de Paris du 30 mars 1856, concernant la navigation dans les bouches du Danube : Les principes posés par le Congrès de Vienne relativement à la libre navigation des fleuves internationaux s'appliqueront également au Danube et à ses embouchures. En conséquence, le principe de la liberté de la navigation sur ce fleuve devient un principe du droit des gens, garanti par la signature des puissances de l'Europe. Il sera institué une commission, à laquelle incombera l'exécution des mesures prises en commun pour maintenir en état navigable les bouches du Danube. Seront publiés ultérieurement des règlements concernant la navigation et la police du fleuve. Chacune des puissances signataires aura la faculté de faire stationner, en tout temps, deux bâtiments légers à l'embouchure du fleuve, afin d'assurer l'exécution du règlement.

Pendant les neuf premières années, les travaux de la commission eurent les résultats suivants : La régularisation provisoire des divers bras navigables compris entre Isaktscha et la mer, particulièrement la construction de deux digues à l'embouchure de la Sulina, l'exécution de travaux de redressement et de draguage, l'enlèvement des épaves, la pose de tout un système de bouées, la construction d'un phare à l'embouchure de Saint-Georges, l'établissement d'un service régulier de sauvetage, et la construction, à Sulina, d'un hôpital de la marine, dans lequel sont admis gratuitement les marins malades ou naufragés.

Postérieurement, l'*Acte de navigation* du 2 novembre 1865, convenu entre les puissances signataires du traité, détermina les droits et les devoirs des bâtiments de tous les pavillons qui flottent sur le Danube. Ses dispositions principales sont :

1) Les établissements, ouvrages, etc., créés dans l'intérêt de la navigation du Danube, en vertu de l'art. 16 du traité de Paris, particulièrement la caisse de la navigation à Sulina, sont mis sous la protection du droit des gens ; ils sont déclarés neutres en cas de guerre. Cette neutralité s'étend aussi à tout le personnel administratif et technique de la commission. Les établissements et ouvrages sont considérés comme définitifs ; leur maintien et leur développement sont garantis.

2) Les attributions de la commission permanente sont réglées.

3) Les règlements de navigation et de police sont publiés en annexe de l'*Acte*.

4) On détermine ce qui concerne la nomination et les pouvoirs des fonctionnaires turcs (inspecteur général et capitaine du port).

5) On assure l'exécution du règlement et l'application des tarifs :

a) En imposant aux navires de commerce l'obligation d'obéir aux ordres de l'inspecteur général et du capitaine du port de Sulina.

b) En autorisant l'intervention éventuelle des bâtiments de guerre, sur réquisition du directeur de la caisse de navigation, par l'intermédiaire du capitaine du port de Sulina.

4. En conséquence de la neutralisation de la mer Noire, la conservation ou l'établissement d'arsenaux de marine militaire sur ses côtes sont déclarés inutiles et sans objet, et la Russie et la Turquie s'engagent à y renoncer. (Art. 13.)

Il est aisé de saisir la portée de ces entraves mises à la puissance maritime de la Russie; lorsque les victoires de l'Allemagne eurent, en 1870, paralysé l'influence de la France, le gouvernement russe s'empressa de s'affranchir des dispositions du traité de Paris qui portaient atteinte à ses droits de souveraineté dans la mer Noire, et particulièrement de la convention spéciale conclue par lui avec la Porte et basée sur l'article 14 du traité. Pour justifier cette conduite, il allégua que les stipulations dont il s'agissait, comme en général les articles du traité de Paris, avaient été fréquemment enfreintes par d'autres; il cita comme exemple l'admission devant Constantinople d'une escadre autrichienne composée de trois navires de guerre, à l'occasion de la visite de l'empereur d'Autriche (voir ci-dessous *b*).

Les puissances contractantes, à l'exception de la Prusse, protestèrent contre la conduite de la Russie; la Prusse proposa une conférence afin d'arriver à une médiation. Il surgit un projet de révision des clauses du traité de Paris relatives à la navigation sur le Danube et dans la mer Noire[1]. Le résultat de la conférence qui eut lieu à Londres entre les puissances signataires du traité, fut consigné dans le traité du 13 mars 1871. Ce traité abandonne le principe de la neutralité de la mer Noire; les articles 11, 13 et 14, et la convention spéciale relative à ce dernier article sont abrogés; la liberté du commerce

---

Chaque station de navire de guerre doit restreindre son action aux bâtiments marchands de sa nationalité et aux bâtiments étrangers qu'elle est appelée à protéger, soit en vertu des traités ou des usages internationaux, soit à la suite d'un mandat général ou spécial. S'il n'y a pas sur les lieux de navire de guerre autorisé à intervenir, les autorités internationales des rives du fleuve ou le capitaine du port, ont à requérir l'intervention d'un navire de guerre du pays.

6) On détermine les prescriptions relatives à la quarantaine.

Nous omettons ici tout exposé des dispositions financières.

[1] Voir les actes officiels concernant la question de la mer Noire dans le *Staatsarchiv* de Aegidi et Klauhold, t. XX, n° 4222 à 4286.

maritime pour les navires de toutes les nations est proclamée
de nouveau[1].

b) Le Bosphore et les Dardanelles.

La Turquie s'est toujours arrogé le droit d'interdire l'entrée
de ces détroits aux navires de guerre de toutes les nations, sans
rencontrer une résistance positive qui mérite d'être mentionnée.
L'Angleterre en particulier a reconnu ce droit dans le traité de
paix de 1809. Il a été consacré de nouveau par la convention
du 13 juillet 1841, puis par l'article 10 du traité de Paris de
1856, mis en rapport avec la convention additionnelle. Il y est
déclaré que les puissances signataires acceptent « l'ancienne
règle », d'après laquelle les détroits sont fermés aux navires
de guerre étrangers aussi longtemps que la Turquie se trouve
en état de paix, mais toutefois sous les modifications suivantes :

1. Le sultan conserve le droit de délivrer un firman de passage à de petits navires de guerre pour le service des ambas-
sades des puissances amies ;

2. Sont également exceptés les deux bâtiments que chacune
des puissances contractantes peut envoyer aux bouches du
Danube.

Dans le traité de Londres du 13 mars 1871 ce principe a été
maintenu, il est vrai, mais avec cette remarque que le sultan
aura tout pouvoir d'ouvrir en temps de paix les détroits aux
navires de guerre des puissances amies et alliées, dans le cas
où la Sublime Porte le jugerait nécessaire pour assurer l'exécution des stipulations du traité de Paris de 1856[2].

Il faut rappeler encore ici que, lorsqu'en 1868 une escadre
autrichienne ayant l'empereur à bord fut autorisée à passer
les Dardanelles, le sultan s'attribua en principe le droit d'ac-

---

[1] Ces stipulations ne sont pas modifiées par le traité de Berlin, conclu le
13 juillet 1878 entre l'Allemagne, l'Autriche-Hongrie, la France, la Grande-Bretagne, l'Italie, la Russie et la Turquie. (Act. 63.)

[2] Ces dispositions ne sont pas atteintes par le traité du 13 juillet 1878.

corder une semblable concession, lorsque le souverain ou le chef d'un état indépendant se trouverait à bord[1]. Dans une déclaration explicative du chancelier d'Autriche-Hongrie en date du 22 décembre 1870[2], il est dit que les navires de guerre, qui sont exclusivement employés au service d'honneur du souverain dans une visite de courtoisie, perdent momentanément, en quelque sorte, leur caractère propre de bâtiments de guerre.

c) La mer Baltique.

Les rois de Danemark ont revendiqué depuis le xive siècle la souveraineté sur l'Oeresund et les Belt et le droit de lever des taxes sur tous les navires étrangers qui traversaient les détroits. Il en résulta de tout temps des querelles avec les puissance étrangères; la résistance des villes hanséatiques, notamment de Lubeck, amena plusieurs guerres. Mais les prétentions danoises rencontrèrent souvent un acquiescement tacite ou exprès, ce dernier surtout, il est vrai, lorsque la lutte avait été heureuse pour le Danemark[3]. En échange de la taxe, le Danemark se chargeait de la protection contre les pirates ainsi que de l'établissement et de l'entretien des signaux maritimes. Lorsque la piraterie eut été complètement extirpée dans la mer Baltique, il ne pouvait plus s'agir que de cette dernière prestation. En 1658, le traité de Roeskilde fit passer Schonen sous la domination de la Suède, mais le Danemark se réserva l'*imperium* sur le Sund, et on le lui reconnut généralement dans la pratique et dans les écrits des publicistes[4].

La domination exclusive du Danemark sur le petit Belt a

---

[1] Note turque du 28 septembre 1868, dans le *Staatsarchiv.*, t. XVI, n° 3558.
[2] *Ibid.*, t. XX, n° 4239.
[3] La souveraineté du Danemark a été reconnue expressément par les villes hanséatiques en 1368; par l'Angleterre, en 1450 et 1490; par les Pays-Bas, en 1533, 1543 et 1645; par la France, en 1663 et 1742.
[4] *Voir* entre autres Phillimore, I, § 179; Wheaton, *Élém.*, I, p. 173, et le même, *Histoire*, I, p. 205 et suiv., où l'on trouvera un exposé historique détaillé de la question.

pris fin lorsque le duché de Scheswig fut séparé du Danemark.

Déjà auparavant, plusieurs états maritimes avaient protesté contre les taxes levées sur les navires qui traversaient les détroits. Ainsi, en 1848, le gouvernement des États-Unis d'Amérique déclara qu'il ne respecterait plus, à l'avenir, le droit que s'arrogeait le roi de Danemark, parce qu'il le considérait comme contraire au principe de la liberté de la navigation; d'autres puissances suivirent cet exemple, mais d'une manière moins péremptoire. Les négociations entamées entre le Danemark et un grand nombre d'états maritimes de l'Europe aboutirent enfin au traité du 14 mars 1857. Dans ce traité, le Danemark s'engage à renoncer à la levée de taxes quelconques sur les navires de commerce des parties contractantes qui traversent les détroits, ainsi qu'à l'exercice du droit de visite; il s'engage également à entretenir et à améliorer les phares et des autres signaux maritimes établis sur les côtes et dans les ports danois, et qui doivent faciliter la navigation dans le Kattegat, le Sund et les Belt. La même convention règle ensuite le pilotage des navires étrangers et stipule particulièrement qu'il n'y aura pas de pilotage forcé; les navires qui ne prendront pas de pilote seront affranchis de la taxe de pilotage, etc. Une somme de 30,476,325 rigsdalers, à répartir proportionnellement entre les parties contractantes, est accordée au Danemark à titre d'indemnité. Cette transaction ne constitue donc pas le prix payé pour une renonciation à des droits de souveraineté, — car il n'y a pas eu de semblable renonciation, — mais c'est une indemnisation pour les frais qu'occasionneront à l'avenir les charges imposées au Danemark du chef de l'établissement et de l'entretien des signaux maritimes. Le gouvernement des États-Unis d'Amérique avait refusé de prendre part à cette convention, mais il conclut, le 11 avril de la même année, un traité séparé avec le Danemark par lequel ce dernier, contre paiement d'une somme de 717,829 rigsdalers, déclare la mer Baltique ouverte librement aux navires américains, et s'engage à entretenir les signaux maritimes et à fournir les pilotes moyennant une somme déterminée.

La question de la neutralisation éventuelle de la mer Baltique en cas de guerre sera traitée au § 33, III. Cette mer est en tout temps ouverte au commerce paisible de toutes les nations.

C. — Ports, rades, baies et embouchures des fleuves.

VII. Quelles que soient leur configuration et leur étendue, on les considère comme eaux appropriées des états auxquelles ils appartiennent [1]. Il faut y comprendre notamment les « Haffs » des côtes prussiennes et poméraniennes, les « Wattenmeere » de la côte allemande de la mer du Nord, les petits détroits qui n'ont d'importance que pour la navigation nationale, comme par exemple les détroits entre le continent anglais et l'île de Wight (the Solent), l'Als Sund, le Fehmarn Sund, le Kalmar Sund et un grand nombre d'autres.

Pour ce qui concerne le régime juridique de ceux de ces détroits qui servent à l'intercourse générale (voir § 13, VII).

Les embouchures des fleuves et les « haffs, » quelle que soit également leur étendue, sont assimilés aux mers intérieures [2]. On considère aussi comme faisant partie du territoire de l'état, même quand elles ne sont pas occupées, les îles situées devant ces embouchures; elles forment en quelque sorte des portions détachées de la terre ferme, et c'est à partir de leur rivage que commence la mer territoriale [3].

D. — Grandes baies ou golfes.

VIII. Il s'agit ici des prétentions de certains états à des droits de haut domaine sur les grandes baies ou golfes non compris sous les litt. A, B et C. De semblables prétentions ont

---

[1] Les ports sont la propriété de l'État. Code général de la Prusse, II, 15, § 80.

[2] Voir l'arrêt du tribunal suprême de la Prusse en date du 28 novembre 1860, cité plus haut.

[3] La question fut examinée à ce point de vue à l'occasion d'une capture faite dans les bouches du Mississipi. Le juge des prises, sir W. Scott, déclara que de telles îles, même lorsqu'elles ne sont pas occupées, forment le commencement naturel de la côte du pays auquel elles appartiennent, parce que les éléments qui les composent par alluvion, se sont détachés de la terre ferme.

parfois été reconnues expressément ou tacitement, mais on lés a combattues beaucoup plus fréquemment. Il ne peut jamais être question d'un droit de propriété sur ces parties de la mer. Il faut citer :

1. Les baies dont la largeur comprend au plus 10 milles (le 1/6 d'un degré équatorial), comptés des points extrêmes de la terre ou des bancs de sable. Cette définition se trouve pour la première fois dans l'article 9 du traité anglo-français du 2 août 1859, concernant la pêche dans le canal de la Manche; elle a passé ensuite dans une foule de conventions et de décrets concernant l'autorisation de faire la pêche dans les eaux nationales. L'office du commerce britannique (Board of Trade) a également reconnu, par un avis de novembre 1868 [1], les li-

---

[1] Cet avis est ainsi conçu :

Notice to british fishermen fishing off the coasts of North Germany.

Her Majesty's government and the North German government having come to an agreement respecting the regulations to be observed by British fishermen fishing off the coasts of North German Confederation, the following notice is issued for the guidance and warning of British fishermen.

NOTICE.

I. The exclusive fishery limits of North Germany are designated by the North German government as follows; that tract of the Sea which extends to a distance of 3 sea miles from the extremest limit which the Ebb leaves dry of the German North Sea coast of the German Islands or Flats lying before it, as well as those Bays and incurvations of the coast which are 10 Sea miles or less in breadth, reckoned from the extremest points of the land and the Flats, must be considered as under the territorial sovereignty of the North German Confederation.

II. The exclusive right of fishery within the above limits is accordingly to be enjoyed by fishermen of German nationality only, and English fishing boats are NOT at liberty to enter those limits except under the following circumstances, namely :

1) When driven by stress of weather or by evident danger :

2) When carried in by contrary winds, by strong tides, or by any other cause beyond the control of the master and crew.

3) When obliged by contrary winds and tides to beat up in order to reach their fishing grounds; and when from the same cause of contrary wind or tide, they could not, if they remained outside, be able to hold on their course of their fishing ground.

4) When, during the herring fishing season, English fishing boats shall find it necessary to anchor under shelter of the North German coasts, in order to await the opportunity for proceeding to their fishing ground.

mites de pêche fixées par la Confédération de l'Allemagne du
Nord pour les côtes allemandes; le droit exclusif de pêche est
également réservé aux pêcheurs de nationalité allemande,
« dans l'intérieur des baies ou courbes de la côte ayant une
« largeur de dix milles au plus, en comptant à partir des
« points extrêmes de la terre ferme et des bancs de sable. »
Dans ce cas et dans d'autres semblables, il ne s'agit pas d'un
droit de propriété, mais uniquement d'un droit exclusif en faveur de la pêche nationale, accordé en vue de prévenir le
trouble dans l'exercice de cette industrie et sauvegardé par
une police maritime qui se fait généralement sans difficulté,
avec le concours des navires de la marine militaire. C'est ainsi
que la marine allemande a fréquemment protégé les pêcheurs
de sa nation, sur les côtes de la mer du Nord, contre les empiètements des pêcheurs anglais et hollandais.

2. Les prétentions de l'Angleterre, concernant l'extension de
de sa souveraineté territoriale sur les baies plus grandes, les
golfes et les détroits qui entourent la Grande-Bretagne et l'Irlande, les mers dites « *narrow seas* et *adjoining seas* », n'ont jamais été universellement admises, et si dans certains cas la
force des circonstances a permis qu'on les fît valoir sans contradiction, nous ne pouvons en déduire qu'elles soient fondées. L'exercice unilatéral de prétendus droits, même quand
il ne soulève pas les réclamations d'autres états, soit par con-
nivence, soit par impuissance de résister, ne peut jamais être
opposé à ceux qui n'ont pas acquiescé expressément ou par
des actes dont l'intention est évidente.

5) When proceeding directly to any port of Northern Germany, open to En-
glishmen for the sale of fish where the cargo is to be sold.

III. Fishing boats NOT of German nationality which pass within the limits above
mentioned without being compelled to do so by any of the circumstances above
enumerated, and not being on their direct way to a port for the sale of fish,
will be liable to be turned back; and in the event of their resisting, or persis-
ting in fishing within the limits above described, will be *arrested* and *proceeded
against* before the nearest competent authority.

(*Signed*) C. CECIL TREVOR,
Assistant Secretary.

Board of Trade, November 1868.

Phillimore [1] déclare, il est vrai, que : « The exclusive right
.« of the british crown to the Bristol Channel between Ireland
« and Great Britain (mare hibernicum, canal de Saint-Georges)
« and to the Channel between Scotland and Ireland is incon-
« tested. » Mais il faut remarquer que ce prétendu droit exclusif n'est admis sans contestation que par les publicistes anglais; ailleurs on refuse de le reconnaitre; Woolsey [2] dit :
« Great Britain has long claimed supremacy in the narrow
« seas adjoining that island. But the claim also chiefly satis-
« fied by paying certain honours to the British flag, has not
« been uniformly acquiesced in, and may be said to be falling
« into desuetude. And if it had been urged and admitted in
« former times, the force of the prescription would be broken
« by the plea, that the views of the world in regard to the
« freedom of commerce, have become much more enlarged. »

En dehors des eaux que nous venons de citer, c'est-à-dire
du canal de Bristol, du canal Saint-Georges, du canal Saint-
Patrick et de la mer d'Irlande (Irish Sea), l'Angleterre a revendiqué une souveraineté du même genre et particulièrement un droit de juridiction sur les avancées de la mer dans les
terres, c'est-à-dire sur toutes les eaux comprises au dedans d'une
ligne tirée entre deux promontoires ; on appelle ces avancées de
la mer « Chambres royales » (Kings ou Queens Chambers). Le
gouvernement des États-Unis s'est arrogé des droits semblables
sur les grandes baies des côtes de l'Amérique du Nord ; ainsi
en 1793, il a réclamé un droit de propriété sur la baie de De-
laware. Kent soutient ces prétentions [3]. Wheaton [4] admet également, comme consacré par l'usage, le pouvoir de juridiction
de la couronne d'Angleterre sur ces eaux ; il oublie qu'un
semblable droit exclusif ne peut en aucune manière être acquis par une simple prise de possession.

Dans ce domaine, on a confondu souvent l'exercice de cer-

---

[1] 1, § 189.
[2] § 56.
[3] *Voir* aussi ci-dessus, III, G.
[4] *Élém.*, I, p. 170.

taines attributions de police maritime ayant pour but la sécurité de l'intercourse avec un droit de souveraineté et le pouvoir juridictionnel qui en découle. Les publicistes récents sont moins disposés que les anciens à reconnaître ce droit de souveraineté, et il serait difficile d'apporter des preuves à l'appui de l'assertion de Twiss [1], d'après lequel le droit international rangerait ces baies et parties de mer au nombre des zones où l'on ne peut entreprendre des hostilités en temps de guerre. Il est très remarquable, et ceci caractérise la doctrine récente de l'Angleterre, que le Territorial Waters Jurisdiction Act de 1878 limite à la distance de trois milles l'étendue du droit de juridiction sur la mer territoriale. Les explications que l'on a données sur ce point en discutant le bill à la Chambre des lords prouvent que le gouvernement anglais a jugé inopportun de contredire les idées modernes sur la liberté de la mer, en revendiquant le droit de juridiction dans une aussi vaste proportion.

3. Le golfe de Bothnie était considéré anciennement comme une propriété de la Suède. Selon Heffter [2], il serait encore aujourd'hui, à la suite de la cession de la Finlande à la Russie [3], la propriété commune de la Suède et de la Russie. Mais cette opinion est contredite par les principes posés plus haut.

IX. *Souverainetés territoriales concurrentes.*—Ceci se présente notamment dans les détroits et les embouchures des fleuves. Si les droits et les devoirs réciproques ne sont pas fixés par l'usage ou par une convention, on devra considérer, comme dans les fleuves, la ligne du milieu des eaux comme la limite de la souveraineté. Bluntschli [4] pose la règle suivante : « Lorsque deux états sont situés au bord d'une mer libre, mais si étroite que la bande de mer faisant partie du territoire de l'un, empiète sur la bande de mer qui dépend du territoire de

---

[1] I, p. 177.
[2] § 76 a ; Voir aussi Rau, § 92.
[3] Par le traité du 5/17 février 1809 et par le traité des limites de 1810.
[4] Art. 303.

l'autre, ces deux états sont tenus de s'accorder réciproquement les droits de souveraineté sur l'espace commun ou de fixer ensemble une ligne de démarcation.

X. Les droits qui appartiennent à l'état sur les parties de mer dont il est le souverain, sont les suivants :

1° L'exercice exclusif du cabotage par les bâtiments nationaux. Les navires battant pavillon étranger n'y sont admis qu'en vertu d'anciens usages ou de traités ou bien à la suite de concessions formelles [1].

[1] L'exposé des motifs du projet de loi concernant le cabotage présenté au parlement impérial allemand le 5 avril 1880, donne à cet égard les détails suivants :

Des principes différents sont en vigueur dans les divers états en ce qui concerne le cabotage. Dans quelques-uns, le cabotage est réservé exclusivement aux navires nationaux ; dans d'autres, il est entièrement libre ; dans d'autres encore, il est permis soit par la législation, soit par les traités, seulement aux navires des nations qui accordent la réciprocité.

Il est à noter spécialement :

I. — *En ce qui concerne les pays étrangers à l'Allemagne.*

1) *En Russie,* on ne comprend par « cabotage » que le transport de marchandises d'un port russe à un autre port russe situé dans la même mer. Il est exclusivement réservé aux sujets et aux navires russes.

2) *En France,* le *petit cabotage,* entre les ports d'une même mer, et le *grand cabotage,* entre les ports de mers différentes, ne peuvent se faire que sous pavillon français.

3) *En Espagne,* le commerce de cabotage n'est, en général, permis qu'aux navires nationaux (*Ordenanzas générales de la renta de aduanas,* du 15 juillet 1870, art. 158); cependant peuvent être conduits d'un port à un autre par des navires étrangers, les articles suivants : les bagages des voyageurs, les minerais, la chaux hydraulique, le bois de construction, les engrais naturels et artificiels, et les charbons de terre du pays. (*Voir* Traité de commerce et de navigation conclu entre le Zollverein et l'Espagne, le 30 mars 1868, art. 14, *B. G. B.,* p. 329.)

4) *En Portugal,* le cabotage est en entier réservé au pavillon national. (*Voir* Traité de commerce et de navigation entre l'Allemagne et le Portugal du 2 mars 1872, art. 14 *R. G. Bl.,* p. 260.)

5) *En Suède,* le même principe est en vigueur; le pavillon norwégien est assimilé au pavillon suédois. Mais une ordonnance royale peut admettre au cabotage les navires des pays qui accordent la réciprocité, De semblables ordonnances ont été portées en faveur des navires allemands, belges, britanniques, danois, italiens et néerlandais.

6) *Pour la Norwège,* la loi du 17 juin 1869, art. 14, dispose que les navires étrangers peuvent charger des marchandises dans un port national et les transporter dans un autre port du pays, pour autant qu'une ordonnance royale n'a pas refusé cette faculté à tout navire de nationalité étrangère.

2. L'exercice exclusif de la pêche côtière en ce qui concerne tous les produits de la mer, poissons, coquillages, coraux,

7) *En Danemark*, aux termes d'une ordonnance du 1er septembre 1819, les navires étrangers de plus de 15 *commerzlasten* (à 5200 livres) de capacité peuvent seuls prendre part au cabotage. Mais d'après la loi du 14 avril 1865, le gouvernement peut lever cette restriction, sous la condition de réciprocité, en faveur des navires appartenant aux nations qui jouissent de privilèges dans leurs relations commerciales avec le Danemark. (Ceci a été établi le 1er avril 1868 pour les navires allemands. Voir *Preussisches Handelsarchiv.*, 1868, t. I, p. 310.) Il y a des dispositions spéciales pour les colonies danoises.

8) *En Autriche*, d'après une décision impériale du 28 janvier 1845, l'exercice du cabotage est défendu aux navires portant pavillon étranger, pour autant que des traités n'ont pas établi des dispositions particulières. Les navires allemands sont admis en vertu du traité de commerce du 16 décembre 1878, art. 11.

9) *En Italie*, où le cabotage est également reconnu en principe comme un privilège du pavillon national, la loi du 9 avril 1855 autorise le gouvernement à admettre les navires de pays étrangers sous la condition d'une réciprocité complète. Une entente s'est établie avec l'empire allemand, et l'admission réciproque a été accordée par déclaration du 28 novembre 1872.

10) *En Grèce*, une ordonnance royale du 15 novembre 1836, article 3, décide que les navires nationaux auront le droit exclusif de transporter les produits du pays d'un port du royaume à un autre, pour autant que des dispositions différentes fondées sur la réciprocité ne soient pas établies par des traités internationaux. L'empire allemand n'a pas conclu jusqu'à présent une semblable convention avec la Grèce.

11) *Dans les Pays-Bas*, la navigation intérieure et le cabotage dépendent du payement d'une patente ; pour le reste, l'un et l'autre sont également permis aux étrangers et aux indigènes. Dans les Indes orientales néerlandaises, les navires néerlandais, ceux qui appartiennent aux Indes néerlandaises, et les bâtiments des princes indigènes en vertu de concessions conventionnelles, sont seuls admis au cabotage. Loi de navigation du 8 août 1850, art. 6.

12) *En Belgique*, le cabotage est libre.

13) *Dans la Grande-Bretagne*, le cabotage est permis en principe à tous les navires étrangers ; mais le gouvernement s'est réservé le droit d'en exclure, par un « order in council », les navires des pays qui refusent la réciprocité aux navires britanniques. Voir The Customs consolidation Act. 1876, sect. 141, en rapport avec The Customs Consolidation Act. 1853, sect. 324.

14) *En Turquie*, le droit de cabotage est accordé aux navires allemands en vertu de l'article 12 du traité de commerce et de navigation de la Sublime Porte avec les villes hanséatiques du 18 mai 1839, mis en rapport avec l'article 1er du traité de commerce de la Sublime Porte avec le Zollverein du 20 mars 1862, dans lequel le traitement de la nation la plus favorisée est accordé aux navires des états du Zollverein.

15) Dans les pays hors d'Europe, le cabotage est réservé le plus souvent au pavillon national. Il faut remarquer tout d'abord que les États-Unis d'Amérique

excluent absolument les navires étrangers, même du commerce de fret, entre leurs ports situés sur des océans différents. Par contre, le Brésil, la Chine et le Japon admettent sans obstacle les pavillons étrangers à faire le commerce de fret sur leurs côtes. Voir le traité conclu par les états du Zollverein, le Mecklembourg et les villes hanséatiques, avec la Chine, le 2 septembre 1861, art. 6 et 7, et le traité entre le Zollverein et le Japon, du 20 février 1869, art. 8 (*B. G. Bl.*, 1870, p. 5).

II. — *Dans l'empire allemand.*

La loi n'a posé qu'un principe général, à savoir que les navires marchands de tous les états fédérés doivent être également admis et traités dans les ports de mer et sur les voies navigables, naturelles et artificielles, de chacun des états de l'empire. (Constitution de l'empire, art. 54, § 3.) Il en résulte que le cabotage est libre pour tout navire allemand sur toute la côte allemande.

Les navires étrangers jouissent de la même faveur sur une partie de ces côtes; sur d'autres, et notamment sur certaines parties du littoral prussien, le cabotage des navires étrangers est soumis à des restrictions.

1) Dans les provinces de la Prusse orientale, de la Prusse occidentale et de la Poméranie, on applique l'ordre de cabinet du 20 juin 1822 (*Recueil des lois*, p. 177), qui défend le cabotage aux marins étrangers sous peine de confiscation du navire et des marchandises. Cependant des exceptions peuvent être accordées par les autorités provinciales « en cas urgent » et « dans l'intérêt général. » D'après la loi du 5 février 1855 (*Recueil des lois*, p. 217), cette interdiction peut, par ordonnance royale, être levée en faveur des pays où les navires prussiens sont admis au cabotage sur le même pied que les nationaux. En conséquence, ont été admis dans les ports desdites provinces prussiennes, les navires britanniques, néerlandais, belges, suédois, norwégiens et danois, par ordonnances royales des 2 avril 1855 (*Recueil des lois*, p. 218), 1er décembre 1856 (*Recueil des lois*, p. 1011), 12 juillet 1858 (*Rec. des lois*, p. 411), et 9 mars 1868 (*Rec. des lois*, p. 228). La même autorisation a été accordée plus tard aux navires des pays auxquels ce droit avait été accordé conventionnellement par le Zollverein ou l'Empire.

2) Dans le Schleswig-Holstein, d'après le placard du 1er septembre 1819 et l'ordonnance de douane du 1er mai 1838, les navires ayant 15 *commerzlasten* (à 5200 livres) ou moins de capacité sont exclus du cabotage. Par ordonnance royale du 9 mai 1867 (*Recueil des lois*, p. 701), cette restriction a été levée en faveur des navires étrangers qui sont admis au cabotage dans les provinces de la Prusse orientale et occidentale et de la Poméranie.

Sur les autres côtes allemandes, l'exercice du cabotage par les navires étrangers ne peut être empêché, en l'absence de dispositions légales prohibitives.

La loi, concernant le cabotage, en date du 22 mai 1881, est ainsi conçue :

Article premier. — Le droit de charger des marchandises dans un port allemand et de les transporter dans un autre port allemand (cabotage), appartient exclusivement aux navires allemands.

Art. 2. — Ce droit peut être accordé aux navires étrangers par traité ou par ordonnance impériale, avec l'approbation du Bundesrath.

Art. 3. — Le patron d'un navire étranger, qui fait le cabotage sans autorisation, est puni d'une amende qui peut s'élever jusqu'à 3,000 marks.

perles, plantes marines, etc., pour les nationaux [1]. L'admission des étrangers au cabotage ne comprend pas l'admission à la pêche côtière. Il faut pour celle-ci une autorisation spéciale pour autant qu'elle n'est pas accordée par traité ; des stipulations de cette espèce sur l'admission réciproque des sujets des parties contractantes se rencontrent depuis le xv⁰ siècle dans de nombreux traités, et d'abord dans le traité de Londres conclu en 1459 par Henri VII d'Angleterre avec l'archiduc Philippe d'Autriche, en sa qualité de comte de Hollande et de Zélande.

Dans son article 296 a, le code pénal allemand punit d'une amende de 600 marks ou d'un emprisonnement de six mois les étrangers qui pêchent sans autorisation dans les eaux allemandes et prescrit en outre la saisie des instruments de pêche que le délinquant avait en sa possession en faisant la pêche défendue, ainsi que des poissons contenus dans son bâtiment, sans distinguer si ces ustensiles et poissons sont ou non la propriété du condamné.

3. L'exercice du pouvoir et juridiction avec les restrictions qui résultent des rapports internationaux (voir §§ 13, 14 et 15).

4. L'exercice de la police, notamment de la police de sûreté et de la police sanitaire. Voir aux mêmes §§ et aussi au § 23.

5. Le règlement du pilotage et des signaux maritimes.

6. Le contrôle de la douane.

7. Le règlement des affaires d'échouage.

8. Le règlement du cérémonial de la mer.

En regard de ces droits, les gouvernements des états maritimes ont certains devoirs envers les navires étrangers qui se trouvent dans leurs eaux territoriales, et particulièrement ils leur doivent protection contre toute atteinte à leurs droits en

---

Outre l'amende, le jugement peut prononcer la confiscation du navire et de la cargaison prohibée, sans distinguer s'ils appartiennent ou non au condamné.

L'article 42 du code pénal sera appliqué selon les cas.

ART. 4. — La présente loi n'a aucun effet sur les dispositions concernant le cabotage qui ont été convenues par traité.

ART. 5. — La présente loi entrera en vigueur le 1ᵉʳ janvier 1882.

[1] Voir déjà Grotius : *De jure belli ac pacis.* II, ch. II, § 5.

temps de paix comme en temps de guerre; c'est ainsi également qu'un état neutre pendant la guerre, en exigeant le respect
de son territoire maritime de la part des belligérants, a le devoir
de s'opposer aux hostilités qu'ils y commettraient (voir § 39).

§ 6. — Souveraineté passagère sur des parties de la haute mer.

I. On se fonde sur la fiction d'après laquelle les navires,
quel que soit le lieu où ils se trouvent, pourvu que ce soit sur
la haute mer, sont des fractions de l'état auquel ils appartiennent, et forment des portions ambulantes du territoire, qui
emportent partout leur nationalité attestée extérieurement par
le pavillon, et qui sont soumises aux lois du pays comme le
territoire continental. Cette fiction s'applique tout particulièrement aux navires de guerre, parce qu'ils constituent une
partie de la force armée de l'état, jouissant de toutes ses prérogatives, et particulièrement des droits de souveraineté.

II. Dans un but difficile à comprendre, des publicistes récents
ont voulu rattacher à ce principe un haut domaine temporaire
non pas seulement sur la partie de la pleine mer où se trouve
soit la flotte, soit le navire de guerre isolé, mais encore sur
une distance égale à la portée de canon autour de la flotte ou
du navire[1]. Cette théorie est absolument arbitraire; elle n'est
pas compatible avec la liberté de la circulation sur la pleine
mer, et ses conséquences mènent à des conflits insolubles.

Bluntschli[2] prétend définir la règle suivante comme un principe du droit des gens positif : « Lorsque les navires se trou-
« vent en pleine mer, la souveraineté de l'état dont ils portent

[1] De Cussy (I, p. 147) est le plus hardi de tous quand il déclare que : « Un vaisseau de guerre en pleine mer emporte avec lui sur l'Océan une souveraineté am-
bulatoire incontestable; dans cette situation, il a même une sorte de territoire autour de lui, une atmosphère propre qui a pour mesure la portée de ses canons,
et si un navire se réfugie dans ce rayon, il sera à l'abri des poursuites de l'a-
gresseur comme s'il était dans une rade ou dans un port neutre. » Voir aussi
ibid., p. 250, où sont tirées les conséquences de cette opinion insoutenable.

[2] Art. 318.

« le pavillon s'étend au navire tout entier et à la partie de la
« mer sur laquelle se trouve actuellement le navire. »

Il nous paraît que c'est aller trop loin ; la souveraineté territoriale ne peut pas raisonnablement s'étendre au delà du navire lui-même et des embarcations qu'il emmène avec lui ;
toutefois Phillimore[1], s'appuyant sur Grotius[2] et sur Bynkershoek dit que « the portion of the sea actually occupied by
« a fleet riding at anchors is within the dominion of the nation
« to which the fleet belongs, so long as it remains there. » En
réalité, il n'y a aucun motif pour établir la fiction de ce *dominium* ou *imperium* temporaire, qui, dans les endroits visités
fréquemment par des navires de guerre, aurait pour résultat
un changement continuel de juridiction. Il est complètement
inutile pour justifier juridiquement le libre usage de la pleine
mer, parce que cet usage paisible est une conséquence nécessaire du principe de la liberté de la mer. Tout navire en mer
doit pouvoir manœuvrer librement, et il ne doit observer que
les règles en vigueur pour le croisement des navires ; règles qui,
sans faire jusqu'à présent formellement partie du droit des
gens, sont identiques dans les législations maritimes de tous
les peuples civilisés (voir plus bas, § 20). La création d'un territoire spécial pour les navires, *territoire ou domaine naval*, qui
est proposée par Hautefeuille[3] pour l'espace de la mer qu'un
navire occupe et dont il a besoin pour manœuvrer, ne nous
paraît pas justifiée. Elle pourrait avoir de graves conséquences,
car il est évident qu'en l'admettant, on ne saurait éviter la confusion des territoires navals des diverses nations, comme cela
arriverait également si l'on y ajoutait, avec de Cussy, l'espace
de la mer qu'atteint la portée des canons de chaque navire.
Les collisions des droits qui en résulteraient inévitablement
seraient insolubles, et si la pratique suivait en ceci la théorie,
elle conduirait certainement à de regrettables conflits. En

---

[1] I, § 203, II, § 303.
[2] *De jure belli ac pacis*, lib. II, c. III, § 13. Contrà, Wheaton, *Él. II*, p. 101 ;
Gessner, *loc. cit.*, p. 167.
[3] *Histoire*, p. 23.

résumé, tout ce système, qui n'est ni fondé en théorie ni en pratique, paraît devoir être repoussé. La règle posée par Bluntschli, en apparence inattaquable, ne peut être défendue davantage ; en effet, si elle était adoptée, les droits les plus certains des belligérants sur mer ne pourraient être maintenus vis-à-vis des neutres. Il faudrait admettre cette conséquence, contraire aux principes élémentaires de la neutralité, que les belligérants ont un droit de visite et de saisie sur le territoire neutre ; car, en suivant Bluntschli, Phillimore, etc., il faudrait considérer comme tel l'espace de la mer sur lequel se trouve temporairement un vaisseau de guerre ou un navire marchand. En admettant seulement une souveraineté temporaire sur l'espace environnant les navires de guerre, ou n'en devrait pas moins se demander comment cette souveraineté serait conciliable avec le droit des belligérants d'arrêter des navires convoyés et de les visiter sous certaines conditions (voir § 56).

Pour justifier la fiction d'un territoire naval, — le terme est assez séduisant — on pourrait faire valoir peut-être les prescriptions et les usages qui existent au sujet de la distance qu'un croiseur ou un corsaire doit observer en s'approchant d'un navire de commerce qu'il veut soumettre à la visite. Cette distance, en effet, est fixée ordinairement, comme pour la mer territoriale, à une portée de canon. Toutefois l'argument ne serait pas décisif, parce que la distance dont il s'agit limite le droit d'approche du croiseur et du corsaire, et non pas celui de ses embarcations, ensuite parce que la portée de canon n'est point la distance généralement fixée en ce cas. On admet plutôt que celle-ci dépendra des circonstances de chaque espèce (voir § 54). En outre, elle est inconciliable avec les exigences de la navigation, et la plupart du temps, surtout pendant la nuit, il est absolument impossible de l'observer ; l'intérêt du croiseur et celui du navire de commerce exigent au contraire que les bâtiments se rapprochent autant que possible afin de permettre une rapide justification de la qualité de neutre.

· Cette fiction n'est pas davantage nécessaire pour justifier l'exercice paisible de la pêche. Il est vrai que l'on ne peut interdire à personne le droit de pêcher en pleine mer; mais d'autre part, le besoin de prévenir autant que possible les conflits entre pêcheurs, a fait naître, dans le cours des siècles, outre de nombreuses conventions internationales (trèves pêcheresses), une suite d'usages dont l'observation assure parfaitement l'accomplissement du but à atteindre. Nous mentionnerons ici les traités et coutumes qui tendent à prévenir les collisions des bâtiments de pêche entre eux, ainsi qu'avec d'autres bâtiments, et à interdire tout trouble de la pêche résultant de tentatives violentes d'expulsion ou de l'emploi de certaines espèces de filets, etc.; nous citerons aussi les traités qui déterminent les devoirs d'assistance réciproque et qui règlent l'acquisition de la propriété du poisson, etc. (voir § 22).

SECTION DEUXIÈME

DE LA NATIONALITÉ DES NAVIRES DE MER

§ 7. — Principes généraux.

I. La nature propre des relations maritimes exige que la sécurité de la mer soit garantie d'une manière aussi complète que possible, et ce besoin n'a fait que croître depuis que l'usage de la vapeur a transformé si profondément la navigation. De semblables garanties ne sont pas seulement nécessaires en temps de guerre, lorsque les hostilités portent atteinte au commerce maritime des sujets des belligérants et même dans une certaine mesure à celui des neutres. Il y a des motifs tout aussi graves d'assurer, en temps de paix, l'ordre et la régularité de l'intercourse.

Tout navire a une *nationalité*, appartient à un pays déterminé. C'est là le fondement de l'intervention de l'état en cette matière, et de la protection légale qu'il assure. Tout navire,

pour ne pas encourir le soupçon de se livrer à la piraterie, doit
être en mesure de prouver sa nationalité. Cette preuve est
fournie par *le pavillon* et par *les papiers de bord*. Le pavillon est
le signe distinctif apparent du caractère national d'un navire.
« Chaque état a ses couleurs particulières, sous lesquelles naviguent ses citoyens, et qui ne peuvent être portées sans sa permission quand on en vient aux preuves réelles. Mais ce signe
distinctif ne peut être le seul ; car s'il en était ainsi, il serait
bien facile de déguiser la nationalité d'un bâtiment. C'est dans
le but d'une constatation évidente de cette nationalité qu'ont
été institués les papiers de bord ou lettres de mer dont tout
navire de commerce doit être pourvu. »

« Le nombre, la nature et la formule de ces papiers sont réglés
par la loi de chaque pays, fréquemment par les dispositions des
codes de commerce maritime[1]. »

On trouve des détails historiques sur les pavillons dans Cleirac (annexe intitulée : *Livrées et couleurs des pavillons des navires,
pour la connaissance et distinction de chaque navire qui met à la
mer*[2]).

II. Le pavillon national est la marque extérieure de la nationalité du navire ; c'est le moyen le plus simple d'attester
cette qualité, quoique ce ne soit pas en toutes circonstances un
moyen suffisant. Le pavillon ne sert pas seulement à indiquer
la nationalité ; on l'emploie encore pour manifester certains
actes ou certains desseins, par exemple, en cas de détresse,
dans les fêtes et solennités, etc. Ainsi, le pavillon hissé à mi-

---

[1] Ortolan, I, p. 174 ; voir aussi de Martens, *Précis*, II, § 317 ; Cauchy, I,
p. 47 et 55, et II, p. 152 et suiv. ; Calvo, II, p. 113.

[2] « Ce fut jadis un ancien ordre, principalement aux expéditions des guerres
saintes et d'outre-mer, que chaque nation portait les estandars, bannières et pavillons de livrée, désignés et variés de certaines couleurs pour les distinguer et
faire reconnoistre, lesquelles couleurs et livrées pour la plupart ils ont encore retenues ; et furent attribuées, par les généraux des armées avec raison et sens mys-
tique : cette matière est autre et outre les armories. D'où procède que les ordonnances de la marine ont conservé le droict aux seigneurs admiraux, de pouvoir
donner bannières, couleurs, livrées et devises aux navires, sans qu'il soit permis
aux capitaines, maistres ou bourgeois d'en prendre à plaisir ou volonté. Cela estant
du droit public et de toute la nation. »

mât est un signe de deuil ; en berne, il est un signe de détresse ; pour saluer, on le hisse et on l'abaisse ; lorsqu'on
l'amène, on marque l'intention de rendre le navire.

III. Dans plusieurs états, le pavillon national des navires de
guerre[1] est autre que celui de la marine marchande. Le choix
d'un pavillon n'est limité que par l'obligation de n'en pas
prendre parmi ceux qui sont déjà reconnus dans les rapports
internationaux ; en effet, on manquerait ainsi le but, qui est de
reconnaître la nationalité, et l'on provoquerait des conflits de
toutes sortes.

IV. Les navires de commerce ne sont autorisés à porter le
pavillon de l'état que sous certaines conditions, que l'état leur
impose, par exemple l'indigénat de l'armateur, du capitaine ou
d'une partie de l'équipage, la construction du navire dans un
endroit déterminé, etc. Ces dispositions diffèrent notablement
selon les pays ; elles font partie intégrante du droit des gens,
bien qu'en elles-mêmes elles appartiennent au droit public
interne, parce qu'elles sont mentionnées dans les traités internationaux, et parce que, ayant leur origine dans les mêmes
principes, elles ont certains caractères communs, malgré la
variété des prescriptions en vigueur chez chaque peuple[2].

§ 8. — Du pavillon de guerre de l'Allemagne.

I. Dans ses articles 53 à 55, correspondant à des dispositions
semblables en vigueur dans la Confédération de l'Allemagne du
Nord, la Constitution de l'empire allemand consacre l'unité de
la marine de guerre, sous le commandement suprême de l'empereur, ainsi que l'unité de la marine marchande, composée
des bâtiments de commerce de tous les états fédérés. Elle décrète également que les couleurs du pavillon seront, pour les
deux marines, noir, blanc et rouge.

II. Le pavillon affecté à la marine fédérale par l'ordre royal

---

[1] L'art. 29 du traité de Berlin du 13 juin 1878 refuse au Montenegro le droit
d'avoir des navires de guerre et un pavillon de guerre.

[2] Ortolan, I, p. 176.

du 4 juillet 1867, en remplacement du pavillon prussien, ne peut, hors des vaisseaux et bâtiments de la marine impériale, être arboré que sur les fortifications côtières, les établissements et instituts appartenant à la marine impériale, la résidence des fonctionnaires supérieurs, les légations et consulats de l'empire [1]; ces derniers peuvent également porter le pavillon du commerce [2].

III. Tous les bâtiments appartenant au gouvernement impérial doivent porter le pavillon de guerre avec un signe particulier. Ce signe, de la grandeur de la croix de fer reproduite sur le même pavillon, se trouve dans le coin inférieur, près du mât, et il est ainsi déterminé :

1) Pour les bâtiments de charge, de labeur, et pour ceux qui sont nolisés par la marine impériale, quatre ancres rouges, ayant les pointes tournées l'une contre l'autre, et dont les anneaux forment les quatre coins d'un carré ;

2) Pour les bâtiments de la douane, une ancre bleue entre les lettres K et Z en couleur rouge.

3) Pour les navires de la poste, un cornet de poste jaune.

4) Pour les bâtiments du pilotage, deux ancres bleues croisées.

5) Pour les autres bâtiments appartenant au gouvernement, et ayant une destination commerciale, une ancre bleue.

Il a été décidé également que les navires allemands qui servent au transport de la poste impériale sans appartenir au gouvernement, doivent, lorsque la poste se trouve à bord, hisser au grand mât, comme signe distinctif, le pavillon postal décrit ci-dessus (n° 3), outre le pavillon de la marine marchande à la corne ou à la poupe.

Les navires indiqués sous les n°s 1 à 5 peuvent aussi arborer sur le beaupré un pavillon, de forme quadrangulaire, rayé de noir, blanc et rouge et chargé de la marque particulière à

---

[1] Plusieurs états ont adopté un pavillon officiel spécial pour les consulats, par exemple, la Russie et la Suède et Norvége.

[2] Instructions générales pour le service consulaire du 6 juin 1871, § 1, n° 7.
— Règlement des pavillons et des saluts, du 21 mai 1878, § 13.

chacun d'eux, qui se trouve à la place de la croix de fer sur le
pavillon de beaupré des navires de guerre. Ils ne sont autorisés
à porter la flamme que s'ils sont commandés par un officier de
de la marine impériale en activité de service [1].

§ 9. — Du pavillon de la marine marchande de l'Allemagne.

1) Lois concernant la nationalité des navires de commerce et
leur droit de porter le pavillon fédéral, du 25 octobre 1867 (*B. G.
B.*, p. 35-39).

2) Ordonnance concernant le pavillon fédéral pour la marine
marchande, du 25 octobre 1867 (*Ibid.*, p. 39).

3) Loi concernant l'enregistrement et la désignation des navires
de commerce, du 28 juin 1873 (*R. G. B.*, p. 184).

4) Prescriptions concernant l'enregistrement et la désignation
des bâtiments de commerce, du 31 novembre 1873 (*Ibid.*, p. 367-
369).

I. La loi du 25 octobre 1867 dispose que les bâtiments de
commerce des états fédéraux doivent porter exclusivement le
pavillon fédéral, comme pavillon national. Il en résulte que
désormais les pavillons nationaux des états particuliers de la
Confédération ne peuvent plus servir pour la navigation maritime; ils ont perdu le caractère de pavillons nationaux dans
le sens du droit international maritime; un navire appartenant
à un armateur allemand, même s'il voulait renoncer à la protection de l'empire, ne serait néanmoins pas en droit de porter
comme pavillon national celui de son pays d'origine. En agissant ainsi, en arborant un pavillon qui n'est plus reconnu ni
par le droit maritime allemand, ni par le droit international
de la mer, il perdrait toute nationalité.

II. Le pavillon national de la marine marchande allemande
consiste dans un rectangle composé de trois bandes horizon-
tales de dimensions égales, dont la bande supérieure est noire,
celle du milieu blanche, et l'inférieure rouge. La proportion

---

[1] Règlement sur les pavillons et les saluts, §§ 14-16. Ordonnance royale du
11 novembre 1869.

entre la longueur et la largeur du pavillon est deux à trois. On l'arbore à la poupe ou au mâtereau, et en général à la corne d'artimon ou, à défaut de corne, aux tenons ou aux haubans. Il n'est pas permis à la marine marchande de porter un signe particulier dans le pavillon, ou bien une flamme semblable à celle de la marine impériale [1].

Pour indiquer qu'ils demandent un pilote, les navires marchands doivent se servir d'un pavillon de l'empire, de petite dimension, entouré d'une bande blanche ayant la largeur d'une des autres bandes du pavillon.

III. Les pavillons servant à pavoiser le navire, ou portant son nom, peuvent, s'il y a quelque raison de le faire, être arborés, mais non à la place qui est réservée au pavillon national, lequel doit également être hissé en pareil cas. On peut se servir du pavillon du pays d'origine pour de semblables décorations.

IV. Voir n° IX pour ce qui concerne l'obligation, imposée aux navires de commerce, d'arborer le pavillon national lorsqu'ils passent devant un navire de guerre, une forteresse ou une batterie côtière. Cette obligation repose sur d'anciens usages et règlements maritimes; on peut obliger un bâtiment à la remplir, pour autant qu'il soit en possession de pavillons, mais l'omission de ce devoir n'est pas, dans le droit allemand, frappée d'une pénalité. De même, aucune loi ne punit celui qui néglige de se servir du pavillon officiel; en agissant ainsi, on prive seulement le bâtiment de tous les avantages dont jouissent les navires allemands dans les eaux étrangères, notamment de la protection des consuls et des navires de guerre nationaux.

V. Le droit de porter le pavillon de la marine marchande de l'Allemagne appartient aux navires de commerce, s'ils sont la

---

[1] Le droit maritime allemand ne commine pas de peine pour les contraventions à cette défense; on pourrait seulement enlever les flammes ou pavillons (voir ci-dessous, VIII); le droit anglais impose, outre la confiscation des insignes, une amende s'élevant à 500 liv. st. — *The Merchant Shipping Act.*, 1854, sect. 105.

propriété exclusive de personnes qui possèdent l'indigénat dans
l'empire [1]; à ces personnes sont assimilées les sociétés par actions et les sociétés en commandite par actions établies dans
l'empire, et les associations enregistrées, conformément à la loi
prussienne du 27 mars 1867 et à la loi fédérale du 4 juillet 1868,
pour autant que ces sociétés et associations aient leur siège
dans le territoire de l'empire, et que, dans la société en commandite par actions, tous les membres personnellement responsables possèdent l'indigénat allemand. La nationalité des
membres de la direction n'entre pas en considération [2].

Le droit d'arborer le pavillon de l'empire ne dépend pas
d'autres conditions; peu importe quel est le lieu où le navire
a été construit, quelle est la nationalité du capitaine, des officiers ou des hommes de l'équipage.

VI. La plupart des autres états maritimes exigent également
comme condition du droit de porter leur pavillon, l'indigénat des
propriétaires, quelques-uns seulement la co-propriété de nationaux, en France la 1/2, en Belgique et en Hollande les 5/8.
La construction dans le pays est exigée en Espagne, en principe également en France et en Norwége; l'indigénat est exigé
dans la personne du capitaine au Brésil, en Danemark, en
France, en Italie, au Mexique, en Autriche, en Portugal, en
Suède, en Espagne, aux États-Unis d'Amérique, etc.; on
exige l'indigénat de tous les officiers du bord ou de plusieurs,
et des hommes de l'équipage en Danemark (où, dans la règle,
tout l'équipage doit être composé de Danois), en France, en
Italie, au Mexique, en Autriche, en Russie, en Portugal, en
Espagne, aux États-Unis d'Amérique, etc.

VII. Le droit d'arborer le pavillon de l'empire ne peut être
exercé qu'après l'inscription du navire sur les registres spéciaux et la délivrance du certificat.

---

[1] *Voir* là-dessus l'article 3 de la Constitution impériale et la loi sur l'acquisition et la perte de la nationalité fédérale et de la nationalité d'état, du
1er juin 1870.

[2] Il va de soi qu'un étranger, lorsqu'il veut être admis comme patron ou comme
pilote d'un bâtiment de commerce allemand, doit réunir les conditions requises
par la législation impériale pour exercer la profession de marin.

L'enregistrement des navires de commerce a été, sur l'exemple de la législation britannique, introduit dans tous les grands états maritimes, et imposé comme condition essentielle de l'exercice du droit d'arborer le pavillon national.

En Allemagne, l'enregistrement a été réglementé à nouveau par les lois et prescriptions indiquées ci-dessus. L'inscription est obligatoire pour tout navire destiné à exercer une industrie sur mer et dépassant 50 cbm de capacité brute. Elle ne peut se faire que dans les registres du port qui doit servir de point de départ au navire pour ses traversées ; le choix de ce port (*Heimathshafen*, ou *Registerhafen*) appartient à l'armateur ; c'est là que se trouve le domicile du navire. Chaque navire est inscrit sous un numéro particulier ; l'enregistrement doit avoir été précédé de la preuve du droit de porter le pavillon national et des faits suivants qu'il constate expressément :

1) Le nom et l'espèce du navire ;

2) Sa grandeur et sa capacité calculée d'après sa grandeur [1].

3) L'époque et le lieu de sa construction, ou, s'il a porté le pavillon d'un état étranger, la mention du fait qui l'a autorisé à prendre le pavillon allemand, et en outre, si cela est utile, l'époque et le lieu de la construction.

4) Le port de son domicile.

5) Les noms et qualifications de l'armateur ou des armateurs s'il y en plusieurs, avec l'indication de la part de chacun ; si une société de commerce est propriétaire, on doit indiquer la raison sociale et le lieu où la société a son siège, et si la société n'est point par actions, les noms et désignations de tous les sociétaires (mais sans y comprendre les sociétaires dits *stille Gesellschaffter*) ; dans les sociétés en commandite par actions, l'insertion des noms de tous les sociétaires personnellement responsables est suffisante.

6) Le titre juridique sur lequel repose l'acquisition de la propriété du navire ou de chacune des parts de navire.

[1] Règlement pour le jaugeage des navires, du 5 juillet 1872 (*R. G. Bl.*, p 270-287).

7) La nationalité de l'armateur ou des coarmateurs.

L'enregistrement sert de base au *certificat*. Le certificat est une pièce délivrée par les autorités impériales, dont les indications concordent avec celles de l'inscription au registre, et qui atteste en outre que les faits allégués ont été prouvés et que le navire est autorisé à porter le pavillon allemand [1].

Tout changement aux faits et circonstances indiqués dans les nᵒˢ 1 à 7, doit être porté sur le registre et mentionné sur le certificat.

Dans le cas où le navire se perd en mer ou bien cesse d'avoir le droit de porter le pavillon allemand, il doit être rayé du registre, et le certificat doit être rendu, à moins qu'on ne prouve à suffisance que la restitution est devenue impossible. Cette restitution est imposée pour empêcher l'abus que l'on pourrait faire de cette pièce.

Le droit de faire usage du pavillon impérial cesse si les conditions indiquées sous le nᵒ V viennent à manquer, ainsi même dans le cas où quelques-unes des parts de navire tombent, à quelque titre que ce soit, en la propriété d'une personne qui ne possède point l'indigénat allemand.

La règle, d'après laquelle on ne peut user du droit de porter le pavillon impérial qu'après l'enregistrement du navire et la délivrance du certificat, souffre deux exceptions :

1ᵒ En ce qui concerne les navires dont la capacité brute ne dépasse pas 50 cbm [2] ; il dépend de la volonté de l'armateur de les faire enregistrer ou non.

2ᵒ Si en dehors du territoire de l'empire, un navire étranger

---

[1] Le règlement de tout ce qui concerne la délivrance des certificats, est attribué à l'empire par l'article 54 de la Constitution ; un certificat uniforme a été établi par le Bundesrath, le 21 décembre 1872. — Voir aussi, pour la Prusse, une circulaire du ministre de la justice du 10 mai 1881, concernant la délivrance d'extraits authentiques du certificat, en vue surtout des preuves exigées dans les ports et les bureaux de douane à l'étranger (*Just. Minister. Blatt*, p. 92).

[2] On a ainsi séparé les navires en deux catégories, l'une comprenant autant que possible tous les bâtiments qui peuvent se rendre dans les ports étrangers ou nouer des relations internationales : pour ceux-là, l'enregistrement est obligatoire ; la seconde catégorie en est affranchie, parce qu'il ne constituerait pour ces navires qu'une formalité onéreuse et sans utilité.

réclame le droit de porter le pavillon allemand à la suite du transfert de la propriété à une personne qui possède l'indigénat allemand, ou à une société y assimilée (voir sous le n° V), il peut être suppléé à l'enregistrement et au certificat par une attestation que délivre le consul allemand dans la circonscription duquel le navire se trouvait lors du transfert de la propriété. Cette attestation, appelée *attestation de pavillon* (Flaggenattest), constate le droit de porter le pavillon impérial, mais elle n'a de valeur que pour une année à compter du jour de la délivrance, et, au delà de l'année, seulement durant le terme requis de force majeure pour l'achèvement du voyage.

Le consul informe immédiatement de la délivrance de cette attestation le gouvernement de l'état allemand auquel appartient le nouveau propriétaire ou dans lequel se trouve le port choisi comme port d'origine. L'attestation du pavillon, comme le certificat auquel il supplée provisoirement, doit contenir les indications nécessaires pour fixer l'identité du navire [1].

VIII. Ceux qui prennent, sans y être autorisés, un pavillon national tombent sous l'application des lois pénales de l'état envers lequel ce délit a été commis et de l'état dont le pavillon

---

[1] Voir les Instructions générales pour le service consulaire, du 6 juin 1871, § 30. Avant de délivrer l'attestation de pavillon, le consul doit s'assurer que le navire est réellement passé en la propriété de personnes de nationalité allemande ou d'une société y assimilée en se faisant produire les documents sur lesquels est fondé le transfert de propriété, et toute autre preuve convenable qu'il fera appuyer d'une déclaration écrite, tenant lieu de serment et émanant de l'armateur ou du capitaine. La notoriété peut aussi, selon les circonstances, servir de preuve de la nationalité.

En temps de guerre, les consuls doivent user de grandes précautions dans la délivrance des attestations de pavillon, et les refuser aux navires qui jusqu'au moment du transfert de la propriété appartenaient à une nation belligérante, ou bien lorsque il y a lieu de croire que le marché est simulé. Afin de prévenir l'usage abusif du pavillon allemand par des navires impropres à la mer, les consuls allemands dans les ports britanniques reçurent, en septembre 1875, avis de ne délivrer l'attestation de pavillon que sur un certificat émanant d'un inspecteur du board of trade, et constatant que le bâtiment a été visité et reconnu apte à la navigation maritime.

Les inspecteurs sont chargés par le board of trade de faire cette inspection, à la demande des agents consulaires allemands et aux frais de l'armateur. (Voir R. C. B., de 1875, p. 520.)

a été usurpé. Voir les §§ 13 et 14 de la loi du 25 octobre 1867, pour les peines qui frappent l'usurpation du pavillon allemand.

IX. Dans le territoire de l'empire, sont chargés de veiller à l'exécution des lois et ordonnances qui règlent la matière : 1° les autorités de police, particulièrement celles qui ont la police des côtes et des ports et les croiseurs de la douane ; 2° les commandants des vaisseaux et bâtiments de la marine impériale, et les fonctionnaires de la marine à terre (Règlement sur les saluts et pavillons, n° 15).

A l'étranger, cette tâche incombe : 1° aux consuls (voir § 30 de la loi concernant l'organisation des consulats de la Confédération, du 8 novembre 1867, et les explications contenues dans les Instructions générales du 6 juin 1871) ; 2° aux commandants des vaisseaux et bâtiments de la marine impériale.

La surveillance doit tendre à empêcher qu'aucun navire ne porte indûment le pavillon allemand, et qu'aucun navire allemand n'arbore un autre pavillon que celui de l'empire (voir n° II), ou ne se serve d'une flamme semblable à celle de la marine impériale.

S'il arrive à la connaissance du consul que, dans un port de sa circonscription, un navire porte le pavillon allemand sans y avoir droit, le consul doit faire les démarches nécessaires pour mettre fin à cet abus, soit par l'intermédiaire de la police locale, soit en s'adressant au consulat étranger qui est intéressé. Le consul ne peut pas appliquer la peine qui incombe aux tribunaux compétents ; il se borne à transmettre aux autorités que la chose concerne, les informations nécessaires.

Si le consul apprend qu'un bâtiment de commerce appartenant à un état de la Confédération porte un autre pavillon national que celui qui est prescrit — toute marque particulière dans le pavillon est interdite, — ou bien fait battre une flamme semblable à celle de la marine impériale, il se rend à bord et invite le patron à amener le pavillon ou la flamme dont il s'agit et à le lui remettre.

Il dresse un procès-verbal que le patron doit signer, et il l'envoie, avec une description exacte du pavillon saisi, au gouvernement du pays auquel appartient le navire. L'identité du pavillon s'établit par l'apposition des cachets du consul et du patron ou de toute autre manière convenable. Si le consul est empêché de se rendre à bord, il enverra un mandataire dûment autorisé. Si le patron refuse d'obtempérer aux injonctions du consul ou de son représentant, il y a lieu de requérir l'assistance de la police locale. Si celle-ci refuse d'intervenir, le consul doit déclarer par écrit au patron que son bâtiment, aussi longtemps qu'il ne portera pas le pavillon national, ne pourra être considéré comme un navire allemand, et ne pourra, en conséquence, ni recourir à la protection du consul, ni jouir des droits que les traités internationaux accordent aux navires allemands.

Dans des cas semblables, le commandant d'un vaisseau ou bâtiment de la marine militaire enverra un officier avec escorte, pour agir en conséquence. Dans l'hypothèse d'une résistance du patron du navire marchand, l'officier procèdera à l'enlèvement de la flamme ou du pavillon usurpé, mais sans avoir besoin de requérir la police étrangère [1].

X. Le certificat constatant qu'un navire peut porter le pavillon national, forme preuve complète; on ne peut exiger d'autres papiers pour fournir cette preuve ; des lettres de mer

---

[1] Dispositions concernant les rapports de la marine militaire et de la marine marchande, communiquées le 27 décembre 1867 par le chancelier fédéral aux gouvernements des états maritimes de la Confédération : 1o Les bâtiments de commerce des états fédérés doivent hisser le drapeau fédéral lorsqu'ils rencontrent un navire de la marine militaire fédérale, qu'ils passent devant une forteresse ou un fort de la côte, lesquels ont arboré leur drapeau national. D'après les usages de la mer, on agit de même en rencontrant un navire de guerre d'une puissance amie ; 2o Les commandants des navires de la marine militaire fédérale doivent surveiller en mer l'exécution des prescriptions sur le port du pavillon national par les navires marchands. Ils sont autorisés à enlever de ces navires les pavillons nationaux qui ne répondent pas aux règlements, ou les flammes qui sont semblables à celles de la marine militaire et à empêcher un usage abusif du pavillon fédéral. — Les navires de la marine militaire n'ont pas de pouvoir disciplinaire sur l'équipage des bâtiments de commerce allemands. En Autriche-Hongrie, ils possèdent ce pouvoir, et en général un droit de surveillance sur les navires de leur nation, en vertu du Règlement pour le service de la marine impériale et royale, 3e partie, no 1001.

ne sont donc pas nécessaires toutefois. Dans la pratique on rencontre encore souvent ce document. Les lettres de mer (*Seepass, Seebrief*) sont une autorisation officielle délivrée au capitaine, lui permettant de naviguer sous le pavillon national avec un navire déterminé. Elles contiennent ordinairement les indications suivantes : Nom et domicile de l'armateur ; nom, port d'origine et tonnage du navire ; nom, domicile et port d'origine du capitaine. Outre les lettres de mer, on produisait anciennement, pour prouver la nationalité : *l'acte de construction* (*Bielbrief* ou *Beylbrief*), c'est-à-dire l'attestation officielle indiquant le lieu, l'auteur, la date, le but et la régularité de la construction du navire ainsi que le nom qu'il doit porter ; le certificat de jaugeage (*Messbrief*), pièce officielle constatant la capacité du navire ; le certificat de propriété (*Rhederei Verzeichniss*), attestation officielle relative à la propriété du navire ; les contrats de vente, jugements de cours de prise, jugements sur la nationalité du navire, lettres de marque, etc.

§ 10. — Du nom et de la désignation des navires de mer.

I. La surveillance de la navigation et le besoin de garanties réciproques pour les navigateurs rendent nécessaire l'adoption de signes distinctifs pour chaque bâtiment. La coutume de donner un nom à tout navire a une origine immémoriale ; mais ce sont les législations modernes seulement qui ont attaché de l'importance à ce que chaque navire porte d'une manière visible le nom qui lui a été attribué.

II. Voici ce que statue à cet égard la législation allemande :

1) Le nom doit être mentionné dans l'enregistrement du navire [1].

2) Tout navire enregistré doit porter son nom sur les parties solides de chaque côté de sa proue, et son nom avec le nom de son port d'origine sur les parties solides de sa poupe, les lettres

---

[1] Loi du 27 octobre 1867, § 6.

étant visibles et bien fixées. Ces indications doivent être inscrites
en caractères latins, clairs, sur fond noir, de 5 centimètres au
moins pour les plus petites lettres sur les navires de moins de
300 *cbm* de capacité nette ; de 7 1/2 centimètres au moins sur
les navires de 300 à 1000 *cbm* ; de 10 centimètres sur les navires plus grands ; la largeur des lettres doit être au moins d'un
1/5 de la hauteur [1].

3) Les navires non enregistrés ne doivent pas porter de nom,
d'après la législation de l'empire ; mais les prescriptions locales
imposent cette obligation, pour répondre aux exigences d'une
bonne police, à certaines catégories de bâtiments dont l'enregistrement n'est pas requis en vue d'un intérêt international [2].

4) Le signe distinctif ne doit pas être apposé sur le navire [3].

---

[1] Loi du 28 juin 1873, § 3; Prescriptions du 13 novembre 1873, § 5; le § 4 de
la loi citée punit les contraventions d'une amende de 150 marks ou de l'emprisonnement.

En ce qui concerne les navires britanniques, la matière est réglée par le *Merchant Shipping Act.* 1854 (17 et 18 Vict., c. 104), § 34, et par le *Merchant
Shipping Act.* 1873 (36 et 37 Vict., c. 85), § 3.

La première de ces lois déclare que, sauf le cas où il faut échapper à l'ennemi,
il n'est pas permis de cacher ou d'effacer le nom. Les contraventions à ces règles,
qui répondent d'ailleurs à celles de la législation allemande, sont punies d'amende
jusqu'à 100 l. st.

[2] Ainsi par exemple, un avis de la députation hambourgeoise pour le commerce et la navigation, du 27 décembre 1873, prescrit aux remorqueurs de l'Elbe,
dont l'enregistrement n'est pas ordonné, de se faire délivrer par le maître du
port un numéro d'ordre qui, sous menace d'une pénalité, doit être placé d'une
manière visible sur le pont.

Les bâtiments des ports prussiens de la mer du Nord, destinés à la pêche côtière et à la pêche en pleine mer, doivent être inscrits sur une liste tenue par les
autorités administratives du pays; le certificat d'inscription doit être conservé à
bord et produit à toute réquisition des autorités compétentes ; le numéro de la
liste, la lettre qui sert à distinguer le district, et le nom du port d'origine doivent
être inscrits visiblement de la manière prescrite (Ordonnances de police identiques des *Landdrostereien* de Luneburg, Aurich et Stade, et du gouvernement de
Schleswig, des 24 juillet, 12 août, 4 septembre et 21 août 1879). Les prescriptions concernant le numérotage et la désignation des pêcheurs maritimes de Hambourg (Avis de la *Landherrenschaft* du pays des Marches, des 12 juillet 1869 et
1er avril 1870, et de la députation pour le commerce et l'industrie, du 11 décembre 1869).

[3] Le projet du gouvernement contenait aussi une prescription dans ce but.
Voir l'exposé des motifs sur le § 3 de la loi du 28 juin 1873. — La loi anglaise

5). Les demandes de changement du nom des navires enregistrés doivent être adressées aux autorités compétentes pour
l'enregistrement, qui les transmettront au département impérial de l'intérieur, avec les observations nécessaires. Ces autorités peuvent permettre le changement de nom, mais seulement pour des raisons graves [1].

§ 11. — De la qualité de navire de guerre et de la preuve de cette qualité.

I. Les navires de la marine militaire affirment leur qualité
par leur apparence extérieure, par le pavillon et la flamme ;
celle-ci, d'après les usages et les lois et règlements des diverses
nations, ne peut être portée que par les navires de guerre [2].

Cependant, il y a eu, en certains cas, discussion sur le point
de savoir si un navire appartenait ou non à la marine militaire ;
la qualité des bâtiments de transport, notamment, n'est pas
évidente en toute circonstance.

II. Dans les cas de cette espèce, on doit décider que tous les
bâtiments qui appartiennent au département de la marine, peuvent réclamer les prérogatives des bâtiments de guerre, peu
importe qu'ils soient propriété de l'état, ou bien affrétés seulement pour l'usage de la marine. Outre les signes extérieurs,
tels que le pavillon et la flamme, c'est le caractère militaire de
l'équipage, non l'armement du navire, qui détermine sa qualité.

de 1873 exige en outre que le numéro du navire et le chiffre du nombre des tonnes
enregistrées soient taillés dans le maître-bau (main beam).

[1] § 2 de la loi du 28 juillet 1873 et § 4 des prescriptions du 13 novembre 1873.
Anciennement, il était absolument interdit aux navires britanniques de changer
de nom ; d'après les nouvelles règles (33 et 34 Vict., c. 95, § 6), cela leur est permis avec le consentement du board of trade. De même, les navires étrangers, qui
acquièrent la nationalité britannique, ne peuvent être inscrits que sous le nom
qu'ils ont porté immédiatement avant, si le board of trade ne leur accorde pas
l'autorisation de prendre un autre nom. Aux États-Unis d'Amérique, le changement du nom d'un navire enregistré n'est permis qu'avec le consentement du
congrès.

[2] Voir une exception au § 15. — Pour le reste, voir plus haut, § 9, IX. —
Règlement autrichien, III, n°⁸ 12 et 14.

En cas extrême, les doutes qui surgiraient, comme ceux que
l'on aurait en temps de guerre sur la nationalité du navire,
seront tranchés par la production de la commission donnée
au commandant (*Segelordre*).

Ortolan [1] dit à cet égard : « Les preuves de la nationalité et
du caractère d'un bâtiment de guerre sont dans le pavillon et
dans la flamme qu'il fait battre à sa corne et au haut de ses
mâts, dans l'attestation de son commandant, donnée au besoin
sur sa parole d'honneur; dans la commission de ce commandant et dans les ordres qu'il a reçus de son souverain. « — Phillimore [2] dit : It is important to observe, that if any question
arise as to the nationality of a ship of war, the commission is
held to supply adequate proof. ».

Story s'exprime ainsi : « In general a commission of a public
ship, signed by the proper authorities of the nation to which
she belongs, is complete proof of her national character... the
commission, therefore, of a public ship when duly authenti-
caded, so far at least as foreign courts are concerned, imports
absolute verity, and the title is not examinable... this has been
the settled practice betwen nations and it is a rule founded in
public convenience and policy, and cannot be broken in upon,
without endangering the peace and repose, as well of neutrals
as of belligerent sovereigns [3]. — En ce qui concerne les bâtiments privés, commandés par des officiers de marine et nolisés
par les autorités de la marine pour des usages de service, particulièrement pour les transports, Calvo [4] fait la remarque suivante : « A la vérité, ces navires ne sont pas dans la stricte
acception du mot des bâtiments de guerre, puisqu'ils n'appartiennent point à l'état et ne sont pas propres au combat; mais

---

[1] I, p. 181.

[2] I, § 350.

[3] Voir *ibidem*.

[4] II, § 884. Voir aussi Attlmayr, I, p. 18, 19, et le Règlement autrichien, III,
n° 14 : « Les bâtiments de commerce qui sont employés au service de l'état, et
commandés par des officiers de marine, portent les signes distinctifs de la nationalité, du grade et du commandement, comme les navires de la marine impériale.

tant qu'ils sont exclusivement et intégralement employés au service de la marine militaire, tant qu'ils ne se livrent à aucune opération commerciale, ils sont assimilés aux bâtiments de l'état et autorisés comme tels à arborer le pavillon et la flamme de guerre. »

SECTION TROISIÈME

DES NAVIRES EN DEHORS DE LEURS EAUX NATIONALES

Chaque navire porte avec lui sur toutes les mers sa nationalité, manifestée extérieurement par le pavillon, et attestée par les papiers de bord. Aussi a-t-on défini le navire une portion ambulante du territoire national; mais, comme nous l'exposerons plus loin, cette fiction ne nous paraît point être justement applicable à toutes les circonstances. Il faut distinguer selon que le navire se trouve en pleine mer, ou dans les eaux territoriales étrangères.

§ 12. — Des navires en pleine mer.

I. Les navires de guerre et de commerce, lorsqu'ils se trouvent en pleine mer, c'est-à-dire en dehors des eaux territoriales, sont, en principe, soumis à la juridiction et aux autorités nationales. Aucun pouvoir public, aucun état ne possède la souveraineté de la pleine mer; dans ces vastes espaces, il ne peut y avoir pour chaque bâtiment, à l'égard des navires de nationalité étrangère, d'autre droit que celui de la défense personnelle contre toute agression injuste; particulièrement, il n'y existe aucune autorité rendant la justice ou exerçant la police, aucun droit d'arrêter ou de visiter les navires en vue de saisir les criminels ou les déserteurs. Il fut un temps, toutefois, où l'Angleterre revendiquait, vis-à-vis des États-Unis d'Amérique surtout, le droit pour ses vaisseaux de guerre d'arrêter en pleine mer les navires étrangers, et d'enlever, afin de les enrôler dans sa propre flotte, les sujets britanniques qui se trouvaient à bord. L'injustice d'un semblable procédé est évidente, et elle a été démontrée par les publicistes anglais aussi bien que par ceux d'Amérique[1].

Nous exposerons plus loin que le droit des gens concède aux croiseurs des belligérants le droit d'arrêter et de visiter les navires de commerce en temps de guerre (voir §§ 53 à 56).

La règle générale que nous venons de poser pour les navires, s'applique aussi aux embarcations et canots, qui naviguent en pleine mer après l'abandon ou la perte du navire auquel ils appartiennent.

II. Ce principe, qui n'est pas contesté, souffre deux exceptions.

1° On admet la poursuite, même en dehors de la mer territoriale, d'un navire dont l'équipage s'est rendu coupable d'un crime sur le territoire continental ou maritime[2].

2° Une intervention en pleine mer est également permise pour la répression de la piraterie, et d'après des conventions spéciales, conclues entre certains états pour la répression de la traite des nègres (voir § 16).

En principe, les lois d'un état n'ont d'empire que dans les limites de son territoire et sur les personnes qui lui appartiennent par la nationalité, ou qui, par leur séjour, sont soumises à sa juridiction en droit ou en fait, temporairement ou d'une manière durable. L'état ne peut donc exercer en dehors de ces limites les attributions relatives à la justice et à la police qui sont la conséquence de sa souveraineté. On admet cependant dans la doctrine et dans la pratique qu'il doit être autorisé à poursuivre sur mer, par le moyen de ses navires de guerre, les crimes contre le droit des gens, quelque soit leur auteur ou le lieu où ils ont été commis, pourvu qu'on n'empiète

---

[1] Voir dans Phillimore, I, § 320; Wheaton, *Él.* I, p. 134 et et suiv.; le même, *Histoire*, p. 737-746; Lawrence, III, p. 441 et suiv.

[2] Heffter, § 80, se réfère à la pratique américaine; Bluntschli, art. 342.

pas, sans titre légitime, sur la sphère juridique d'un autre état[1]. Parmi ces crimes, il faut compter en première ligne la piraterie, et, d'après un droit conventionnel spécial, la traite des nègres pour autant qu'elle est assimilée à la piraterie.

La faculté de procéder contre les pirates, accordée aux navires de guerre de toutes les nations, n'est pas à proprement parler une exception à la règle suivant laquelle les navires ne sont soumis en pleine mer qu'à la juridiction de leur patrie; elle repose sur la présomption que les navires des pirates et leurs équipages n'appartiennent à aucune nation, qu'ils sont dénationalisés, et qu'ils ne peuvent revendiquer la protection d'aucun pavillon[2]. Ils sont les ennemis de toute intercourse paisible; or, en temps de paix la tâche principale de la marine militaire, outre la préparation à la guerre, consiste à protéger le commerce national. Ce commerce ne peut se faire sans protection; si elle venait à manquer, la mer deviendrait le repaire de brigands, comme jadis à peu près partout, et comme aujourd'hui encore dans les régions où il n'y a pas lieu de craindre l'intervention continuelle de forces navales. Anciennement, les marins marchands essayaient de se protéger eux-mêmes, en naviguant armés ou de conserve avec d'autres; mais ces associations ne se bornaient pas toujours à la défense; parfois elles se livraient elles-mêmes, principalement ou d'une manière accessoire, à la piraterie. Depuis que cette protection a été organisée par les gouvernements et confiée à leurs forces navales, depuis que les navires marchands ne sont plus armés qu'exceptionnellement, le commerce maritime peut s'exercer paisiblement et sans redouter beaucoup le brigandage. Mais la mission de protéger les relations commerciales, qui incombe aux navires de guerre, n'est pas limitée à la marine marchande de

---

[1] Twiss, I, § 170 : « The maintainance of the peace of the sea is one of the objects of the common Law (of Nations), and all offences against the peace of the sea are offences against the law of Nations, and of which all Nations may take cognisance. »

[2] Ceci a déjà été reconnu expressément par les anciens recueils de droit maritime. Voir dans les *Rooles d'Oleron*, art. XLVII.

leur propre nationalité; elle a un cercle d'action plus étendu; elle comprend le droit d'intervenir lorsque la sécurité de la mer est troublée ou menacée, afin de protéger les intérêts de toutes les nations commerçantes, dont les pirates sont les ennemis communs.

Avant de procéder contre les pirates, il faut tout d'abord s'assurer qu'ils le sont réellement. Dans certaines mers, l'apparence extérieure de leurs navires ne laisse aucune hésitation sur leur caractère réel; mais il n'en est pas toujours ainsi, et en cas de doute, on doit commencer par acquérir une certitude à cet égard. D'après d'anciens usages, les navires qui se rencontrent en mer, s'ils veulent entrer en relation, montrent leur pavillon en s'approchant. On a soutenu parfois qu'en pleine mer, un navire n'avait pas le droit de s'approcher d'un autre au delà d'une certaine distance appelée *ligne de respect* (ligne of jurisdiction), et comprenant une portée de canon. Cette opinion ne peut être soutenue; elle est en contradiction avec le principe de la liberté de la mer, dont tout navire peut faire usage dans la mesure où il ne gêne et ne menace personne [1].

Il n'y a pas plus de raison pour contester le droit d'approche que pour établir en faveur de chaque navire une souveraineté temporaire dans son voisinage immédiat. (voir § 7).

La question de savoir si en temps de paix les navires de guerre peuvent constater la nationalité d'un bâtiment qui vogue sur la haute mer (*enquête du pavillon*), est fréquemment discutée. Le salut au moyen du pavillon a souvent été réglé par des conventions, mais il n'a d'autre portée aujourd'hui que celle d'une marque de courtoisie (voir § 26). Il s'agit ici du droit d'*exiger* que le pavillon soit arboré indépendamment de toute convention spéciale et dans le but d'établir éventuellement le fait de piraterie.

---

[1] Kent, I, p. 27: « No one ship has a right to prohibit the approach of another at sea, or to draw round her a line of territorial jurisdiction, within which no other is at liberty to intrude. Every vessel in times of peace, has a right to consult its own safety and convenience, and to persue its own course and business, without being disturbed, when it does not violate the rights of others. »

Mais le simple fait de hisser un pavillon ne prouve pas que l'on ait le droit de l'arborer; aussi, dans le cas où un navire serait suspecté de piraterie, doit-il y avoir d'autres moyens d'établir sa nationalité et son droit de porter le pavillon d'un état quelconque. Les principes suivants régissent la matière :

1. Tout navire de guerre a le droit et le devoir d'arrêter en pleine mer, pour s'en rendre maître, tout bâtiment, quel que soit le pavillon sous lequel il navigue, s'il a évidemment commis un fait de piraterie.

2. S'il n'y a que des soupçons, le navire de guerre est autorisé à s'assurer de la qualité véritable du bâtiment dont il s'agit. Il faut cependant n'user de ce droit qu'avec ciconspection et réserve; la responsabilité de l'intervention incombe au commandant. Si le soupçon n'est pas fondé, le navire arrêté peut, selon les circonstances, prétendre à une satisfaction ou à des dommages-intérêts. Ortolan[1] fait saisir les difficultés d'une semblable situation, lorsqu'il dit : « Il est dans le rang des choses possibles, sinon probables, qu'un bâtiment qu'on veut faire *raisonner* s'obstine à ne pas répondre et à ne pas hisser son pavillon. Dans ce cas, il devient tout d'abord justement suspect. Après la menace, la force peut-elle être employée contre lui? C'est à la prudence des commandants qu'il faut laisser la décision de cette question délicate. En pareil cas, ils doivent prendre conseil des circonstances ; ne jamais oublier qu'en temps de paix l'usage de la force, qui entraîne souvent des maux irréparables, n'est permis qu'à la dernière extrémité, et se rappeler surtout qu'ils sont responsables des événements. Leur conduite, si elle ne porte pas le caractère de la plus grande modération, peut mettre leur gouvernement dans l'obligation de consentir à des réparations. Mais dans ces cas difficiles, un officier commandant ne doit pas craindre d'engager sa responsabilité par ses actes. »

Selon nous, la question de savoir si les circonstances justifient suffisamment la demande de hisser le pavillon, est seule

[1] I, p. 255.

difficile et délicate. Si tel est le cas, et si le commandant d'un navire de guerre s'est décidé à faire la sommation, il doit ensuite faire tout ce qui dépend de lui pour qu'elle soit suivie d'effet; sinon il compromettrait son prestige et celui de son pavillon, et le détriment qui en résulterait serait en toute hypothèse plus grave que si, après avoir adressé une demande lui paraissant juste et opportune, il devait constater qu'elle était sans fondement et reposait sur une erreur.

L'enquête du pavillon s'opère de la manière suivante : Le navire de guerre hisse son pavillon en l'accompagnant, selon les circonstances, d'un coup de canon à poudre ou à boulet perdu [1], et au besoin, s'il y a résistance opiniâtre, il rend sa sommation effective par l'emploi de la force.

Sur la poursuite des pirates dans les eaux territoriales étrangères (voir § 18).

III. Tout récemment on a soulevé la question de savoir s'il n'y a pas lieu de déclarer que la détérioration d'un câble sous-marin est un délit du droit des gens.

M. Fischer, dans son traité sur *la Télégraphie et le droit des gens* [2], et après lui, M. Renault, dans une étude intitulée : *De la propriété internationale des câbles télégraphiques sous-marins* [3], ont attiré l'attention sur l'absence de dispositions protégeant d'une manière efficace les câbles sous-marins contre les détériorations causées de propos délibéré ou par négligence.

C'est dans ce sens que l'Institut de droit international a, dans sa session de 1879, adopté les résolutions suivantes :

« 1. Il serait très utile que les divers états s'entendissent pour déclarer que la destruction ou la détérioration des câbles sous-marins en pleine mer est un délit du droit des gens,

---

[1] Coup de semonce, coup d'assurance (*affirming gun*).

[2] P. 43 et suiv.

[3] Dans la *Revue de droit international*, t. XII, p. 251 et suiv., M. Renault traite la question d'une manière approfondie pour le temps de paix et pour le temps de guerre. — V. aussi l'*Annuaire de droit international* 1880, I, p. 351 et suiv.

pour déterminer d'une manière précise le caractère délictueux
des faits et les peines applicables ; sur ce dernier point on atteindrait le degré d'uniformité compatible avec la diversité des
législations criminelles. »

« Le droit de saisir les individus coupables, ou présumés tels,
pourrait être donné aux navires d'état de toutes les nations,
dans les conditions réglées par les traités, mais le droit de les
juger devrait être réservé aux tribunaux nationaux du navire
capturé. »

« 2. Le câble télégraphique sous-marin qui unit deux territoires est inviolable.

« Il est à désirer, quand les communications télégraphiques
doivent cesser par suite de l'état de guerre, que l'on se borne
aux mesures strictement nécessaires pour empêcher l'usage
du câble, et qu'il soit mis fin à ces mesures, ou que l'on en
répare les conséquences, aussitôt que le permettra la cessation
des hostilités. »

Les règlements les plus récents sur les moyens d'empêcher
les collisions en mer ont spécialement égard aux navires porteurs de câbles télégraphiques [1]. En ce qui concerne l'empire
allemand, voir l'article 5 de l'ordonnance impériale du 7 janvier 1880 (Annexe D).

III *bis*. En 1881, la question de la protection des câbles télégraphiques sous-marins fut produite au congrès des électri-
ciens ; il ne put la traiter, à défaut des pouvoirs nécessaires, mais
il émit un vœu, répété l'année suivante par la conférence réunie
à La Haye pour la réglementation de la pêche dans la mer du
Nord. Ce fut l'origine de la conférence qui s'assembla à Paris
le 16 octobre 1882, sur l'initiative du gouvernement français.
Les délégués qui la composaient n'avaient point le caractère
de plénipotentiaires chargés de signer une convention ; leurs
résolutions n'étaient prises que *ad referendum* ; ils devaient
simplement s'entendre sur les principes et préparer la voie à
une convention. C'est donc à titre de renseignement fort utile

[1] *Ibidem*, p. 394.

d'ailleurs que nous donnons le texte[1] du projet de conven-

[1] CONFÉRENCE INTERNATIONALE POUR LA PROTECTION DES CABLES SOUS-MARINS.
Protocole.

Les soussignés, délégués de l'Allemagne, de la République Argentine, de l'Autriche-Hongrie, de la Belgique, du Brésil, de la Chine, de Costa-Rica, du Danemark, de la République Dominicaine, de l'Espagne, des États-Unis d'Amérique,
des États-Unis de Colombie, de la France, de la Grande-Bretagne, de la Grèce,
de Guatemala, des Indes Britanniques, de l'Italie, du Japon, du Mexique, de Nica-
ragua, de la Norvège, des Pays-Bas, du Portugal, de la Roumanie, de la Russie,
du Salvador, de la Serbie, de la Suède, de la Suisse, de la Turquie et de l'Uruguay,
se sont réunis à Paris, le 16 octobre 1882, dans le but de préparer une convention internationale ayant pour objet la protection des câbles sous-marins en dehors
des eaux territoriales.

A la suite des délibérations consignées dans les procès-verbaux des séances, ils
ont arrêté le projet de convention et les vœux qui sont annexés au présent protocole et qu'ils s'engagent à soumettre à l'examen de leurs gouvernements respectifs.

Fait à Paris, le 2 novembre 1882.   (*Suivent les signatures.*)

PROJET DE CONVENTION.

Les Hautes Parties contractantes, désirant assurer le maintien des communications télégraphiques qui ont lieu au moyen des câbles sous-marins, ont résolu
de conclure une convention à cet effet et ont nommé pour leurs plénipotentiaires,
etc., etc.

Article 1er. — La présente convention s'applique, en dehors des eaux territoriales, à tous les câbles sous-marins légalement établis et qui atterrissent sur les
territoires ou les possessions de l'une ou de plusieurs des Hautes Parties contractantes.

Art. 2. — La rupture ou la détérioration d'un câble sous-marin, faite volontairement ou par négligence coupable, et qui pourrait avoir pour résultat d'interrompre ou d'entraver, en tout ou en partie, les communications télégraphiques
est punissable, sans préjudice de l'action civile en dommages et intérêts.

Cette disposition ne s'applique pas aux ruptures ou détériorations dont les auteurs n'auraient eu que le but légitime de protéger leur vie ou la sécurité de leurs
bâtiments, après avoir pris toutes les précautions nécessaires pour éviter ces ruptures ou détériorations.

Art. 3. — Les Hautes Parties contractantes s'engagent à imposer, autant que
possible, quand elles autoriseront l'atterrissement d'un câble sous-marin, les conditions de sûreté convenables, tant sous le rapport du tracé que sous celui des
dimensions du câble.

Art. 4. — Le propriétaire d'un câble qui, par la pose ou la réparation de ce
câble, cause la rupture ou la détérioration d'un autre câble, doit supporter les
frais de réparation que cette rupture ou cette détérioration aura rendus nécessaires, sans préjudice, s'il y a lieu, de l'article 2 de la présente convention.

Art. 5. — Les bâtiments occupés à la pose ou à la réparation des câbles sous-
marins doivent observer les règles sur les signaux qui sont ou seront adoptées,

tion, dont plusieurs articles ont soulevé une vive discussion au sein de l'assemblée. La conférence a déclaré formellement que, dans son opinion, ce projet ne pourrait avoir d'application que pendant la paix. (*Addition du traducteur.*)

d'un commun accord, par les Hautes Parties contractantes, en vue de prévenir les abordages.

Quand un bâtiment occupé à la réparation d'un câble a fait lesdits signaux, les autres bâtiments qui aperçoivent ou sont en mesure d'apercevoir ces signaux doivent ou se retirer, ou se tenir éloignés d'un mille nautique au moins de ce bâtiment, pour ne pas le gêner dans ses opérations.

Les engins ou filets des pêcheurs devront être tenus à la même distance.

Le bâtiment auquel un navire télégraphique aura fait lesdits signaux aura, pour se conformer à l'avertissement ainsi donné, un délai de vingt-quatre heures au plus, pendant lequel aucun obstacle ne devra être apporté à ses manœuvres.

Les opérations du navire télégraphique devront être achevées dans le plus bref délai possible.

Art. 6. — Les bâtiments qui voient ou sont en mesure de voir les bouées destinées à indiquer la position des câbles, en cas de pose, de dérangement ou de rupture, doivent se tenir éloignés de ces bouées à un quart de mille nautique au moins.

Les engins ou filets des pêcheurs devront être tenus à la même distance.

Art. 7. — Les propriétaires des navires ou bâtiments qui peuvent prouver qu'ils ont sacrifié une ancre, un filet ou un autre engin de pêche, pour ne pas endommager un câble sous-marin, doivent être indemnisés par le propriétaire du câble.

Pour avoir droit à une telle indemnité, il faut, autant que possible, qu'aussitôt après l'accident, on ait dressé, pour le constater, un procès-verbal appuyé des témoignages des gens de l'équipage, et que le capitaine du navire fasse, dans les vingt-quatre heures de son arrivée au premier port de retour ou de relâche, sa déclaration aux autorités compétentes. Celles-ci en donnent avis aux autorités consulaires de la nation du propriétaire du câble.

Art. 8. — Les tribunaux compétents pour connaître des infractions à la présente convention, sont ceux du pays auquel appartient le bâtiment à bord duquel l'infraction a été commise.

Il est, d'ailleurs, entendu que, dans les cas où la disposition insérée dans le précédent alinéa ne pourrait pas recevoir d'exécution, la répression des infractions à la présente convention aurait lieu dans chacun des états contractants à l'égard de ses nationaux, conformément aux règles générales de compétence pénale résultant des lois particulières de cet état ou des traités internationaux.

Art. 9. — La poursuite des délits et contraventions prévus dans la présente convention aura lieu par l'état ou en son nom.

Art. 10. — Les infractions à la présente convention pourront être constatées par tous les moyens de preuves admis dans la législation du pays où siège le tribunal saisi. En outre, des procès-verbaux pourront être dressés par les officiers commandant les bâtiments de guerre ou les bâtiments spécialement com-

IV. Le pouvoir de juridiction de l'état sur les navires de sa nationalité qui se trouvent en pleine mer, repose en partie sur des lois spéciales. C'est ainsi que les dispositions pénales de l'ordonnance allemande concernant les gens de mer, du 27 dé-

missionnés à cet effet de l'une des Hautes Parties contractantes, quelle que soit la nationalité du bâtiment où se commet l'infraction.

Ces procès-verbaux seront dressés suivant les formes et dans la langue en usage dans le pays auquel appartient l'officier qui les dresse et auront, dans le pays où il seront invoqués, la même force que s'ils émanaient des officiers nationaux de ce pays.

Art. 11. — La procédure et le jugement des contraventions aux dispositions de la présente convention ont toujours lieu aussi sommairement que les lois et règlements en vigueur le permettent.

Art. 12. — Les Hautes Parties contractantes s'engagent à prendre ou à proposer à leurs législatures respectives les mesures nécessaires pour assurer l'exécution de la présente convention, et notamment pour faire punir soit de l'emprisonnement, soit de l'amende, soit de ces deux peines, ceux qui contreviendraient aux dispositions des articles 2, 5 et 6.

Art. 13. — Les Hautes Parties contractantes se communiqueront les lois qui auraient déjà été rendues ou qui viendraient à l'être dans leurs états, relativement à l'objet de la présente convention.

Art. 14. — Les états qui n'ont point pris part à la présente convention sont admis à y adhérer, sur leur demande. Cette adhésion sera notifiée par la voie diplomatique au gouvernement de la République française, et par celui-ci aux autres gouvernements signataires.

Art. 15. — La présente convention sera mise à exécution à partir du jour dont les Hautes Parties contractantes conviendront.

Elle restera en vigueur pendant cinq années à dater de ce jour, et, dans le cas où aucune des Hautes Parties contractantes n'aurait notifié, douze mois avant l'expiration de ladite période de cinq années, son intention d'en faire cesser les effets, elle continuera à rester en vigueur une année, et ainsi de suite d'année en année.

Dans le cas où l'une des puissances signataires dénoncerait la convention, cette dénonciation n'aurait d'effet qu'à son égard.

Art. 16. — La présente convention sera ratifiée et les ratifications seront échangées à Paris, dans le plus bref délai possible.

VŒUX.

La conférence émet le vœu que les puissances s'entendent, le plus tôt possible, pour l'adoption des signaux que devraient faire les bâtiments employés soit à la pose, soit à la réparation des câbles sous-marins, de manière à ne laisser aucun doute sur la nature de leurs opérations.

La conférence émet, en outre, le vœu que les divers gouvernements prennent des mesures pour que la direction des câbles sous-marins soit indiquée par des balises placées sur les côtes et pour qu'à la suite d'une entente internationale, un type uniforme de balise et de bouée soit adopté pour le service télégraphique sous-marin.

cembre 1872, s'appliquent, en vertu du § 100, aux délits commis en pleine mer. Il n'est pas douteux qu'il en soit de même lorsque des dispositions spéciales font défaut. Ce n'est point là, comme on l'a soutenu quelquefois, un principe arbitraire, mais une coutume ancienne, consacrée par la jurisprudence des tribunaux et par la doctrine qui est aussi une source du droit des gens; née, en outre, d'un impérieux besoin de sécurité et de respect du droit, sur mer aussi bien que sur terre. Ce pouvoir de juridiction s'explique également par la fiction en vertu de laquelle les navires en pleine mer sont des parties du sol national; les droits de souveraineté de leur pays ne cessent donc pas de s'étendre sur eux. Il s'ensuit encore que les étrangers se trouvant à bord d'un navire en pleine mer, sont soumis aux lois et à la juridiction de l'état auquel appartient le navire, de la même manière et dans la même étendue que s'ils se trouvaient sur le territoire continental de l'état; ils restent donc sous l'empire de la loi pénale, à moins d'appartenir à la catégorie de ceux qu'elle ne peut atteindre.

Le tribunal suprême de Prusse a proclamé ce principe dans un arrêt du 12 septembre 1855 [1], confirmant un arrêt de cour d'assises. Il s'agissait d'une tentative de meurtre, commise par un Américain en pleine mer à bord d'un navire prussien. « Considérant, dit l'arrêt, qu'un navire de mer prussien, même lorsqu'il se trouve temporairement en dehors du territoire prussien, ne cesse pas d'être soumis à l'autorité de l'état, d'appartenir à la monarchie, et de constituer, en une certaine mesure, une portion de celle-ci; qu'en conséquence une infraction commise en pleine mer, à bord d'un navire prussien, doit, au sens de l'art. 3 du code pénal, être considérée comme étant commise en Prusse; que l'intention du législateur ne peut avoir été, en effet, de laisser impunies de semblables infractions; que cette impunité se rencontrerait dans l'espèce si ledit article 3 ne pouvait pas être appliqué, l'article 4 ne se référant qu'aux délits commis à l'étranger et sous l'empire d'un

[1] Goltdammer, *Archiv.*, t. III, p. 56 et suiv., sous le titre : De la punition des délits commis à bord des navires prussiens.

code pénal étranger; que la pleine mer n'appartenant à aucun état, ne peut tomber sous l'application des termes *à l'étranger*, de l'article 4, » etc. [1].

Le dernier considérant qui vise l'article 4 ne pourrait être reproduit aujourd'hui, parce que le code pénal de l'empire a défini dans son article 8 les mots *à l'étranger (Ausland)*, en ce sens qu'ils comprennent tous les territoires qui n'appartiennent pas à l'empire, et sont le contraire du terme *à l'intérieur*, tandis que d'après le code prussien la pleine mer ne pouvait être entendue par là. Le principe n'en demeure pas moins établi [2]. Il a été d'ailleurs implicitement reconnu par l'article 102 de l'Ordonnance concernant les gens de mer, d'après lequel dans le cas où un matelot commet un crime ou un délit pendant que le navire se trouve en mer, le patron doit entendre les officiers du bord et toute personne méritant créance pour recueillir les indices et les preuves nécessaires au jugement. C'est la base de la poursuite future. De même, le code allemand de procédure criminelle dit, en traitant des tribunaux, article 10 :

« Si l'infraction a été commise à bord d'un navire allemand à l'étranger ou en pleine mer, le tribunal dans le district duquel se trouve le port d'origine ou bien le premier port allemand où arrivera le navire après le crime, sera compétent pour connaître le fait. »

Le principe se retrouve en outre dans la loi impériale concernant le temps où la pêche des phoques est interdite, du 4 décembre 1876 (*R. G. Bl.*, p. 233), et dans l'Ordonnance impériale du 29 mars 1877 (*R. G. Bl.*, p. 409), lesquelles punissent les Allemands et les étrangers appartenant à l'équipage d'un navire allemand, qui pendant l'époque de l'interdiction, se livrent à la pêche des phoques, dans les régions comprises

---

[1] « Les lois pénales prussiennes s'appliquent à tous les crimes, délits et contraventions commis en Prusse, même quand l'auteur est étranger. — De même, l'article 3 du Code pénal de l'empire.

[2] Oppenhoff, note 3 sur l'article 8; Schwarze, *Excurs.*, VIII, p. 52. Mais ses preuves n'ont pas toutes la même valeur; voir Remarque 2 sur l'article 13, I. Meves, note 9 sur l'article 13 de la loi concernant la nationalité des navires de commerce, et note 3 sur l'article 102 de l'Ordonnance concernant les gens de mer.

entre le 67ᵉ degré de latitude Nord, et les 5ᵉ de latitude Est et 17ᵉ de latitude Ouest au méridien de Greenwich.

Le même principe est sanctionné par la science et par la jurisprudence en ce qui concerne les relations de droit civil. Le tribunal suprême de commerce de l'empire l'a formulé comme suit dans un arrêt du 26 avril 1872 [1] : « Il y a des choses, qui, par suite de leur destination, subissent un changement de lieu continuel, sans perdre leur rapport juridique avec l'endroit d'où elles sont parties originairement. C'est ce qui arrive notamment pour les plus importants parmi les véhicules, les navires et les locomotives. Dans l'usage qu'on en fait, ils touchent les endroits étrangers d'une manière passagère, et on les destine à revenir au lieu où se trouve le siège de leurs rapports juridiques. Les nécessités pratiques exigent absolument que ce lieu soit considéré comme servant de base à ces rapports juridiques. Sinon, le commerce entre les différents pays deviendrait impossible, et il en résulterait une incertitude que le droit moderne ne peut souffrir. Aussi ce principe s'est-il établi depuis longtemps en ce qui concerne les bâtiments de mer » [2].

§ 13. — Des navires de commerce dans les eaux territoriales étrangères.

I. Les navires de commerce, qui se trouvent dans les eaux territoriales d'un état étranger sont, pendant la durée de leur séjour, soumis à la juridiction et à la police de cet état. Si on les en exemptait, il en résulterait une diminution de la souveraineté de l'état, et l'ordre public serait compromis dans les régions maritimes. Du reste, l'état auquel appartient le navire marchand n'a donné aucune mission à celui-ci, et, sauf dans

---

[1] *Décisions*, t. VI, p. 82.

[2] Voir aussi : Arrêt du tribunal suprême de Prusse, du 25 octobre 1859 (*Décisions*, etc., t. XLII, p. 19 et suiv.); Seuffert, *Archiv.*, t. XIV, p. 335 et suiv.; Meves, *le Code pénal allemand et la navigation*, dans le *Strafrechts Zeitung* de Holtzendorff, t. XIII, p. 387.

des cas très rares, il n'a pas intérêt à le voir soustrait à une
juridiction qui s'exerce suivant les principes reçus chez toutes
les nations civilisées.

Le navire et son équipage restent, même dans les eaux
étrangères, soumis aux lois de leur pays; mais l'application
de ces lois et la juridiction nationale demeurent suspendues.
Elles ne peuvent être mises en vigueur sur un territoire maritime où la juridiction régulière d'un état étranger vient y
mettre obstacle [1].

Une exception ne peut avoir lieu que dans les pays où, soit
en vertu des coutumes, soit en vertu de conventions, on admet que les droits se déterminent d'après la nationalité. C'est
ainsi que la juridiction consulaire est établie par les conventions conclues avec la Porte ottomane, et par les traités d'amitié, de commerce et de navigation conclus avec la Chine, le
Japon, la Perse, etc.

II. Le principe territorial, après s'être frayé la voie, a été
appliqué logiquement jusqu'au commencement de ce siècle en
ce qui concerne la juridiction des navires et de leurs équipages. C'est ainsi que le règlement consulaire prussien du
18 septembre 1796 s'exprime dans son article 5 : « Les sujets
prussiens (à bord de navires prussiens dans des ports étran-

[1] Voir arrêt du tribunal suprême de Prusse du 16 mars 1859 (*Décis.*, t. XLII,
affaires criminelles, p. 7 et suiv.) ; Goltdammer, *Archiv.*, t. VII, p. 345 ; *ibid.*,
t. XV, p. 801, où il est dit : Les navires prussiens qui ont quitté le territoire de
l'état et qui se trouvent sur la haute mer non soumise à une juridiction quelconque, sont, d'après une fiction juridique admise en droit des gens, considérés
comme des portions ambulantes du territoire national, et demeurent par conséquent sous la même juridiction que ce territoire; mais s'ils entrent dans un port
ou dans une partie de la mer soumise à la souveraineté d'un autre état, la juridiction nationale, sans cesser cependant, doit dans certains cas céder devant
celle de l'État étranger. « Dans son commentaire sur le code pénal allemand,
Schwarze méconnaît ce principe, lorsqu'il dit, (p. 52) : En ce qui concerne les
faits commis à bord des navires, il faut partir de cette règle que le navire en
pleine mer et dans les eaux étrangères doit être considéré comme territoire du
pays dont il porte le pavillon; les méfaits doivent donc être tenus pour commis
dans le pays même. L'étranger, comme l'Allemand, à bord d'un navire fédéral,
est sur territoire fédéral; il en est ainsi même si le navire entre dans un port de
l'état dont est sujet l'étranger qui se trouve à bord. »

gers) restent soumis à la juridiction des autorités du lieu, pour
les procès qui concernent leurs affaires civiles et criminelles,
même y compris les contestations qu'ils ont entre eux. » Toutefois, dans les premières années de ce siècle, une restriction
a été apportée à la règle, en ce sens que la juridiction sur les
navires de commerce n'est plus revendiquée qu'en proportion
des intérêts de l'état sur le territoire maritime duquel le navire réside temporairement. Cette exception fut mise en pratique d'abord en France, où s'introduisit le principe suivant :
La justice française n'intervient pas, lorsque des infractions
sont commises entre des hommes de l'équipage, à bord de navires étrangers dans les ports français, sauf lorsque la paix
du port est troublée, ou bien si l'assistance des autorités est
réclamée. En 1806, le Conseil d'État français prit deux décisions
conformes, au sujet de deux affaires importantes. Dans l'une,
deux matelots de l'équipage du navire américain *le Newton*
s'étaient pris de querelle sur une embarcation de ce navire
qui se trouvait dans le port d'Anvers; dans l'autre, le capitaine
du navire américain *la Sally*, mouillé dans le port de Marseille, avait porté une blessure grave à un matelot de l'équipage,
qui avait disposé d'un canot sans son ordre. Dans les deux cas,
un conflit de compétence s'était élevé entre le tribunal du
port et le consul des États-Unis d'Amérique, qui revendiquait
la connaissance exclusive du fait. La décision du Conseil d'État,
en date du 20 novembre 1806, est ainsi conçue :

« Le Conseil d'État, qui, d'après le renvoi à lui fait par Sa Majesté, a entendu le rapport de la section de législation sur celui
du grand-juge, ministre de la justice, tendant à régler les limites de la juridiction que les consuls des États-Unis d'Amérique aux ports de Marseille et d'Anvers réclament par rapport
aux délits commis à bord des vaisseaux de leur nation étant
dans les ports et les rades de France; considérant qu'un vaisseau neutre ne peut être indéfiniment considéré comme lieu
neutre, et que la protection qui lui est accordée dans les ports
français ne saurait dessaisir la juridiction territoriale pour tout
ce qui touche aux intérêts de l'état; qu'ainsi le vaisseau neutre

admis dans un port de l'état est de plein droit soumis aux
lois de police qui régissent le lieu où il est reçu ; que les gens
de son équipage sont également justiciables des tribunaux du
pays pour les délits qu'ils y commettraient, même à bord, envers des personnes étrangères à l'équipage, ainsi que pour les
conventions civiles qu'ils pourraient faire avec elles ; mais que
si jusque-là la juridiction territoriale est hors de doute, il n'en
est pas ainsi à l'égard des délits qui se commettent à bord du
vaisseau neutre de la part d'un homme de l'équipage neutre
envers un autre homme du même équipage ; qu'en ce cas, les
droits de la puissance neutre doivent être respectés, comme
s'agissant de la discipline intérieure du vaisseau, dans laquelle
l'autorité locale ne doit pas s'ingérer, toutes les fois que son
secours n'est pas réclamé ou que la tranquillité du port n'est
pas compromise ;... est d'avis que cette distinction, indiquée
par le rapport du grand-juge et conforme à l'usage, est la
seule règle qu'il convienne de suivre en cette matière ; et, appliquant cette doctrine aux deux espèces particulières pour lesquelles ont réclamé les consuls des États-Unis ; considérant
que, dans l'une de ces affaires, il s'agit d'une rixe passée dans
le canot du navire américain *le Newton* entre deux matelots du
même navire, et dans l'autre, d'une blessure grave faite par le
capitaine en second du navire *la Sally* à un de ses matelots pour avoir disposé du canot sans son ordre ;... est d'avis
qu'il y a lieu d'accueillir la réclamation et d'interdire aux
tribunaux français la connaissance des deux affaires précitées. »

Les règles exposées dans cette décision furent adoptées peu
à peu par la pratique et par la doctrine. Ainsi, Wheaton,
qui niait d'abord absolument qu'il y eût une exemption en
faveur des navires marchands dans les ports étrangers en
dehors du cas de convention formelle, finit par se ranger à
l'opinion contraire d'Ortolan, et il modifia la sienne de la manière suivante : « Nous croyons qu'à cet égard la législation et
la jurisprudence françaises ont établi de vraies distinctions qui
doivent être reconnues par toutes les nations, comme étant les

plus conformes au principe du droit universel des gens » [1]. Ceci
répond à la pratique récente de la patrie de Wheaton, comme
le prouve le cas suivant. Pendant l'été de 1870, par suite de la
guerre entre la France et l'Allemagne, le navire allemand
Elwine Kreglin, qui se trouvait dans le port de New-York,
fut empêché de reprendre la mer. L'équipage quitta le bord,
et réclama ses gages ; le capitaine les refusa ; il déclara que
ses gens étaient déserteurs, et le consul allemand approuva sa
manière d'agir. L'équipage porta plainte au tribunal du district de New-York, qui lui donna gain de cause et condamna le
capitaine. Appel ayant été interjeté devant le tribunal supérieur, la cour de circuit décida que, dans les ports américains,
les conflits entre capitaine et gens de l'équipage des navires
allemands étaient exclusivement de la compétence des consuls
de leur nation si la paix du port n'avait pas été troublée, et
que la compétence des tribunaux américains n'avait d'ailleurs
jamais été, aux États-Unis, ni complètement reconnue en fait
ni à l'abri de contestations fréquentes en droit.

Le même principe a été consacré par de nombreux traités ;
en ce qui concerne l'Allemagne, à l'exemple de ce qu'avaient
fait les états de l'ancienne Confédération [2], on l'inséra dans les
traités d'amitié, de commerce et de navigation avec le Salvador, du 13 juin 1870, art. 28 (*R. G. Bl.*, 1872) ; avec Costa-Rica,
du 18 mai 1875 (*R. G. Bl.*, 1877), art. 31 ; ensuite dans les con-

---

[1] Lawrence, III, p. 435.

[2] Pour la première fois dans le traité de commerce et de navigation conclu
entre la Prusse et les États-Unis d'Amérique du 1er mai 1828 (14 mars 1829),
dont l'art. 10 dit : « Les consuls, vice-consuls et agents consulaires auront le
droit, en cette qualité, de servir de juge et d'arbitre dans les différends qui surgi-
ront entre le capitaine et les gens de l'équipage des navires de leur nation, sans
que les autorités locales puissent intervenir, si la conduite de l'équipage ou du
capitaine ne trouble pas l'ordre et la paix du pays, ou si les consuls, etc., n'ont
pas requis l'assistance de ces autorités pour exécuter leurs décisions. Il va de
soi que ces décisions ou sentences arbitrales ne peuvent enlever aux parties le
droit de recourir, après leur retour, aux tribunaux de leur pays. » De même,
plus tard, dans les traités de commerce et de navigation entre la Prusse et la
Grèce, du 31 juillet (12 août) 1839, art. 16, et entre l'Oldenbourg et la Grèce, du
20 avril (2 mai) 1842, art. 14.

ventions consulaires avec l'Italie du 21 décembre 1868 (*B. G. Bl.*, 1869), art. 15, et du 7 février 1872 (*R. G. Bl.*, 1872); avec l'Espagne, du 22 février 1870 (*B. G. Bl.*, 1870), art. 15, et du 12 janvier 1872 (*R. G. Bl.*, 1872); avec les États-Unis d'Amérique du 11 décembre 1871, art. 13 (*R. G. Bl.*, 1872); avec les Pays-Bas, du 11 janvier 1872 (*R. G. Bl.*, 1873), convention qui se réfère à celle conclue entre les Pays-Bas et la Prusse, le 16 juin 1856, concernant les colonies néerlandaises, et dans laquelle (art. 12) le principe n'est cependant pas exprimé avec autant de netteté que dans les conventions plus récentes; avec la Russie, du 8 décembre (26 novembre) 1874, art. 11 (*R. G. Bl.*)[1]; enfin dans le traité avec le royaume des îles Hawaï du 25 mars (19 septembre) 1879 (*R. G. Bl.*, 1880), art. 22.

III. La législation allemande est en harmonie avec ces dispositions du droit international. A la suite du code de commerce allemand, art. 357, l'Ordonnance pour les gens de mer, du 27 décembre 1872, contient dans son article 105 la prescription suivante : « Le matelot ne peut pas attraire le patron devant un tribunal étranger; s'il le fait, il n'est pas seulement responsable du dommage qui peut en résulter, mais il perd son droit au salaire qui lui est dû jusqu'alors. Dans les cas qui ne souffrent pas de retard, il peut demander au *See-*

---

[1] Le texte suivant de ce traité peut servir d'exemple :

« En ce qui concerne la police du port, le chargement et le déchargement des « navires, la sécurité des marchandises, biens et effets, on applique les lois, « statuts et règlements du pays. Aux consuls, vice-consuls et agents consulaires, « appartient exclusivement le maintien de l'ordre intérieur à bord des navires de « leur nation. Ils ont en conséquence à aplanir les différends de toute espèce entre « capitaine, officiers et matelots, particulièrement les différends qui se rapportent « aux gages et aux obligations contractées réciproquement.

« Les autorités locales ne peuvent intervenir que si les désordres commis à bord « sont de nature à troubler la paix et l'ordre public dans le pays ou dans le port, « ou si un indigène ou une personne n'appartenant pas à l'équipage y a pris part. « Dans tous les autres cas, les susdites autorités doivent se borner à prêter assis- « tance aux consuls, vice-consuls et agents consulaires, sur la réquisiton de « ceux-ci, lorsqu'ils jugent nécessaire qu'un individu porté sur le rôle de « l'équipage soit arrêté, ramené à bord ou détenu à terre. Si l'arrestation doit « être maintenue, lesdits fonctionnaires doivent en donner, dans le plus court « délai possible, avis aux autorités compétentes. »

manns Amt une décision provisoire. Le patron ne peut, sans motif grave, refuser de s'y prêter, sous peine de 150 marks d'amende ou de l'emprisonnement[1]. Les deux parties doivent obtempérer provisoirement à la décision du *Seemanns Amt*, sous la réserve du droit de faire valoir leurs prétentions devant le tribunal compétent, après l'achèvement du voyage. » La défense d'attraire devant un tribunal étranger ne s'applique pas aux réclamations concernant le contrat de louage ou de service du matelot, lorsqu'il y a eu vente forcée du navire.

Dans le supplément aux Instructions générales pour le service consulaire, du 22 février 1873, à propos de l'article 33 de la loi du 8 novembre 1867, qui fixe les attributions des consuls fédéraux en matière de police dans les ports de leur résidence, on fait remarquer qu'il n'y a pas entente sur la question de savoir à quelle police les navires de commerce sont soumis dans les ports étrangers, puis on ajoute : « Plusieurs gouvernements admettent que les navires étrangers, qui viennent dans les ports du pays, sont, ainsi que leurs équipages, exclusivement soumis à la police et à la justice du lieu. D'autres reconnaissent qu'en général les lois de police du port s'appliquent aux navires de commerce étrangers, et que les hommes de l'équipage doivent être attraits devant les tribunaux locaux du chef des infractions commises à terre, et du chef des infractions commises à bord qui portent atteinte à la sécurité de l'état ou qui sont dirigées contre des personnes ne faisant pas partie de l'équipage. Toutefois ces gouvernement ne tiennent pas les tribunaux du lieu pour compétents, lorsque les infractions ont été commises à bord d'un navire étranger entre hommes du même équipage ou sur un matelot d'un autre navire portant le même pavillon. Dans ce dernier cas, les autorités locales ne pourraient, d'après cette opinion, intervenir que lorsque la paix du port est troublée ou lorsqu'on les y invite expressément. La loi consulaire, tout en accordant aux consuls allemand, dans son article 33, l'exercice des attributions

---

[1] Art. 99, n° 6, de l'Ordonnance pour les gens de mer.

de police, n'a pas eu l'intention de trancher cette question du droit des gens. Loin de là, on présume ici, conformément à l'article 1ᵉʳ, que les lois et usages en vigueur dans la circonscription consulaire permettent au consul d'exercer la police. »

En dehors du contrôle sur l'accomplissement des prescriptions concernant le pavillon national (voir § 9), les commandants des navires de guerre allemands n'ont pas d'autorité en matière de police sur les bâtiments de commerce de leur nation dans les ports étrangers. Mais dans les cas urgents, le patron doit demander assistance aux commandants des navires de guerre auprès desquels il peut avoir accès, pour ce qui regarde le maintien de la discipline [1].

IV. Lorsqu'un fonctionnaire de la police ou de la justice se croit obligé d'accomplir un devoir de son office à bord d'un bâtiment de commerce étranger, il appréciera selon les circonstances s'il y a lieu d'inviter le consul de la nation intéressée à y prendre part.

V. Les articles 102 et 103 de l'Ordonnance pour les gens de mer touchent également à la question qui nous occupe. Ils sont ainsi conçus :

Article 102. — Si un homme de l'équipage commet un crime ou un délit pendant que le navire se trouve en pleine mer ou à l'étranger, le capitaine doit entendre les officiers du bord et les autres personnes dignes de créance, afin de recueillir exactement ce qui peut avoir quelque importance pour la preuve du fait et la punition du délit. Particulièrement dans les cas de mort ou de blessure grave, il doit décrire avec soins les blessures, et noter la durée du temps pendant lequel le blessé a survécu, la nature des remèdes employés, la nourriture que le blessé a prise.

« Article 103. — Le patron est autorisé à visiter en tout temps les hardes des gens de l'équipage qui sont soupçonnés d'avoir pris part à une infraction. Il peut mettre en état d'arrestation l'homme de l'équipage qui s'est rendu coupable d'une infrac-

---

[1] Ordonnance pour les gens de mer, art. 79.

tion punie d'une peine grave (art. 57, n° 3). Il est obligé de le
faire, s'il y a lieu de craindre la fuite de l'auteur du délit. Ce
dernier doit être livré, avec les pièces de la procédure qui a
eu lieu à bord, à l'Office maritime (*Seemanns-Amt*) le plus proche.
Si, à l'étranger, l'Office maritime refuse de recevoir le prévenu
pour des motifs particuliers, le patron doit opérer l'extradition au premier autre Office où il pourra l'effectuer. En cas
urgent, si le patron, se trouvant à l'étranger, ne peut pas atteindre un Office maritime aussi promptement que cela est
nécessaire, il peut livrer l'auteur du crime aux autorités étrangères aux fins de le remettre aux autorités compétentes du
port d'origine. Il doit en informer le premier Office maritime
qu'il atteindra [1]. »

Ces prescriptions ne sont pas de nature à résoudre les questions posées par le droit des gens. Mevès [2] remarque très justement à ce propos : L'acte coupable doit avoir été commis, non
pas pendant la traversée en général, mais seulement pendant
que le navire se trouvait en pleine mer ou en pays étranger. Il en
résulte que le patron n'a pas le droit d'agir, lorsque le lieu du
crime est situé dans le territoire national, c'est-à-dire si le
navire se trouve dans un port national ; il doit faire appel dans
ce cas aux autorités compétentes. Mais la loi distingue ensuite
deux hypothèses, selon que le navire se trouve en pleine mer
ou en pays étranger. La première ne soulève aucune difficulté ;
le crime doit avoir été commis sur le navire même ou sur l'un
de ses canots ; il n'y a pas d'autre alternative possible. Le cas
où un matelot commettrait un crime se trouvant dans l'eau,
peut se concevoir, mais il est d'une réalisation difficile. Or,
d'après les principes du droit des gens, les navires de commerce en pleine mer restent sous la protection et les lois de
leur patrie, le législateur est donc en droit de prescrire les mesures nécessaires pour la poursuite et la punition des délits
commis sur une portion flottante du territoire. Il en serait autrement si le navire se trouvait à l'étranger, c'est-à-dire sur

---

[1] Voir aussi l'Instruction complémentaire sur l'article 33 de la loi consulaire.
[2] Mevès, note 3 sur le § 102 cité.

un territoire soumis à la souveraineté d'un état non allemand.
Deux hypothèses se présentent ici : le matelot a commis le crime
ou sur le navire, ou en dehors du navire. Dans le premier
comme dans le second cas, les lois du pays, qui exercent leur
empire sur les navires de commerce, s'appliquent au crime et
à sa poursuite (en Allemagne, les articles 4 et 5 du code pénal de
l'empire). Partant de là, on se demande si la loi a en vue les deux
cas, ou seulement l'accomplissement du fait sur le navire même.
L'assimilation du séjour du navire en pleine mer et en pays
étranger, ainsi que l'histoire de l'origine de ces articles, plaident
en faveur de la seconde alternative. D'après l'exposé des motifs, la
disposition de l'article 102 est empruntée aux articles 10 et 11
de la loi prussienne du 31 mars 1841 sur la discipline à bord
des navires de mer ; et l'article 11 ne permet pas de douter
que son texte s'applique seulement lorsque le navire même est le
lieu du crime. Mais comme cette condition ne rend pas impossible l'intervention de l'autorité étrangère, il en résulterait
que si les articles devaient absolument s'appliquer, si le patron était obligé par exemple d'arrêter l'auteur du crime et
de le livrer à un Office de la marine allemande, des droits internationaux opposés entreraient en collision, et la force seule
pourrait trancher le conflit. Le législateur ne peut avoir voulu
cette conséquence ; en effet, dans l'article 5 du code pénal,
il tient expressément compte de l'autorité et des droits des
puissances étrangères. L'article 102 doit donc être interprété
de telle sorte que, dans le cas d'un délit commis à l'étranger par
un homme de l'équipage, le patron n'a le devoir d'intervenir
immédiatement, que si les autorités du pays ne poursuivent
pas le coupable. »

Une décision récente du tribunal d'arrondissement d'Altona
a été rendue dans ce sens. Voici le fait qui l'a provoquée :
A bord d'un navire allemand, mouillé dans un port américain,
les matelots, parmi lesquels se trouvait un Anglais, se rendirent coupables d'un délit. Après le retour du navire en Allemagne et son arrivée dans le port d'Altona, une poursuite fut
intentée contre l'équipage. Le tribunal se déclara incompétent

en ce qui concernait le matelot anglais, et par arrêt du 21 décembre 1878 le tribunal d'appel de Kiel confirma ce jugement[1].

La prescription de l'article 10 du règlement allemand de procédure criminelle n'a rien changé en ce qui regarde la question que nous venons d'examiner.

VII. La juridiction sur le navire étranger que l'on reconnaît à l'état dans les eaux duquel le navire est entré exerce dans bien des cas une influence profonde jusque dans la sphère des droits personnels, particulièrement en matière de liberté individuelle. Il ne saurait, en effet, être douteux que si un navire, appartenant à un pays où l'esclavage existe encore légalement, arrive avec des esclaves à bord dans le port d'un état où l'esclavage est aboli, ces esclaves pourront prétendre être traités en hommes libres, et les autorités du lieu auront le devoir de mettre la loi à exécution en soutenant ces gens dans leurs revendications. Par contre, dans les eaux territoriales d'un pays où subsiste l'esclavage, on ne peut, à bord d'un navire de commerce donner asile à des esclaves fugitifs ; les autorités locales seraient éventuellement en droit de réclamer l'extradition, ou même de l'exiger de force, parce qu'il n'y a pas de droit d'asile à bord des bâtiments de commerce dans les eaux étrangères.

Le code général (Allgemeines Landrecht) dispose, en Prusse, que les étrangers qui ne séjournent que passagèrement dans le pays conservent leurs droits sur les esclaves qu'ils ont amenés avec eux (II, 5, §§ 198 et suiv.), bien que l'esclavage soit aboli. (Ibid., § 126.) La loi du 9 mars 1857 (G. S., p. 160). provoquée par un cas spécial, déclare que « les esclaves seront libres du moment où ils toucheront le territoire prussien. » Le droit de propriété du maitre est de ce moment éteint.

Une décision du tribunal japonais de Kanagawa, du 27 septembre 1872, offre un vif intérêt, car elle s'inspire de l'esprit du droit international des peuples civilisés. Voici les faits qui

---

[1] Les motifs sont exposés dans le Recueil périodique, *La Hansa*, année 1879, p. 199.

l'amenèrent : Le navire péruvien la *Maria-Luz*, chargé de koulis en destination du Pérou était entré dans le port de Kanagawa à la suite d'avaries graves ; un des koulis réussit à s'échapper et à se réfugier à bord du vaisseau amiral anglais l'*Iron-Duke* ; de là il fut renvoyé aux autorités japonaises. Le capitaine de la *Maria-Luz* ayant ensuite été convaincu d'avoir maltraité ses passagers, les autorités japonaises firent débarquer ceux-ci et elles soumirent aux tribunaux la question de la validité des contrats de passage faits à Macao. Ces contrats furent déclarés nuls et les koulis laissés libres de continuer ou non leur voyage. Ils se prononcèrent pour la négative et furent renvoyés à Shanghaï aux frais du gouvernement japonais. Dans les considérants détaillés du jugement on lit que : « L'état personnel auquel les passagers allaient se soumettre était celui de l'esclavage, quel que fût le nom qu'on lui donnât ; que cet état était en contradiction si formelle avec le droit des gens, qu'il ne pouvait être maintenu que par une loi spéciale, laquelle ne saurait prétendre à être reconnue par les nations étrangères ; que les contrats dont il s'agissait étaient en opposition avec le droit public du Japon, qui ne tolérait pas l'esclavage ; que dans de semblables circonstances, la *lex loci contractus* devait céder à la *lex fori*». La conduite des autorités japonaises amena un conflit diplomatique avec le gouvernement péruvien, conflit qui se termina par une sentence arbitrale de l'empereur de Russie, rendue en faveur du Japon le 17 (29) mai 1875 [1].

---

[1] En voici le texte d'après la traduction de l'*Annuaire de l'Institut de droit international*, t. I, p. 353 :

« Nous, Alexandre II, par la grâce de Dieu, empereur de toutes les Russies.

« Conformément à la requête qui nous a été adressée par les gouvernements du Japon et du Pérou, contenue dans un protocole dressé de commun accord à Tokei, par les plénipotentiaires des deux gouvernements, le 13-25 juin 1873, correspondant au 25me jour du 6me mois de la 6me année de Meijsi, nous sommes convenus d'examiner le différend pendant entre les deux gouvernements relativement à l'arrêt du vaisseau *Maria-Luz*, dans le port de Kanagawa, et particulièrement à la réclamation du gouvernement péruvien, tendant à rendre le gouvernement japonais responsable de toutes les conséquences résultant de l'action des autorités japonaises par rapport à la *Maria-Luz*, à son équipage et à ses passagers, à l'époque de l'arrestation de ce vaisseau à Kanagawa, et nous avons consenti à prendre sur nous la tâche de prononcer une sentence arbitrale qui sera

On peut encore mentionner un autre cas qui est. caractéristique. Avant l'abolition générale de l'esclavage aux États-Unis d'Amérique, la loi territoriale de la Caroline du Sud défendait aux nègres libres le séjour sur le territoire de l'état. Il arriva fréquemment que des nègres ou des hommes de couleur, hommes libres et sujets de la couronne britannique, qui appartenaient à l'équipage d'un navire de commerce anglais, furent, après l'entrée du navire dans le port de Charleston, arrêtés par des agents de l'autorité locale et détenus à terre pour être ramenés à bord lorsque le bâtiment quittait le port.

Ces cas, et d'autres semblables qui touchaient à la liberté personnelle des individus se trouvant à bord des navires étran-

définitive et obligatoire pour les deux parties, et contre laquelle il ne sera admis ni objection, ni explication, ni délai quelconque.

« Ayant, en conséquence, mûrement pesé les considérations et conclusions des jurisconsultes et des personnes compétentes chargées d'étudier l'affaire, d'après les documents et attestations qui nous ont été transmis conformément au protocole ci-dessus mentionné ;

« Nous sommes arrivés à la conviction qu'en procédant comme il l'a fait à l'égard du *Maria-Luz*, de son équipage et de ses passagers, le gouvernement japonais a agi *bona fide* en vertu de ses propres lois et coutumes, sans enfreindre les prescriptions générales du droit des gens, ni les stipulations des traités particuliers ;

« Que, par conséquent, il ne peut être accusé d'un manque volontaire de respect, ni d'une intention malveillante quelconque vis-à-vis du gouvernement péruvien ou de ses citoyens ;

« Que les diverses espèces d'opinions provoquées par cet incident peuvent inspirer aux gouvernements qui n'ont pas de traités spéciaux avec le Japon, le désir de rendre les relations internationales réciproques plus précises, afin d'éviter à l'avenir tout malentendu de ce genre ; mais qu'elles ne peuvent, en l'absence de stipulations formelles, faire peser sur le gouvernement japonais la responsabilité d'une action qu'il n'a pas sciemment provoquée, et de mesures qui sont conformes à sa propre législation.

« En conséquence, nous n'avons pas trouvé de motifs suffisants pour reconnaître, comme irréguliers, les actes des autorités japonaises dans l'affaire du vaisseau *Maria-Luz*, et attribuant les pertes supportées à une malheureuse combinaison de circonstances,

« Nous prononçons la sentence arbitrale suivante :

« Le gouvernement japonais n'est pas responsable des conséquences produites par l'arrêt du vaisseau péruvien *Maria-Luz* dans le port de Kanagawa.

« En foi de quoi, nous avons signé la présente sentence, et nous y avons fait apposer notre sceau impérial.

« Fait à Ems, le 17 (29) mai 1875. »

gers, ont été d'ailleurs l'objet d'appréciations très diverses [1].

VII. Il faut encore citer, comme ayant une grande importance dans la question, les nombreuses opinions émises au sujet du droit de juridiction de l'Angleterre sur les navires étrangers, à la suite d'une collision arrivée devant Douvres, en 1876, à moins de trois milles de la côte, entre le navire allemand la *Franconia* et le navire anglais le *Strathclyde*, dans laquelle un passager de ce dernier bâtiment perdit la vie. Une action fut intentée en Angleterre, du chef de meurtre, contre le capitaine de la *Franconia*, qui était un Allemand, et le droit de juridiction de l'Angleterre fut revendiqué par le motif que la collision avait eu lieu dans la mer territoriale anglaise. Le tribunal de première instance reconnut le droit et condamna le capitaine de la *Franconia*. Appel fut interjeté; la *Court for Crown Reserved Cases* déclara, par sept voix contre six, que ce droit de juridiction, bien qu'il fût admis par les publicistes, n'était nullement prouvé, et qu'en conséquence la couronne n'avait pas compétence pour attraire le procès devant ses juges. On constata ainsi qu'il existait dans la législation nationale une lacune ne permettant pas aux tribunaux anglais d'appliquer éventuellement les règles du droit international. C'est pour la faire disparaître que le gouvernement présenta au parlement un bill « *to regulate the law relating to the trial of offences committed on the sea, within a certain distance of the coasts, of her Majestys dominions.* A la suite de discussions approfondies, le bill fut publié comme loi, à la date du 28 août 1878, sous le titre de *Territorial Waters Jurisdiction Act,* 1878 [2]. Cette loi attribue aux autorités britanniques la poursuite de tous les délits commis dans les eaux territoriales, c'est-à-dire dans la mer baignant les côtes [3], jusqu'à la distance de trois milles nautiques (*one marine league,* voir § 5). Peu importe que l'au-

---

[1] Voir, par exemple, dans Lawrence, III, p. 436 et suiv.

[2] 41 et 42, Vict., c. 73.

[3] En présentant le bill à la Chambre haute dans la séance du 14 février 1878, le lord chancelier fit remarquer que le pouvoir de juridiction sur les baies et ports — par opposition à la mer territoriale ouverte — n'avait jamais pu être révoqué en doute.

teur de l'acte soit indigène ou étranger, et que le crime ait été commis à bord ou au moyen d'un navire étranger. Mais dans le Royaume-Uni l'autorisation d'un secrétaire d'état, dans les autres possessions britanniques, celle du gouverneur, est nécessaire pour commencer la poursuite.

Cette loi a soulevé, non seulement en Angleterre, mais aussi et surtout en Allemagne, des objections d'autant mieux justifiées que c'est précisément le jugement dans l'affaire de la *Franconia* qui a provoqué la présentation du bill au parlement, comme l'a reconnu le lord chancelier en termes exprès.

Au moment de la collision, la *Franconia* se trouvait à la traversée de la Manche dans le détroit de Douvres, à moins d'une lieue marine (*marine league*) de la côte anglaise. L'usage de cette partie du détroit n'avait rien d'insolite, car le passage de la Manche s'opère à peu près exclusivement par cette voie, qui est la plus favorable à la navigation. Les explications du lord chancelier ne laissent pas douter que le gouvernement britannique n'ait voulu attribuer aux tribunaux du pays le droit d'intervenir à la suite de tous les délits commis sur des navires étrangers qui *passent* à travers le détroit de Douvres à moins d'une lieue marine du continent anglais. Bien plus, le lord chancelier a déclaré en termes très nets, dans l'exposé suivant, que le passage du détroit opéré à ce lieu était une concession faite par le gouvernement britannique aux navires étrangers : « It had been suggested, or might be suggested, that if the jurisdiction of this country extended over the part of the high seas immediátely adjoining the shore, inasmuch as the right of passage over that part was allowed to foreign ships, it would be unfair to claim such a jurisdiction as against them. He was willing to accede the right of passage contended for, but he had imagined that it was conceded on this footing and this footing only, that those who awailed themselves of the right of passage should not expose themselves to any complaint of a violation of the rights of those by whom the right of passage was conceded. In truth, any such exemption would apply to the case of foreign ships coming into one of our bays. »

Le lord chancelier oublie que dans le détroit de Douvres comme
dans les autres détroits qui servent de communication entre
des mers accessibles à tous, les navires étrangers ont droit au
libre passage. Même quand il est exercé dans les eaux territoriales des états riverains, ce droit ne repose pas sur une concession; il dérive du principe de la liberté des mers auquel se
rattache par voie de conséquence nécessaire le libre usage des
voies de communication qui unissent les différentes mers [1],
sans qu'il soit porté atteinte par là au droit pour les états riverains de prendre à l'égard des navires étrangers les mesures
qu'exige la défense nationale [2].

[1] Déjà Valin (II, p. 688), fait allusion à ce principe, de même, Vattel, I, § 292.
Aujourd'hui, la perception de taxes sur les navires qui traversent ces voies de
communication n'est plus admise. Voir Twiss, I, p. 311 et suiv.

[2] Azuni s'exprime d'une façon particulièrement claire (I, p. 75), au sujet de ce
droit : « Lorsque les détroits maritimes sont disposés de manière à servir nécessairement de communication entre deux mers dont la navigation est commune à
toutes les nations ou à plusieurs d'entre elles, celle qui possède le détroit ne peut
refuser le passage aux autres, pourvu qu'on en use avec modération et sans lui
porter dommage. Si elle s'opposait la première et sans juste motif au passage,
elle priverait les autres nations d'un avantage qui leur est accordé par la nature,
puisque le droit de naviguer d'une mer à une autre est un reste de la communauté primitive de l'élément des eaux, qui, dans sa vaste extension, appartenait à
tous. »

Jouffroy a reproduit cette appréciation (p. 24). Vergé dit (page 148) : « La
liberté des mers serait illusoire, si l'usage des détroits qui servent de communication d'une mer à l'autre était entravé. »

Calvo (I, p. 340) : « On distingue deux sortes de détroits : ceux qui aboutissent
à des mers fermées ou enclavées, c'est-à-dire dont la souveraineté absolue peut
être revendiquée exclusivement par l'état dont elles baignent les côtes; et ceux
qui servent de communication entre des mers libres. Les premiers, constituant un
domaine propre et réservé, sont régis par les lois ou les règlements particuliers
de chaque pays; les seconds, affectant nécessairement les intérêts des divers
états dont ils sont destinés à faciliter l'accès, ne peuvent jamais devenir la propriété souveraine d'un seul et doivent rester absolument libres pour toutes les
marines comme les mers auxquelles ils conduisent.

« Cette liberté d'accès et de transit admet toutefois les restrictions inhérentes au
droit de conservation des états, sur les côtes desquels sont situés les détroits; et
lorsque la configuration des détroits oblige les navires qui les traversent à passer
sous le feu des forts placés sur l'un ou l'autre bord, le souverain qui est maître de
la côte a le droit incontestable d'en surveiller la navigation, et de prendre, surtout en temps de guerre, les précautions que la prudence et le soin de la sûreté
peuvent rendre nécessaires. »

Le gouvernement anglais revendique donc la juridiction non pas seulement sur les navires étrangers qui *séjournent,* au sens propre du mot, dans les eaux soumises à la souveraineté de la couronne britannique, mais aussi sur ceux qui dirigent leur course à travers le territoire maritime. Cette revendication ne se base pas sur la nécessité d'une concession de passage émanant de l'Angleterre et que celle-ci ne pourrait d'ailleurs ni accorder, ni refuser. On reconnaît même le droit qui appartient à toute nation faisant le commerce maritime, de parcourir librement l'Océan et les voies de communication qui unissent ses différentes parties[1]. Mais l'Angleterre ne se borne pas à assurer l'application, par ses tribunaux, de son droit de police, incontestable en droit des gens ; elle donne à la juridiction résultant de cette prérogative une extension qui n'est pas en harmonie avec les principes internationaux. Et cependant le lord chancelier, dans la séance de la chambre haute du 8 mars 1878, a fait remarquer expressément que : « the bill is not one which proposes to alter the international law, but one which makes provisions for applying the machinery of our own law so as to make

De Cussy (I, p. 98), dit : « Les détroits étant des passages qui mettent les mers en communication et permettent de naviguer d'une mer à l'autre, leur usage doit être libre comme la mer elle-même, sinon la liberté des mers mises en communication ne serait qu'une chimère. » Voir Cauchy (I, p. 41, 42), et Schiattarella (*Del Territorio,* p. 10-13), qui regarde le droit de passage à travers de semblables détroits comme une servitude basée sur la nature des choses, mais dans l'usage de laquelle on doit se soumettre aux lois portées dans l'intérêt de l'ordre public, par l'état qui est en possession de la mer territoriale. »

Nizze (§ 21) va un peu trop loin lorsqu'il dit : « Il y a plusieurs détroits, par le moyen desquels des mers libres sont mises en communication, et qui sont des voies nécessaires pour les relations maritimes des peuples. Sans eux, le commerce par mer ne serait possible que dans une mesure restreinte. Ces voies, qui sont d'un égal intérêt pour tous les peuples navigateurs, sont en conséquence et d'après le droit des gens, libres et non point soumises à la souveraineté des pays riverains. La frontière de ces pays ne s'étend pas dans ces détroits aussi loin que dans les autres mers territoriales, mais recule jusqu'au point où le détroit cesse d'être une voie de communication générale pour les navires qui le traversent. Nizze range dans cette catégorie le Sund, le grand et le petit Belt, le canal de la Manche, le détroit de Gibraltar, les Dardanelles et le Bosphore, le détroit de Magellan. »

[1] Sur le droit de libre passage, voir aussi Twiss, I, §. 177, et Neumann, § 21.

it work in harmony with the international law. » Pour justifier
cette assertion, le lord chancelier cite une *Instruction* qui émane
du gouvernement allemand et qui est relative à la protection de
la pêche sur les côtes de l'Allemagne du Nord. Elle déclare que
la mer territoriale soumise à la souveraineté de la confédération
s'étend jusqu'à trois milles nautiques de la côte, et que l'exercice de la pêche y est défendu aux pêcheurs étrangers, sous
peine d'être arrêtés et traduits devant le tribunal allemand le
plus proche. Mais en se référant à ce passage de l'*Instruction*,
le lord chancelier montre qu'il ne discerne pas la différence
des deux espèces. Il s'agit ici de bâtiments qui se rendent
coupables d'une infraction en se livrant à la pêche contrairement aux principes reconnus du droit des gens [1], et qui dans
ce but illicite naviguent ou se mettent à l'ancre dans une mer
territoriale étrangère. Tandis que la loi anglaise, provoquée
par le cas de la *Franconia*, soumet à la juridiction britannique
tous les bâtiments qui se trouvent dans la mer territoriale à
moins de trois milles des côtes; elle atteint par conséquent
les milliers de navires qui longent les côtes de l'Angleterre et
traversent ces routes maritimes ouvertes à tous les peuples.

Par cette extension abusive du droit de juridiction, la législation britannique s'est mise en contradiction avec un principe
du droit des gens qui n'a pas été seulement reconnu par les
publicistes les plus considérables, mais dont les jurisconsultes
de la couronne d'Angleterre ont toujours tenu compte dans
leurs décisions prises à la majorité des voix. Il n'est pas sans
importance de signaler comment sir Robert Phillimore, qui
appartient à cette majorité et dont la haute autorité est universellement reconnue en Angleterre, s'est exprimé sur ce
point dans ses *Commentaries upon international law* (I, § 350) :
« Merchant or private vessels have no exemption from the ter-

---

[1] Twiss, Territorial Waters : « The established practice of European nations
may now be considered to have sanctioned the exclusive right of every nation to
the fisheries in the waters adjacent to its coasts within a marine league from low
water mark. » Twiss distingue très justement entre *the produce of the sea*,
et *the use of the sea for purposes of navigation;* les produits de la mer ne sont
pas inépuisables, on peut donc apporter une restriction en ce qui les concerne.

ritorial jurisdiction of the harbour or port, or so to speak territorial waters (mer littorale) in which they lie. » Dans un
exposé rédigé par des membres considérables de la *Royal
Commission on fugitive Slaves*, où l'on parle constamment
d'*obligations internationales* et non pas de juridiction de l'amirauté, il est également fait allusion à cette distinction. On y dit
(p. XXVI) : « Il is universally admitted that the ship and all
on board of her are amenable to the law of the country in
whose waters she happens to be, although the question may
arise (as it has lately arisen) whether that law ought to be held
enforceable in the case of vessels navigating within the range
of coast waters and not lying in port [1]. »

Les publicistes allemands ont fait ressortir ceci avec plus
de netteté encore. Heffter [2] dit : « Tout navire entré dans les
« ports ou dans les eaux d'un état est assujetti à la police et aux
« droits de la navigation, ainsi qu'à la juridiction territoriale
« de ce dernier. Sont exceptés seulement de cette juridiction :
« ...3° les navires qui ne font que traverser les eaux qui coulent
« en avant d'un port, ainsi que ceux qui ont été obligés d'y
« chercher un refuge par suite de force majeure, en tant qu'il
« s'agit de juridiction civile. » Il est vrai qu'on trouverait difficilement la justification de cette dernière exception [3]. Nizze
dit [4] : « Dans chaque état, les lois étendent leur empire sur les
« eaux nationales, et les personnes de nationalité étrangère,
« aussitôt qu'elles se trouvent dans ces eaux, et aussi long-
« temps qu'elles séjournent sur le territoire de l'état, doivent
« obéissance à ces lois. Il y a cependant des exceptions à cette
« règle générale : 1° les navires qui font voile le long des côtes
« ne sont pas soumis aux lois nationales. » Bluntschli (art. 319
et 322) déclare ceci : « Les navires qui pénètrent dans les eaux
« d'un état étranger, jettent l'ancre dans un port étranger, re-

---

[1] Voir aussi Twiss, I, § 173, où est expliquée la différence entre *territorial seas*
et *jurisdictional* waters.

[2] § 79.

[3] Bischof (§ 20) reproduit les exceptions de Heffter.

[4] P. 46.

« montent un fleuve, une rivière, etc., sont soumis à la sou-
« veraineté de l'état étranger tant qu'ils restent sur le territoire
« maritime de ce dernier. — Les navires qui se bornent à longer
« les côtes d'un état dans la partie de la mer qui fait partie du
« territoire de ce dernier sont soumis temporairement à la
« souveraineté de cet état, en ce sens qu'ils doivent respecter
« les ordonnances militaires ou de police prises par lui pour
« la sûreté de son territoire et de la population côtière. »

Il faut dire enfin que le projet n'a pas été voté au parlement
sans contradiction. Lors de la troisième lecture à la chambre
des communes, dans la séance du 15 août 1878, sir G. Bowyer
l'attaqua vivement [1].

[1] Voici la relation du *Times* : Sir G. Bowyer took occasion to comment on the
manner in which the bill had been passed through its previous stages and to argue
that it was not only unnecessary but a contravention to the law of nations. He
entirely denied that the *Franconia* case had made an alteration of the law imperative on account of the circumstance that a majority of the judges had overruled
the decision come to before baron Pollock; he believed, on the other hand, that
the jurisdiction of the english Courts was amply sufficient.

It might be argued with equal force that the death of an english sailor at Calais would make it necessary to extend our jurisdiction.

In all such cases the proper remedy was a representation to the country of the
offender, and on the failure of such representation, a refusal to do justice cons-
tituted a casus belli. The bill, he contended, *was inconsistent with the law of
nations* and the rights of foreign countries. He was ready to admit the doctrine of the three miles zone; but the question was what was the nature of the
jurisdiction which the sanction of that doctrine conferred. It was not, in his opinion, such a jurisdiction as it was sought to introduce by the present measure.
According to the law of England, every foreigner in this country owed what
was termed a qualified allegiance to the Crown in consideration of the protection
which he received; but if the bill were to pass, it would follow that every foreigner brought in a foreign vessel passing within three miles of our shores
whould owe that qualified allegiance, while it could not be said that he received
in return any protection. It did not, he might add, appear that such a jurisdiction
as it was proposed to create was necessary for the defence and security of the
realm. If in the case of a foreign vessel passing within the three miles zone, a
foreign sailor murdered another, it could not be said that our security required
that the criminal should be tried by the law of England.

The real remedy in such circumstances was that he should be tried by the laws
of his own country. It was admitted by the chancellor of the Exchequer that the
bill had not been the subject of any communication with foreign countries, and
that circumstance appeared to him a very serious one for consideration. The
exercise of legal jurisdiction over ships coming within the three miles zones —

Sur les bancs du gouvernement on déclara que le bill n'était nullement en opposition avec les principes du droit des gens, et qu'il avait été introduit principalement en vue de protéger les sujets britanniques ; le représentant du gouvernement invoqua aussi de nouveau l'ordonnance allemande concernant la protection de la pêche maritime sur les côtes de l'Allemagne du Nord. Dans la suite du débat, d'autres orateurs parlèrent des difficultés que l'application du bill pourrait faire surgir dans les rapports avec les puissances étrangères.

§ 14. — Des navires de guerre dans les eaux territoriales étrangères.

A. — Droit pour les navires de guerre d'entrer dans les eaux territoriales étrangères et de séjourner dans les ports étrangers.

I. Les corps de troupes appartenant aux armées de terre ne peuvent mettre le pied sur le territoire étranger, si ce n'est en

not alone ships visiting our ports those *in transitû* — would, he was convinced, give rise to much inconvenience and difficulty with foreign countries.

If foreigners refused to submit to it we should not have remedy. Besides, it was a recognised principle of international law that the subjects of a country did not become amenable to the laws of another country until they entered into it. The practical effect of the bill, however it might be disguised, was to render the three-miles zone a part of british territory, and it logically followed that the british government could forbid the passage of it to foreigners. Now were we prepared to concede the same privilege to all other powers, including the most barbarous? He apprehended not. But, it was said, nothing was to be done under the act except with the consent of the secretary of State? His reply was that that was not the way to legislate. Why should parliament delegate its authority to the secretary of State? If the jurisdiction which the bill sought to establish was good and consonant with the law of nations and the law of England, it ought to be sanctioned without such a limitation ; if it was unsound, then he would say let the bill be rejected. He now came to a very important point, and although the solicitor-general and the Lord Chancellor differed from him in the matter, his opinion with reference to it remained unchanged. The conclusion at which he arrived was that the second clause of this bill included foreign ships of war as well as foreign merchant ships, and that under it any offence committed on board the former would come within the cognisrance of the English law. Lord O'Hagan fully concurred with his view of the matter, and therefore, in order to raise the question, but without any intention of dividing, he begged to move that the bill be read a third time this day three months.

vertu d'une convention spéciale, ou après avoir obtenu l'autorisation du gouvernement étranger. Il n'existe point de prohibition aussi générale pour les navires de guerre, au moins
en ce qui concerne leur entrée dans les eaux territoriales
étrangères. Voici les règles qu'on leur applique :

1. Les parties de la mer situées dans les eaux territoriales,
d'un état, et qui servent de voies de communication pour les
parcours internationaux, sont en tout temps ouvertes pour le
passage des navires de guerre, comme pour celui des navires
marchands (voir § 13, VII) [1].

2. Les ports de mer de toutes les nations sont ouverts aux
navires de guerre des puissances qui se trouvent à l'état de
paix. Mais cette concession n'est pas forcée, car tout état a le
droit de fermer aux navires de guerre étrangers ses ports ou
quelques-uns d'entre eux, ou de fixer les conditions de l'entrée
et du séjour [2].

[1] Voir le § 33, III, pour le droit de fermer l'Oeresund et les Belt aux navires
de guerre et pendant le temps de guerre.

[2] Voir entre autres sur ces principes : Surland, § 580 ; Cancrin, 10e partie,
§ 15 et 34 ; Wheaton, *Elem.*, I, p. 124 : «If there be no express prohibition the
ports of a friendly state are considered as open to the public and commissionned
ships belonging to another nation with whom that state is at peace». Twiss, I,
§ 158 : «The rule which applies in relation to an armed force upon land, does not
apply equally to an armed force upon the sea, as by the usage of nations ships
of war may freely enter the ports of a friendly power without express permission, unless there be an especial prohibition against vessels of war entering
such ports. It is competent for every nation for reasons of state police to close
all its ports, or certain only of its ports, against the vessels of war of all nations
or against the vessels of war of a particular nation, but in such cases notice is
usualy given of such determination. If there be no such prohibition, the ports of
a friendly nation are considered to be open to the public ships of all powers,
with which it is at peace, for purposes of hospitality and they are supposed to
enter such ports under an implied license from the sovereign of the place. » Dans
les rapports de la *Royal Commission on fugitive Slaves*, de 1876, ces principes
sont également exposés (voir notamment pp. VII, XXVII et XXVIII), et dans un passage il est dit nettement : « Her Majesty's government could not deny to any
foreign sovereign the right to interdict the entrance of british ships of war into
his ports. » Ortolan méconnaît ce droit, lorsque (I, p. 142 et suiv.) il exige une
prohibition *consentie par convention*, et qu'il admet qu'une pareille entente n'est
pas nécessaire seulement s'il s'agit de ports militaires proprement dits, lesquels
peuvent être fermés sans autres formalités,

Dans le cas de danger de mer seulement l'entrée ne peut jamais être refusée [1].

Les prohibitions dépendent des considérations politiques ; mais elles doivent toujours être, au moins en apparence, justifiées par les exigences de la sûreté de l'état. Ainsi, par exemple, le Règlement autrichien (III, n° 379) interdit d'une manière générale aux navires étrangers d'entrer, en temps de guerre et pendant la nuit, dans les ports et rades où se trouvent un ou plusieurs navires de guerre de la marine impériale.

Le rapport de la *Royal Commission on fugitive Slaves* (voir n° VII), caractérise l'exclusion comme une « extreme measure « necessary for the protection of national or private interests. » Les considérations sanitaires peuvent également justifier un refus d'admission des navires de guerre, ou leur surveillance, ou bien une prohibition partielle ou complète de communiquer avec la terre [2].

De nombreux traités stipulent l'admission réciproque des navires de guerre sur le pied des droits concédés aux nations les plus favorisées [3].

Les navires de guerre de toutes les nations sont absolument exclus, par exemple, du port d'Antivari et de toutes les eaux territoriales du Monténégro [4].

II. Les dispositions et usages qui règlent le séjour des navires de guerre dans les ports étrangers [5], concernent notamment les points suivants :

---

[1] Ortolan, I, p. 145 ; voir aussi Cancrin, *loc. cit.*
[2] Calvo, I, § 622 ; Ortolan, I, p. 192.
[3] Dans les traités de l'Allemagne avec le Mexique, du 28 août 1869, art. 2 ; avec le Salvador, du 13 juin 1870, art. xviii ; avec Costa-Rica, du 18 mai 1875, art. xxi.
[4] Traité de Berlin du 13 juillet 1878, art. 29.
[5] Certains états ont édicté des dispositions spéciales à cet égard, comme l'Autriche, dans le décret du 20 mai 1866. Voir, pour Copenhague, le *Marine Verordnungs-Blatt*, 1875, p. 112, 113, 221. La rade de Copenhague, en dedans des *Trekroner*, est fermée aux navires de guerre étrangers en général, et ne peut être visitée que si ces navires ont à bord des personnages appartenant à une maison régnante ou doivent prendre du charbon, dans ce cas seulement pendant la durée de la prise de charbon ; pour le Brésil, l'*Allgemeiner Marine-Befehl*, n° 132, et

1. Le nombre des navires de guerre d'une seule et même nation qui peuvent séjourner en même temps dans un port étranger ; ce nombre a souvent été limité soit par des conventions, soit par des règlements [1].

2. La durée du séjour dans les ports militaires : il n'est permis qu'en proportion des besoins du navire, auquel on doit fournir ce qui est nécessaire ; ensuite le lieu où les navires étrangers doivent mettre à l'ancre.

3. Le devoir de donner avis officiel de l'arrivée, en faisant connaître le pavillon, l'espèce, le nom et le genre d'armement du navire, la force de son équipage, la qualité du commandant, le but et la durée probable du séjour.

4. Les saluts.

5. La défense de faire, dans les eaux territoriales, et particulièrement dans le rayon des forteresses, des sondages, autres que ceux qui sont nécessaires pour l'entrée et la sortie pendant la navigation même.

6. La défense de débarquer, sans l'assentiment des autorités étrangères, des troupes armées, et de faire sans une semblable autorisation des exercices de tir [2], ou des manœuvres de chaloupes. Il convient de ne solliciter l'autorisation que dans les cas où elle sera certainement accordée.

7. L'embarquement et le débarquement des hommes de l'équipage. Il n'est pas d'usage que les hommes qui se rendent à terre, en dehors du service, portent des armes. Rien ne s'y

le *Marine Verordnungs-Blatt*, 1877, p. 127 ; spécialement, pour l'ancrage dans le port de Rio de Janeiro, *ibid.*, 1870, p. 55, 56, et 1875, p. 105 ; pour Saint-Thomas, *ibid.*, 1876, p. 93 ; pour les Indes Néerlandaises, *Allg. Mar. Befehl*, n° 105.

[1] Dans les anciens traités, à 3, 4, 5, 6, 8 navires. Ortolan remarque là-dessus (I, p. 144) : « Ces sages limitations sont conformes à une politique prévoyante, car sans parler des cas de surprise qu'une puissance peut avoir à craindre de la part d'une autre avant déclaration de guerre (voir le récit de l'attaque de Copenhague par les Anglais en septembre 1807), le séjour sur son territoire de forces étrangères nombreuses peut devenir la source de circonstances fâcheuses qu'il est utile de prévenir. »

[2] Voir Décision de l'amirauté prussienne du 17 avril 1858 (*All. M. B.*, n° 47) ; *Queens Regulations*, § 420, où il est également défendu de donner à bord des congés en masse pour se rendre à terre ; Règl. autrichien, III, n° 1005.

oppose cependant, en l'absence d'une interdiction formelle, et spécialement lorsque la sécurité personnelle l'exige [1].

8. L'entreprise des réparations ; l'acquisition de matériel d'équipement, de provisions, d'eau ; les formalités en douane, l'exemption des droits d'entrée, etc. Quant à ce dernier point, il est de règle que les navires de guerre n'ont pas, dans les ports étrangers et sous la réserve de la réciprocité, à subir de visite douanière [2].

[1] En 1864, la Prusse et le Portugal firent un arrangement en vertu duquel les matelots et soldats de la marine de guerre de l'une des parties contractantes ne peuvent descendre à terre sur le territoire de l'autre sans être désarmés ; une exception n'est admise que dans le cas où la sécurité des hommes de l'équipage serait menacée et exigerait le port des armes, ou bien dans le cas de participation à une solennité publique (*A. M. Bl.*, n° 106 et n° 139). Le § 12 des Instructions autrichiennes sur l'admission et le traitement des navires de guerre des nations amies sur les côtes autrichiennes, en date du 20 mai 1866, décide que : « A l'exception des sous-officiers de premier rang, qui portent d'ordinaire le sabre ou l'épée au côté, l'équipage d'un navire de guerre étranger doit toujours descendre à terre désarmé. »

[2] Voir Ortolan, I, p. 201, et annexe E. En ce qui concerne les rapports des navires de guerre étrangers avec la douane dans les ports allemands, le Conseil fédéral (Bundesrath) a pris, sous la date du 12 oct. 1878, les dispositions suivantes :

a) Il n'y a pas lieu de visiter les navires de guerre étrangers, ni même de se rendre à leur bord dans un but de douane.

b) Tous les objets apportés de ces navires à terre (marchandises, provisions de bouche ou autres, objets mobiliers) sont soumis aux prescriptions douanières, et doivent, avant d'être admis à la libre pratique, être présentés au bureau de la douane du port.

Le fait du transport sur un bâtiment d'une marine militaire étrangère ne suffit pas pour affranchir des marchandises quelconques du payement des droits de douane, ou pour diminuer les taxes du tarif.

c) Le transport d'objets et de marchandises, opéré de terre à bord, n'est soumis à aucun contrôle douanier, à moins qu'ils ne soient exportés avec réclamation de remboursement des droits, ou bien qu'ils ne soient frappés de droits de sortie. Les dispositions en vigueur pour ces différents cas doivent alors être appliqués ; les employés de la douane doivent tout particulièrement s'assurer que les marchandises ou objets sont réellement transportés à bord des navires. (*Central Blatt für das Deutsche Reich*, 1878, p. 623.)

Les dispositions du tarif pour le passage à travers le canal de Suez se trouvent dans le *M. V. Bl.*, 1877, p. 153, 154. Il en résulte que les navires de guerre, comme les navires construits ou affrétés pour le transport des troupes, ainsi que ceux qui naviguent sur lest, sont affranchis de la taxe supplémentaire, et n'ont à payer que la taxe maximum de 10 francs par tonne, calculée sur leur tonnage enregistré,

9. L'exemption des taxes de port, de tonnage, etc.

10. L'observation des prescriptions relatives aux quarantaines (voir § 22, IV et V).

III. Le droit des navires de guerre d'entrer dans les ports étrangers ne s'étend pas aux fleuves et canaux accessibles par les ports de mer. Les principes qui régissent le passage de troupes étrangères sur le territoire continental, sont exclusivement applicables aux traversées de cette espèce. Comme pour tout passage dans les eaux intérieures, elles ne pourraient s'opérer qu'à la suite d'une autorisation en dûe forme [1].

Les Instructions allemandes pour les commandants, etc., contiennent (article 9) une disposition dans ce sens, et ajoutent qu'en cas de nécessité pressante, où l'on ne pourrait attendre l'autorisation, celle-ci doit être sollicitée aussitôt que possible [2].

IV. Les dispositions conventionnelles ou réglementaires suivantes offrent de l'intérêt pour les navires de guerre allemands qui séjournent dans les stations de l'Asie orientale et de la mer du Sud :

1. Les rapports avec la Chine sont réglés par le traité d'amitié, de commerce et de navigation conclu entre les états du Zollverein, les deux Mecklembourg, les villes hanséatiques de Lubeck, Brême et Hambourg d'une part, et la Chine de l'autre,

---

[1] Lorsque, en 1879, un petit bâtiment de guerre acheté par le gouvernement danois en Angleterre, dût être amené en Danemark par la voie du canal de l'Eider, l'autorisation de passer par ce canal fut sollicitée et accordée avec empressement.

[2] Voir Règlement autrichien, III, p. 1005. D'après les principes du droit international concernant les fleuves, les bâtiments de guerre étrangers y sont assimilés aux corps de troupes, et la navigation leur est interdite en dehors du pays. Les cannonières allemandes du Rhin doivent restreindre leurs courses à la partie allemande du fleuve. — Durant l'été de 1873, le moniteur autrichien la *Leitha* entreprit une course sur le Danube jusqu'à Straubing en Bavière. Les autorités bavaroises se plaignirent en Autriche ; on leur répondit que le bâtiment faisait un voyage d'essai seulement, afin de donner à l'équipage l'occasion de se familiariser avec les eaux étrangères ; finalement, le gouvernement autrichien fit des excuses et rappela le bâtiment, le gouvernement bavarois ayant refusé de permettre la continuation du voyage qu'on lui demandait.

du 2 septembre 1861, ratifié le 14 janvier 1863 (*G. S.*, 1863);
d'après l'article 30, les navires de guerre des puissances allemandes contractantes qui croisent dans le but de protéger le
commerce ou de réprimer la piraterie peuvent se rendre dans
tous les ports chinois sans distinction. Cet article s'occupe aussi
de l'approvisionnement et de l'exemption des taxes.

2. Les rapports avec le Japon sont réglés par le traité d'amitié,
de commerce et de navigation entre la confédération de l'Allemagne du Nord et les états qui en dehors de cette confédération font partie de l'Union douanière et commerciale allemande,
d'une part, et le Japon de l'autre, en date du 20 février 1869
(*B. G. Bl.*, 1870); d'après l'article 3, les ports de Hakodade,
Hiago, Kanagawa (Yokohama), Nagasaki, Niegato et Ebisumi-
nato dans l'île de Sado, et Osaka sont ouverts aux navires
allemands; l'article 18 règle l'approvisionnement des navires
de guerre; pour les formalités douanières à l'entrée et à la sortie,
voir numéros 2 et 4 des *Dispositions réglementaires pour le
commerce.*

3. Le traité d'amitié entre l'empereur d'Allemagne et le roi
de Tonga du 1er novembre 1876 (*R. G. Bl.*, 1877) dispose, dans
son article 5, que les navires de guerre de chacune des hautes
parties contractantes auront réciproquement la liberté d'entrer,
de jeter l'ancre, de séjourner, de faire les approvisionnements
et les réparations dans tous les lieux, ports et eaux situés sur
le territoire de l'autre partie, conformément aux lois et ordonnances du pays. Pour aider à l'exécution de cette disposition
dans ses domaines, et particulièrement en vue d'y faciliter
l'établissement d'une station de charbon, le roi de Tonga accorde au gouvernement allemand le libre usage du terrain nécessaire dans un endroit approprié du groupe des îles Wawau,
sans préjudice des droits de souveraineté du roi de Tonga.

4. Le traité d'amitié avec le royaume des îles hawaïennes
du 25 mars/19 septembre 1879 (*R. G. Bl.*, 1880) accorde dans
son article 7, aux navires de guerre, le libre accès dans tous
les ports, fleuves et places qui sont ouverts au commerce
étranger, avec la faculté de faire des réparations, de compléter

l'équipage et les approvisionnements et de jouir du traitement de la nation la plus favorisée.

5. Le traité d'amitié avec Samoa du 24 janvier 1879 (*R. G.
Bl.*, 1881) établit, dans son article 5, que « les navires de guerre
pourront entrer dans le port de Saluafata, y jeter l'ancre, y
demeurer, s'y approvisionner, et s'y réparer ; il sera loisible
en outre au gouvernement allemand de prendre dans ce port
toutes les dispositions qu'il jugera nécessaire pour les navires
de guerre et leurs équipages. Le gouvernement de Samoa consent aussi à ce que le gouvernement allemand construise sur
les quais de ce port des bâtiments pour dépôts de charbon ou
autres objets nécessaires aux navires de guerre et à leurs équipages. Le gouvernement impérial pourra, à l'endroit où les
dépôts seront établis, hisser son pavillon sans que la souveraineté du gouvernement de Samoa sur le port de Saluafata
en soit atteinte ou diminuée ; d'autre part, les autorités locales
s'engagent à ne rien faire qui puisse porter une atteinte quelconque aux droits concédés au gouvernement allemand par
cet article. Les navires de guerre et de commerce des nations
qui ouvrent leurs ports aux indigènes de Samoa ne seront
pas, en conséquence des droits concédés au gouvernement allemand, exclus du port de Saluafata, mais des droits semblables
ne peuvent être accordés en ce lieu à aucune autre nation.
Les navires de guerre allemands seront libres d'entrer, de
mettre à l'ancre, de séjourner dans les autres ports et eaux de
Samoa, conformément aux lois sur lesquelles les deux puissances se seront entendues ; enfin le gouvernement de Samoa
s'engage à ne concéder à aucune nation, en ce qui concerne le
port de Apia et ses rives, des privilèges dont ne jouirait pas
l'Allemagne ; mais cette dernière sera toujours traitée sur le
même pied que les autres.

B. — Droits et devoirs des navires de guerre dans les eaux territoriales étrangères.

V. Les navires de guerre sont une portion de la force armée
de l'état qui les envoie, et ils le représentent à l'étranger ; c'est

le commandant qui a la charge de cette représentation. Les navires de guerre n'ont, en conséquence, pas seulement droit à des honneurs internationaux particuliers (voir § 25 à 27); ils participent de plus à la souveraineté et à l'indépendance de l'état. Ils ne peuvent donc être subordonnés à aucun pouvoir étranger; car une subordination semblable porterait atteinte à l'autorité et à la dignité de leur souverain.

Il ne s'agit point ici d'appliquer par analogie les droits exceptionnels qui appartiennent aux représentants diplomatiques d'une nation étrangère, et parmi lesquels on cite en première ligne le privilège de l'exterritorialité. Il ne s'agit pas davantage d'une fiction juridique; on est bien réellement en présence d'une fraction du pouvoir et de l'autorité publique de l'état. L'exemption qu'on lui reconnaît trouve sa justification en elle-même et s'étend beaucoup plus loin, notamment en ce qui concerne le droit d'asile (voir n° VII), que l'exterritorialité de l'hôtel de l'ambassadeur. « En effet, si la demeure de l'envoyé diplomatique jouit de l'exterritorialité au sens du droit des gens, cette fiction ne va pas, selon les opinions reçues aujourd'hui, au delà de ce qui est nécessaire pour garantir l'inviolabilité personnelle de l'envoyé et de sa suite [1]. »

Les navires de guerre, fragments détachés de l'état, jouissent des prérogatives qui appartiennent à celui-ci, quel que soit l'endroit où ils se trouvent; ils ont donc partout le privilège de l'exterritorialité. Aucun pouvoir étranger ne peut s'immiscer dans ce qui se passe à leur bord ou sur leurs canots; sans la permission du commandant aucun agent de l'état ne peut y mettre le pied.

Ceci va de soi pour la pleine mer. Mais, en principe, on doit reconnaître le même caractère représentatif et privilégié aux navires de guerre pendant toute la durée de leur séjour dans les eaux territoriales d'un état étranger.

---

[1] Arrêt du tribunal de l'Empire (Reichsgericht du 26 novembre 1880). Jugements en matière criminelle, t. III, p. 71. — Calvo se trompe (I, § 614) quand il caractérise le navire de guerre comme correspondant, dans une certaine mesure, à l'hôtel de l'ambassadeur.

L'inviolabilité qu'ils peuvent revendiquer en tout lieu ne rend pas toutefois leurs commandants inviolables ; mais ceux-ci n'ont de compte à rendre qu'à leur propre gouvernement, et la voie diplomatique offre le seul moyen de terminer les différends et les conflits qui n'ont pu être vidés à l'amiable avec les autorités locales de l'état étranger. Dans le cas seulement où un navire de guerre accomplit des actes de violence ou d'hostilité sur le territoire étranger, le gouvernement intéressé a le droit de prendre immédiatement toutes les mesures que commandent la légitime défense et le maintien de sa propre inviolabilité [1].

D'autre part, tout navire de guerre a le devoir de respecter les lois du pays où il a été admis à séjourner, et particulièrement de ne porter aucune atteinte à l'ordre établi dans le port [2] ; c'est dans ce sens et non point comme emportant renonciation à l'exterritorialité qu'il faut comprendre les nombreux traités qui, tout en accordant aux navires de guerre la faculté d'entrer dans les ports, ajoutent que ces navires, pendant leur séjour, doivent se soumettre aux lois et règlements de l'état étranger [3].

VI. L'exterritorialité des navires de guerre n'a pas toujours été unanimement admise. Quelques publicistes les ont complètement assimilés aux navires marchands. Lampredi [4], entre autres, déclare que dans les eaux nationales personne, si ce n'est le souverain, ne peut exercer l'autorité, pour autant qu'il

---

[1] Voir aussi Calvo, I, § 620.

[2] Règlement autrichien, III, n° 1005 ; *Queens Regul.*, § 416. — De Cussy, I, p. 146 : « De même que les bâtiments de la marine commerciale, les bâtiments de guerre doivent, dans les ports étrangers et sur les rades où ils mouillent, se conformer aux règlements locaux en tout ce qui concerne la police maritime.

[3] Par exemple, dans le traité entre la Confédération de l'Allemagne du Nord et le Mexique, du 28 août 1869. — Dans les Instructions autrichiennes sur l'admission et le traitement des navires de guerre étrangers des nations amies sur les côtes autrichiennes, il est dit : « « Les navires de guerre étrangers, comme ceux de la marine impériale et royale, sont tenus, dans les ports autrichiens, d'observer les lois relatives aux finances, à la santé publique, à l'ordre public du port (§ 4). »

[4] I, p. 111 et suiv.

s'agisse de juridiction publique. Cette opinion est aussi adoptée implicitement par Azuni [1] et par Pinheiro-Ferreira [2]. Le premier de ces auteurs n'admet que l'exercice de l'autorité militaire et prétend que le navire de guerre dans les eaux étrangères ne doit pas être considéré autrement qu'une armée en pays étranger. Il va jusqu'à dire : « Che escluso il comando militare, « il quale reste intatto per la qualità et nature della nave di « guerra, s'intenderà per ogni altro riguardo sottoposta la « stessa nave e l'equippagio alla jurisdizione del sovrano del « porto. »

En Angleterre, on a attaché récemment une grande importance à cette opinion, bien qu'elle soit en contradiction avec la nature des choses et avec la pratique suivie jusque dans ces derniers temps. Il s'agissait d'une question qui est en rapport intime avec l'exterritorialité des navires de guerre, celle du droit d'asile accordé, dans les ports des pays où existe encore l'esclavage, aux esclaves qui se réfugient à bord des bâtiments de la marine militaire britannique. Pour la résoudre, une ordonnance royale du 14 février 1876 [3] nomma une commission (*Royal Commission on fugitive Slaves*). Dans les rapports de la commission, parmi lesquels il faut signaler le mémoire détaillé du juge suprême, sir Alexander Cockburn, en date du 2 mai 1876 [4], l'exterritorialité des navires de guerre est révoquée en doute et combattue.

A notre avis, les efforts tentés pour ébranler ce principe ont complètement échoué.

Le passage suivant de l'*Exposé* du lord chief-justice servira à faire apprécier son opinion : « Probably, if a local subject, « having committed an offence against the local laws, were to « find his way on to a British ship of war, the commander would « at once give him up to the local authorities. Even if one of

---

[1] I, p. 96 et suiv.
[2] Voir sous le nº VII, 4.
[3] Voir sous le nº VII, 4.
[4] Nº III du Rapport, p. xxviii à lvi. — Voir aussi les développements de Rothery, nº V du Rapport, p. lxii à lxxxv.

« his own crew had commited an offence on shore, he would
« probably do the same. » Nous pensons qu'on ne trouverait
aucun officier de marine, et particulièrement aucun commandant de la marine royale britannique, qui agirait ainsi. Pour les
commandants allemands, ce point se trouve réglé par le § 6 du
code pénal de l'empire, qui dit : « Un Allemand ne peut être
livré à un gouvernement étranger pour être poursuivi ou
puni. »

En présence de ces tentatives de renverser la seule solution
qui, selon nous, soit rationnelle, il est opportun de reproduire
ici les opinions des publicistes récents les plus distingués.

Parmi les Anglais, Harcourt (*Historicus*) dit, dans une lettre
écrite au *Times* le 4 novembre 1875, à propos des doutes qui ont
été soulevés au sujet de l'exemption absolue de la juridiction
étrangère pour les navires de guerre : « I had certainly supposed
that in the whole range of public law there was no position
more firmly established by authority, more universally admitted
by governments, or one which has been more completely accepted in the intercourse of states, as unquestioned and un-
questionable. — That a public ship of war is just as much
exempt from the operation of foreign law, within the ports of
another state by whom it is received, as it is on the high seas,
is, I believe, a thing which no statesman now questions and
no jurist doubts. The precedents, the practice, the authorities,
the reasoning are all one way. »

Phillimore[1] déclare, en ce qui concerne les navires de guerre :
« Long usage and universal custom entitle every such ship to
be considered as a part of the state to which she belongs, and
to be exempted from any other jurisdiction ; whether this privilege be founded upon strict international right, or upon an
original concession of comity, with respect to the state in
its aggregate capacity, which, by inveterate practice, has assu-
med the position of a right, is a consideration of not much
practical importance. But it is of some importance, for, if the

[1] I, §§ 344,346.

better opinion be, as it would seem to be, that the privilege in question was originally a concession of comity, it may, on due notice being given, be revoked by a state, so ill advised as to adopt such a course, which could not happen if it were a matter of natural right. But unquestionably, in the case of the foreign ship of war, as of the foreign sovereign and ambassador, every state which has not formally notified its departure from this usage of the civilized world, is under a tacit convention to accord this privilege to the foreign ship of war lying in its harbours. » — « The privilege is extended, by the reason of the thing, to boats, tenders and all appartenances of a ship of war. »

Twiss[1], en parlant de la faculté qu'ont les navires de guerre d'entrer dans les ports des nations amies, fait remarquer ceci : « This license in the case of a public ship is by practice construed to carry with it a total exemtion from the law of the territory. A public vessel of war represents the sovereign power of the nation, under whose commission and flag it sails. If it leaves the high seas, the common highway of nations, and enters within the maritime territory of a friendly state, it is entitled to the same privileges which would be extended to the person of the sovereign. A ship of war has been termed an extension of the territory of the nation to which it belongs, not only when it is on the wide ocean, but when it is in a foreign port. In this respect a ship of war ressembles an army marching by consent through a neutral territory. Neither ships of war, nor army so licensed fall under the jurisdiction of a foreign state. »

Parmi les publicistes allemands, Heffter[2] déclare que : Tout navire entré dans les ports ou dans les eaux d'un état, est assujetti à la police et aux droits de navigation, ainsi qu'à la juridiction territoriale de ce dernier. Sont exceptés seulement de cette juridiction... les vaisseaux de guerre de nations étrangères, lorsqu'ils ont reçu l'autorisation d'entrer dans un port ..

[1] I, § 158.
[2] § 79.

Nizze [1], se référant à Heffter, estime également que les navires de guerre sont exempts de la juridiction de l'état étranger dans les eaux territoriales de celui-ci ; de même Bischof [2], Kaltenborn [3] ; Bluntschli dit [4] : « Exceptionnellement on accorde l'ex- « territorialité aux navires de guerre étrangers, lorsqu'ils sont « entrés dans les eaux d'un état avec la permission de ce der- « nier. »

Bluntschli caractérise ensuite cette exterritorialité comme une concession que les états maritimes se sont faite réciproque- ment en conformité des usages internationaux, et qui est fondée non pas seulement sur les bons rapports réciproques, mais plutôt sur la difficulté et le danger qu'il y aurait à laisser la police et les autorités locales agir contre un équipage étranger parfaitement armé. « Les immunités, ajoute-t-il, dont les na- vires de guerre jouissent vis-à-vis de la police et de la justice locales ne s'appliquent qu'au navire lui-même ; elles cessent si l'équipage du navire de guerre, tout en restant à bord, vient à commettre contre les autres navires au mouillage, ou contre les habitants du port, des actes de nature à troubler l'ordre pu- blic. »

Kœnig [5] : « L'exterritorialité étant la prérogative des bâti- ments de guerre, il va de soi qu'ils sont affranchis de toute formalité douanière, et que la police et la justice locales ne peuvent procéder à des instructions à bord sans l'autorisation du commandant. »

Neumann [6] : Dans le territoire maritime étranger, les navires de commerce (mais non les navires de guerre, qui jouissent de l'exterritorialité) sont soumis aux lois du pays étranger. »

Berner [7], s'en réfère uniquement à Ortolan (voir ci-dessous) ; dans un autre passage, il caractérise la situation de la manière

---

[1] § 28.
[2] § 20.
[3] II, § 215.
[4] Art. 321.
[5] § 63.
[6] § 23.
[7] §§ 39 et 53.

suivante : « S'il y a une exterritorialité qui soit fondée sur la nature des choses, c'est celle des troupes étrangères. L'armée d'un état ne le représente pas seulement; elle a la charge réelle de la souveraineté extérieure de l'état, de sa puissance dirigée vers le dehors. Il y aurait une grande contradiction à soumettre cette armée à la souveraineté étrangère. Là où un état plante son drapeau et rassemble ses forces militaires, il possède nécessairement les droits qui découlent de la souveraineté et avant tout la juridiction sur ses propres soldats. Ceux-ci sont soumis aux lois pénales de leur patrie, et soustraits aux lois et aux tribunaux étrangers, lorsqu'ils se trouvent non pas seulement en pays ennemi, mais aussi sur le territoire d'une nation amie. Il est évident que les flottes de guerre étrangères, et chacun des navires qui les composent ne peuvent être traités autrement. »

Altmayer[1] : « Les crimes et délits commis à bord d'un navire de guerre, de quelque nature qu'ils soient, et quel que soit leur auteur, tombent sous la juridiction de l'état auquel appartient le navire de guerre. Dans le cas seulement où l'auteur du délit et la personne atteinte sont tous deux sujets de l'état dans les eaux territoriales duquel le navire se trouve à l'ancre, le commandant du navire les abandonnera aux autorités locales; dans les circonstances ordinaires, il ne conviendrait point, en effet, que le représentant du pouvoir exécutif d'un état civilisé voulût soustraire un coupable à la justice de son pays ; et, d'autre part, personne n'a intérêt à défendre la cause de criminels étrangers. Il résulte aussi du principe de l'exterritorialité qu'aucun agent de l'autorité du lieu où se trouve le navire de guerre n'a le droit d'accomplir à son bord aucun acte de juridiction. Même lorsque des personnes dépendant du navire de guerre, — qu'elles appartiennent à l'état-major, à l'équipage ou soient des passagers, — se rendent, à terre, coupables d'une infraction et se réfugient à bord ou sur un des canots du navire (les canots sont assimilés au navire), pour échapper à l'arres-

---

[1] I, p. 33.

tation, il ne reste aux autorités locales d'autre ressource que de réclamer leur extradition si celle-ci est possible, ou tout au moins leur punition. »

La jurisprudence des tribunaux allemands n'a jamais été douteuse en ce qui concerne l'exterritorialité complète des navires de guerre dans les eaux territoriales étrangères [1].

Ortolan défend la même thèse avec beaucoup de netteté : il précise ainsi les considérations qu'on peut faire valoir [2]. « Les bâtiments doivent participer pleinement à l'indépendance et à la souveraineté de la puissance qui les arme... Ces bâtiments, personnifiés, sont une portion de ce gouvernement et doivent être indépendants et respectés à son égal. Ainsi, quel que soit le lieu où ils se trouvent, qui que ce soit au monde, étranger au gouvernement auquel ils appartiennent, n'a le droit de s'immiscer en rien dans ce qui se passe à leur bord, et encore moins d'y pénétrer par la force. On exprime généralement cette règle par une métaphore passée en coutume, et tellement accréditée, tellement traditionnelle, que, dans la plupart des esprits, elle est devenue comme une raison justificative de la proposition, dont elle n'est véritablement qu'une expression figurée. On dit que tout bâtiment de guerre est une partie du territoire de la nation à laquelle il appartient ; d'où la conséquence que, même lorsqu'il est dans un port étranger, les officiers, l'équipage et *toute personne quelconque qui se trouve* à son bord est censée être, et que tout fait passé à bord est censé passé sur ce territoire. C'est par une continuation, par une expression résumée de la même figure, qu'on appelle ce privilège le privilège ou le droit d'exterritorialité. »

Se fondant ensuite, non plus sur des fictions abstraites, mais sur les principes généraux du droit international, et sur les relations positives des états entre eux, Ortolan réfute également avec des arguments décisifs l'opinion défendue par Pinheiro-Ferreira et par d'autres, et il termine ainsi ces considérations [3] :

[1] Voir entres autres Goltdammer, *Archiv.*, t. III, p. 651.
[2] I, p. 186 et suiv.
[3] I, p. 192, 193. — Voir aussi *ibid.*, p. 266 et suiv.

« Maintenant, faudra-t-il blâmer l'expression qu'on y donne, quand on dit que le navire de guerre doit être considéré partout comme une continuation du territoire national, ou même plus énergiquement, que le navire de guerre est une partie du territoire ? Cette phrase ne signifie autre chose, si ce n'est qu'il faut se comporter partout, pour les faits qui se passent et pour les personnes qui se trouvent à bord des navires de guerre, comme si ces faits s'étaient passés ou comme si ces personnes se trouvaient sur le territoire de la nation à laquelle appartiennent ces navires. Puisque cela est vrai et juste ; puisque le navire de guerre, d'après le droit international positif, d'accord avec la raison, est un espace qui, quoique mobile, est soumis partout, de même que le territoire, à la souveraineté de son pays, et à cette seule souveraineté, pourquoi repousser une expression figurée qui n'énonce rien autre chose que cette assimilation ? Elle l'énonce d'une manière plus vive, plus brève, plus pittoresque : tant mieux ; les paroles les plus brèves sont les meilleures. Elle l'énonce de manière à la faire comprendre par tous, hommes du peuple et hommes de science, matelots ou officiers ; tant mieux, car se faire comprendre de chacun est un immense avantage. Enfin elle attache au navire l'idée même du sol de la patrie ; elle confond, elle identifie l'un avec l'autre ; elle enracine au cœur du marin le sentiment instinctif que le navire, c'est le pays. Si cette locution n'était pas en usage, si elle n'était pas devenue vulgaire chez toutes les nations, il faudrait l'inventer ! »

Cauchy [1] est de la même opinion, lorsqu'il dit : « Il n'est besoin d'aucune fiction pour justifier, à bord des bâtiments de l'état, l'exercice de la juridiction du souverain, qui les commande par l'entremise de ses délégués. Une escadre militaire, c'est un corps d'armée, c'est-à-dire la représentation directe et vivante de la souveraineté, pour ce qui concerne la guerre. Ce caractère la suit en tous lieux ; partout où stationne un bâtiment de guerre, le souverain est présent par ses délégués. Il

[1] II, p. 157.

y a là quelque chose qui ressemble à l'inviolabilité des ambas-
sadeurs, dont le principe ne dérive pas assurément de la juridiction territoriale, mais d'un pacte sacré, tacitement conclu
entre tous les peuples civilisés du monde. »

Foelix [1] dit : « Les crimes ou délits commis sur des vaisseaux
naviguant en pleine mer et sur les vaisseaux de l'état se trouvant dans un port étranger, ou par les équipages de ces vaisseaux, tombent sous la compétence des tribunaux de la même
nation et sont jugés selon ses lois [2].

Schiattarella s'exprime ainsi : « L'exemption absolue de la
juridiction locale n'appartient de plein droit qu'aux seuls navires de guerre, lesquels faisant partie de la force publique,
sont considérés, dans une certaine mesure, comme représentant
l'état dont ils portent le pavillon. — Je crois que le fondement
de l'exemption repose sur le respect que les états souverains
doivent réciproquement à leur indépendance; vouloir soumettre les navires de guerre d'un état aux lois et à l'autorité d'un pays dans les eaux duquel ils peuvent se trouver,
ce serait vouloir soumettre une puissance à une autre, c'est-
à-dire, rendre impossibles, entre les divers états, les rapports
qu'ils entretiennent par le moyen de leurs navires de guerre
respectifs. »

Schiattarella expose ensuite comment l'inviolabilité des navires de guerre vient à cesser aussitôt que l'ordre public est
troublé par des actes de l'équipage commis contre d'autres navires ou contre des habitants du port, mais, comme Bluntschli,
il ne reconnaît dans ce cas, aux autorités locales, que le droit
de prendre les mesures de sécurité nécessaires, et d'inviter le
navire de guerre à quitter le port.

Parmi les Américains, Wheaton [3] constate que : « 3° Une
armée ou une flotte appartenant à une puissance étrangère et
traversant ou stationnant dans les limites du territoire d'un

[1] § 544.
[2] Del Territorio, p. 22 et suiv., et p. 35.
[3] Élém., I, p. 119; le n° 1 traite des souverains étrangers, le n° 2 des agents
diplomatiques.

autre état en amitié avec cette puissance, sont également exempts de la juridiction civile et criminelle du pays. Il s'ensuit que les personnes et les choses qui, dans ces trois cas, se trouvent dans les limites du territoire d'un état étranger, restent soumises à la juridiction de l'état auquel elles appartiennent, comme si elles étaient encore sur son territoire. S'il n'y a pas de prohibition expresse, les ports d'un état sont regardés comme étant ouverts aux navires de guerre d'une autre nation avec laquelle cet état est en paix et amitié. Ces navires entrés dans les ports étrangers, soit en vertu de l'absence d'une prohibition, soit en vertu d'une autorisation expresse stipulée par traité, sont exempts de la juridiction des tribunaux et des autorités du lieu.

De même Kent [1] « ..... The vessels of a nation are, in many respects, considered as portions of its territory, and persons on board are protected and governed by the law of the country to which the vessel belongs. They may be punished for offences against the municipal laws of the state, committed on board of its public vessels in foreign ports. »

Calvo [2] distingue entre les navires de guerre et ceux de commerce, et il considère ces derniers comme étant une portion du territoire national, non pas seulement dans la haute mer, mais aussi dans les ports étrangers. Le commandant et l'équipage représentent la puissance armée du pays, et jouissent par conséquent de son inviolabilité. Tout navire de guerre peut donc, ainsi que son équipage, réclamer les prérogatives et les immunités qui sont jointes à l'exterritorialité; aucune autorité étrangère ne peut s'immiscer dans ce qui se passe à bord. Calvo ajoute ensuite :

« Dès que le bâtiment arrive dans les eaux juridictionnelles d'un état étranger, telles que ports, havres, rades, mer littorale ou territoriale, il se trouve en présence de deux souverainetés, de deux puissances distinctes et l'on peut se demander si pendant son séjour, il y sera régi par la jurisprudence des eaux où

[1] I, p. 27.
[2] I, § 616, II, § 1132.

il est mouillé, ou par celle de son propre pays. Les raisons qui font partout assujettir le navire marchand à la juridiction territoriale, sont sans application possible au navire de guerre, dont le caractère, l'organisation et l'emploi diffèrent essentiellement; aussi, en quelque endroit qu'il se trouve, demeure-t-il régi exclusivement par la souveraineté et par les lois du gouvernement auquel il appartient; l'état dans les eaux duquel il se trouve accidentellement n'a avec lui que des relations internationales déléguées aux autorités compétentes dans les conditions indispensables pour la sauvegarde des droits internes de chaque état. »

VII. Le principe de l'exterritorialité des navires de guerre étant admis, on doit en déduire les règles suivantes :

1° Aucun agent de l'autorité étrangère ne peut accomplir un acte quelconque de justice ou de police à bord d'un navire étranger [1].

2° Toutes les infractions, commises à bord par une personne embarquée sur le navire, tombent sous la juridiction et les lois du pays dont le navire porte le pavillon; il en serait de même si l'auteur ne faisait point partie de l'équipage, fût-il accidentellement à bord et sujet de l'état dans le territoire maritime duquel le navire se trouve [2]; mais dans ces derniers cas, le commandant du navire peut toujours remettre le coupable à la justice ou à la police étrangère pour être poursuivi et puni; la décision sera prise selon les circonstances.

Si un navire de guerre allemand se trouve, par exemple, dans un port portugais et si un batelier portugais commet à

---

[1] Règlement autrichien, III, n° 1007 : « Il ne doit pas être toléré que des « agents étrangers accomplissent à bord rien qui soit une conséquence du droit « de souveraineté. Il faudrait les en empêcher par la force, si eux-mêmes usaient « de voies de fait dans ce but. »

[2] Ceci fait nettement ressortir la nature de l'exterritorialité complète du navire de guerre, par opposition au privilège restreint de l'hôtel de l'envoyé diplomatique. Cette demeure appartient au pays où elle se trouve; tout crime qui y est commis est commis à l'intérieur du pays et tombe sous la juridiction intérieure, même quand l'auteur est étranger, à moins qu'il n'en soit exempté personnellement comme l'ambassadeur et sa suite. — Voir l'arrêt du tribunal de l'Empire, cité sous le n° V, et Schiattarella, *Del Territorio*, p. 35.

bord un vol, il sera, sans aucun doute, conforme aux convenances internationales et indiqué par les circonstances de le
livrer aux autorités du pays pour être puni, et non pas de le
garder à bord pour le remettre aux autorités criminelles allemandes à la première occasion qui pourra s'offrir.

3° Une question fort importante est celle de savoir quelle est
l'exemption de juridiction qu'il faut reconnaître aux personnes
appartenant à l'équipage d'un navire de guerre mouillé dans
des eaux étrangères et qui enfreignent les lois du pays lorsqu'elles se trouvent à terre. Ortolan est d'avis que les autorités
locales peuvent arrêter ces individus et les livrer à la justice
du pays, mais seulement lorsqu'on parvient à les saisir avant
qu'ils aient réussi à regagner le bord ou l'un des canots de leur
navire[1].

Le cas suivant attira l'attention publique en l'année 1862. La
frégate britannique « la Forte » se trouvant mouillée dans le port
de Rio de Janeiro, trois personnes de l'équipage, l'aumônier,
un lieutenant et un midshipman, qui s'étaient rendus à terre
en habits civils, se prirent de querelle avec un factionnaire
brésilien et furent arrêtés par une patrouille de la police. Le
gouvernement anglais considéra l'affaire comme une violation
de ses droits de souveraineté. Un conflit en résulta entre les
deux gouvernements ; il fut aplani par une sentence arbitrale

---

[1] I, p. 268 et suiv. — Dans le règlement porté par le ministre de la marine de
France, sous la date du 25 juin 1858, pour assurer la mise en vigueur du code de
justice militaire pour l'armée de mer, il est dit : Sur les rades étrangères, les relations de MM. les commandants et des autorités du pays sont généralement fort
délicates : aussi y a-t-il un sérieux avantage à s'entendre au préalable avec les
consuls de France chaque fois qu'un de nos marins a été arrêté par les autorités
locales ou chaque fois qu'un étranger s'est rendu coupable d'un crime ou d'un
délit de la compétence de nos conseils de guerre. En pareil cas, on ne saurait
agir avec trop de prudence, et s'il arrivait que les autorités du pays refusassent
de référer aux réquisitions qui leur seraient adressées, il faudrait se borner à
m'en rendre compte, sans jamais recourir à la force ou à la violence. Toutefois,
si certains de nos marins étaient poursuivis devant les tribunaux du pays, MM. les
commandants, d'accord avec les consuls, devraient faire toutes les démarches
nécessaires pour que les prévenus fussent traités avec humanité, défendus et
jugés impartialement et conformément aux traités existant entre ces pays et la
France.

du roi des Belges, déclarant formellement que la manière dont
les lois brésiliennes avaient été appliquées aux officiers anglais
n'indiquait ni l'intention ni le fait d'offenser la marine britannique. Les motifs de cette décision sont les suivants :

a) Il n'est pas démontré que les autorités brésiliennes ont
provoqué le conflit ;

b) Les officiers étaient en habits civils et ne pouvaient donc
élever, dans un port où il y a autant d'étrangers qu'à Rio de
Janeiro, la prétention d'être reconnus comme faisant partie de
la marine britannique ;

c) Ils ne pouvaient, par conséquent, prétendre à un traitement
différent de celui des autres personnes arrêtées ;

d) Ils avaient, après avoir prouvé leur qualité, été relâchés
le plus promptement possible, ce qui leur avait certainement
épargné d'autres conséquences désagréables de leur conduite.

Cette sentence arbitrale ne touche pas le fond de la question.
Cependant la solution ne paraît pas difficile. Il faut avant tout
distinguer si les inculpés se trouvent à terre pour raison de
service ou pour un autre motif[1].

a) Personnes de l'équipage qui se trouvent à terre pour remplir des fonctions de leur service.

Celles-ci demeurent complètement soumises à la juridiction
et aux lois du pays auquel appartient le navire de guerre pendant toute la durée du séjour qu'elles font à terre dans un but
de service, à moins que le séjour lui-même n'ait été interdit
par l'autorité étrangère.

Car la permission qui leur est donnée, soit expressément,
soit tacitement, de descendre à terre pour y remplir des fonc-

---

[1] Souvent cette distinction n'a pas été faite ; ainsi Kœnig (§ 63) déclare d'une
manière générale qu'à terre les hommes de l'équipage d'un navire de guerre sont
soumis aux lois du pays ; de même Phillimore (I, § 346) qui ajoute : The commanders of vessels are entitled to be apprised of the circumstances attending and
causes justifying the arrest of any one of their crew, and to secure to them,
through the agency of diplomatic or consular ministers, the administration of
justice. »

tions de leur service est, d'après la règle générale du droit des gens, interprétée comme emportant renonciation à l'exercice d'une juridiction quelconque. Foelix[1] précise ce point de vue dans les termes suivants : « Le militaire sous les drapeaux ou en activité de service qui se trouve dans un pays étranger, est considéré comme étant dans sa patrie ; par suite, même quand il est dans un pays ami ou neutre, les crimes ou délits dont il s'est rendu coupable seront punis comme s'il les avait commis dans sa patrie. »

Ce principe s'applique aux individus isolés comme à ceux qui sont en troupe. Mais, pour jouir de l'exemption, il faut que les individus ou les corps de troupes restent dans les limites de l'autorisation accordée, ainsi, par exemple, qu'ils ne se rendent pas sur des parties du territoire étranger qui leur ont été expressément interdites ; de plus, l'exemption cesse pour les individus qui se sont séparés de leur corps. Il faut considérer comme *séparés* en ce sens ceux qui se sont soustraits en fait à l'autorité de leurs supérieurs. Pour le reste, la règle ne pourrait souffrir d'exception qu'en cas de légitime défense, ce qui arriverait également à propos de l'exemption des navires de guerre.

b) **Personnes de l'équipage qui se trouvent à terre en dehors de leur service.**

L'autorité étrangère est en droit d'exercer pleinement à leur égard sa juridiction et sa police, comme elle le fait à l'égard des nationaux. Toutefois, en raison de certains motifs de convenance, ou à la suite d'entente, on ne fait, la plupart du temps, pas usage de ce droit qui est d'ailleurs incontestable et incontesté. Les personnes de cette catégorie, lorsqu'elles se sont rendues coupables d'une infraction aux lois d'un pays étranger, ne sont, d'ordinaire, arrêtées que provisoirement, pour être livrées au commandant de leur navire avec les informations nécessaires pour qu'elles soient punies[2]. Dans des cas sem-

---

[1] § 547.
[2] Schiaratella, *Del territorio*, p. 24 et 35.

blables, ce sera le devoir du commandant de procéder à la
poursuite, pour autant que les lois de son pays le lui permettent,
et de donner avis de l'issue aux autorités locales. Il faut cependant ne pas perdre de vue le principe qui reconnaît à l'autorité
étrangère le droit de faire en tout état de cause la poursuite,
quand elle n'a pas renoncé à ce droit expressément ou par des
actes formels. Si une semblable renonciation n'existe pas, l'autorité étrangère serait en droit d'arrêter et de traduire devant
ses tribunaux un individu coupable d'une infraction aux lois du
pays, et qui après avoir réussi à se réfugier à bord de son navire, reviendrait à terre sans y être obligé par ses fonctions[1].

En toute circonstance, la poursuite du coupable jusque dans
les canots ou jusqu'à bord du navire, est interdite parce qu'elle
porterait atteinte à l'inviolabilité du pavillon étranger.

VIII. Il y a controverse sur la question de savoir s'il faut
reconnaître un droit d'asile à bord des navires de guerre qui se
trouvent dans les eaux territoriales étrangères. Calvo répond
affirmativement sans restriction[2]; Bar[3] incline vers la même
solution, parce qu'on doit admettre pour le navire de guerre
une exterritorialité réelle, par opposition à l'exterritorialité
personnelle de l'envoyé diplomatique. Celle-ci, en effet, ne va
pas jusqu'à considérer l'hôtel de la légation comme territoire
étranger; et les délits qui y sont commis par des personnes non
exemptes de la juridiction locale, seront jugés d'après les lois
du pays dans lequel l'hôtel de la légation est réellement situé[4].
Pinheiro-Ferreira, entre autres, défend l'opinion contraire en
appréciant ainsi toute la théorie de l'exterritorialité des navires

---

[1] A l'occasion d'un conflit qui eut lieu en 1878 à Santos entre des marins de
la corvette allemande *la Vineta* et des Brésiliens, et dans lequel un agent de la police brésilienne perdit la vie, deux matelots allemands furent aussitôt arrêtés et
traduits ensuite devant le jury à Santos; tous deux furent cependant acquittés. De
même, en 1880, à Plymouth, un matelot de la corvette allemande *la Hertha* fut
arrêté, à la suite d'une rixe, par la police anglaise, traduit devant le tribunal et
également acquitté. Dans les deux cas, le gouvernement allemand ne fit, au cours
du procès, soulever aucune exception contre la compétence du tribunal étranger.

[2] II, p. 281.

[3] § 154 et Remarque 7 sur le § 115.

[4] *Cours de droit public*, II, 18, § 56.

de guerre : « Après avoir assimilé l'hôtel de l'envoyé au territoire de son pays, ils (les publicistes) ont cru, et avec plus de
raison, il faut l'avouer, que les vaisseaux de guerre devaient
aussi être considérés comme des portions détachées du territoire auquel ils appartiennent, et que, par conséquent, lorsqu'ils
sont mouillés dans un port étranger, les malfaiteurs du pays
doivent trouver à leur bord un asile aussi inviolable que dans
l'hôtel de l'ambassadeur ou dans le pays même auquel ces
vaisseaux appartiennent. Cette application de leur chimérique
fiction aux vaisseaux de guerre est encore plus dénuée de raison que lorsqu'il s'agit de l'hôtel et des équipages de l'ambassadeur. »

Selon nous, le droit d'asile doit être reconnu ; en effet, de
l'exterritorialité parfaite accordée à un navire de guerre quel
que soit l'endroit où il se trouve, nous tirons la conséquence
que le criminel réfugié à son bord n'y est pas dans une autre
situation que s'il s'était rendu dans un pays voisin, où toute
poursuite de la part de l'autorité étrangère est évidemment
contraire au droit des gens. Dans des cas de cette espèce, il ne
s'agit que de savoir si une demande d'extradition peut être
légitimement faite d'après les traités existants ; s'il en est ainsi,
on devra suivre les formalités prescrites par ces traités[1].

Mais on ne doit pas oublier qu'il dépend absolument de l'appréciation du commandant du navire et des instructions qui
lui ont été données que l'asile soit accordé ou refusé. Il en
serait autrement, si un traité d'extradition prévoyait le cas,
ou si le réfugié était sujet de l'état dont le navire porte le pavillon. Il est évident aussi qu'aucun officier de marine doué
de bon sens et de tact ne donnera asile, à l'abri de son pavillon,
à de vulgaires malfaiteurs étrangers[2].

Le droit d'accorder asile aux esclaves a été également l'objet
de nombreuses discussions. Les opinions se sont surtout divisées, lorsque l'Angleterre abandonnant les principes qu'elle

[1] L'opinion divergente de plusieurs auteurs récents a été exposée et appréciée
ci-dessus (n° VI).
[2] Voir aussi Ortolan, I, p. 191 ; *Queens Reg.*, § 422.

avait suivis jusqu'en 1870, eut à différentes reprises refusé cet asile à des esclaves qui s'étaient réfugiés à bord de navires britanniques, mouillés dans les eaux territoriales d'un pays où l'esclavage existait encore légalement.

Encore en 1856, lord Clarendon avait déclaré, dans une note portant la date du 19 juin et adressée à l'envoyé britannique à Rio de Janeiro : « It should be borne in mind that if a slave were « to take refuge on board a British ship of war, it will still, as « heretofore, be the duty of the captain to refuse to surrender « such slave. » A partir de 1870, une opinion différente se fit jour et prévalut. Dans un écrit du 6 janvier de cette année, adressé à l'amirauté, le département des affaires étrangères blâme la conduite des commandants des navires de guerre anglais, qui avaient quitté les eaux territoriales de Madagascar en emmenant les esclaves qui avaient cherché un refuge à bord. Le blâme était fondé sur ce que les habitants de Madagascar ne pouvaient être privés de leur propriété légale. Il faut remarquer en outre que l'article 11 du traité de 1865 entre la Grande-Bretagne et Madagascar porte : « No subject of the Queen of « Madagascar shall be permitted to embark on any British « ship, except such as shall have received a passport from the « Malagasy authorities. » D'après cet article, les esclaves n'auraient pas dû être reçus à bord, mais après leur arrivée sur le navire, leur situation devait changer, car, selon le droit anglais, les esclaves deviennent libres aussitôt qu'ils touchent le sol britannique. Les commandants des navires de guerre avaient donc agi dans l'esprit des règles du droit international sur le statut personnel, en ne replaçant pas contre leur volonté des hommes devenus libres dans leur ancienne condition d'esclavage. Et cependant dans la suite encore nous voyons le gouvernement britannique appliquer le principe opposé. Les articles 147 et 148 des *Ordres pour la station des Indes orientales* de 1871, se fondant sur la décision du Foreign-Office, prescrivent aux commandants de rendre à leurs propriétaires les esclaves réfugiés à bord des navires. Il est vrai que dans une ordonnance du 29 novembre 1871 le gouvernement de Bombay s'ex-

prime différemment : « The commander of British man of war
« would not only be authorised in refusing to surrender a slave
« who has found refuge on board his vessel, but would incur
« very serious legal responsibility if he in any way attempted to
« coerce that slave to return to his master. » Mais dans une
ordonnance postérieure portant la date du 7 janvier 1874,
le gouvernement indien déclara qu'il y avait obligation de
faire l'extradition lorsqu'on en était requis. Finalement, l'amirauté traita le sujet dans deux longues circulaires, du 31 juillet
et du 5 décembre 1875, d'après lesquelles les esclaves fugitifs
ne peuvent être admis à bord des navires de guerre anglais
que dans des cas tout à fait spéciaux. Elles prescrivent l'extradition sur la demande qui serait faite ou l'expulsion sans
qu'il y ait eu réquisition, selon les circonstances de chaque
espèce. Une commission royale fut nommée en 1876 pour
examiner cette affaire ; elle formula, dans son rapport du
30 mai, les principes suivants pour servir de base aux instructions destinées aux commandants des navires de guerre :

« I. Tandis que, d'une part, les officiers de marine devraient
s'abstenir de toute intervention active en matière d'esclavage dans les pays où il subsiste à titre d'institution légale,
d'autre part, on ne pourrait pas interdire absolument aux commandants des navires de guerre d'user de leur pouvoir en re-
tenant à bord un esclave fugitif, que cet esclave soit arrivé sur
le navire clandestinement ou de toute autre manière.

« II. En pratique, les cas qui peuvent se présenter varient
tellement qu'il ne saurait être opportun, même si cela était
possible, de formuler des règles précises et strictes destinées
en toute circonstance à servir de guide aux officiers de marine.

« III. Les navires de la marine royale ne peuvent pas devenir
un lieu général d'asile pour les esclaves fugitifs ; les commandants devront donc, avant de retenir un esclave à bord, s'assurer qu'il y a dans l'espèce un motif suffisant d'agir ainsi.
A défaut de traité autorisant l'affranchissement de l'esclave, le
simple désir chez l'esclave d'échapper à la servitude ne saurait

constituer une raison suffisante ; il faudrait en outre quelque autre motif.

« IV. En décidant cette question, l'officier devra avant tout se guider par des considérations d'humanité. Chaque fois que dans son opinion l'humanité exigera que l'esclave soit retenu à bord, — comme dans le cas où il serait traité cruellement ou menacé de l'être, — l'officier pourra le retenir. Dans d'autres cas, il ne le fera que s'il se présente des raisons spéciales.

« V. Lorsqu'il y a lieu de croire que l'esclave a été récemment réduit en servitude, ou amené dans le pays en violation d'engagements pris par des traités, ou s'il a droit à la liberté en vertu des stipulations expresses d'un traité, — comme cela se rencontre dans le traité avec Zanzibar de 1875, — on devra toujours le retenir.

« VI. Si l'extradition d'un esclave fugitif, que l'officier croirait avoir le droit de retenir à bord, est réclamée sur le motif que cet esclave a commis un crime, c'est-à-dire une infraction du chef de laquelle il eût été également punissable d'après les lois du pays s'il s'était trouvé être un homme libre, l'officier devra, avant de déférer à cette demande, s'assurer que l'accusation n'est point simplement un prétexte pour amener la restitution de l'esclave et que celui-ci, après son extradition, ne sera pas traité d'une manière inhumaine.

« VII. Si l'esclave est venu à bord dans des circonstances qui donnent à son maître le droit d'attendre qu'il ne sera pas retenu contre la volonté du maître, comme dans le cas où des esclaves suivent leur maître dans des visites de cérémonie, ou pénètrent dans le navire soit pour y porter du charbon, soit pour y vendre des provisions, ces esclaves ne seront pas retenus, à moins que des raisons graves d'humanité ne l'exigent.

« VIII. Dans tous les cas où l'officier décidera que le fugitif ne sera pas retenu, il verra quelle serait la démarche la plus utile à l'esclave, soit de le remettre à terre, soit de lui permettre de gagner la terre, soit de le livrer à l'agent diplomatique ou consulaire anglais le plus proche, soit de le livrer aux autorités locales. Mais l'officier ne contraindra pas l'esclave de quitter

9

le navire avant de s'être assuré que cette mesure ne provoquera pas de mauvais traitements dont l'esclave aurait à souffrir du chef de sa tentative d'évasion.

« IX. Lorsqu'il y a le moyen de communiquer avec des agents diplomatiques ou consulaires de Sa Majesté, l'officier les informera en tout cas et sans délai de la conduite qu'il aura tenue. »

Un membre de la commission proposa les instructions suivantes qui diffèrent de celles-ci :

« I. En pleine mer, les esclaves fugitifs pourront être reçus et mis en liberté.

« II. Dans les eaux territoriales des pays où l'esclavage est une institution légale, un esclave fugitif ne sera pas reçu à bord, à moins que le commandant ne s'assure dans chaque cas que la vie de cet homme est en péril, ou qu'il est exposé à subir un traitement cruel, ou bien s'il y a des raisons sérieuses de croire que l'esclave a été maintenu en servitude contrairement aux traités, ou enfin s'il existe quelque autre raison particulière et suffisante de le retenir.

« III. Aucun esclave, après avoir été reçu à bord, ne pourra être extradé à ceux qui le réclament en sa qualité d'esclave, ou contraint de quitter le navire dans des circonstances qui amèneraient inévitablement sa rentrée en esclavage, à moins que le commandant ne se soit assuré qu'il a commis un crime du chef duquel il aurait été extradé ou expulsé du navire s'il avait été un homme libre. »

Les règles formulées sous les nᵒˢ II et III répondent, selon nous, aux principes du droit des gens, dans le cas où le navire de guerre appartient à un état où les esclaves sont déclarés libres aussitôt qu'ils touchent le sol national.

Des instructions générales plus récentes, données à la marine britannique en 1878, abrogent toutes les précédentes sur la matière ; elles sont ainsi conçues :

« I. Chaque fois que vous aurez reçu un esclave fugitif dans votre navire, et que vous l'aurez pris sous la protection du pavillon britannique, que ce soit en d hors ou en dedans des eaux territoriales d'un état quelconque, vous n'admettrez, ni ne discuterez aucune demande de restitution fondée sur le motif que cet homme est en esclavage.

« II. On ne veut point, ce qui d'ailleurs ne serait pas possible, formuler une règle précise et générale déterminant les cas où vous devrez recevoir un esclave fugitif à bord de votre navire. Vous aurez, en ceci, à vous guider d'après des considérations d'humanité, et ces considérations doivent avoir leur plein effet, que votre navire se trouve dans la haute mer ou dans les eaux territoriales d'un état où l'esclavage existe ; mais dans ce dernier cas vous devrez, en même temps, éviter dans votre conduite tout ce qui paraîtrait contraire aux égards internationaux et à la bonne foi.

« III. Si, dans les eaux territoriales, un individu réclame votre protection, en alléguant qu'il est retenu en servitude contrairement aux traités avec la Grande-Bretagne, vous le retiendrez jusqu'à ce que l'exactitude de son allégation soit vérifiée. Cette enquête sera faite, pour autant que possible, après que vous vous serez mis en relation avec l'agent consulaire britannique le plus proche, et vous vous guiderez dans votre conduite ultérieure d'après ses résultats.

« IV. Un rapport spécial sera fait chaque fois que vous aurez reçu un esclave fugitif à bord de votre navire. »

XI. Les corsaires se trouvant subordonnés aux autorités maritimes supérieures (voir § 34), jouissent des mêmes exemptions que les navires de guerre [1] ; mais, cela va de soi, sous la condition qu'ils possèdent une lettre de marque régulière, et qu'ils en observent les prescriptions, ainsi que les règles du droit international ; si non ils pourront, selon les circonstances, être traités en pirates. D'après une pratique récente, les neutres interdisent généralement l'entrée de leurs ports aux corsaires (voir § 34 et 39 n° IV).

[1] Lawrence, III, p. 436.

§ 15. — Des franchises et faveurs particulières accordées à certaines catégories de navires.

I. D'après les usages, on assimile aux navires de guerre les navires n'appartenant pas à la marine militaire, à bord desquels se trouvent des souverains étrangers ou leurs représentants, quand ils sont exclusivement destinés à les conduire. Cette assimilation a lieu pour ce qui regarde la juridiction et la police étrangères [1].

II. On ne peut en principe admettre l'exemption en faveur des bâtiments qui, en dehors de la marine militaire, sont employés à des usages publics [2], qu'ils soient propriété de l'état ou de particuliers, mais à bord desquels on ne rencontre pas l'élément de la représentation du pouvoir souverain. Il n'est pas rare, cependant, que de semblables navires, ou bien par suite d'une entente, ou bien en vertu de conventions internationales, jouissent dans les eaux territoriales étrangères de privilèges plus ou moins étendus, particulièrement en ce qui concerne les taxes de port et les formalités de la douane. Ceci se rencontre particulièrement pour les bateaux à vapeur faisant le service de la poste, que le droit des gens conventionnel assimile en certains cas aux navires de guerre ; on trouve cette assimilation dans les conventions postales entre la Grande-Bretagne et la France, du 3 avril 1843, article 7 ; entre la Grande-Bretagne et la Belgique, du 19 octobre 1844, article 7, et du 17 février 1876, article 6, pour le service entre Douvres et Ostende [3] ; entre la France et l'Italie, du

---

[1] Heffter, § 179; Bluntschli, art. 321.

[2] Geffken (Remarque sur le § 79 de Heffter) dit que les navires de l'état sont sans exception des navires de guerre !

[3] L'article dont il s'agit est ainsi conçu : « Les paquebots employés pour le transport des correspondances entre Ostende et Douvres seront des bateaux à vapeur d'une force et d'une dimension suffisantes pour le service auquel ils sont destinés. Ce seront des bâtiments appartenant à l'état ou frétés pour le compte

3 mars 1869, article 6 [1] ; entre la Grande-Bretagne et le Danemark, du 26 juin 1846, article 3 [2].

En vertu des conventions conclues par la confédération de l'Allemagne du Nord avec les états Scandinaves, les 17 février 1868 (art. 2), 23-24 février 1869 (art. 2), et 7-9 avril 1868 (art. 4), les steamers postaux qui font le service entre les ports allemands et la Norwége, la Suède, le Danemark, sans être assimilés aux navires de guerre, jouissent en matière de taxes, de pilotage, d'ancrage et de formalités douanières, des mêmes

de l'état. Ces bâtiments seront considérés et reçus dans le port de Douvres et dans tous les autres ports britanniques où ils pourraient accidentellement aborder comme vaisseaux de guerre, et ils y jouiront des honneurs et privilèges que réclament les intérêts et l'importance du service auquel ils sont affectés.

« Ils seront exempts dans ces ports, tant à leur entrée qu'à leur sortie, de tous droits de tonnage, de navigation et de port, excepté toutefois les bâtiments frétés pour le compte de l'état, lesquels devront acquitter ces droits dans les ports où ils sont établis au profit des corporations, compagnies particulières ou personnes privées.

« Ils ne pourront être détournés de leur destination spéciale, c'est-à-dire du transport des dépêches, par quelque autorité que ce soit, ni être sujets à saisie-arrêt, embargo ou arrêt du prince. »

Toutes les cours anglaises n'ont pas apprécié de la même manière la portée de cette exemption. Voir *Revue de droit international*, t. XII, p. 235 et suiv.

[1] Cet article porte :

« Lorsque les paquebots employés par l'administration des postes de France ou par l'administration des postes italiennes pour le transport des correspondances dans la Méditerranée seront des bâtiments nationaux, propriété de l'état, ou des bâtiments frétés et subventionnés par l'état, ils seront considérés et reçus comme vaisseaux de guerre dans les ports des deux pays où ils aborderont régulièrement ou accidentellement, et ils y jouiront des mêmes honneurs et privilèges.

Ces paquebots seront exempts, dans lesdits ports, tant à leur entrée qu'à leur sortie, de tous droits de tonnage, de navigation et de port, à moins qu'ils ne prennent et ne débarquent des marchandises, auquel cas ils payeront ces droits sur le même pied que les bâtiments nationaux. Ils ne pourront, à aucun titre, être détournés de leur destination ni être sujets à saisie-arrêt, embargo ou arrêt du prince. »

[2] Il est ainsi conçu : « When the service is performed by vessels employed solely for the conveyance of mails and passengers and their baggage and effects, these vessels shall be considered as vessels of war, and shall be entitled in Denmark to exemption from those tonnages and other dues which are collected on account of the danish government. But, when the service is performed by contract, by private persons, who at the same time undertake to convey merchandizes, the said privileges and exemptions shall not be claimed. »

faveurs que les navires de poste indigènes. Dans l'article 12 du traité des 14 juin et 1er juillet 1843, concernant l'établissement d'un service postal entre Stettin (Swinemunde) et Saint-Pétersbourg (Cronstadt), l'exemption réciproque des taxes de port a été stipulée pour les bâtiments de la poste, voyageant sous le pavillon de l'état. Indépendamment des conventions, les lois de quelques pays accordent certaines immunités aux bâtiments postaux étrangers [1].

III. Les bâtiments de l'état qui ont une destination lucrative [2], même s'ils portent le pavillon de l'état, ne peuvent en principe prétendre à des immunités dans les rapports internationaux ; de même, lorsqu'ils transportent des marchandises

[1] C'est ainsi que l'article 76 de la loi postale portugaise du 7 juillet 1880 dispose :

Les navires étrangers qui possèdent une patente de bâtiment postal, sont obligés de transporter gratuitement les colis de la poste aux lettres, quelqu'en soit la dimension ou le poids. Par contre, ils jouissent des prérogatives suivantes :

1° Droit de priorité lors de l'inscription à l'entrée et à la sortie du port et aux débarcadères qui se trouvent en dehors du port;

2° Inscription à toute heure de la nuit lors de l'entrée ou de la sortie du port et au débarcadère;

3° Débarquement des passagers pendant l'inscription ;

4° Chargement et déchargement sous les mêmes conditions de jour et de nuit;

5° Affranchissement de la visite de la douane, s'il n'y a pas de motifs spéciaux de la faire;

6° Accomplissement des formalités de l'entrée et de la sortie aux jours de fêtes et de repos, sous la responsabilité des agents et consignataires des sociétés auxquelles appartiennent les navires;

7° Faculté pour les capitaines de se faire représenter par leurs agents ou consignataires à toutes les formalités de la douane ;

8° Diminution d'un tiers des droits de tonnage dans les ports continentaux du royaume et dans les îles voisines.

L'ordonnance grecque du 15 novembre 1873 accorde aux paquebots postaux étrangers les mêmes facilités en matière de quarantaine qu'aux navires de guerre étrangers.

[2] Les navires de cette espèce, comme par exemple ceux de la Compagnie russo-américaine, de la Compagnie danoise du Groënland, de la Société prussienne *Seehandlung*, ne portaient le pavillon de la marine de l'état qu'avec des insignes particuliers, et n'étaient qu'exceptionnellement autorisés à faire battre la flamme, les navires de la *Seehandlung*, par exemple, en vertu d'un ordre de cabinet du 24 septembre 1834, seulement lorsqu'ils avaient passé la ligne. Il en était de même pour les navires de la Société danoise pour le commerce asiatique.

pour le compte du gouvernement, sont-ils soumis au payement des taxes de navigation, comme les bâtiments de commerce. C'est ainsi que les navires des marines royales danoise et suédoise, qui cherchaient anciennement dans les ports prussiens des cargaisons de bois de construction pour compte de leur gouvernement, acquittaient les taxes du tarif en vigueur, aussi bien en entrant sur lest qu'en sortant chargés. D'autre part, les bâtiments de l'état anglais, français et hollandais, se rendant dans les ports de la Baltique pour y prendre des matériaux de construction navale, n'avaient pas à payer le droit en traversant l'Oere-Sund sur lest, tandis qu'ils devaient solder cette taxe en passant chargés de marchandises.

On s'est entendu cependant pour accorder aux navires de cette catégorie certaines facilités concernant les formalités en douane, le chargement et le déchargement, les réparations, etc.

La qualité de bâtiment de l'état pourrait avoir de l'importance dans un cas semblable à celui de la *princesse Louise*, appartenant à la société prussienne « Seehandlung ». Ce navire, comme les autres bâtiments de la Compagnie, servait exclusivement au commerce du fret, et il était armé de 12 canons pour se défendre contre les pirates. En 1827, il était mouillé dans le port péruvien d'Arica, lorsqu'on décréta l'embargo sur tous les navires de commerce nationaux et étrangers, pour les employer à transporter des troupes à Panama. Le capitaine éleva une protestation en faisant valoir sa qualité de bâtiment de l'état, et l'artillerie qui se trouvait à bord. Seul parmi tous les navires présents, il fut exempt de l'embargo et de l'angarie, ainsi que l'exigeaient incontestablement les égards dus à un état étranger. Par contre, à notre avis, il faut résoudre affirmativement la question de savoir si des navires de l'état, qui se livrent exclusivement au commerce, peuvent être dans les ports étrangers l'objet d'une saisie-arrêt [1]; ceci pour autant que l'état ne soit considéré qu'au point de vue du fisc.

IV. On peut encore mentionner ici que dans plusieurs pays,

---

[1] Ceci répond aussi à la pratique anglaise. Voir, entre autres, Mardsen : *A treatise on the law of collisions at sea*, p. 93.

et notamment en Prusse, les bâtiments des *Royal Yacht Clubs* anglais jouissent de l'exemption des droits de port.

SECTION QUATRIÈME

DE LA PIRATERIE

§ 16. — Définition.

On comprend sous le nom de piraterie[1] une expédition armée, entreprise sur mer sans autorisation de l'état, et usant de la violence pour obtenir un gain. Le but principal est l'appropriation illégale de cargaisons ou l'enlèvement des individus, ou bien les deux choses réunies ; les moyens sont le vol à main armée et la violence contre les personnes ; on y joint ordinairement la destruction du bâtiment volé, et parfois la mise à mort de l'équipage.

Nous renvoyons au § 12, II pour ce qui concerne la position juridique des pirates.

Cependant, toute entreprise ayant pour but le vol en mer n'a pas le caractère de piraterie. Particulièrement, on ne doit pas confondre avec la piraterie le vol d'objets échoués, même lorsqu'il est pratiqué comme une industrie ; il est vrai que cette confusion s'est produite souvent.

Le voleur d'épaves ne passe pas, comme le pirate, pour être sans nationalité, bien qu'il porte atteinte à la sécurité des mers ; mais il exerce ce métier dans les eaux soumises à l'autorité d'un souverain déterminé (jurisdictional waters), tandis que la sphère d'action du pirate est ordinairement la pleine mer, qui n'est sous la domination de personne. Le voleur d'épaves

---

[1] Le terme *pirate* vient du grec : πειρᾶν signifie : tenter, courir la chance ; πειρᾶν τήν θάλασσαν, originairement : faire des entreprises sur mer, plus tard : faire la piraterie.

peut fort bien être en droit de porter un pavillon national quelconque; l'écumeur de mer ne peut s'en servir qu'en l'usurpant.

Le fait de la piraterie se rencontre parfois quand bien même le navire n'a pas été équipé dans ce but, ou lorsqu'il a commencé le voyage sans intention criminelle. Si, par exemple, à la suite d'une révolte à bord, les rebelles se sont rendus maîtres du navire et s'en sont servi pour commettre des actes de rapine qui ont le caractère d'actes de piraterie, le navire perd la protection du pavillon originaire; il est considéré comme dénationalisé. Par contre, si des navires de guerre, au lieu de restreindre leur action, comme c'est leur devoir, à des faits militaires, abusent de leur pouvoir et commettent, lorsque l'occasion se présente, des actes de violence et de vol contre les navires de nations amies et neutres, on ne sera pas autorisé à les tenir pour pirates.

II. En l'absence du fait caractéristique de la piraterie, on a, dans certaines circonstances et avec plus ou moins de justice, déclaré que plusieurs catégories de navires devaient être assimilées aux pirates. Il faut citer spécialement :

1) D'après des lois et conventions particulières, les navires qui font la traite des nègres [1].

2) Les corsaires, dans certaines circonstances (voir § 34).

3) Les navires qui naviguent sans pavillon, ou sous un pavillon qui n'appartient légalement à aucun état, ou qui usurpent un pavillon étranger pour commettre, en le portant, des actes de violence (voir § 7, 1).

[1] Notamment, dans la convention pour la répression de la traite des nègres d'Afrique, conclue à Londres, le 20 décembre 1841, entre la Prusse, la Russie, l'Autriche, la France et la Grande-Bretagne; cette convention fut ratifiée par les mêmes puissances, sauf la France, et, par un accord en date du 29 mars 1879 (R. G. Bl., p. 100 et suiv.), entre l'empire d'Allemagne et la Grande-Bretagne, elle a été étendue à l'Allemagne, après avoir subi une modification conforme aux circonstances. La ratification a eu lieu après des déclarations concordantes de l'Autriche-Hongrie et de la Russie (voir Annexes B. et C.).

On trouve l'énumération des autres traités sur le même sujet dans Phillimore, I, § 307; Wheaton, *Histoire*, p. 261 à 343, donne des détails historiques sur le droit de visite opéré en vue de la répression de la traite des nègres.

Des cas de cette dernière espèce se sont produits fréquemment dans les temps de guerres civiles. C'est ainsi que le président Lincoln, par un décret du 19 avril 1861, déclara que les
corsaires des états du Sud étaient des pirates, et il invita les
puissances maritimes à les traiter comme tels. Ceci n'arriva
point; la France et l'Angleterre reconnurent au contraire les
états du Sud comme belligérants. — En juin 1869, le gouvernement des États-Unis de Vénézuéla déclara pirate le navire à
vapeur le *Telegrafo*, parce qu'il avait blessé l'honneur de la
République et violé ouvertement le droit des gens en se cou-
vrant, pour accomplir des actes de violence, du pavillon vénézuélien qu'il n'avait pas le droit de porter. Un général adversaire du parti du gouvernement à Saint-Domingue avait, en
effet, acheté un bâtiment appelé le *Telegrafo* qui avait été
de nationalité danoise, et il s'en était servi pour faire sous le
pavillon vénézuélien des attaques contre Puerto-Plata, sur la
côte nord de l'île, et contre Samara. Le décret rendu par le
gouvernement central de Madrid, le 20 juin 1873, a provoqué
aussi beaucoup de commentaires; d'après ce décret, les équipages des frégates de la marine nationale *Almanza Victoria* et
Mendez Nunez, du vapeur *Fernando Catolico* et de tout autre
navire de guerre appartenant aux insurgés dans le département
de Carthagène devaient être considérés comme pirates, s'ils
étaient rencontrés par des navires de guerre espagnols ou
étrangers, au dedans ou au dehors de la juridiction maritime
de l'Espagne.

Dans les cas de cette espèce, les commandants des navires
de guerre de puissances non intervenantes n'auront aucun
motif de traiter comme pirates de semblables navires, aussi
longtemps que, sur le terrain du droit international, il n'y aura
pas une atteinte criminelle portée à la paix de la mer. Il est,
en effet, parfois assez difficile de démêler quel est, dans un état
troublé, le parti qui constitue le gouvernement régulier et qui
par conséquent doit être traité comme belligérant.

L'article 423 des *Queens Regulations* dispose en ce sens : In
the case of an attack by a ship in the possession of insurgents

against their own domestic government upon merchant ships belonging to its subjects, or upon its cities, ports, or people within the territorial limits of their own nation, Her Majestys ships have no right to interfere, except in the case mentioned in article 421 [1], and in any such case the operation must be res‑ tricted to such acts as may be necessary te attain the precise object in view. »

III. On a discuté longtemps la question de savoir si un brigandage maritime toléré officiellement comme l'était celui qui s'exerça sur les côtes des états barbaresques d'Afrique pendant plusieurs siècles, doit être considéré comme de la piraterie. Cette question n'a plus aujourd'hui d'importance pratique. On peut ajouter cependant que les puissances maritimes de l'Europe ont souvent conclu des traités avec ces états, et leur ont même payé tribut en vue d'obtenir une garantie protégeant la marine marchande contre ces brigandages ; on a donc considéré ces pays comme des états régulièrement organisés [2].

§ 17. — De la manière de procéder contre les pirates.

I. La piraterie a été de tout temps frappée de la peine de mort. Au moyen âge on exécutait les pirates en les noyant, plus tard en les pendant à la vergue du navire. Des lois spéciales, comme par exemple le code de justice militaire de l'Autriche, infligent encore à ce crime la peine de mort. D'après le droit pénal allemand, le pirate convaincu du crime de meurtre encourt

---

[1] Art. 421 : « Protection to British subjects is, as a general rule, to be limi‑ ted to affording them an asylum on board ship, and to securing them by boats an escape from the shore, when their departure may be a measure of necessary precaution : interposition by the landing of an armed force is only to be had recourse to when the lives or property of British subjects are actually in danger from violence which cannot otherwise be controlled. » — Voir l'article 425, pour la protection des sujets étrangers par des navires britanniques.

[2] Voir sur ces traités : Nau, §§ 129 et 130 ; pour le reste, Cauchy, I, p. 152 et suiv.

la peine de mort; sans meurtre, la réclusion de cinq à dix ans[1]. Le bâtiment et tous les objets trouvés à bord et qui appartiennent au pirate sont confisqués au profit de l'état du capteur, et il dépend de celui-ci de décider s'il y a lieu d'accorder une partie du produit, à titre de récompense, à l'équipage, par analogie des parts de prises. Les objets volés sont, autant que possible, restitués à leurs légitimes propriétaires[2], sinon confisqués[3].

II. Le pirate peut être poursuivi par tout le monde. C'est une conséquence de la dénationalisation du navire et de l'absence de protection publique quelconque. Voir sur ce point et notamment sur l'arrestation des pirates le § 12, II. C'est en ce sens seulement qu'on peut les dire hors de la loi. Mais ils ne sont pas, sans autre forme de procès, livrés à la mort par ceux qui se sont emparés d'eux. Une manière aussi sommaire de procéder, sans jugement et sans constatation préalable du fait, ne répondrait ni aux idées juridiques qui ont cours actuellement, ni aux prescriptions spéciales, qui, dans ces derniers temps, ont réglé le traitement à infliger aux pirates. Seul, le pirate saisi en flagrant délit, c'est-à-dire au moment même où il commet, les armes à la main, des actes de violence, peut être mis à la mort sur l'heure. Ceci n'est que l'exercice de la légitime défense, une exception à la règle d'après laquelle les pouvoirs publics

---

[1] Code pénal de l'empire allemand, §§ 250, n° 3, et 251.

[2] Cependant, le principe : *A piratis capta dominium non mutant* n'a pas été maintenu dans toutes les législations maritimes. Le code maritime de Lubeck dit (libre VII, stat., tit. V, art. 11) : « Dans le cas où des pirates enlèvent des objets « sur mer, et que des navires de garde quelconques les leur reprennent ensuite « à leurs propres frais, ceux-ci conserveront la moitié des objets et rendront « l'autre moitié au marchand lésé. Mais si les navires appartiennent aux villes, « le bien volé qu'ils auraient repris sera rendu en entier au marchand. » On ne peut nier que ces prescriptions ne répondent à l'équité, car c'est un cas qui présente beaucoup d'analogie avec le sauvetage accompli dans des circonstances dangereuses. — On ne saurait admettre, par contre, la disposition du code espagnol, d'après laquelle de semblables reprises tombent en la propriété du capteur, si elles ont été pendant plus de vingt-quatre heures en la possession du pirate. — D'après le traité entre les États-Unis d'Amérique et l'Italie, du 26 février 1871, art. 11, les propriétaires ont un délai d'une année pour faire leur réclamation.

[3] Cancrin, 14e étude, § 53.

ont seuls le droit de décider les questions de vie et de mort, à la
suite de procédures ordinaires ou sommaires. Mais on ne saurait
admettre comme légitime, la conduite d'un capitaine de navire
marchand, qui agirait ainsi envers des pirates dont il se serait
rendu maître ; ces pirates devraient, à la première occasion,
être livrés à des autorités régulières pour être jugés et condamnés [1]. Dans le cas seulement où les conditions de la légitime
défense se rencontreraient, le capitaine pourrait être considéré
comme autorisé à se défaire des pirates prisonniers.

III. Tout pouvoir public régulier est compétent pour juger
les pirates : « To whatever country the pirate may have ori-
« ginally belonged, he is justiciable everywhere. » (Philli-
« more) [2] : « Piracy under the law of nations may be tried and
« punished in the courts of justice of any nation, by whom-
« soever and wheresoever committed (Wheaton) [3].

Les instructions du commandant d'un navire de guerre dé-
cident s'il peut procéder au jugement des pirates ; lorsqu'il possède ce pouvoir, il appliquera les règles de la procédure militaire en vigueur à bord. Dans tous les autres cas, il remettra
les pirates prisonniers aux autorités compétentes de son pays,
ou, si les difficultés sont trop grandes, il débarquera les coupables dans un port quelconque pour les livrer à la justice
locale [4].

[1] Ortolan, I, p. 211 et suiv.

[2] I, § 356.

[3] El., I, p. 164. — Voir aussi Ortolan, I, p. 511 et suiv.; Heffter, § 104;
Bluntschli, art. 346.

[4] De Cussy, I, p. 289 : « La piraterie est poursuivie par tous les gouvernements, et les hommes qui s'y livrent peuvent être punis de mort après jugement
militaire par les commandants des vaisseaux de guerre qui s'en emparent; ou
mieux encore par les tribunaux établis dans le port où ils sont conduits. »
Les Instructions pour les commandants de la marine impériale allemande ne
disposent rien sur la procédure à suivre envers les pirates qu'on saisirait. Mais
l'Instruction provisoire du 20 août 1877 (Annexe A) donne les directions nécessaires pour ce qui concerne les pirates chinois. Ils doivent être remis aux autorités chinoises pour être jugés; si la prise a été faite avec la coopération de navires de
guerre anglais, au tribunal de vice-amirauté anglaise le plus proche. — Dans l'état
actuel de la législation allemande, on ne pourrait procéder devant un tribunal allemand contre des étrangers qui se seraient rendus coupables du crime de piraterie

IV. Les anciens codes maritimes imposaient au capitaine et à l'équipage de tout navire de commerce l'obligation absolue de se défendre contre les pirates. Ceci était justifié pour autant que les navires eussent une force suffisante en hommes et en armes. Aujourd'hui on ne peut plus soutenir l'existence d'une semblable obligation que dans le cas où il y a des chances de succès [1].

§ 18. — Du conflit de souveraineté dans la poursuite des pirates.

I. Il y a controverse sur la question de savoir si la poursuite d'un bâtiment pirate est permise, sans le consentement du gouvernement du lieu, dans les eaux territoriales étrangères. En principe, c'est au souverain du territoire et à ses représentants seuls qu'incombe dans les eaux territoriales la protection des intérêts du pays et celle des intérêts internationaux.

en pleine mer contre un navire non allemand, à moins que l'article 4 (voir aussi le § 8) du code pénal allemand n'autorise dans ce cas la poursuite; mais si le crime est commis contre un navire allemand, fût-ce par des étrangers, le code pénal allemand doit être appliqué (art. 3), en vertu de la fiction d'après laquelle en pleine mer tout navire allemand doit être considéré comme territoire allemand; car il n'est pas douteux qu'en pareil cas le navire allemand lui-même ne soit, sinon le seul, au moins un des endroits où se commet le crime (voir sur ce point, entre autres, Oppenhoff, *Loi pénale*, note 8 et suiv. sur l'article 3, et Olshausen, *Commentaire sur le Code pénal*, I, rem. 2 à 4 sur l'article 3). Sur la compétence dans un cas semblable, voir l'article 10 du règlement de procédure crimiminelle.

[1] Voir Kaltenborn, I, § 69. — Bluntschli, Remarque sur l'art. 348. — Le droit maritime allemand traite aussi ce point. L'article 82 de l'Ordonnance pour les gens de mer dit qu'en cas d'attaque ou de violence contre le navire ou la cargaison, le matelot doit prêter toute l'assistance qu'on réclame de lui pour sauver le navire et la cargaison. Le code de commerce permet au patron, s'il a souffert du dommage en défendant son navire, ou à ses héritiers, de réclamer une certaine récompense (art. 523 et 524), outre les frais de maladie et autres. Les art. 49 et 51 de l'Ordonnance pour les gens de mer contiennent des dispositions analogues quant aux matelots.

En tout cas, il dépend uniquement de la volonté du capitaine de décider, en l'absence d'une loi positive, s'il y a lieu d'entreprendre la défense du navire.

Mais lorsqu'il s'agit d'actes qui s'accomplissent en vue de la sécurité des rapports internationaux, il paraît juste de présumer dans certaines circonstances le consentement tacite du gouvernement du territoire. Mais en aucun cas on ne pourra, sans l'autorisation du gouvernement, poursuivre les pirates dans les mers territoriales et les parties du pays où le gouvernement lui-même est en mesure de continuer la poursuite[1].

II. Dans le traité entre les états du Zollverein et la Chine, en date du 2 septembre 1861, ratifié le 14 janvier 1863 (G. S. 1863), il est établi par l'article 30 : « Les navires de guerre des états « allemands contractants qui croisent pour la protection du « commerce ou s'occupent de la poursuite des pirates, seront « libres d'entrer dans tous les ports chinois sans distinction. » Après la destruction de la barque allemande *Apenrade* par des pirates chinois, en 1869, le gouvernement chinois consentit à ce que des marins de l'équipage de la corvette la *Méduse* aidassent à faire des fouilles dans les villages habités par les pirates. Actuellement l'Instruction provisoire pour les commandants des navires de guerre allemands en ce qui concerne la répression de la piraterie dans les mers de la Chine, doit servir de guide à ces officiers (voir annexe A).

---

[1] En 1869, des hommes armés appartenant à un navire de guerre espagnol poursuivirent des insurgés cubains, prétendûment des pirates, sur le territoire britannique (dans les îles des Indes occidentales), où ces derniers s'étaient réfugiés. Sur les plaintes élevées par les autorités anglaises, le capitaine général espagnol répondit que la poursuite avait été faite sur son ordre ; que la poursuite des pirates n'impliquait point de violation de territoire, parce qu'elle se faisait dans l'intérêt de l'ordre et de la civilisation. Nous ignorons l'issue de ce conflit.

SECTION CINQUIÈME

DE LA POLICE DE LA MER

§ 19. — Des routes maritimes.

I. On trouve déjà dans les anciennes lois maritimes des dispositions isolées qui tendent à prévenir la collision des navires en mer et dans les eaux qui sont en communication avec la mer. Abstraction faite de ces dispositions spéciales, il s'était formé certains usages que l'on tenait pour obligatoires dans les relations internationales en ce qui concerne la conduite des navires en cas de rencontre. Ces usages ne prirent cependant une forme précise que dans les *Regulations for preventing collisions at sea*, publiées en annexe de la loi britannique du 29 juillet 1862 (25 et 26, Vict. c. 63). Ces dispositions se rapportent aux feux, aux signaux usités en cas de brouillard, au croisement des navires ; elles sont entrées en vigueur le 1er juin 1863. La loi punit toute infraction ou toute omission comme un délit, et en cas de collision elle établit la présomption que l'on doit regarder comme coupable celui qui a violé l'une de ces prescriptions ou qui a négligé de les observer ; elle institue en outre un contrôle sur l'exécution des signaux à bord des navires, et défend d'en employer d'autres que ceux qu'elle désigne. Les autres états maritimes, reconnaissant la nécessité de règles uniformes sur ce point, les ont établies en traduisant mot à mot les prescriptions anglaises [1].

Le code pénal de l'empire allemand, à la suite du code de la confédération de l'Allemagne du Nord, dispose dans son article 145 : « Sera puni d'une amende jusqu'à 1,500 marks, celui qui enfreint les ordonnances rendues par l'empereur pour

---

[1] Pour la Prusse, voir l'ordonnance du 23 juin 1863 et la loi du 22 février 1864.

éviter les collisions des navires en mer, ou pour régler la conduite des navires à la suite de collision, les signaux à faire en cas de danger et ceux destinés à appeler les pilotes en mer ou dans les eaux du littoral. » La première ordonnance impériale en matière de collision fut rendue le 23 décembre 1871 ; une seconde vit le jour le 7 janvier 1880 (*R. G. Bl.*, 177), après que la législation anglaise eut été également complétée et modifiée sur plusieurs points essentiels. Cette dernière ordonnance, abrogeant celle du 23 décembre 1871, consacre le droit actuel en matière de routes maritimes ; en fait, elle a un caractère international, d'autres états maritimes ayant édicté des prescriptions semblables[1]. Mise en vigueur le 1er septembre 1880, cette ordonnance définit d'abord ce qu'il faut entendre par navire à vapeur et par navire à voile au sens de ses prescriptions, puis elle règle les matières suivantes :

1° Les feux qui doivent être placés à bord ;

2° Les signaux donnés par trompe en cas de brouillard, de gros temps ou de chute de neige ;

3° La modération de la vitesse en cas de brouillard, de gros temps ou de chute de neige ;

4° La rencontre et l'évitement des navires en mer ;

5° L'observation des précautions nécessaires en toutes circonstances ;

6° Les restrictions imposées par les prescriptions spéciales aux ports et eaux intérieures ;

7° Les feux particuliers pour escadres et bâtiments qui naviguent sous conduite.

L'article 10 de l'ordonnance du 7 janvier 1880, concernant les feux à placer sur les bâtiments de pêche, a été mis hors de vigueur par l'ordonnance impériale du 16 février 1881 (*R. G. Bl.*, p. 28, voir aussi § 21).

II. La loi anglaise du 29 juin 1862, article 33, en cas de collision de deux navires, impose au patron de chacun d'eux le devoir de prêter à l'autre bâtiment, à son patron, à son équi-

---

[1] Annexe D.

page, à ses passagers, le secours nécessaire pour les sauver du danger résultant de la collision, pourvu que cela puisse se faire sans péril pour son propre navire et ses propres gens. Le même article frappe le patron qui n'aurait pas rempli ce devoir, du retrait de sa patente ou de la suspension, et il établit ensuite que si aucun motif raisonnable n'est allégué pour excuser cette omission, et à défaut de preuve contraire, la collision doit être présumée avoir été causée par une infraction au règlement qu'aurait commise ce patron. Ces dispositions sont complétées par l'article 16 du Merchant Shipping Act de 1873 [1].

L'ordonnance impériale, rendue en exécution de l'article 145 du code pénal allemand, sous la date du 15 août 1876, et concernant la conduite des patrons de navire à la suite des collisions en mer (*R. G. Bl.*, p. 189) [2], répond complètement aux prescriptions de la loi anglaise, mais n'établit aucune présomption de culpabilité contre le patron du navire qui a enfreint l'ordonnance.

§ 20. — Des signaux en mer.

I. Suivant l'exemple du Merchant Shipping Act de 1873, qui règle dans ses articles 18 et 19 les signaux de détresse et ceux

---

[1] Il est ainsi conçu : « In every case of collision between two vessels it shall be the duty of the master or person in charge of each vessel, if and so far as he can do so without danger to his own vessel, crew, and passengers (if any), to stay by the other vessel until he has ascertained that she has no nead of further assistance, and to render to the other vessel, her master, crew, and passengers (if any), such assistance as may be practicable and as may be necessary in order to save them from any danger caused by the collision ; and also to give to the master or person in charge of the other vessel the name of his own vessel, and of her port of registry, or of the port or place to which she belongs, and also the names of the ports and places from which and to which she is bound. If he fails so to do, and no reasonable cause for such failure is shown, the collision shall, in the absence of proof to the contrary, be deemed to have been caused by his wrongfal act, neglect, or default. Every master or person in charge of a British vessel who fails, without reasonable cause, to render such assistance or give such information as aforesaid shall be demeed guilty of a misdemeanor and if he is a certificated officer, an inquiry into his conduct may be held and his certificate may be cancelled or suspended. »

[2] Annexe E.

concernant le pilotage, les autres états maritimes ont édicté à leur tour des dispositions semblables.

II. Pour l'empire allemand, la matière est réglée par l'ordonnance impériale du 14 août 1876 (*R. G. Bl.*, p. 187) [1], relative aux signaux de détresse et de pilotage pour les navires en pleine mer et dans les eaux du littoral (*R. G. Bl.* p. 187). Comme dans les réglements anglais, on y détermine les signaux qui doivent servir tant de jour que de nuit en cas de détresse ou pour le pilotage. L'abus de ces signaux, ou l'usage d'autres signaux que ceux qui sont ordonnés, est frappé d'une peine, conformément à l'article 145 du code pénal. La loi ne traite pas de la responsabilité civile, qui se détermine d'après les principes généraux [2].

§ 21. — De la police de la pêche en mer.

I. Le droit de pêcher en pleine mer, c'est-à-dire dans la mer en dehors des eaux territoriales, appartient, en vertu du principe de la liberté de la mer, à toutes les nations [3]. Aucun état ne peut édicter unilatéralement des règlements obligatoires en pleine mer pour d'autres que ses sujets. Cependant, il est indispensable d'assurer à ceux qui se livrent à l'industrie de la pêche, une protection efficace. C'est au droit international qu'il faut la demander, pour autant qu'il ne s'agisse pas des rapports entre pêcheurs de même nationalité.

Depuis plusieurs siècles, il existe à cet égard une série de règles, dont la source remonte à des usages, à des lois qui se

---

[1] Annexe F.

[2] L'article 18 du Merchant Shipping Act, 1873, fixe ces principes pour le cas d'abus de signaux de détresse : Any master of a vessel, who uses or displays, or causes, or permits any person under his authority to use or display, any of the said signals, except in the case of a vessel being in distress, shall be liable to pay compensation for any labour undertaken, risk incurred, or loss sustained in consequence of such signal having been supposed to be a signal of distress and such compensation may, without prejudice to any other remedy, be recovered in the same manner in which salvage is recoverable.

[3] Voir Valin, II, p. 684 et suiv.; Cancrin, III, p. 67 et suiv.

fondent sur ces usages, à des traités internationaux appelés
« trèves pêcheresses. »

II. Ces règles s'appliquent aux rapports des pêcheurs de
même nationalité, ainsi qu'aux relations entre pêcheurs étrangers. Elles comprennent :

1° Les prescriptions destinées à éviter les collisions entre les
bâtiments de pêche et celles entre les bâtiments de pêche et les
autres navires. — Pour l'Allemagne, l'article 10 de l'ordonnance impériale du 7 janvier 1880 contenait les dispositions
essentielles ; mais il a été mis hors de vigueur par l'ordonnance
du 16 février 1881, dont l'article 2 dit que : « les bâtiments de
pêche et autres bateaux non pontés sont tenus de porter un feu
blanc et clair. Ils peuvent en outre se servir d'un feu flam-
bant (flying fire) ».

2° Les prohibitions tendant à prévenir tout trouble apporté
à la pêche. Les pêcheurs doivent exercer leur industrie de manière à ne pas se nuire réciproquement ; il leur est interdit de
s'expulser mutuellement du territoire de la pêche ; de jeter le
trouble dans le travail d'autrui en usant de filets ou d'autres
engins ; de chercher, par des moyens frauduleux, à accaparer
pour soi tous les avantages [1].

3° Les usages concernant l'assistance à se prêter réciproquement, en cas de danger de mer, d'échouement, de manque
de provisions, de périls imminents à signaler, etc. — Au
XVIIe siècle déjà, les droits et les devoirs étaient réglés à cet
égard avec beaucoup de détails pour la pêche au Groënland.

La pêche dans la mer du Nord avait, dans ces derniers
temps, donné lieu à de nombreux conflits entre les marins des
diverses nationalités qui exercent cette industrie. Les états riverains ont, au mois de mai 1882, réuni à La Haye une conférence pour régler la police de la pêche dans cette mer. La conférence a discuté et adopté une convention qui a été signée par
les plénipotentiaires de l'Allemagne, de la Belgique, du Danemark, de la France, de la Grande-Bretagne et des Pays-Bas.

---

[1] Surland, § 695 et suiv.

Le gouvernement de la Suède et Norvége, bien qu'il fût représenté à la conférence, s'est réservé d'adhérer plus tard à la
convention. Les ratifications sur cet acte international n'ont
pas encore été échangées. Vu son importance, nous croyons
toutefois qu'il est utile d'en donner le texte complet ; voir
annexe F *bis* (*Addition du traducteur*).

§ 22. — De la quarantaine.

I. On comprend sous le nom de quarantaine ou de *contu-
mace* la défense de débarquer, faite en vue d'empêcher les
maladies contagieuses de se répandre, ainsi que la surveillance
et les autres mesures de police sanitaire imposées aux navires
qui entrent dans les ports, à leurs cargaisons et aux personnes
qu'ils transportent.

On fait remonter cette institution au xive siècle. Au milieu de
ce siècle, en effet, après les ravages de la *mort noire*, la république de Venise soumit tous les navires venant du Levant à
un isolement de quinze jours, afin d'empêcher la contagion de
la peste. Peu à peu, il s'est formé ensuite un ensemble complet
de mesures destinées à prévenir l'invasion d'épidémies apportées par mer, et notamment de la peste, du choléra et de la
fièvre jaune [1].

Des établissements de quarantaine très perfectionnés se rencontrent déjà au xve siècle dans tous les grands ports de la
Méditerranée, comme Gênes, Venise, Marseille. Les mesures
prises avaient pour but :

1° D'empêcher les communications avec la terre et avec les
autres navires ;

2° De désinfecter le navire ;

3° De séquestrer après huit jours l'équipage dans un lazaret
pendant un terme de soixante jours, qui pouvait être prolongé,
s'il se présentait un cas de maladie au lazaret ;

---

[1] Voir l'étude du docteur Höring dans le Recueil : *Zeitschrift für Epidemio-
logie*, t. I, liv. 6, où l'on trouve aussi la littérature du sujet.

4° De désinfecter la cargaison, à certains endroits isolés à terre;

5° D'établir des peines très rigoureuses en cas de contravention.

On distinguait cinq cas, selon que le navire arrivait :

1° D'un endroit sain : — aucune quarantaine n'était prescrite;

2° D'un endroit sain, où il y avait des rapports avec des pays visités par la peste : — on devait faire 20 jours de quarantaine;

3° D'un endroit suspect : — la quarantaine était de 25 jours;

4° D'un endroit infecté, elle était de 30 jours;

5° Avec la peste à bord, elle montait à 60 jours.

Dans la suite, ces termes furent notablement abrégés, et l'on introduisit des adoucissements de toute nature.

Récemment, l'organisation uniforme du service de la quarantaine a été, à diverses reprises, l'objet de délibérations internationales, surtout entre les états de la Méditerranée [1], sans que l'entente ait été réalisée jusqu'à présent. Il en résulte que chaque état règle la matière à sa convenance.

II. Les navires qui ont à garder la quarantaine arborent ordinairement, d'après un ancien usage, un pavillon jaune (quelquefois un pavillon vert ou le pavillon national) en tête du grand mât ou du mât de misaine [2].

Du reste, le code international des signaux indique tous ceux qui doivent être employés pour les divers cas de quarantaine.

III. Le certificat de santé, délivré par l'autorité du port de départ, et mentionnant les circonstances relatives aux mala-

---

[1] La première de ces conférences, à laquelle douze états prirent part, eut lieu à Paris en 1851-52 ; la seconde, avec la participation de neuf états, à Paris également, en 1859 ; plus tard, des conférences furent réunies en 1866 à Constantinople, avec les délégués de dix-sept états, et à Vienne, en 1874, avec la participation de l'Allemagne, de l'Autriche, de la Grande-Bretagne, des Pays-Bas, de la Russie et des états scandinaves.

[2] Voir Nizze, I, p 324. — *Queens Reg.*, § 1939; Décrets espagnols du 18 juillet 1817 et du 17 mai 1880. Réglem. autrich., III, n° 1026, etc.

dies contagieuses, sert de base pour l'application des mesures de quarantaine à chaque cas spécial. Il est exigé dans tous les endroits où de semblables maladies sévissent ordinairement. Dans un grand nombre de pays, on exige même de tout navire qui arrive la production d'un certificat de santé[1], qui doit être légalisé au port de départ par le consul de l'état où se rend le navire, ou par un autre consul dûment autorisé[2].

IV. Voici les dispositions en vigueur pour la marine impériale allemande : Avant le départ d'un de ses bâtiments pour un port étranger, comme aussi chaque fois qu'un de ses bâtiments quitte un port étranger, le médecin du bord doit, sur l'ordre du commandant, réclamer auprès des autorités du port un certificat de santé revêtu du visa du consul du pays où le navire se rend directement. Sont seuls valables les certificats de santé qui ont été délivrés quarante-huit heures avant le départ. Si l'on ne peut obtenir dans un port des certificats de santé réguliers, parce qu'il n'y a point d'autorités constituées, ou point de consul du pays où se rend le navire, ou s'il est notoire que cette pièce n'est pas exigée à l'entrée du port de destination, on peut s'abstenir de la réclamer[3]. En tout cas, les commandants ont le devoir, en arrivant dans les ports étrangers, de répondre à toutes les questions que les autorités compétentes leur adressent sur l'état sanitaire de leur navire[4].

V. Quelques états accordent des privilèges aux navires de guerre en ce qui concerne la quarantaine. C'est ainsi que par ordonnance du gouvernement suédois en date du 8 avril 1854, les dispositions ordinaires sont modifiées de la manière suivante en faveur des vaisseaux de guerre nationaux et étrangers.

1° A défaut d'un certificat de santé, la déclaration du commandant sur le lieu de provenance et sur l'état sanitaire du bord est suffisante ;

[1] Nizze, I, p. 293-295.

[2] Il en est ainsi d'après le règlement russe du 9 novembre 1864.

[3] Annexe XIV aux *Instructions pour les commandants*, § 94, complétées par les décrets du 24 février 1879 (*M. V. Bl.*, p. 43), et du 15 août 1879 (*M. V. Bl.*, p. 163).

[4] Décret de l'Amirauté prussienne du 16 novembre 1857 (*A. M. Bl.*, n° 42).

2° S'il y a obligation de quarantaine, ces vaisseaux ne seront pas obligés de se rendre aux lieux de quarantaine désignés pour les autres navires; mais ils pourront se mettre à l'ancre à une distance convenable du rivage, pourvu que le commandant s'engage sur l'honneur à ne permettre aucune communication pendant le temps fixé entre les hommes de l'équipage et les habitants du pays;

3° Tous les frais de quarantaine sont supprimés.

Les ordonnances grecques, entre autres celle du 15 novembre 1873, accordent certains priviléges aux navires de guerre, ainsi qu'aux paquebots de la poste. Il en est de même du règlement turc pour les bâtiments de guerre qui traversent les Dardanelles venant de la mer Égée.

Les navires de guerre qui ne croient pas devoir se soumettre aux dispositions prises par les autorités du port en matière de quarantaine, doivent souffrir qu'on leur refuse l'entrée, sans qu'ils puissent de ce chef élever aucune réclamation.

SECTION SIXIÈME

DU DROIT D'ÉPAVE ET DU SECOURS EN CAS DE DANGER

DE MER.

§ 23. — Du droit d'épave.

I. Dans l'antiquité et encore généralement au moyen âge, on comprenait sous le nom de *droit d'épave* le droit attribué à l'état ou aux habitants du littoral, de s'emparer par occupation des objets provenant des naufrages. Bien que la législation romaine s'y fût déjà énergiquement opposée [1], il était exercé à peu près universellement.

[1] Voir le recueil de toutes les prescriptions y relatives dans le *Corpus juris nautici*, I, p. 14 et suiv.; également dans Cauchy, I, p. 148 et suiv., 315 et suiv.

La coutume de s'approprier sans aucune autre forme de procès tous les objets qui sont amenés par la mer sur le rivage,
débris des navires naufragés, objets de toute espèce, comme s'ils
étaient des produits de la mer, fut même souvent étendue aux
hommes, aussi bien aux cadavres dont on prenait les vêtements, qu'aux êtres vivants. Ces derniers étaient réduits en
esclavage, si l'on ne préférait les mettre à mort ; ils n'y échap-
paient qu'en payant rançon. Ce « droit » était exercé surtout
contre les étrangers ; on les considérait en effet comme hors
de la loi, et cette opinion n'a disparu entièrement qu'à la suite
des derniers progrès du droit des gens. Les habitants des côtes
allaient même jusqu'à provoquer des naufrages, par exemple
en allumant des signaux trompeurs.

Le droit d'épave, sous sa forme la plus douce, se bornait à
la réclamation, par le propriétaire du sol, d'une sorte de taxe
sur les navires échoués à la côte, comme indemnité pour les
frais d'entretien du rivage et pour les dommages que causent
les naufrages sur le littoral. Du reste, l'Église, comme le pouvoir temporel, rendit de nombreux décrets [1] pour défendre et
frapper de peines sévères la spoliation des naufragés.

Mais ce fut en vain ; le pillage continua, « comme s'il faisait

[1] Le concile de Latran de 1179 édicta l'excommunication. — De sévères peines
temporelles sont portées dans les Rooles d'Oléron, art. XXV et XXVI, particulièrement contre les pilotes qui, dans un but de lucre ou au profit des maîtres du
rivage, font échouer les navires qui ont réclamé leur assistance : « Si ledit seigneur (le maître du rivage) est assez méchant et cruel pour tolérer de pareils
gens, les protéger et prendre part à leurs crimes, il doit être arrêté, tous ses
biens doivent être confisqués et vendus pour indemniser ceux qui ont droit à
l'être. Lui-même doit être attaché à un poteau au milieu de sa maison, aux quatre
coins de laquelle le feu doit être mis ; tout doit être brûlé ; les murs seront ren-
versés à ras de terre, et l'on doit faire de cet endroit une place publique servant
à perpétuité de marché aux cochons. » — L'article XXXI dit : « Si un navire
échoue sur une côte, et si l'équipage cherchant à se sauver, aborde à terre à demi
noyé et espère que l'on viendra à son secours, s'il arrive alors — car on rencontre
souvent de semblables hommes — qu'il y ait des gens si inhumains, si cruels, si
méchants que des chiens enragés, qui tuent les malheureux pour s'emparer de
leur argent, de leurs vêtements et de leurs autres objets, le seigneur du lieu doit
arrêter ces gens, les châtier sur leurs corps et leurs biens, les plonger dans la
mer jusqu'à ce qu'ils soient à moitié morts, puis les en retirer et les lapider
comme des loups ou des chiens enragés. »

partie du droit des gens [1]. » Souvent on réussit à revêtir ces
rapines d'une apparence légale. On faisait dépendre le droit
d'appropriation de certaines conditions, mais les anciennes
pratiques continuaient à subsister pour le fond. Encore l'ordonnance pénale, rendue par Charles-Quint en 1532, constate,
dans son article 218, « parmi de nombreux abus et coutumes
mauvaises » que fréquemment on attribue la propriété des navires naufragés à la côte, avec corps et biens, au seigneur du
lieu ; elle prescrit que le seigneur, dans ce cas, soit déclaré
déchu et privé de ses droits et juridiction, et elle ajoute qu'en
vertu du pouvoir impérial ces abus sont supprimés et interdits,
et qu'ils ne pourront plus jamais être rétablis.

Quelques états faisaient délivrer à leurs sujets des lettres les
affranchissant du droit d'épave. Les villes hanséatiques agirent
ainsi à l'égard du Danemark. Ce n'est qu'au xvi⁰ siècle que les
principes d'humanité réussirent à étendre leur empire, et
qu'une pratique plus conforme aux idées de solidarité internationale parvînt à s'établir, très lentement il est vrai. Aujourd'hui, tous les états civilisés considèrent le droit d'épave,
tel qu'il a été en usage, comme une pratique honteuse, et l'on
ne tient pour légitime, en cas de naufrage et de danger de mer,
que la réclamation d'un équivalent pour l'assistance prêtée et
le sauvetage des navires et des marchandises. La participation
du fisc au partage des biens sauvés et à leur rançon s'est maintenue plus longtemps ; cet abus est également tombé en désuétude ; le fisc n'a plus de droit que sur les objets échoués qui
sont sans maître. L'ancien droit d'épave a été remplacé par
un droit d'assistance et de *salvage* ; les personnes et les biens
naufragés sont placés sous la protection de l'état. Malheureusement l'état n'a pas toujours un pouvoir suffisant pour que
cette protection soit aussi efficacement exercée qu'il serait dé-
sirable, car on ne peut nier qu'il ne se rencontre encore fréquemment, sur le littoral des pays d'Europe, des réminis-
cences de l'ancien droit d'épave. Les législations récentes n'ont

[1] *Corpus juris nautici*, p. 66.

même réussi que difficilement à s'en affranchir ; parfois on en trouve encore des traces dans leurs prescriptions [1].

Un grand nombre de traités ont cherché à prévenir les traitements arbitraires infligés aux étrangers, en assurant aux naufragés, sujets des parties contractantes, aide et protection réciproques et généralement aussi en les assimilant aux nationaux en ce qui concerne le droit de sauvetage [2].

II. Dans le droit allemand, la matière est réglée pour tout l'empire, par le code de commerce, dont le titre 9, livre V, traite *du sauvetage et des secours en cas de danger de mer*, et par la loi sur les échouements du 17 mai 1874. Le code de commerce contient les dispositions relatives au droit de sauvetage et de secours proprement dit, tandis que l'ordonnance sur les échouements s'occupe des autorités du rivage, de la manière

[1] Voir pour plus de détails une étude de l'auteur *sur la protection de la propriété privée en temps de paix*, dans le recueil périodique la *Hansa*, de 1873 ; du même, *Projet d'une ordonnance en matière d'échouement, pour l'empire allemand*. Kiel, 1873. — H. Tecklenborg, *Les ordonnances concernant les échouements, ce qu'elles sont et ce qu'elles devraient être*. Kiel, 1874.

[2] Particulièrement dans les traités suivants conclus par la confédération de l'Allemagne du nord et par l'empire allemand : Traité d'amitié, de commerce et de navigation avec la république de Libéria, du 31 octobre 1867 (*B. G. Bl.*, 1868, p. 197), art. 5 ; traité de commerce et de douane avec l'Autriche, du 9 mars 1868 (*B. G. Bl.*, 239), art. 13, al. 2 ; convention consulaire avec l'Italie, du 21 décembre 1868 (*B. G. Bl.*, 1869, n° 113), art. 18 ; traité d'amitié, de commerce et de navigation avec le Japon, du 20 février 1869 (*B. G. Bl.*, 1870, p. 1 et s.), art. 17 ; convention consulaire avec l'Espagne, du 22 février 1870 (*B. G. Bl.*, p. 99), art. 18 ; traité d'amitié, de commerce et de navigation avec le Mexique, du 28 août 1869 (*B. G. Bl.*, p. 525 et suiv.), art. 10 ; traité avec le Salvador, du 13 juin 1870 (*R. G. Bl.*, 1872, p. 377), art. 15 ; convention consulaire avec les États-Unis d'Amérique, du 11 décembre 1871 (*R. G. Bl.*, 1872, p. 95), art. 56 ; traité de commerce et de navigation avec le Portugal, du 2 mars 1872 (*R. G. Bl.*, 1872, p. 254), art. 19 ; traité d'amitié, de commerce et de navigation avec la Perse, du 11 juin 1873 (*R. G. Bl.*, p. 351), art. 10 ; convention consulaire avec la Russie, du 8 décembre (26 novembre) 1874 (*R. G. Bl.*, 1875, p. 145), art. 14 ; convention commerciale avec la Roumanie, du 14 novembre 1877 (*R G. Bl.*, 1881, p. 199 et suiv.), art. 21 ; traité d'amitié, de commerce et de navigation du Zollverein et des états du littoral de l'Allemagne avec la Chine, du 2 septembre 1861 (*Pr. G. S.*, 1863, p. 265 et suiv.), art. 31. Tout ce qui concerne les échouements a été réglé, dans l'empire chinois, par une ordonnance du 26 mai 1876, qui assure aux navires étrangers et à leurs équipages la même protection qu'aux Chinois.

d'agir en cas de sauvetage ou de secours porté en danger de
mer, du jet, des objets emportés à la dérive sur la côte, ou coulés, ou flottants en mer, du droit de réquisition en cas de sauvetage, du droit sur les objets sauvés qui sont sans maître, de la
fixation des frais de secours et de sauvetage [1].

Nous n'avons pas à nous engager dans les détails de la matière qui ne rentre point dans le droit maritime international.

III. En même temps que l'on faisait disparaître l'ancien
système de vol organisé en matière de naufrage, des peines
sévères étaient portées contre ceux qui provoquaient des naufrages soit en éteignant les feux servant de signaux, soit en
en allumant dans une intention frauduleuse [2].

[1] Jusqu'au moment de la mise en vigueur de l'ordonnance du 17 mai 1874 sur
les échouements, les divers états riverains allemands, et même certains districts de la
Prusse, étaient régis par des lois différentes. La constitution de 1871 imposa à l'empire l'obligation de remplacer ces lois particulières par une législation unique, en
disposant, dans son article 4, n° 7, que l'organisation d'une protection commune
pour toute la marine allemande devait être établie par l'empire et devait demeurer
sous le contrôle impérial. Cette protection était réclamée vivement et depuis longtemps sur les côtes nationales. Il était d'autant plus urgent de la garantir, qu'il
se produisait souvent, à la suite des naufrages et des échouements, des abus dont
la réforme était impérieusement exigée dans l'intérêt du commerce maritime, local
et international, et dans l'intérêt des sociétés d'assurances. Cette situation fâcheuse s'expliquait par l'état arriéré de la législation et de l'administration dans
certains pays; elle résultait aussi de l'existence simultanée des lois qui, en plusieurs points, différaient profondément, et qui favorisaient des excès qu'une législation unique a rendus impossibles. (Voir l'exposé des motifs de l'ordonnance de 1874.)

[2] L'article 322 du code pénal allemand, dispose : Celui qui aura volontairement
détruit, enlevé ou mis hors de service un phare ou fanal destiné à la sécurité de
la navigation ou un autre signal établi dans le même but, ou qui aura éteint des
feux de cette espèce, ou aura négligé, contrairement aux devoirs de sa charge,
de placer un signal, ou qui aura placé un faux signal, pouvant compromettre la
sûreté de la navigation, et notamment celui qui aura, la nuit, allumé sur les som-
mets du littoral un feu de nature à rendre la navigation dangereuse, sera puni de
la reclusion pendant dix ans au plus. Lorsqu'un acte de cette espèce aura fait
échouer un navire ou un bateau, la peine de la reclusion sera de cinq ans au
moins, et s'il a occasionné la mort d'une personne, la peine sera la réclusion
pendant dix ans au moins ou à perpétuité. » Outre la peine de la réclusion, les
coupables pourront être renvoyés sous la surveillance de la police (art. 325), et
en cas de guerre, l'article 4 de la loi sur la mise en vigueur du code pénal remplace le code pénal.

Si l'acte a été commis par négligence ou imprudence, la peine sera l'emprison-

§ 24. — Du sauvetage et des secours fournis par les bâtiments de guerre.

I. La protection de la marine marchande nationale constitue en temps de paix une obligation essentielle des vaisseaux de guerre. Ils ont, en outre, le devoir de porter secours aux navires de toutes les nations en cas de danger de mer. Les *Queens Regulations* (§ 1954) définissent ainsi ce devoir : « All officers of Her Majesty's ships are to afford every possible aid to vessels in danger, distress, or in want of casual assistance and in saving life. » Le réglement autrichien (III, n° 1314) dit : « Les commandants de la marine impériale et royale ont le devoir de fournir, en cas de danger de mer, l'aide et l'assistance la plus complète possible aux navires et aux naufragés, sans aucune distinction de nationalité. » Ce devoir existe pour les navires de guerre de toutes les nations, quand bien même il ne leur a pas été imposé expressément. Il consiste à sauver la vie des hommes, à écarter un danger de mer qui menacerait un navire, à arracher un navire à un danger imminent, à fournir l'assistance nécessaire si les objets de première nécessité lui font défaut, tels que les provisions [1], l'eau, le combustible ; à protéger le navire

---

nement pendant un an au plus s'il n'en est résulté qu'un dommage, et l'emprisonnement d'un mois à trois ans s'il en est résulté la mort d'une personne (art. 326).

[1] Le § 38 du règlement sur la subsistance à bord des navires de la marine impériale, du 13 mai 1879, porte : Il peut être cédé en première ligne à des navires de commerce allemands, ensuite à des navires de guerre et de commerce des nations étrangères, quand ils se trouvent dans le besoin, autant de provisions qu'il est nécessaire. Quittance des articles cédés doit être réclamée des commandants ou patrons. — En livrant les objets aux navires de commerce allemands ou autres, il y a lieu d'exiger le payement d'après le tarif en vigueur (art. 37), avec augmentation de 20 p. 100 pour frais généraux. Si l'on ne pouvait payer en argent comptant, les commandants ou patrons ont à fournir, si les circonstances le permettent, des lettres de change en triple expédition sur les armateurs ou les propriétaires du navire, payables à vue dans les délais d'usage, au profit de l'amirauté impériale. Ces lettres de change et ces quittances doivent être envoyées

contre les pirates ; cependant, on se saurait admettre l'existence d'une obligation de sauver les marchandises, particulièrement lorsqu'il s'agit de navires de nationalité étrangère.

II. Il surgit ici la question de savoir si l'état auquel appartient le navire de guerre ou l'équipage de celui-ci peut, à la suite du secours prêté à un navire de commerce, réclamer une indemnité à titre de droit de sauvetage ou à tout autre titre. Il va de soi qu'il ne peut s'agir d'une réclamation semblable que dans le cas où se rencontrent les conditions exigées pour le droit de sauvetage, à savoir, qu'il y ait eu danger de mer ou bien catastrophe déjà accomplie et secours réel prêté pour le salut du navire avec ou sans le concours de l'équipage de celui-ci ; enfin que ce secours ait été efficace. Par contre, il est sans importance que le navire assistant ou son équipage ait lui-même couru des dangers, car cette circonstance n'entre en compte que pour fixer le montant du droit de sauvetage.

Les législations anglaise et américaine accordent en principe aux commandants et aux équipages des navires de guerre le droit de réclamer un droit de sauvetage, dans les conditions où il serait dû à d'autres sauveteurs ; dans la pratique, le montant de ce droit est fixé d'après les règles ordinaires.

Les §§ 1954 à 1960 des *Queens Regulations* règlent spécialement cet objet pour ce qui regarde la marine britannique, et se réfèrent aux dispositions correspondantes de la loi concernant la marine marchande. Les points suivants peuvent y être signalés : l'état n'élève aucune réclamation du chef de risques, pertes et dommages, que les navires de guerre ou leurs dépendances auraient essuyés dans de semblables circonstances ; dans les cas où le droit de sauvetage se détermine à l'amiable,

---

ensuite à l'amirauté qui en disposera. La même conduite doit être suivie à l'égard des navires de guerre étrangers. Dans le cas cependant où il n'y aurait pas lieu de réclamer le payement immédiat de la valeur et des 20 p. 100 d'augmentation, il faudrait renoncer à exiger des lettres de change et se borner à transmettre les quittances du commandant à l'amirauté impériale, qui en réclamera le payement par la voie diplomatique. — De même, Régl. autr. III, n° 1315 et n° 1316.

il ne peut dépasser la moitié de la valeur des objets sauvés, sauf à y ajouter une somme pour les dépens.

Si l'entente ne s'est pas établie, la réclamation sera portée, avec l'exposé des faits, devant l'autorité compétente la plus proche. Pour introduire l'action, il faut l'assentiment de l'amirauté ; il ne sera donné que si les services rendus sont notables, ou bien si les sauveteurs ont couru des dangers. Les prescriptions des réglements de prises sont applicables à la répartition de la somme payée, à moins que l'amirauté n'ait pris des dispositions particulières et qu'une partie seulement de l'équipage ait contribué au sauvetage. Si les biens sauvés appartiennent à la couronne, l'équipage du navire de guerre ne peut élever aucune réclamation.

Des règles semblables à celles qui sont en vigueur pour la marine anglaise ont été édictées pour la marine des États-Unis d'Amérique. Il est à remarquer qu'elles autorisent le président à faire opérer, pendant la mauvaise saison, des croisières, afin de porter assistance aux navires qui seraient en danger sur les côtes du pays ; pendant la durée de ce service, les croiseurs ne peuvent élever aucune prétention à toucher des droits de sauvetage.

Les règlements de la marine allemande gardent le silence sur ce point. Mais la question a été tranchée, en ce qui concerne les bâtiments de la marine prussienne, par une décision du ministre du commerce, de l'industrie et des travaux publics. Cette décision ministérielle du 20 mai 1881 (*Min. Blatt für die innere Verwaltung*, p. 133, 134), contient entre autres les dispositions suivantes : « Si l'état opère le sauvetage d'un navire ou d'une cargaison par l'intermédiaire de l'équipage d'un navire lui appartenant, il acquiert par là droit à une indemnité de sauvetage (art. 742 du code de commerce ; art. 36 et suiv ; 21 et suiv. de l'ordonnance sur les échouements du 17 mai 1874). Les officiers et les gens de l'équipage des navires sauveteurs ne peuvent réclamer aucune participation à ces indemnités, parce que l'article 751 du code de commerce ne s'applique pas au cas dont il s'agit, et que, d'après les principes généraux, aucun employé de l'état n'acquiert, par l'exercice de ses fonctions, droit à une indemnité spéciale quelconque. D'autre part, pour stimuler le zèle des officiers et gens de l'équipage de ces bâtiments, et pour reconnaître et récompenser leur courage et leur dévouement, il paraît opportun de leur distribuer des primes non trop minimes mais proportionnées aux difficultés du sauvetage. — Il ne faut user de la faculté de réclamer un droit de sauvetage (art. 36, loc. cit.) des navires allemands, que jusqu'à concurrence du remboursement au trésor public des frais occasionnés par le sauvetage et de l'allocation de primes convenables à l'équipage du navire sauveteur.

« A l'égard des bâtiments étrangers, on doit faire valoir le droit de sauvetage dans toute son étendue, à moins qu'il ne soit prouvé que l'état étranger dont il s'agit traite plus favorablement les navires allemands. Les sommes qui resteraient de ce chef, après le remboursement des frais et le paiement des primes allouées, ne devront pas être versées au trésor; on les réservera pour la distribution de primes dans les cas où l'on aurait sauvé des hommes mais peu ou point de marchandises, et où manqueraient par conséquent les moyens d'accorder des récompenses méritées. »

Les navires de guerre, à la différence des autres bâtiments de l'état, doivent la protection aux navires marchands qui sont en danger; c'est même une de leurs tâches principales. En fait, jamais un droit de sauvetage n'a été réclamé par le gouvernement allemand du chef de services de ce genre rendus par des navires de la marine impériale à des bâtiments allemands ou étrangers, et cette pratique est, à notre avis, en harmonie avec le rôle qui appartient aux navires de guerre, représentant de la puissance publique aussi bien dans leur patrie qu'au dehors. Mais s'il renonce aux droits qu'il pourrait revendiquer de ce chef, le gouvernement ne doit pas s'abstenir, à moins que d'autres raisons spéciales ne l'exigent, de réclamer le remboursement des dépenses que le secours ou le sauvetage a directement occasionnées.

L'équipage d'un navire de guerre ne peut élever une récla-

mation tendant à une récompense, parce que les actes de cette
espèce rentrent dans le service qui leur est imposé.

SECTION SEPTIÈME

DU CÉRÉMONIAL DE LA MER

§ 25. — Notions fondamentales.

I. Aussi longtemps que le principe de la liberté des mers
n'a pas été universellement reconnu, et particulièrement au
xviie siècle, lorsqu'on voyait surgir les prétentions les plus
arbitraires et parfois les plus absurdes à la souveraineté de
certaines parties de la mer (voir § 4), la théorie du cérémonial
constituait un chapitre très important du droit maritime. Il
ne s'agissait nullement alors des témoignages d'une politesse
conventionnelle, que toutes les nations ont également le droit
d'exiger, comme elles ont toutes le devoir de les rendre ; mais
bien des marques extérieures de la suprématie à laquelle certains états prétendaient, et dont ils réclamaient toujours la
reconnaissance formelle, même en usant de la coërcition. Ce
fut d'abord le salut des navires de guerre entre eux qui provoqua de nombreuses querelles et de fréquents recours à la force,
et fournit même des prétextes de guerre. C'est pourquoi Bynkershoek [1] commence le chapitre relatif à la matière par ces
mots caractéristiques : « Ut belli occasio evitetur, tractandum
quoque, quando et quorum navibus præstanda sit reve-
rentia [2]. »

II. L'Angleterre et la France se sont distinguées par les pré-

---

[1] *Quaest. Jur. publ.*, I, 2, cap. XXI.
[2] Pour les détails sur les temps qui ont précédé le milieu du xviie siècle, voir
Cleirac, *Us et coutumes de la mer* (Appendice.)

tentions qu'elles élevèrent, soit l'une à l'égard de l'autre, soit vis-à-vis des autres nations.

Sous le règne de Jacques Ier, l'Angleterre exigea que tous les navires étrangers saluassent sans réciprocité ses navires de guerre en amenant les voiles et le pavillon, lorsqu'ils se trouvaient dans les mers britanniques, sur lesquelles le roi revendiquait une souveraineté exclusive. Les grandes puissances maritimes, comme la France et l'Espagne, ne se soumirent pas. Louis XIV ordonna aux navires de guerre français de se conduire à l'égard des Anglais de manière à ne leur concéder aucune prééminence en ce qui regardait le salut, et Philippe IV défendit formellement d'abaisser le pavillon royal.

Plus tard, Charles II ayant prescrit de nouveau l'exécution des ordres de Jacques Ier à l'égard de tous les navires étrangers, de longues négociations se poursuivirent entre l'Angleterre et la France, et, devant l'attitude très énergique de Louis XIV, les amiraux anglais furent invités à éviter soigneusement toute rencontre avec les vaisseaux de guerre français ; si la rencontre était inévitable, on devait saluer simultanément ou s'abstenir de rien faire. De nouveaux conflits ne manquèrent pas de surgir, lorsque les instructions adressées aux navires de guerre anglais, en 1687, leur eurent imposé la conduite suivante (art. 31) : « Si vous rencontrez un navire appartenant à un état étranger dans les mers royales (il faut remarquer que les mers royales s'étendaient jusqu'au cap Finisterre), vous aurez, en passant devant lui, à attendre qu'il amène la voile de hunier et abaisse son pavillon pour montrer ainsi qu'il reconnaît la souveraineté du roi dans ces mers ; s'il s'y refuse ou s'il résiste, vous aurez à faire tous les efforts possibles pour l'y obliger, et pour ne pas souffrir que l'on insulte Sa Majesté en aucune manière. »

Pour répondre à cette provocation, Louis XIV, dans une Instruction générale rendue le 15 avril 1689, ordonna qu'en cas de rencontre avec un navire étranger, quelle que fût la mer ou la côte où elle aurait lieu, on devait réclamer le premier salut, et l'exiger par la force, si cela était nécessaire.

La Hollande s'étant refusée à prescrire à ses commandants d'amener le pavillon devant les navires anglais, il en résulta pendant l'année 1652, en pleine paix, un combat naval, qui eut une guerre pour conséquence. Les traités de paix de 1654 et de 1674 stipulèrent que les navires de guerre et les corsaires hollandais auraient à l'avenir, en rencontrant les navires de guerre anglais dans les mers britanniques, à amener les hautes voiles et le pavillon; le cap Finisterre et le cap Staten en Norwége étaient assignés pour limites aux mers britanniques.

Au xviiie siècle, l'usage d'amener le pavillon tomba peu à peu; on le considéra comme une véritable humiliation. Néanmoins, en 1744, peu de jours avant la déclaration de guerre de la France à l'Angleterre, le commandant des forces navales françaises croisant dans la Manche, obligea tous les navires de guerre anglais qu'il rencontrait à amener le pavillon. La stipulation des traités de 1654 et de 1674, indiquée ci-dessus, fut de nouveau insérée dans le traité de 1784, entre l'Angleterre et la Hollande. Pour éviter les conflits qui avaient surgi fréquemment à propos de la priorité du salut d'après le rang de l'officier qui commandait, plusieurs états s'entendirent sur le salut qui devait être rendu en pleine mer et dans les rades; des conventions le supprimèrent même entièrement dans certaines circonstances.

III. L'égalité parfaite entre tous les états souverains constitue aujourd'hui la base des règles observées en cette matière. Les marques d'honneur n'ont plus qu'une signification de courtoisie [1].

§ 26. — Des différentes espèces d'honneurs maritimes.

I. Un grand nombre de marques d'honneur usitées anciennement ont disparu, particulièrement lorsqu'elles constituent une humiliation pour celui qui les rend, comme l'abaissement

---

[1] Twiss, I, § 104, dit : « The ceremonial of the salute is no longer connected with the idea of the supremacy of one nation over another. »

du pavillon [1], ou lorsqu'elles ne comportent pas de réciprocité, comme de prendre le dessous du vent [2].

Les marques d'honneur usitées aujourd'hui dans les rapports internationaux se divisent en deux catégories :

A. — Le salut.

1. Hisser le pavillon étranger.

2. Abaisser et relever le pavillon [3].

3. Amener les voiles, notamment les voiles hautes [4].

4. Tirer une salve de vingt et un coups de canon au plus [5], selon le salut qu'il faut donner, en hissant le pavillon étranger au grand mât ou au mât d'avant, en garnissant d'hommes les

---

[1] Neumann (§ 21), cite erronément, parmi les saluts encore en usage, celui qui consiste à amener le pavillon. Dans un combat naval on amène le pavillon pour indiquer l'intention de rendre le navire à l'ennemi; on hisse alors sur le navire capturé son propre pavillon au-dessous de celui du vainqueur.

[2] Clairac dit à la page 75 de l'*Annexe :* « Prendre le dessous du vent est la plus grande soumission qui se puisse faire sur mer. »

[3] *Règlement sur les pavillons et saluts*, du 21 mai 1878, § 49 : « Les bâtiments de la marine impériale ne peuvent, dans quelque circonstance que ce soit, saluer des navires de guerre ou des forteresses, etc., en abaissant et élevant le pavillon que si les navires étrangers le font les premiers, ou bien si le salut se fait simultanément après entente; mais un salut de cette espèce doit être en toute circonstance, immédiatement rendu comme il est donné.

« Le salut des navires de commerce qui consiste à abaisser trois fois le pavillon ou à passer avec le pavillon à moitié abaissé, doit être rendu en abaissant et relevant une fois le pavillon; est seul excepté le cas prévu à l'article 26 ». En présence de l'étendard de l'empereur, on ne salue aucun autre pavillon.

[4] A notre connaissance, ce salut n'est plus d'usage dans les rapports internationaux; encore moins celui qui consiste, en signe de respect, à amener les vergues. — Le règlement autrichien (III, n° 1102 d) prescrit cependant : « Les navires sous voile ont, pour faire le salut, à carguer les voiles basses, et si possible à les mettre en panne, et si les voiles de perroquet sont dehors, à amener les drisses; les navires sous vapeur doivent, selon les circonstances, ralentir leur marche ou l'arrêter. Mais on n'amène les drisses qu'en présence des marques distinctives de grades et de commandements de la marine impériale et royale; en présence des navires de guerre et des pavillons étrangers, ceci ne peut se faire que par réciprocité, c'est-à-dire dans le cas où le navire étranger a donné le premier cette marque d'honneur.

[5] Ce chiffre est le maximum du salut international. Les navires de guerre allemands tirent pour l'empereur une salve de trente-trois coups, autant pour l'impératrice.

vergues et les haubans, en poussant le cris de *Hourrah*, en faisant rendre les honneurs militaires par les soldats de marine (présenter les armes et battre aux champs), etc.

5. Rendre les honneurs militaires en cas de rencontre des canots.

B. — Autres marques d'honneurs.

1. Visites réciproques.

2. Réception solennelle à bord des navires de guerre selon le rang de l'étranger qui fait la visite.

3. Participation à des fêtes nationales dans les ports étrangers.

§ 27. — Règles essentielles en ce qui concerne les honneurs à rendre.

I. Dans les rapports internationaux, les saluts se composent d'un salut et d'un contre salut. Les salves d'artillerie doivent se rendre coup par coup, qu'elles s'échangent avec d'autres navires de guerre, ou bien avec des batteries de côte.

Il n'y a pas de contre salut :

1º S'il s'agit d'un salut destiné à des souverains étrangers, à des membres de leur famille, à des présidents de république, à des diplomates, à des officiers de haut rang, etc.; il arrive toutefois qu'on le rende dans de semblables circonstances.

2º Si les salves sont tirées à l'occasion des fêtes nationales [1].

3º D'un navire de guerre à un corsaire.

II. Voici les règles et usages en vigueur en ce qui concerne la priorité des saluts :

1. Un navire isolé salue le premier une escadre étrangère; il en est de même pour plusieurs navires qui rallient une es-

---

[1] Voir plus de détails dans le Règlement sur les saluts et pavillons, § 45 à 49; le règlement autrichien, III, nᵒˢ 1100, 1141 à 1146, contient des dispositions très complètes sur les saluts à rendre aux places étrangères, aux pavillons et aux personnages de haut rang.

cadre étrangère ; la flotte auxiliaire salue d'abord la flotte de
la puissance dirigeante.

2. En cas de rencontre de navires isolés ou d'escadres, c'est
la supériorité du grade, entre commandants, qui décide ; en
cas d'égalité de grade, le navire qui se trouve sous le vent doit
saluer le premier.

3. Les navires de commerce saluent les premiers les navires
de guerre. La salve tirée par un navire de commerce ne doit
être rendue que si elle compte au moins cinq coups de canon ;
à cinq coups on répond par trois, à plus de cinq coups par
cinq ; si plusieurs navires de commerce saluent, on leur rend
sept coups[1]. Si un navire de commerce hissse son pavillon devant un navire de guerre, ce dernier doit montrer également le
sien, quand il n'y a pas de raison spéciale pour agir autrement[2].

4. Dans ses eaux territoriales, tout état peut revendiquer la
priorité du salut pour son pavillon.

III. On ne peut plus prétendre que dans les relations maritimes actuelles, les navires de commerce aient l'obligation de
saluer d'une manière quelconque les navires de guerre en
pleine mer. C'est une formalité inutile et onéreuse, dit
Martens[3]. Mais le salut du pavillon est encore très usité comme
acte de courtoisie[4].

IV. Le salut est généralement en usage lorsqu'on entre dans
un port étranger, qu'on jette l'ancre sur une rade étrangère,

[1] *Ibid.* § 41 ; le règlement autrichien, n° 1101, contient la même règle.
[2] *Instructions allemandes pour les commandants*, Annexe I, § 99.
[3] De Martens, *Précis*, I, § 162.
[4] Phillimore (II, § 304) reconnaît en principe qu'en pleine mer il dépend de la
courtoisie ou de l'entente préalable que des honneurs soient rendus. Il ajoute cependant, en se référant à Klüber et à Martens : « According to usage however,
« merchant vessels are obliged to salute a vessel of war generally by cannon
« shot, and also by lowering flag and sails ; the salute by sails is the most
« usual. » Cette pratique ne peut cependant être considérée comme faisant partie
du droit international de manière à constituer un devoir. Il semble toutefois que
les navires de commerce britanniques aient encore l'obligation de saluer les navire de guerre de leur nation qu'ils rencontrent, en amenant les hautes voiles.
(*Ibid.*, § 307.)

qu'on passe sous les forts et batteries d'une côte étrangère ; mais seulement si l'on est certain que le salut sera rendu[1].

V. Pour le reste, il ne peut être interdit à aucun état de régler à sa convenance le cérémonial dans l'étendue de ses eaux territoriales, et de poursuivre dans ce domaine, même par la force et vis-à-vis des navires de toutes les nations, l'exécution des mesures qu'il a jugé bon d'arrêter.

De semblables mesures ont été prises particulièrement pour les eaux territoriales qui baignent les ouvrages fortifiés du littoral[2].

VI. Partout ailleurs, c'est-à-dire en pleine mer, aucune contrainte ne peut être employée, si un salut est omis ou n'est pas rendu, parce que le salut est affaire d'étiquette, et qu'on ne peut lui attribuer plus d'importance que n'en ont les choses de cette espèce. Il n'en résulte pas cependant que, dans certaines circonstances, le fait d'omettre ou de ne pas rendre les saluts usités ne puisse pas être considéré comme une offense envers l'état étranger. Si la situation ne permet pas d'ignorer cette omission, ou s'il n'est pas possible de la faire réparer sur les lieux et au moment même, c'est à la voie diplomatique qu'on doit recourir pour réclamer les explications ou satisfactions auxquelles on aurait droit.

VII. Dans les eaux territoriales étrangères, les navires de guerre doivent éviter tout ce qui pourrait être interprété comme blessant pour la nation souveraine, et si une erreur a été

---

[1] Règlement autrichien, II, n° 1141. Relativement aux navires de commerce, voir aussi la remarque au § 9, IX, ci-dessus.

[2] Par exemple, dans les prescriptions autrichiennes sur l'admission et le traitement des navires de guerre des nations amies sur les côtes autrichiennes, en date du 20 mai 1866, il est dit à l'art. 9 : « Si un navire de guerre étranger arrivé à portée de canon (des fortifications du port), ne hisse pas son pavillon, l'ouvrage le plus rapproché doit tirer comme avertissement, un coup à blanc, et après deux minutes, un coup à boulet devant la proue du navire, et si après trois minutes on n'y répond pas, il faut tirer à boulet sur le navire lui-même. » — Voir aussi Phillimore, II, p. 303. — Les feux des forts anglais et espagnols, au passage des navires de commerce dans le détroit de Gibraltar, ont été supprimés par déclaration des deux gouvernements en date du 2 mars 1865 (*A. M. B.*, n° 114).

commise dans ce sens, ils doivent la réparer. C'est ce qui arriverait, par exemple, si le commandant laissait célébrer à bord
une fête qui rappellerait une victoire remportée précédemment
sur la nation dans les eaux de laquelle il se trouverait. L'ordonnance des pavillons dans le pavoisement des navires a parfois
donné lieu à des dissidences désagréables, de sorte que l'on a
jugé utile de donner des instructions même sur ce point. Ainsi
regarde-t-on généralement comme inconvenant de placer un
drapeau national sous le beaupré. Dans la marine française, on
cherche à éviter les difficultés en n'employant, en dehors du
pavillon national, que des pavillons à signaux [1].

VIII. Il arrive assez fréquemment que l'on manque de prescriptions positives en ce qui concerne le cérémonial ; dans des
cas pareils, c'est au tact et au sentiment des convenances de
celui qui commande qu'il faut s'en rapporter.

---

[1] Un ordre du commandant supérieur de la marine allemande, du 15 janvier 1868 (*A. M. B.*, n° 146), dit : « Je défends, par la présente, lorsqu'on pa-
voise les navires et bâtiments de S. M., de placer les pavillons de signaux qui sont
semblables à des pavillons nationaux ou qui peuvent être pris pour tels, de manière à ce que leurs combinaisons avec d'autres pavillons paraissent intention-
nelles. — On doit renoncer à l'usage qui s'est introduit de hisser à la poupe ou
sous le bâton de foc un pavillon avec le nom du navire dans la liste de la marine. » Le règlement autrichien, III, n° 1005 dit : « Tout ce qui peut blesser le légi-
« time amour-propre d'une nation étrangère avec laquelle on est en rapport,
« doit être rigoureusement évité ; les mœurs et usages, la religion, les institutions
« doivent être partout respectés. »

HUITIÈME SECTION

DU CONCOURS QUE PRÊTENT LES FORCES NAVALES

EN CAS DE CONFLIT INTERNATIONAL AUTRE
QUE LA GUERRE

§ 28. — Introduction.

A. — Des interventions.

I. Toute nation indépendante est en droit de régler son régime intérieur sans avoir de compte à rendre à aucune puissance étrangère. On ne saurait donc admettre l'immixtion d'un état dans les affaires intérieures d'un autre état souverain. Le principe de non intervention constitue la règle; il souffre cependant une exception lorsqu'un état se voit obligé de maintenir son intégrité ou sa dignité ou de protéger ses sujets contre une puissance étrangère. Il est d'autant plus difficile de tracer les limites de ce droit légitime d'intervention que la politique et le droit agissent concurremment sur ce terrain, et que les considérations politiques l'emportent d'ordinaire sur toutes autres. Le « droit du plus fort » pèse surtout dans la balance; un coup d'œil rétrospectif sur l'histoire des interventions nous montre que l'adage : *la force prime le droit*, reçoit ici une application plus fréquente que partout ailleurs. Il est vrai que l'on a toujours réussi à justifier les interventions accomplies, ou bien à les combattre, en empruntant au droit des gens des considérations propres à déguiser les raisons d'agir qui sont tirées uniquement de la politique ou de la diplomatie[1]. Une étude appro-

---

[1] Gessner caractérise justement le droit d'intervention « comme un terrain où nous manquent cartes et points de repère pour établir des principes juridiques nets et solides », et il ajoute que c'est la politique seule qui décide, comme nous le montre d'ailleurs l'histoire. (*Puissances belligérantes et puissances neutres*, p. 105.)

fondie de cette partie de la science est d'autant moins indiquée
pour atteindre notre but, que les forces navales qui ont à concourir à des interventions, se bornent dans la règle à jouer le
rôle d'agents d'exécution.

II. Les cas principaux où l'on agit sur mer sont ceux où il y
a lieu de faire valoir un droit qui appartient aux intervenants;
d'exiger une satisfaction pour un droit violé; de prendre des
mesures préventives contre une atteinte éventuelle à la sécurité ou à l'intégrité de l'état; d'assurer la paix des relations
maritimes en général; de protéger les sujets de l'état et leurs
intérêts qui seraient gravement atteints au dehors et auxquels
l'état étranger refuserait ou ne serait pas en mesure de donner
réparation.

III. Les interventions ne supposent pas toujours l'emploi
de la contrainte. Tout au contraire, elles se présentent habituellement d'abord sous une forme aussi réservée que possible,
comme conseils, représentations, etc., laissant à peine entre-
voir le dessein d'user de la force; on annonce d'ordinaire l'intention d'y recourir seulement lorsque l'action pacifique est
demeurée sans résultats.

B. — Des représailles.

IV. Les représailles consistent dans le fait de se rendre justice à soi-même. C'est la réaction contre un acte injuste. Après
avoir essayé en vain d'aplanir le conflit par voie amiable, on
use de mesures de contrainte appropriées à la circonstance, et
qui peuvent être positives ou négatives.

En droit des gens, les représailles sont fondées chaque fois
qu'il y a évidente violation du droit. On exige les conditions
suivantes :

1. Un droit précis et clair ;
2. Une violation de ce droit;
3. Une demande de redressement ou de satisfaction;
4. Un refus d'accueillir cette demande.

Les représailles se terminent lorsque le redressement du

grief ou la satisfaction est accordée, ou bien s'il intervient une autre entente amiable, ou si la guerre est déclarée.

V. Il y a controverse sur le point de savoir si les représailles peuvent s'exercer légitimement sur des particuliers et des choses qui sont propriété privée. Plusieurs tiennent la confiscation de la propriété privée, par exemple de navires de commerce, qui s'est présentée si souvent (voir § 30), comme absolument inadmissible, parce que les particuliers ne peuvent être rendus responsables de l'injustice commise ou approuvée par le gouvernement de leur pays. Les adversaires de cette opinion se fondent sur ce que les intérêts de l'état et ceux des particuliers sont solidaires; chacun des sujets doit donc supporter une fraction de l'injustice commise par l'état; on ajoute que ce sera ensuite affaire de l'état de dédommager ceux de ses sujets qui ont été victimes de semblables représailles[1].

§ 29. — De l'intervention des navires de guerre.

Lorsque l'intervention s'accomplit au moyen ou avec le concours des navires de guerre, on doit tenir compte des considérations suivantes :

1o Un navire de guerre représente à l'étranger la force armée du pays, mais non le pouvoir souverain comme tel; celui-ci est, en temps de paix, représenté par ses agents diplomatiques.

2o Il en résulte qu'une intervention de la part des navires de guerre ne peut être justifiée que :

a) si elle a été ordonnée soit directement, soit pour certaines circonstances, par l'autorité compétente;

b) dans le cas de réquisition des agents politiques compétents;

c) ensuite, — cela résulte de la nature des choses, — s'il faut sauvegarder l'honneur du pavillon;

[1] Voir Ortolan, I, p. 350.

d) dans les cas urgents et sous la responsabilité personnelle du commandant, s'il s'agit de porter immédiatement des secours à des sujets du pays, qui seraient gravement menacés à l'étranger.

Des cas de cette espèce se présentent surtout dans les places et ports où l'autorité publique n'est pas organisée sur le modèle des états européens.

Mais il est indispensable qu'un examen attentif des faits, fût-il même sommaire, précède l'action. Il faut aussi, autant que possible, s'entendre avec les représentants diplomatiques, lorsqu'il en existe dans le pays. Les demandes de protection adressées à un navire de guerre par des particuliers et sur leurs seules allégations, doivent être accueillies avec une circonspection extrême. Il arrive fréquemment que les particuliers ne se bornent pas à exagérer singulièrement les faits, mais qu'ils se plaignent d'être atteints ou menacés dans leurs droits, tandis que leurs intérêts seuls sont en cause et qu'ils subissent les conséquences de leur propre conduite ou de la résidence en pays étranger, qu'il ont choisie librement. « Quicon-
« que s'établit dans un autre pays que le sien, accepte volontai-
« rement d'avance la chance de tous les périls auxquels ce pays
« peut être exposé, et, comme il participe aux avantages des
« indigènes, il doit se résigner également à participer à leurs
« calamités. La guerre extérieure ou civile entre bien évi-
« demment dans la catégorie de ces chances, dont les effets
« déplorables sans doute, mais souvent indépendants de la
« volonté des hommes, frappent le coupable et l'innocent » [1].

On ne doit pas davantage se décider à intervenir avec la force armée, sur la simple invitation des consuls, à moins qu'ils n'aient qualité diplomatique, comme cela arrive quelquefois pour les consuls généraux appartenant à la carrière

---

[1] Note du chancelier impérial russe à l'ambassadeur russe à Londres, du 21 avril 1850, concernant l'envoi d'une escadre britannique à Naples et à Livourne pour soutenir les réclamations de sujets britanniques qui, à l'occasion de la répression de troubles, avaient subi des pertes ; la Toscane avait demandé la médiation de la Russie. (Voir de Cussy, II, p. 509 et suiv.)

consulaire, ou bien à moins qu'il ne s'agisse de cas de protection urgente, dont nous avons parlé plus haut. Le consul, en
effet, ne représente pas, au point de vue politique, l'état qui l'a
nommé; le plus souvent, il n'est point en situation de prévoir
dans toute leur étendue les conséquences et les complications
immédiates qui résultent de ces immixtions violentes. C'est,
du reste, au pouvoir souverain ou à ses agents diplomatiques,
dans la mesure de leurs instructions, qu'il appartient de décider s'il y a lieu de s'immiscer dans les affaires des pays étrangers.

3º Mais il sera souvent tout aussi difficile de fixer la nature
et les limites de l'action, que de décider s'il y a lieu ou non
d'intervenir. Toutes les difficultés tombent naturellement, si
le commandant agit d'après des instructions déterminées. Le
principe suivant pourrait, dans les autres cas, servir de règle :
Lorsque l'action s'opère sur la réquisition d'un agent politique, elle se fixe d'après les directions qu'il donnera et dans
les limites qu'il indiquera ; mais les mesures militaires seront
prises par le commandant et sous sa responsabilité ; il se guidera d'après les règles qu'on peut formuler ainsi :

a) Tandis que la responsabilité incombe au représentant diplomatique en ce qui regarde l'opportunité politique de l'intervention, le commandant seul doit juger si les mesures militaires et maritimes sont exécutables, et c'est en se plaçant à ce
point de vue qu'il aura à répondre, aussi complètement que
possible, à la réquisition de l'agent.

b) L'honneur du pavillon doit être sauvegardé en tout état
de cause ; c'est pourquoi une entreprise commencée doit être
menée à bout en y appliquant toutes les forces disponibles. Si
l'on se retire sans avoir atteint le but, on fait grand tort à son
pavillon et à la dignité nationale.

c) La force ne doit être employée que dans les cas extrêmes,
et on ne doit en user que dans la mesure indispensable à l'accomplissement du but qu'on poursuit. La force, comme nous
l'avons dit plus haut, est le dernier moyen d'intervention ; on
ne peut s'en servir qu'après avoir épuisé tous les autres, et

particulièrement si le gouvernement étranger refuse obstiné-
ment la réparation réclamée, ou s'il est impuissant à l'accorder. Dans le moment même, les actes de violence produisent ordinairement leur effet, mais tout autre chose est
d'obtenir des effets durables.

L'expérience a prouvé que souvent la simple apparition d'un
navire de guerre et une attitude décidée du commandant, qui
ne laisse aucun doute sur ses résolutions, suffisent pour apporter à la situation le remède désiré [1].

[1] Parmi les cas très nombreux d'intervention accomplie au moyen de navires
de guerre, nous en citerons un, particulièrement intéressant à cause des diverses
questions de droit des gens qui le compliquèrent : Après la répression de l'insurrection hongroise, en 1849, l'un des agents de Kossuth, nommé Martin Koszta, se
réfugia en Turquie avec beaucoup d'autres individus ayant participé au soulèvement. La Porte repoussa la demande d'extradition faite par l'Autriche et interna
d'abord ces individus ; puis, contre la promesse de ne plus reparaître en Turquie,
les autorisa à s'embarquer pour les États-Unis d'Amérique. Cependant Koszta re-
parut en juin 1853 à Smyrne. Le consul général d'Autriche réclama auprès du
gouverneur turc son expulsion, et après que cette demande eût été accordée, il fit
arrêter Koszta, le 22 juin, en vertu de son pouvoir de juridiction et le fit transporter à bord du brick de guerre autrichien le Hussar, qui se trouvait précisément à l'ancre dans le port. A la suite de ces mesures, les réfugiés italiens qui se
trouvaient à Smyrne, tramèrent contre le brick et le consulat autrichien un com-
plot, lequel avorta. Le gouverneur en référa à Constantinople. Le 23 juin, vers
midi, la frégate américaine le Saint-Louis apparut inopinément dans le port. Le
commandant Ingraham envoya aussitôt un officier à bord du Hussar pour s'informer si un sieur Martin Koszta, citoyen des États-Unis, y était retenu prisonnier.
Le capitaine Schwartz était absent. L'officier de garde invita l'officier américain à
revenir quand le capitaine serait à bord. Peu de temps après, le consul américain et le capitaine Ingraham se rendirent au consulat général autrichien et ré-
clamèrent Koszta. Le consul général refusa de le livrer, attendu que le prisonnier était Hongrois, par conséquent sujet de l'Autriche et qu'il ne pouvait être
citoyen des États-Unis, puisqu'il y avait un an à peine qu'il y séjournait. Le
commandant Ingraham devenant impérieux et pressant, le consul général refusa
un entretien direct avec lui sur cet objet, parce qu'en matière politique, il n'avait
à traiter qu'avec le consul des États-Unis. Là-dessus, on accorda au capitaine
Ingraham une entrevue avec Koszta à bord du brick. Dans cet entretien, à la
question qui lui fit M. Ingraham, s'il était citoyen des États-Unis, Koszta répondit : Non, je suis Hongrois. — S'il avait un passeport américain? — Non. —
Combien de temps il avait été en Amérique? — Un an. — Pourquoi il en était
parti? — Pour s'établir à Smyrne. — S'il avait déclaré en Amérique vouloir y
être naturalisé? — Oui, mais je n'ai pu m'y plaire, et c'est pourquoi j'en suis
parti. Le capitaine Ingraham déclara là-dessus au consul des États-Unis en pré-

II. Les règles générales à suivre pour les cas d'action politique et militaire des commandants des navires de guerre alle-

sence du consul général autrichien et du capitaine Schwartz : Cet homme n'est
pas citoyen des États-Unis. — Puis il quitta le bord. — Un attentat projeté par
les réfugiés sur la corvette américaine demeura sans résultat, mais des officiers
autrichiens furent assaillis dans un café, et l'un d'eux, frappé d'un coup de poi-
gnard, se noya en voulant regagner son navire à la nage.

Les ministres des États-Unis et d'Autriche auprès de la Sublime-Porte ayant
été informés des événements, le gouvernement turc envoya à Smyrne un commissaire extraordinaire à l'effet de procéder à une enquête.

Le 18 juin, à dix heures du soir, le commandant Schwartz reçut une lettre de
M. Ingraham dans laquelle celui-ci lui signifiait qu'il ne souffrirait pas que Koszta
fut emmené par le vapeur qui partait le lendemain. Pendant la nuit, la corvette
se rapprocha du brick et chargea ses canons à boulet. Le jour suivant, le consul
américain réclama de nouveau Koszta auprès du consul général autrichien, en
faisant remarquer la position que la corvette avait prise. Le consul général repoussa énergiquement cette exigence ; le consul américain demanda ensuite que
le départ de Koszta fut au moins ajourné, puisque l'affaire se traitait à Constantinople. Le consul général d'Autriche répondit qu'il attendait également des
ordres. M. Ingraham retira alors ses canons, mais il garda la position qu'il avait
prise près du brick.

Le 2 juillet, le commandant Schwartz reçut de M. Ingraham la sommation par
écrit de lui livrer Koszta avant les quatre heures de l'après-midi, sans quoi il
s'emparerait de lui par force. M. Schwartz répondit, comme la première fois, que
pour ce qui concernait le prisonnier, il était aux ordres du consul général, que
du reste, il repousserait la force par la force par tous les moyens en son pouvoir.
Les deux navires se préparèrent ensuite au combat, au milieu du port, entourés de
nombreux navires marchands et à une distance de cent pas de la ville.

Le consul prussien protesta auprès du gouverneur dans l'intérêt de ses nationaux et demanda qu'un bâtiment de guerre turc, qui se trouvait dans le port, fut
placé entre la corvette et le brick, et que les batteries de la côte reçussent l'ordre
de faire feu sur le premier des deux bâtiments, qui en attaquant l'autre, viole-
rait le droit des gens. Le gouverneur turc se borna à protester verbalement, par
son drogman, auprès du consul américain. Ce dernier n'en tint aucun compte, et
il réclama une troisième fois le prisonnier, en annonçant au consul général autrichien que cette fois un refus serait inutile, attendu que le commandant Ingraham
avait reçu du chargé d'affaires des États-Unis à Constantinople l'ordre de couler à
fond le brick autrichien, si le prisonnier n'était pas livré. Le consul lui répondit
sans détour, que ceci était un tour de flibustier, et qu'il fallait que le chargé d'affaires à Constantinople fût tombé en démence pour ordonner une chose si lâche, si
vile, et foulant aux pieds le droit des gens, tandis que l'Autriche était en paix avec
les États-Unis. Il ajouta que le brick accepterait le combat. Le consul américain,
reculant alors, demanda la remise de Koszta aux autorités turques jusqu'à ce que
les deux gouvernements ou leurs légations eussent décidé sur la suite de l'affaire.
Le consul général repoussa également cette proposition, mais il offrit de remettre

mands, sont contenues dans les articles 10, 12, 13, 14, 16, des *Instructions pour les commandants*, reproduits à l'annexe G [1].

§ 30. — Des représailles qui s'appliquent aux relations maritimes.

A. — Confiscation des navires de commerce.

I. La confiscation des navires de commerce était anciennement une sorte de représailles fort en usage parmi les nations européennes ; on la stipulait même souvent dans des conventions pour les cas de déni de justice. Pour l'exécuter, il suffisait de donner à des corsaires une autorisation qui s'appelait *lettres de représailles*. Originairement, les particuliers lésés dans leurs droits usaient de semblables représailles, de leur propre autorité et sans demander la permission au gouvernement ; cette pratique tomba lorsque les guerres privées et l'usage de se faire justice à soi-même eurent disparu devant les progrès de la civilisation. On exigea d'abord l'autorisation du pouvoir local ou provincial, puis celle de l'état. L'ordonnance de la marine de 1681 traite ce sujet pour la France, sous ce titre : *Lettres de marque et de représailles* (Livre III, tit. x) [2]. Avant de concéder l'autorisation, on exigeait une enquête et une tentative d'entente par la voie diplomatique, dans la mesure que permettaient les traités existants. Encore à la fin du XVIIIe siècle, des traités admirent la délivrance de lettres de représailles pour le cas de déni de justice évident, par exemple le traité de commerce entre la France et l'Angle-

le prisonnier entre les mains d'un tiers désintéressé. On finit par s'entendre, et le prisonnier fut remis en dépôt entre les mains du consul général de France. Plus tard, on le relâcha. Le gouvernement autrichien exposa dans un mémorandum adressé aux puissances la conduite contraire au droit des gens du représentant des États-Unis. (De Cussy, II, p. 98 à 112.)

[1] Les paragraphes 417 et suiv. des *Queens Reg.*, contiennent les règles à cet égard. Voir aussi le *Régl. autrichien*, III, n° 57.

[2] Valin, II, p. 414 à 426. — Steck, p. 32 et suiv.

terre, du 26 septembre 1786. La délivrance des lettres de représailles est complètement tombée en désuétude dans notre siècle ; mais elle n'a jamais été abolie d'une manière formelle, comme la course maritime (voir § 34). D'autre part, on a encore accordé récemment à des navires de guerre l'autorisation d'user de représailles en saisissant des bâtiments de commerce.

Un bâtiment de commerce anglais, *The prince of Wales*, s'était échoué, en juin 1861, sur la côte du Brésil, et il avait été pillé par les habitants. Le gouvernement anglais réclama du Brésil une indemnité de 3,200 £, qui fut refusée. Sur des ordres qu'ils reçurent ensuite, des navires de guerre anglais s'emparèrent, dans la haute mer aux environs de Rio de Janeiro, de cinq navires de commerce brésiliens ; quelques jours après, ces bâtiments furent relâchés, lorsque le gouvernement brésilien se fut déclaré prêt à payer l'indemnité. Mais il ne fit le payement qu'en protestant contre la conduite de l'Angleterre. Dans une note postérieure, le Brésil exigea satisfaction pour ces représailles, et, ne l'ayant pas obtenue, à la fin de mai 1863, il rompit les relations diplomatiques avec l'Angleterre [1].

[1] Voir Ortolan, I, p. 359 et suiv.

Les cas suivants peuvent servir d'exemples de la manière de procéder anciennement :

1° Sous le gouvernement de Cromwell, il arriva que sous un prétexte quelconque un bâtiment de commerce anglais fut arrêté sur la côte française et confisqué. Malgré la réclamation qui lui fut adressée, la France refusa de restituer la valeur du navire et de la cargaison. Sans négocier davantage, Cromwell ordonna à deux navires de guerre de s'emparer des bâtiments français qu'ils rencontreraient dans le Canal. Quelques navires furent saisis en exécution de cet ordre ; sur le prix de la vente, le propriétaire du navire anglais confisqué fut indemnisé et le reste fut remis à la disposition du gouvernement français. Dans son *Histoire de Cromwell*, Villemain caractérise ce procédé d' « insolente justice » ; sur quoi Ortolan (I, p. 357) remarque : « C'était justice, en effet, d'après les mœurs du « temps ; mais justice insolente, parce que les formes diplomatiques préalables, « prescrites pour les réclamations avant d'en venir à la mesure extrême des re- « présailles, n'avaient pas été suivies. »

2° Par ordre du 23 février 1691, le roi de Danemark, Christian V, défendit aux navires étrangers la pêche à la baleine sur les côtes du Groënland, en menaçant les villes hanséatiques de la confiscation des navires et des cargaisons en cas de contravention.

12

II. Les représailles générales comprennent la faculté d'user d'actes de violence de toute espèce, semblables à ceux dont on use en état de guerre. D'après la pratique anglaise, on délivre à la flotte entière l'autorisation de saisir les navires et les marchandises ennemis.

Les représailles générales sont ordinairement le précurseur immédiat de la guerre [1]. L'Angleterre engagea de cette manière la guerre de Crimée par un décret du 29 mars 1854 [2].

B. — Confiscation de navires de guerre.

III. On peut citer comme exemple la prise de possession de deux corvettes de la République de Haïti par le commandant

---

3° En 1778, des croiseurs anglais saisirent un certain nombre de navires bordelais, sous le prétexte qu'ils avaient à bord de la contrebande de guerre pour l'Amérique. A la suite de cet incident, le roi de France délivra aux armateurs de ces bâtiments des lettres de représailles sur les biens des sujets anglais jusqu'à concurrence de la valeur des navires saisis. Voici le texte de ces lettres : « Nous « avons autorisé et autorisons par les présentes, signées de notre propre main, « lesdits sieurs Reculé, de Basmarin et Raimbaux, à faire saisir et arrêter, tous et « chacun, les marchandises, effets et biens qu'ils trouveront en mer et sur terre, « appartenant aux sujets du roi d'Angleterre jusqu'à concurrence desdits onze na- « vires pris et chargements, dommages-intérêts et frais d'exécution, et en con- « séquence, avons permis et permettons auxdits exposants d'armer des navires et « de les employer pour recouvrer en mer, sur lesdits sujets, les pertes ci- « dessus..... »

4° En 1784, les États-Généraux prirent la résolution de charger l'amiral Reynst de capturer autant de navires vénitiens qu'il serait nécessaire pour couvrir les réclamations de deux marchands néerlandais sur les résidents de la République de Venise à Naples.

[1] Martens, *Précis*, II, § 262 : Lorsqu'on décerne des représailles générales et qu'on les exécute, c'est passer de l'état de paix à celui de guerre.

[2] Il est ainsi conçu : « Her Majesty having determined to afford *active assis-* « *tance* to her ally, the sultan of the Ottoman Empire, for the protection of his « dominions against the encroachments and improvoked aggression of his Im- « perial Majesty the Emperor of all the Russias, Her Majesty is therefore pleased, « by and with the advice of Her Privy Council, to order and it is hereby orde- « red, that *general Reprisals* be granted against the *ships*, *vessels*, and *goods* « of the Emperor of all the Russias, and of his *subjects* or others inhabiting « within any of his countries, territories, or dominions, so that Her Majestys fleets « and ships shall and may lawfully seize all ships, vessels and goods, etc. » Cette proclamation est en fait une déclaration de guerre.

de la corvette allemande « *la Vineta* », dans le port de Port-
au-Prince, en juin 1872, à la suite de longues négociations
entre les deux gouvernements qui étaient demeurées stériles.
Elles avaient eu pour objet des réclamations de sujets allemands
contre le gouvernement haïtien. La saisie fut opérée sans résistance de la part des équipages haïtiens ; lorsqu'elle eût été
exécutée, le pavillon haïtien fut remplacé par le pavillon allemand. Après un incident (attaque d'un canot de *la Vineta* par
des troupes haïtiennes), le commandant de *la Vineta* reçut sans
autre retard le payement de la somme de 3,000 £, montant
de l'indemnité réclamée pour les sujets allemands, et il relâcha
aussitôt les deux corvettes. L'affaire fut terminée par un salut
donné au pavillon de Haïti et immédiatement rendu.

C. — De l'embargo.

IV. On comprend sous le nom d'embargo le droit qui appartient au gouvernement d'arrêter provisoirement ou de saisir
les bâtiments de commerce étrangers qui se trouvent dans les
eaux nationales, et particulièrement dans les ports.

V. Outre le cas de représailles, cette saisie, appelée alors
arrêt du prince [1] est employée aussi comme mesure préventive,
lorsque la guerre est imminente ou bien pendant la guerre. Le
gouvernement, qui en use, doit naturellement pourvoir au sort
des équipages des navires arrêtés [2].

Une mesure semblable n'a rien d'offensant pour les tierces
puissances, lorsqu'elle est prise sous la forme d'un *embargo
général*, destiné uniquement à empêcher que certains faits,
notamment des mesures et des opérations militaires, dont la
divulgation serait nuisible à l'état, ne viennent à être connus
de la puissance ennemie [3]. Voir le § 52, au sujet de la fermeture

---

[1] Voir un article sur ce point dans Caumont, p. 247 à 265 ; il traite la question
d'une manière fort instructive au point de vue du droit commercial maritime. —
Voir aussi Steck, p. 3 et suiv.

[2] Calvo, II, p. 609.

[3] Le décret français concernant le service de la flotte, en date du 15 août 1851,
contient la disposition générale suivante : « Dans les colonies françaises, lorsque

des ports en temps de guerre; et § 41, sur l'emploi de navires neutres dans un but de guerre.

D. — Défense d'entrer dans les ports.

VI. Nous citons comme exemple la défense générale que le góuvernement sarde fit en 1837 aux navires espagnols, d'entrer dans les ports du pays, après que le gouvernement espagnol eut, également à titre de représailles, retiré l'exéquatur à tous les consuls sardes en Espagne [1].

E. — Blocus pacifique.

VII. Jamais, ni dans la pratique, ni dans la théorie, on n'a universellement reconnu la légitimité d'un blocus [2] établi hors de l'état de guerre et ayant pour but soit de soutenir une intervention, comme celle que la France, l'Angleterre et la Russie opérèrent en 1827 contre la Turquie; soit d'user de représailles; soit de prévenir la violation de certains droits. Des puissances non directement intéressées ont même protesté contre la force obligatoire de mesures semblables. On a particulièrement élevé des doutes et des discussions sur la question de savoir si, en cas de violation d'un blocus de cette espèce, il était permis de confisquer les navires et les biens des sujets de tierces puissances. La jurisprudence anglaise s'est prononcée pour l'affirmative, tandis que le conseil d'état français, dans un juge-

---

les intérêts du service de l'état lui (au commandant en chef) paraissent exiger que les mouvements des bâtiments qu'il commande, restent secrets, il peut requérir l'autorité supérieure d'ordonner l'embargo sur les bâtiments français et étrangers, en lui faisant connaître confidentiellement le motif de sa demande et quelle devra être la durée de l'embargo. » Aussitôt après que la guerre eut éclaté entre la France et l'Allemagne, en juin 1870, on défendit pendant un certain temps aux navires de toutes les nations l'entrée et la sortie du port de Kiel, afin de faciliter et de tenir secrets les travaux de fermeture qui s'opéraient; pareille mesure eût déjà été légitime lorsqu'il n'y avait encore que menace de guerre.

[1] Voir des détails là-dessus dans de Cussy, II, p. 326 à 329.
[2] Sur la notion de *blocus*, voir § 48.

ment rendu le 1er mars 1848, en sa qualité de cour suprême des prises, a déclaré illégitime une confiscation opérée dans ces circonstances. Si l'on reconnaît la justesse de cette appréciation, il en résulte que la mesure elle-même revêt un caractère singulier, et qu'elle est absolument différente, dans ses conséquences, du blocus admis en temps de guerre.

Hautefeuille [1] s'élève très vivement contre cette institution. Il fonde ses déductions sur une supposition tout à fait arbitraire et erronée, à savoir que le blocus serait la conséquence de la conquête du territoire ennemi [2]. Une semblable conquête, dit-il, n'est possible que pendant la guerre; donc, un blocus n'est praticable qu'après la guerre déclarée. On peut objecter victorieusement que les croiseurs chargés de maintenir le blocus stationnent souvent hors des eaux territoriales, dans une partie de la mer qui n'est pas susceptible d'occupation. Il cherche à répondre à cette objection en alléguant des raisons qui conduisent à des conséquences diamétralement contraires. L'opinion de Hautefeuille est partagée par un grand nombre de publicistes [3]. Parmi les partisans des blocus pacifiques il faut

[1] *Droits et devoirs des neutres*, III, p. 176-194.

[2] Voir aussi sur ce point Gessner, *Droits des neutres*, p. 166 et suiv., et 242.

[3] Notamment par Gessner, *ibid.*, p. 233 à 241 et p. 245, tout récemment encore, dans un article de l'*Augsburger Allgemeine Zeitung* (n° 307, 1880); Wurm, dans le *Staatslexikon*, t. XII, p. 132; Neumann, § 38; Oppenheim, p. 255; ce dernier, tout en considérant le blocus exclusivement comme une mesure de guerre, ajoute : « Lorsque le cabinet de Washington, au moment où éclata la dernière « grande guerre civile aux États-Unis, commit la faute de déclarer le blocus des « états du sud, au lieu de les fermer simplement en vertu de son pouvoir souve- « rain, les puissances maritimes de l'Europe conclurent justement de cette erreur « qu'elles pouvaient reconnaître les états rebelles comme belligérants. » Mais ce n'était point là un blocus pacifique; il avait été provoqué par une *guerre civile*, bien qu'au début on ne l'eût considérée que comme un *soulèvement*. Or, il ne saurait être douteux que l'on peut faire un blocus dans le cours d'une guerre civile, comme pendant toute autre guerre; une simple fermeture n'a pas les mêmes effets. *Voir* sur ce point la section IV de la 2e partie. — Pistoye et Duverdy, I, p. 376-378, H. B. Deane, p. 48, Assentio, p. 43, se prononcent contre les blocus pacifiques. Bluntschli également (art. 507), ne veut pas admettre qu'ils soient obligatoires à l'égard des navires neutres; le mot « *neutre* » n'est pas correct ici, car il ne s'agit point d'un état de guerre.

citer en première ligne Heffter [1] ; il estime que leur emploi est parfaitement légitime, et leur force obligatoire incontestable à l'égard des nations tierces ; l'humanité, fait-il remarquer, ne peut qu'approuver cette nouvelle institution du droit des gens. Cauchy [2] la défend à un autre point de vue, en considérant un semblable blocus comme une guerre localisée.

Selon nous, on ne saurait contester avec succès la légitimité d'une mise en état de blocus en dehors de l'état de guerre, particulièrement à titre de représailles. Des représailles, fussent-elles mêmes rigoureuses et de nature à porter atteinte aux intérêts des nations tierces et de leurs sujets, se trouvent encore être un mal moindre que la guerre, moyen extrême de défense nationale en droit des gens. La légitimité des représailles, comme acte de semblable défense, est hors de question, car la guerre n'est pas le seul recours à la force admis par le droit des gens ; il faut que l'on puisse en certaines circonstances recourir à des interventions opérées par la force, sans qu'elles aient le caractère d'une agression belliqueuse. On ne peut faire valoir contre la légitimité du blocus pacifique, le fait qu'il est de création récente ; le premier exemple remonte seulement à 1827. On ne peut davantage se prévaloir de cette circonstance, que la déclaration de Paris du 16 avril 1856, concernant la guerre maritime, a défini le blocus, pour en conclure qu'il n'est pas applicable en dehors de la guerre. Cette déclaration, en effet, ne détermine que les cas où un blocus établi pendant la guerre est obligatoire.

Cette mesure ne méritera certainement pas le reproche d'injustice envers les nations tierces et leurs sujets, si, conformément à la pratique française, on s'abstient de confisquer les navires et les biens saisis, et qu'on se borne à les mettre sous séquestre.

---

[1] § 112. M. Geffken remarque également que, si l'on admet en général les représailles, la légitimité du blocus en dehors de la guerre ne peut être contestée.
[2] II, p. 426-428. En ce sens aussi Calvo, IV, p. 192.

SECONDE PARTIE

DROIT MARITIME DANS L'ÉTAT DE GUERRE

SECTION PREMIÈRE

DES PARTIES BELLIGÉRANTES

§ 31. — Introduction.

DU DROIT DE LA GUERRE EN GÉNÉRAL.

I. La question de savoir si la guerre en elle-même est légitime, comme celle qui consiste à rechercher les conditions nécessaires pour qu'une guerre soit juste, ne sont, ni l'une ni l'autre, du domaine du droit des gens positif. De tout temps, la guerre a été pratiquée dans les rapports internationaux, et les états modernes les plus civilisés n'agissent pas d'une manière différente. Nous devons donc constater qu'en fait on ne peut pas plus empêcher la guerre que les querelles et les voies de fait entre particuliers. Au droit des gens qui accepte cette nécessité, incombe la tâche de faire prévaloir son influence civilisatrice, en proclamant que la guerre constitue une voie de droit, un moyen extrême de légitime défense. C'est en se plaçant à ce point de vue seulement que l'on peut fixer les règles juridiques, dont le but est de restreindre et d'adoucir les maux que la guerre entraine ; tandis que si on la considère comme dépourvue de toute base juridique, rien ne pourra arrêter l'arbitraire de ceux qui la font. La question de savoir si une guerre est juste, n'a pas de valeur pratique pour le droit des gens positif, par la bonne raison qu'il n'existe pas de juge compétent pour décider ce point. Cependant le problème qui consiste à rechercher les conditions abstraites de la légitimité d'une guerre, n'a pas été étudié seulement par les philosophes et les hommes politiques ; suivant l'exemple de Grotius [1], un grand nombre d'auteurs la discutent d'une manière plus ou moins approfondie dans leurs traités de droit des gens [2].

II. Le droit de la guerre est l'ensemble des règles qui déterminent les rapports des belligérants entre eux et avec les tierces puissances (neutres). Ces règles constituent le fondement de la protection internationale que les particuliers peuvent invoquer en cas de guerre, et dont les forces militaires des belligérants elles-mêmes ne sauraient se passer. L'antiquité n'a connu que quelques-unes de ces règles, par exemple celles qui concernent les parlementaires. A mesure que la civilisation moderne s'est développée, on s'est convaincu davantage que la guerre est un mal nécessaire ; qu'il faut se borner aux actes rigoureusement indispensables pour y mettre fin ; que toute cruauté inutile doit être flétrie ; que la lutte doit se restreindre entre les états et leurs forces militaires et non s'étendre aux particuliers.

Ces idées ont prévalu peu à peu et donné naissance à un ensemble de principes, où se manifestent clairement les efforts qui tendent à l'adoucissement des pratiques belliqueuses, et dont il n'est point permis de se départir, sauf dans le cas d'extrême nécessité que l'on désigne sous le nom de « raison de guerre. »

Cependant, le droit de la guerre est encore aujourd'hui la partie la plus incertaine du droit des gens ; et dans le droit de la guerre, ce sont les règles relatives à la guerre maritime,

---

[1] *De jure belli ac pacis*, lib. II, c. XXII et s.

[2] Voir dans Bluntschli, art. 515 et s. Voir aussi les considérations sur la légitimité de la guerre franco-allemande de 1870, dans l'écrit intitulé : *Le droit des gens moderne dans la guerre franco-allemande de 1870*, p. 8 à 13.

c'est-à-dire aux rapports des belligérants et des neutres dans le domaine de la mer, qui manquent surtout de précision et de fixité.

III. En général, les mêmes principes fondamentaux s'appliquent à la guerre sur terre et à la guerre maritime. Mais d'autre part, il résulte de la nature des choses, confirmée par une pratique séculaire, que la guerre maritime doit avoir des maximes et des usages propres, s'écartant de ceux qui sont en vigueur dans les luttes sur terre, et s'appliquant aux rapports des belligérants entre eux, comme à leurs relations avec les neutres. C'est ainsi que la guerre maritime se fait également contre la propriété privée, et que le commerce des neutres est sujet, sur mer, à de nombreuses entraves. Anciennement, la guerre maritime était essentiellement une guerre de butin ; elle l'est encore aujourd'hui en partie. La doctrine et dans une certaine mesure la pratique ᵢ.rnationale essaient actuellement de provoquer contre ces usages une réaction énergique (voir § 36).

IV. Les lois de la guerre sont les mêmes pour toutes les parties belligérantes. En contestant cette règle, on leur enlèverait précisément toute base juridique. L'opinion émise quelquefois, d'après laquelle l'état injustement attaqué a plus de liberté dans le choix des moyens de défense que son adversaire, est absolument inadmissible. Chaque partie a coutume, en effet, de se croire, ou tout au moins de se dire, l'objet d'une agression injuste.

La guerre fût-elle même engagée arbitrairement et sans aucun but moral, on ne peut lui enlever son caractère juridique, ni refuser à son auteur le bénéfice des règles qui seraient appliquées s'il avait eu les motifs les plus légitimes de l'entreprendre[1].

§ 32. — Des parties belligérantes.

I. En vertu de l'égalité qui existe entre les états indépendants, chacun d'eux a le droit de déclarer et de faire la guerre ;

[1] Bluntschli, art. 519. Oppenheim, chap. XI, § 6.

ce droit est exercé, en principe, par le pouvoir suprême de l'état, selon les règles constitutionnelles ; lorsque plusieurs états sont réunis, cette prérogative est ordinairement réservée au pouvoir central de la confédération.

En Allemagne, l'article 11 de la constitution attribue à l'empereur le droit de déclarer la guerre au nom de l'empire ; mais le consentement du conseil fédéral (*Bundesrath*), est requis, à moins qu'il n'y ait eu agression contre le territoire ou contre les côtes de la confédération.

II. Dans l'intérieur d'un état, la lutte armée entre des partis politiques n'a jamais, *à ses débuts*, le caractère d'une guerre au sens du droit des gens ; mais elle peut prendre ce caractère, et c'est ce qui arrive aussitôt que les partis se séparent pour occuper des fractions différentes du territoire et s'y maintenir. Il dépend alors de la volonté des puissances étrangères de reconnaître comme belligérant le parti qui se trouve en état d'hostilité contre le gouvernement légitime. Mais cette reconnaissance, qu'elle soit expresse ou tacite, n'implique en aucune açon celle d'un nouvel état ou d'un nouveau gouvernement. Ainsi, après le soulèvement des états du Sud de l'Union américaine, l'Angleterre et la France ne les ont jamais reconnus comme un nouvel état, mais seulement comme partie belligérante. Cette reconnaissance avait déjà eu lieu lorsque le gouvernement de Washington traitait encore les hommes du Sud de rebelles et se trouvait en droit de le faire.

Les partis politiques en lutte les uns contre les autres n'ont d'ordinaire recours aux principes du droit des gens pour régler leurs rapports réciproques que lorsqu'ils y sont forcés par leurs propres intérêts. On ne peut rien trouver à redire, si le code pénal est tout d'abord appliqué à des rebelles. Mais si le parti révolté devient un pouvoir militaire organisé et si la loi pénale est impuissante, le parti du gouvernement provoque des représailles en essayant de la faire prévaloir plus longtemps. Lorsque les circonstances, et notamment l'étendue de l'insurrection et l'organisation du parti soulevé, ne permettent plus d'appliquer régulièrement la législation criminelle, il est dans l'intérêt des deux partis de mettre en vigueur le droit international de la guerre, ce qui n'entraîne nullement la reconnaissance de la légitimité du soulèvement. C'est ainsi que, lors de la guerre d'indépendance de ses colonies d'Amérique, l'Angleterre a dû renoncer bientôt à traiter en rebelles les Américains révoltés. D'autre part, même après la répression du soulèvement des états du Sud, le gouvernement de l'Union a dû renoncer à appliquer la loi pénale aux rebelles ; en fait, déjà dans le courant de la guerre, on les avait traités en ennemis et non en criminels. D'ailleurs, l'état de guerre avait été virtuellement reconnu, dès qu'un décret du président des État-Unis, en date du 19 avril 1861, eût proclamé le blocus des côtes des états du Sud. Ce blocus, en effet, ne consistait pas seulement en une fermeture des ports de la république ; il atteignait les puissances tierces, et constituait donc un véritable blocus du droit des gens [1].

§ 33. — Du théâtre de la guerre.

I. Peuvent servir de théâtre à la guerre :

a) Le territoire des belligérants en y comprenant les mers territoriales.

b) La pleine mer.

Le territoire continental et maritime du neutre n'est pas seulement fermé à toute lutte par les armes ; un refuge ne peut même y être accordé aux troupes belligérantes qu'en cas de nécessité. Voir cependant au § 39 les modifications que subit ce principe en ce qui concerne les navires de guerre.

II. On comprend par neutralité, au sens objectif du mot, la mise hors de l'état de guerre de certaines personnes et de cer-

---

[1] Voir dans Vattel, III, p. 150 et suiv., des détails plus précis sur l'application du droit de la guerre aux partis politiques et dans le cas de guerre civile. — Voir aussi une conférence de Harcourt au *Royal United Service Institution*, du 9 juin 1865, traduite dans la *Revue maritime et coloniale*, t. XIX, p. 503 et suiv. Son système se résume en ceci : L'état de guerre est une question de fait, que les puissances neutres doivent trancher sous leur propre responsabilité.

taines choses, comme les individus, les objets et les institutions
consacrés au soin des blessés, ou bien aussi des parties entières du territoire. Les exemptions de cette espèce, étendues
au territoire maritime, doivent attirer notre attention. En ce
qui concerne la mer Noire, voir ci-dessus § 5, VI ; les bouches
du Danube, l'article 12 de l'acte de navigation du 2 novembre 1865, et l'article 7 du traité de Londres du 13 mars 1871 [1].

. III. La question de savoir si l'on pourrait neutraliser la mer
Baltique en cas d'une guerre à laquelle participeraient des puissances non riveraines, a été agitée plusieurs fois depuis le milieu du dernier siècle. Un accord fut conclu d'abord entre la
Russie et la Suède en 1759, afin de déclarer la mer Baltique
fermée à toute espèce d'hostilité. En 1780, le Danemark et la
Russie proclamèrent de nouveau ce principe [2] et la France admit formellement sa légitimité [3]. Dans les articles séparés du
traité conclu entre la Russie et la Prusse le 8 mai 1781 [4], il est

[1] Voir la remarque au § 5, VI a.

[2] La déclaration danoise de mai 1780 est ainsi conçue :

« Les états du roi de Danemark et de Norwége sont situés de manière que le
commerce de ses sujets entre les provinces appartenantes à sa couronne seroit
troublé, si S. M. ne prenoit toutes les mesures capables de garantir la Baltique et
ses côtes de toutes hostilités et violences, et de la mettre à l'abri des courses des
armateurs et vaisseaux armés.

« Le roi a donc résolu, pour entretenir la libre et tranquille communication entre
les provinces, de déclarer que la mer Baltique étant une mer fermée, incontestablement telle par sa situation locale, où toutes les nations doivent et peuvent naviguer en paix et jouir de tous les avantages d'un calme parfait, S. M. ne sçauroit
admettre l'entrée des vaisseaux armés des puissances en guerre dans cette mer,
pour y commettre des hostilités contre qui que ce soit.

« Les deux autres cours du Nord adoptent et professent le même système, qui est
d'autant plus juste et naturel, que toutes les puissances, dont les états entourent
la Baltique, jouissent de la plus profonde paix et la regardent comme un des plus
grands biens que les souverains puissent procurer à leurs sujets. »

[3] Ortolan, II, p. 290.

[4] L'article 1er est ainsi conçu : « Comme Sa Majesté le roi de Prusse et Sa
Majesté l'impératrice de toutes les Russies sont toujours également intéressés
à veiller à la sûreté et à la tranquillité de la mer Baltique et à la mettre à l'abri
des troubles de la guerre et des courses des armateurs, système d'autant plus
juste et plus naturel, que toutes les puissances dont les états l'environnent, jouissent de la plus profonde paix, elles sont mutuellement convenues de soutenir que
c'est une mer fermée, incontestablement telle par la situation locale, où toutes les

également maintenu, de même dans les conventions postérieures conclues entre les puissances scandinaves, particulièrement dans l'article 10 du traité entre le Danemark et la Suède
du 27 mars 1794, qui est ainsi conçu : « La Baltique devant
« toujours être regardée comme une mer fermée et inaccessible
« à des vaisseaux armés des parties en guerre éloignées, est
« encore déclarée telle de nouveau par les parties contrac-
« tantes, décidées à en préserver la tranquillité la plus par-
« faite. »

Dans notre siècle cependant on ne s'est point tenu à ces précédents, bien que le roi d'Angleterre ait, encore en 1806, défendu aux navires de guerre et aux croiseurs britanniques
d'arrêter dans la Baltique les bâtiments de commerce, d'en
faire la capture et d'entraver en aucune manière leur libre
circulation [1].

La fermeture de la mer Baltique n'offrirait probablement
aucune difficulté sérieuse, puisqu'il suffirait d'empêcher le
passage par deux entrées fort étroites. Selon nous, il ne s'agit
cependant ni de la possibilité de l'exécution, ni de la haute
portée stratégique d'une semblable mesure, mais de sa légitimité à l'égard des navires de guerre et pour la durée des hostilités. En supposant l'assentiment des états neutres riverains,
cette légitimité ne nous paraît pas contestable. Les principaux
publicistes l'ont reconnue expressément, ou bien ne l'ont point
révoquée en doute.

C. Fr. de Martens [2] dit : « Le Danemark tenant les clefs de la
« Baltique a itérativement déclaré aux puissances qui n'ont
« point de possessions sur les bords de cette mer, qu'il la re-
« garde comme neutre en temps de guerre par rapport à elles,
« et les puissances qui bordent la Baltique sont d'accord entre
« elles sur ce principe. » Jacobsen [3] pose comme une règle que

nations doivent et peuvent naviguer en paix, et jouir de tous les avantages d'un
calme parfait, et de prendre à cet effet entre elles des mesures capables de
garantir cette mer et ses côtes de toutes hostilités, pirateries et violences. »
[1] Voir l'ordre du 21 mai 1806, dans Martens, *Nouv. Recueil*, I, p. 438.
[2] *Précis*, I, p. 415 (§ 156).
[3] P. 581.

la Baltique est *mare clausum* dans ce sens. Neumann [1] érige en principe que « les mers intérieures, dont les côtes appartiennent exclusivement à un seul état, sont fermées pour les états étrangers (*mare clausum*), si le possesseur des rives ou si les possesseurs, dans le cas où il y en aurait plusieurs, sont unanimement d'accord à le vouloir. » Hautefeuille [2] dit : « La Baltique n'a jamais été une mer fermée, cependant, et dans plusieurs circonstances les peuples riverains s'accordèrent pour lui donner cette qualité, au moins en ce qui concerne les opérations de guerre, afin de la préserver de tout acte d'hostilité. Ces faits, à mon avis, n'ont rien de contraire aux principes fondamentaux du droit. » Ortolan [3], parlant de la déclaration collective de 1780, citée plus haut, s'exprime ainsi : « Nous croyons que les trois cours du Nord, agissant collectivement dans cette démarche, étaient parfaitement dans leur droit, vu la situation locale, la configuration et le peu d'étendue de la mer Baltique. En déclarant cette mer *mare clausum*, elles étaient loin de donner à cette expression le sens qu'y donnait anciennement Selden, cet adversaire de la liberté des mers. Guidées par des motifs d'intérêt général, elles voulaient seulement restreindre les maux de la guerre et elles ne s'attribuaient pas là aucun droit de propriété sur la Baltique, toujours ouverte à tous les pavillons pour les relations pacifiques de toute sorte. »

De Cussy [4] également reconnaît implicitement ce droit aux puissances riveraines de la mer Baltique. Wheaton [5] rappelle qu'en 1807 l'Angleterre déclara n'avoir jamais admis les principes d'après lesquels la mer Baltique serait *mare clausum*, mais il ajoute qu'en certaines circonstances elle avait pu sembler les reconnaître.

Il importe tout particulièrement de remarquer ici que Philimore n'hésite point à assimiler la mer Baltique aux mers

[1] § 21.
[2] *Histoire*, p. 21, 22.
[3] II, p. 290 291.
[4] I, p. 135.
[5] *Él*, I, p. 175.

fermées lorsque, parlant des droits de souveraineté de chaque
état sur ses eaux nationales, il dit[1] : « There is another class
of enclosed seas to which the same rules of law are applicable,
seas which are landlocked, though not entirely surrounded by
land. Of these, that great inlet which washes the coasts of
Denmark, Sueden, Russia, and Prussia, the *Ostsee* as the German call it, the Baltic sea according to its usual appellation,
is the principle. »

Dans les guerres futures, les puissances neutres de la mer
Baltique apprécieront, selon les circonstances, s'il y a lieu
d'user de leur droit et de fermer cette mer aux opérations militaires. Elles n'en ont point usé pendant la guerre d'Orient
de 1854, parce que cela convenait à l'attitude politique qu'elles
avaient prise, et aussi à cause de l'énorme supériorité des
puissances occidentales, aux flottes desquelles on n'aurait
même su opposer avec chance de succès une résistance passive.
Ce droit ne dut pas être exercé davantage pendant la dernière
guerre franco-allemande, mais cela ne change rien à la chose.

IV. Pour le reste, la neutralisation de certaines parties de la
mer dépend de conventions particulières[2].

---

[1] I, § 206.

[2] En 1870, lorsque la nouvelle de la déclaration de guerre entre l'Allemagne et
la France arriva par voie privée à Nagasaki, le commandant du navire de guer.e
français *Le Dupleix* fit au commandant de la corvette allemande *Hertha* la proposition de s'entendre pour neutraliser, en cas de guerre, les eaux de la Chine
et du Japon. Le commandant allemand accepta. On partait de l'idée que, dans
ces stations lointaines, les puissances européennes avaient, conjointement avec
les États-Unis d'Amérique, une mission civilisatrice; qu'en conséquence, leurs
intérêts étaient solidaires et reléguaient à l'arrière plan leurs dissensions particulières. Les agents de l'Allemagne et de la France à Yokohama adressèrent, le
22 août, à leurs gouvernements, un rapport en faveur de la neutralisation des
eaux de l'Asie orientale. Par télégramme du 20 novembre, le ministre de la marine de Prusse donna son assentiment; le gouvernement français opposa un refus.
Le ministre des États-Unis à Paris avait tenté en vain d'obtenir la neutralisation.
M. J. Favre motiva ainsi le refus : « Comme la Prusse n'a pas de force maritime
suffisante pour protéger le commerce allemand, représenté par un grand nombre de navires dans les eaux de la Chine et du Japon, il est évident qu'elle attache un grand prix à la neutralisation de ces mers, tandis que la France ne peut
qu'y perdre. Puisque la Prusse tire parti avec une opiniâtreté extrême de tous
les avantages que la fortune de la guerre lui a donnés jusqu'à présent sur terre,

§ 34. — Des forces militaires sur mer.

A. — Des forces militaires en général.

I. La population de l'état belligérant ne prend pas tout entière une part active aux hostilités. Plusieurs espèces bien déterminées de corps militairement organisés composent la force armée qui a mission de faire la guerre. On les divise en troupes de terre et de mer, en troupes régulières et irrégulières. Les unes et les autres comprennent des combattants et des non combattants. Ces derniers n'ont pas pour mission d'user des armes; ils n'ont le droit de le faire qu'en cas de nécessité ou en vertu d'une autorisation spéciale.

II. Chaque état organise comme il l'entend ses forces militaires. L'armée doit avoir une organisation hiérarchique, il faut qu'elle soit placée sous l'autorité de l'état : tout au moins faut-il que le gouvernement permette sa formation. Dans ce dernier cas, les corps francs (francs-tireurs) qui opèrent d'une manière indépendante sont traités comme les corps de troupes régulières s'ils remplissent les conditions suivantes :

nous ne pourrons renoncer un seul instant à ceux que nous assure notre supériorité sur mer. » Voir l'écrit anonyme : *Les navires de guerre allemands dans l'Asie orientale pendant la guerre franco-allemande.* Berlin, 1872.

La neutralité du canal de Suez a également été l'objet de nombreuses discussions. L'*Institut de droit international* s'en est occupé spécialement, et, dans sa séance du 4 septembre 1879, il a adopté les résolutions suivantes :

I. Il est de l'intérêt général de toutes les nations que le maintien et l'usage du canal de Suez pour les communications de toute espèce, soient autant que possible protégés par le droit des gens conventionnel.

II. Dans ce but, il est à désirer que les états se concertent, à l'effet d'éviter autant que possible, toute mesure par laquelle le canal et ses dépendances pourraient être endommagés ou mis en danger, même en cas de guerre.

III. Si une puissance vient à endommager les travaux de la Compagnie universelle du canal de Suez, elle sera obligée de plein droit à réparer aussi promptement que possible le dommage causé et à rétablir la pleine liberté de la navigation du canal.

a) Il doit y avoir à leur tête un chef responsable de ses subordonnés ;

b) Leur qualité de militaire doit être manifestée par des insignes extérieurs déterminés, reconnaissables de loin ;

c) Ils doivent porter leurs armes ouvertement ;

d) Leurs opérations doivent se faire conformément aux lois et coutumes de la guerre [1].

Ceux qui prennent part à la guerre tantôt comme membres d'un corps régulièrement organisé, tantôt comme éclaireurs, tantôt en pillant et tuant de leur propre autorité pour apparaître ensuite comme habitants paisibles du pays, n'ont d'autre perspective, s'ils sont faits prisonniers, que d'être traités en vulgaires malfaiteurs [2]. De même, on doit considérer comme des assassins ceux qui, sans être revêtus d'un uniforme et sans appartenir à un corps organisé, se placent en embuscade pour tirer sur l'ennemi, même lorsqu'ils y sont expressément autorisés et excités par des autorités de leur pays, comme cela est arrivé pendant la guerre de 1870.

Il faut donc s'en tenir au principe d'après lequel les habitants de la contrée où se fait la guerre, qui n'appartiennent pas

---

[1] Bluntschli, art. 570 et suiv. Projet de déclaration de Bruxelles, de 1874, art. 9. Pendant la guerre franco-allemande de 1870, à la suite de la participation, du côté de la France, de bandes dépourvues d'organisation et dont la conduite était absolument contraire au droit des gens, on exigea rigoureusement la preuve de la qualité militaire. Un ordre du commandant en chef de l'armée allemande, en date du 28 août 1870, disait : « Le commandant en chef porte à la connaissance des habitants du district, que tout prisonnier pour être traité en prisonnier de guerre, doit prouver sa qualité de soldat français, en établissant que, par un ordre émanant de l'autorité légale et adressé à sa personne, il est appelé au drapeau et porté sur les listes d'un corps militairement organisé sous le gouvernement français. En même temps, sa qualité de militaire faisant partie de l'armée active, doit être indiquée par des insignes militaires et uniformes, inséparables de sa tenue et reconnaissable à l'œil nu à portée de fusil. Les individus qui ont pris les armes en dehors d'une des conditions ci-dessus indiquées, ne seront pas considérés comme prisonniers de guerre, et s'ils ne se sont pas rendus coupables d'une action qui entraîne une punition plus grave, condamnés à dix ans de travaux forcés et détenus en Allemagne jusqu'à l'expiration de leur peine. »

[2] Instructions pour les armées en campagne des États-Unis, art. 82.

à la force armée, ne sont pas autorisés à accomplir des actes d'hostilités, hors le cas de légitime défense d'après les règles du code pénal.

A l'égard des corps francs organisés sans l'autorisation de l'état, dans ces derniers temps on s'est montré parfois moins sévère ; on les a traités comme des troupes régulières ennemies, lorsqu'ils observaient les lois de la guerre et agissaient de bonne foi dans le seul but de repousser l'ennemi [1].

Les règles exposées ci-dessus s'appliquent aux corps de marins volontaires, créés dans le cours d'une guerre et destinés à combattre exclusivement sur mer ou bien à repousser sur terre un ennemi venant de la mer. La formation d'un corps semblable fut autorisée, lors de la guerre franco-allemande, par un décret du roi de Prusse en date du 24 juillet 1870 [2].

[1] C'est dans ce sens que l'article 10 du projet de déclaration de Bruxelles, de 1874, établit le principe suivant : La population d'un territoire non occupé qui, à l'approche de l'ennemi, prend spontanément les armes pour combattre les troupes d'invasion sans avoir eu le temps de s'organiser conformément à l'article 9, sera considérée comme belligérante, si elle respecte les lois et coutumes de la guerre.

[2] En voici le texte :

J'autorise, sur votre proposition, la formation d'un corps de marins volontaires, de la manière indiquée ci-dessous :

1. Un appel sera adressé à tous les marins et propriétaires de navires allemands, pour les inviter à se mettre, avec leurs ressources et leurs navires, à la disposition de la patrie, sous les conditions suivantes :

a) Les bâtiments offerts seront examinés sous le rapport de leur utilité, par une commission composée de deux officiers et d'un ingénieur de la marine. Ils seront, s'il y a lieu, évalués, et le cas échéant, le propriétaire recevra immédiatement un dixième de l'évaluation, afin d'engager des marins en nombre nécessaire.

b) Les officiers et les marins ainsi enrôlés font, pendant la guerre, partie de la marine fédérale, doivent revêtir son uniforme et ses insignes, sont soumis à ses règlements et doivent prêter le serment militaire. Les officiers reçoivent une patente de leur grade, et l'assurance qu'ils seront à leur demande, dans le cas de services exceptionnels, admis définitivement dans la marine de guerre. Les officiers et les marins, qui pendant le service et sans leur faute deviennent incapables de travail, reçoivent une pension d'après les règles en vigueur dans la marine militaire.

2. Les bâtiments nolisés naviguent sous le pavillon militaire de la Confédération.

3. Ils sont armés et disposés en vue de l'usage auquel on les destine par la marine fédérale.

A ces principes se rattachent les règles d'une institution qui est spéciale à la guerre maritime, et qu'on nomme la *course* (voir B).

III. Il est une autre intervention dans la guerre qu'on permet aux navires appartenant aux particuliers.

On considère, en effet, comme un exercice autorisé du droit de prise, le fait de se rendre maître d'un navire ennemi en repoussant une agression venant de lui [1] (voir aussi sous le n° XI).

B. — De la course maritime.

IV, On comprend sous le nom de *course maritime* une entreprise faite par des particuliers sous l'autorité d'une puissance belligérante, et qui, au moyen de navires armés en con-

---

4. Si les navires viennent à se perdre au service du pays, les propriétaires seront indemnisés par le remboursement de l'évaluation entière. Si les navires peuvent être rendus après la guerre sans avoir subi de dommage, la prime payée lors de l'engagement sert de prix de louage.

5. Le navire qui réussira à prendre ou à détruire un navire étranger recevra une prime proportionnée, soit : pour la destruction d'une frégate cuirassée, 50,000 thalers ; d'une corvette cuirassée ou d'un monitor, 30,000 thalers ; d'une batterie cuirassée, 20,000 thalers ; d'un navire à hélice, 15,000 thalers ; d'un bâtiment à hélice, 10,000 thalers. Ces primes seront payées aux propriétaires des navires dont il s'agit, et c'est à eux qu'il appartient de s'entendre avec les hommes de l'équipage au moment de l'engagement de ceux-ci, sur la répartition éventuelle des sommes ainsi reçues.

6. Les autorités compétentes pour recevoir les navires et engagements sont celles : a) des chantiers de Wilhemshaven, de Kiel et de Dantzig ; b) des dépôts de la marine à Geestemund et Stralsund ; c) le capitaine de vaisseau Weickhmann, à Hambourg.

Signé : GUILLAUME.

Berlin, 24 juin 1870.

Le gouvernement français éleva des réclamations contre la formation d'un semblable corps de marins volontaires et les adressa au gouvernement anglais, en alléguant qu'il s'agissait du rétablissement de la course. Les avocats de la couronne d'Angleterre furent d'avis qu'il n'y avait pas, dans l'espèce, violation de la déclaration de Paris de 1856, parce que les navires en question devaient faire partie de la marine militaire de la confédération de l'Allemagne du Nord. — On peut ajouter qu'ils devaient agir uniquement contre les navires de guerre ennemis. Voir l'échange de notes dans le *Staatsarchiv*, t. XX, n°s 4345 et 4346.

[1] Bulmerincq, p. 323, 324.

séquence, a pour but de causer du dommage au commerce ennemi, et de s'opposer à l'exercice du commerce qui est interdit aux neutres. Les navires reçoivent le nom de *corsaires* (*Caper* en allemand, *privateers* en anglais); on les considère comme faisant partie des forces navales de l'état, et ils sont sous le commandement des autorités supérieures de la marine.

Anciennement, la course se faisait en temps de paix comme en temps de guerre; en temps de paix, dans un but de représailles [1]. De nos jours, le droit des gens ne l'admet plus que pendant la guerre.

L'autorisation de l'état doit être constatée par un écrit. Cette pièce s'appelle lettre de marque, commission de guerre (*Caperbrief*, en allemand; *commission*, en anglais); elle ne peut être délivrée qu'à une personne déterminée et seulement par l'autorité militaire supérieure, ou par des fonctionnaires ayant reçu mandat spécial à cet effet [2].

Les corsaires doivent se conduire conformément aux lois et usages de la guerre, et ils doivent observer rigoureusement les instructions contenues dans leur lettre de marque; ils jouissent alors de tous les avantages qu'assure le droit de la guerre.

V. Les corsaires faisant partie de la force publique de l'état, comme les corps francs organisés, rien ne s'oppose à ce qu'on les emploie à la guerre maritime. Ortolan [3] fait remarquer que du droit de défense légitime et de souveraineté résulte nécessairement pour une puissance belligérante un autre droit, celui d'appeler tous ses sujets sous les armes, et d'organiser une milice aussi bien sur mer que sur terre. Bien que cette déduction soit inattaquable dans ses prémisses, elle a le tort de confondre une milice volontaire destinée à la marine, et dont la tâche principale est la défense de la patrie, avec une catégorie

[1] Voir dans G. F. de Martens, *Essai sur les armateurs*, §§ 2 à 9, l'historique de la course jusqu'à la fin du xviiie siècle.
[2] De Martens, *loc. cit.*, § 5 et 11
[3] II, p. 58 et suiv.

d'individus, dont l'action a le lucre pour but principal, sinon unique [1].

VI. Il résulte de la nature même de la course, que cette profession peut dégénérer aisément en piraterie; les abus de pouvoir, les confiscations injustes ont toujours été fréquentes. Pour couvrir les réclamations que provoqueraient éventuellement des actes semblables, on exige que les corsaires fournissent une caution [2]. Cette obligation se rencontre déjà dans l'ordonnance sur la course rendue par Pierre d'Aragon, en 1356; l'ordonnance de la marine de 1681 porte le chiffre de la caution à 15,000 livres. Parfois, le montant en est fixé par des traités internationaux, prévoyant l'hypothèse où l'une des parties contractantes délivrerait des lettres de marque.

La caution est destinée à couvrir, en première ligne, les dommages et pertes causés aux propriétaires des navires et marchandises injustement pris ou détruits (voir aussi § 59, IV).

VII. L'autorisation de faire la course peut être accordée aux nationaux et aux étrangers [3]. La délivrance de lettres de marque à des étrangers ne répond plus, cependant, aux idées qui ont cours dans le droit des gens moderne. On s'accorde depuis longtemps à dire que l'exercice de la course, de la part des sujets d'un état neutre, est un métier déshonorant parce qu'il

---

[1] Bluntschli insiste aussi sur cette différence; voir son écrit sur le *Butin dans les guerres maritimes*, p. 87, 88; sur les différences entre navires de guerre et corsaires, voir Caumont, p. 703, n° 7 : « On ne pourrait assimiler, quant à ses principes et à ses résultats, l'action irrégulière des corsaires dans les guerres entre les peuples, à l'intervention régulière des forces maritimes d'une nation. Les vaisseaux d'état et les forces régulières qui les conduisent présentent évidemment des garanties de modération, de discipline, d'humanité que n'offrent pas les corsaires. Dans les officiers qui les commandent, la dignité, la responsabilité et la prédominance du point d'honneur sur les motifs bas et cupides qui animent les corsaires, enfin leur autorité sur l'équipage soumis à leurs ordres, garantissent de leur part le respect sévère des lois de la guerre, tandis que l'armateur parcourant la mer à son profit particulier et dans le seul but de s'enrichir, sans contrôle efficace au milieu des solitudes de l'Océan, où ses passions n'avaient d'autre frein que le vague souvenir d'une législation lointaine et impuissante, était à juste titre la terreur des neutres comme des ennemis. » Voir aussi Marco, p. 6.

[2] De Martens, *loc. cit.*, § 15.

[3] De Martens, *loc. cit.*, § 13.

n'est autre chose qu'une piraterie privilégiée, tandis que les corsaires de la nation belligérante, outre la poursuite du lucre, peuvent avoir pour but de nuire à l'ennemi de leur patrie. De plus, l'état neutre, en permettant à ses sujets de faire la course avec l'autorisation d'une des parties belligérantes, favorise les intérêts de celle-ci, et l'on peut douter que la neutralité soit entièrement sauvegardée[1]. C'est pourquoi un grand nombre de déclarations de neutralité interdisent aux sujets du neutre l'acceptation de lettres de marque émanant d'une puissance belligérante quelconque, et déclarent que toute contravention sera traitée et punie comme acte de piraterie. L'Autriche, la Belgique, la Suède, le Danemark, l'Espagne, Naples et le Brésil firent au début de la guerre de Crimée des déclarations semblables.

Pendant la guerre de sécession des États-Unis, la France, l'Angleterre et l'Espagne défendirent également à leurs nationaux de prendre des lettres de marque; et il en fut de même en Espagne et aux États-Unis lors de la guerre franco-allemande de 1870.

Il n'est pas rare de rencontrer dans les traités une disposition stipulant que, dans le cas où l'une des parties contractantes

---

[1] Le vice-amiral français Baudin le savait parfaitement, lorsqu'il adressa, le 8 janvier 1839, la lettre suivante au ministre de la guerre et de la marine du Mexique : « Excellence, je lis aujourd'hui dans le n° 1341 du *Diaro del Goberno* de Mexico, une lettre adressée le 28 décembre dernier par le ministre de la guerre et de la marine au secrétaire de la chambre des représentants, concernant la présentation au congrès d'un règlement sur la course. En m'y référant, je dois informer Votre Excellence que pour prévenir, dans l'intérêt du commerce de toutes les nations, l'organisation d'un système de piraterie et de brigandage sous le pavillon mexicain, j'ai donné aux commandants des navires sous mes ordres les instructions suivantes : Ne seront considérés comme mexicains que les bâtiments qui après avoir été armés dans un port du Mexique, seront pourvus d'une lettre de marque régulière, émanant directement du gouvernement fédéral, et dont le capitaine ainsi que les trois quarts des hommes de l'équipage seront mexicains d'origine. Tout corsaire sous pavillon mexicain, qui ne remplit pas ces conditions, sera considéré comme pirate et traité comme tel avec toute la rigueur des lois militaires. » Il faut remarquer ici que le droit de porter le pavillon mexicain dépend, pour les navires de commerce, de la nationalité mexicaine du capitaine et des deux tiers de l'équipage au moins (voir § 9, VI).

se trouverait en guerre avec une tierce puissance, les sujets de l'autre partie ne pourront accepter des lettres de marque de cette tierce puissance [1].

VIII. Le but immédiat de la course, qui est la poursuite du lucre par l'emploi de la violence, lui donne une grande ressemblance avec la piraterie. Il en résulte que l'on a traité comme pirates les corsaires et les flibustiers qui se conduisent irrégulièrement. Voici les cas principaux où cette assimilation a lieu :

1. Lorsque des navires font la course sans lettres de marque [2].

2. Lorsque la course est continuée au delà du temps pour lequel la lettre de marque a été délivrée, ou après la fin de la guerre, ou après le retrait de la lettre de marque [3];

3. Lorsqu'on accepte des lettres de marque de la part des deux parties belligérantes [4];

4. Lorsqu'un corsaire confisque les navires ou les marchandises dans le but de se les approprier illégalement [5];

5. Il y a controverse sur le point de savoir s'il faut traiter en pirates ceux qui acceptent des lettres de marque délivrées par plusieurs gouvernements alliés. La pratique française s'est décidée en ce sens, et la loi sur la course du 22 mai 1803, conforme aux dispositions de l'ordonnance de la marine de 1681, a disposé d'une manière tout à fait générale que : « Tout capitaine convaincu d'avoir fait la course sous plusieurs pavillons sera, ainsi que ses fauteurs et ses complices, poursuivi et jugé

---

[1] Déjà en 1713, entre l'Angleterre et la France ; en 1778 et 1780, entre la France et les États-Unis d'Amérique ; en 1794 et en 1806, entre l'Angleterre et les États-Unis, en 1795, entre l'Espagne et les États-Unis.

[2] De Martens, *loc. cit.*, § 10. — Code général de la Prusse, I, 9, § 206. Les *Queens Regulations* (§ 1861) disposent : « If any ship or vessel shall be taken acting as a ship of war or privateer without having a commission duly authorizing her to do so, her crew shall be considered as pirates and shall be dealt with accordingly. » Le code maritime italien du 21 juin 1865, dans ses art. 207 et 208, déclare que la course est abolie et que son exercice est assimilé à la piraterie.

[3] Voir sur ce cas, De Martens, *loc. cit.*, § 38.

[4] De Martens, *loc. cit.*, p 14.

[5] Cancrin, 14e partie, § 53.

comme pirate. » De même, la loi française du 10 avril 1825 : « Sera
poursuivi et jugé comme pirate tout commandant d'un navire
ou bâtiment de mer armé et porteur de commissions délivrées
par deux ou plusieurs puissances ou états différents. » Phillimore [1] n'est pas de cet avis et il remarque que : « The better
opinion seems to be that such practice is irregular and inex-
pedient, but does not carry with it the substance or the name
of piracy. »

La manière de voir adoptée en France paraît répondre aux
principes généraux du droit maritime international ; un navire,
en effet, ne peut avoir qu'une seule nationalité ; il serait absolument contraire aux règles suivies dans la constatation de
l'identité des navires, de les autoriser à invoquer la protection de
plusieurs pavillons, que le capitaine changerait à son gré selon
les circonstances. Néanmoins, on ne peut conclure des dispositions légales citées plus haut que le droit des gens admette,
comme principe incontestable, l'assimilation de ces bâtiments
aux pirates. Ortolan [2] arrive au même résultat en discutant les
prescriptions françaises.

Déjà de Martens [3] caractérisait l'acceptation de doubles lettres de marque comme un abus absolument intolérable, mais
sans cependant mettre les corsaires qui la pratiquent sur la
même ligne que les pirates.

6. Les individus qui, contrairement à l'interdiction de leur
propre gouvernement, font la course avec une autorisation
étrangère, peuvent être traités partout en pirates, même par
l'état qui leur a délivré la lettre de marque. Phillimore [4] estime
cependant que ceci n'est pas justifié.

L'ordonnance de la marine de 1681 décide pour ce cas (III, q,
art. 3) : « Défendons à tous nos sujets de prendre commission
d'aucuns rois, princes ou états étrangers, pour armer des vaisseaux en guerre et courir la mer sous leur bannière, si ce n'est

[1] I, § 361.
[2] I, p. 219 et suiv.
[3] *Loc. cit.*, § 14.
[4] I, § 361.

par notre permission, à peine d'être traités comme pirates. »
Les idées récentes répondent entièrement à cette règle, qui a
trouvé son expression dans plusieurs traités[1].

D'ailleurs, comme nous l'avons exposé plus haut, on doit
déjà considérer comme violant la neutralité tout état neutre
qui autoriserait ses nationaux à accepter des lettres de marque[2].

7. On doit également regarder comme pirates ceux qui
feraient la course avec l'autorisation d'un prétendant. Phillimore[3] arrive, il est vrai, après un examen approfondi, à des
conclusions contraires.

8. Lorsque les corsaires s'affranchissent des usages du droit
des gens et combattent sous un faux pavillon.

9. Lorsque les corsaires omettent de se présenter avec leurs
captures devant un tribunal de prise.

10. Enfin, des auteurs distingués[4] sont d'avis que la course
ne peut être faite que sur la haute mer et dans les eaux maritimes appartenant aux belligérants, et disent qu'en s'étendant
sur les fleuves de l'ennemi elle prend le caractère de piraterie.
Ortolan[5] cite un édit français de 1601, d'après lequel les corsaires ennemis qui entrent dans les fleuves français doivent
être traités non en prisonniers de guerre, mais en pirates et
aller aux galères, qu'ils soient pourvus ou non de lettres de
marque.

On peut dire, pour justifier ce traitement, que la propriété
privée n'est sujette à confiscation en temps de guerre que sur
mer seulement; d'autre part, on objecterait justement que, sous
le nom de piraterie, on ne comprend que les entreprises accomplies également *sur mer* en vue de pillage et de rapine.

---

[1] L'art. 22 du traité du 10 septembre 1785 entre la Prusse et les États-Unis
d'Amérique, stipule : « Aucun citoyen ou sujet de l'une des deux parties contractantes n'acceptera d'une puissance avec laquelle l'autre pourrait être en guerre
ni commission ni lettre de marque pour armer en course contre cette dernière,
sous peine d'être puni comme pirate. »

[2] Voir aussi Surland, § 664.

[3] I, § 362. — Les *Queens Regul.* (§ 423) exigent la lettre de marque des gouvernements de fait établis à l'étranger.

[4] Voir notamment Martens, *loc. cit.*

[5] I, p. 62.

IX. Si un navire de commerce, en se défendant contre un croiseur ou un corsaire, réussit à s'emparer du navire ennemi, on ne peut voir là dedans un acte de course maritime; il ne peut être question davantage du droit de prise. Le navire capturé appartient à l'état dont le bâtiment de commerce porte le pavillon; c'est à lui à décider s'il y a lieu de récompenser l'armateur et l'équipage du capteur [1].

X. Depuis la seconde moitié du xviiiᵉ siècle, l'abolition de la course a été fréquemment discutée, et elle est devenue l'objet de stipulations positives [2]. Cette question se rattache aux efforts qui tendent à faire proclamer l'inviolabilité complète de la propriété privée sur mer. Dans ses *Mémoires*, Franklin donna pour la première fois une forme précise à ces idées, en essayant de prouver que la confiscation de la propriété sur mer est en opposition avec la saine économie politique : « The practice, dit-il, of robbing merchants on the high sea — a remnant of the ancient piracy — though it may be accidentaly beneficial to particular persons, is far from being profitable to all engaged in it, or to the nation that authorises it [3]. »

De fait, déjà du temps de Franklin, il y eut un exemple de renonciation au droit de délivrer des lettres de marque pendant la guerre entre la Russie et la Turquie de 1767 à 1774. On conclut aussi des traités où la course était soit interdite entièrement, soit soumise à des restrictions; l'article 23 du traité de commerce et d'amitié entre la Prusse et les États-Unis d'Amérique, en date du 10 septembre 1785, contient une disposition dans le sens de la suppression [4] (voir aussi § 37).

Ces actes isolés, s'ils ne se maintinrent point, n'en furent pas

---

[1] Marco, p. 20.

[2] Des tentatives isolées eurent lieu à des époques plus anciennes; voir *ibid.*, p. 8.

[3] Franklin combat spécialement les tendances anglaises; voir sa *Private Correspondence*, t. I, p. 87; voir aussi Wheaton, *Histoire*, I, p. 372, 373.

[4] Marco (page 9) remarque à propos de ce traité : E questo il primo atto solenne in cui fu scolpito il principio del rispetto della proprietà privata nel mare et l'abolizione della corsa. Ma sventuramente ogni generoza novità solleva sempre opposizioni, ed ha bisogno di un tempo più o meno lungo per penetrare nei fatti.

moins les précurseurs des grandes réformes qui s'accomplirent
plus tard.

En 1792, la Constituante française émit l'idée non pas seulement d'abolir la course, mais de reconnaître en principe l'inviolabilité de la propriété privée sur mer, comme elle existait alors
dans la pratique du droit des gens pour la propriété privée sur
terre. Cette proposition trouva de l'écho dans les Pays-Bas,
dans les villes hanséatiques et aux États-Unis, mais elle fut
repoussée par l'Angleterre. Jusqu'à présent, elle n'a pas encore
été réalisée, bien qu'une campagne en règle ait été entreprise
depuis longtemps contre tout le système en vigueur sur cette
matière (voir aussi § 36, IV).

Ces efforts ne reçurent une impulsion puissante qu'à l'époque
de la guerre de Crimée, lorsque des idées moins rigoureuses commencèrent à prévaloir chez les belligérants et chez
les neutres. L'initiative partit de la France; le gouvernement
français, sous la date du 29 mars 1854, fit la notification suivante : Sa Majesté déclare en outre que « mue par le désir de
« diminuer autant que possible les maux de la guerre et d'en
« restreindre les opérations aux forces régulièrement orga-
« nisées de l'état, elle n'a pas pour le moment l'intention de
« délivrer des lettres de marque pour autoriser les armements
« en course. » Le gouvernement britannique publia une déclaration semblable. Parmi les neutres, l'Autriche notifia à ses
marins que « la course était absolument défendue et serait
« considérée et punie comme piraterie; » et que « les corsaires
« ne seraient admis dans les ports autrichiens qu'en cas de
« danger de mer imminent. » La Suède, le Danemark, l'Espagne, Naples, le Brésil, édictèrent des prohibitions semblables,
qui défendaient aussi à leurs nationaux de prendre service à
bord des corsaires et de leur acheter des marchandises. La notification du gouvernement belge est ainsi conçue : « Le commerce est informé que des instructions ont été adressées aux
autorités judiciaires, maritimes et militaires, pour les prévenir
que les corsaires portant pavillons quelconques, seuls ou avec
les bâtiments 'qu'ils auraient capturés, ne seront admis dans

nos ports qu'en cas de dangers imminents de mer. Ces autorités sont en conséquence chargées de surveiller les corsaires et leurs prises, et de leur faire reprendre la mer le plus tôt possible. Il a été prescrit aux mêmes autorités de ne reconnaître de valeur légale à aucune commission ou lettre de marque délivrée par les puissances belligérantes, sans l'autorisation du gouvernement du roi. Toute personne soumise aux lois du royaume qui ferait des armements en course ou y prendrait part s'exposerait donc d'un côté à être traitée comme pirate à l'étranger, et de l'autre à être poursuivie devant les tribunaux belges suivant toute la rigueur des lois. » Il était réservé au congrès de Paris de 1856 de réaliser le progrès le plus important. La déclaration rédigée à la date du 16 avril 1856 et concernant la guerre maritime fut signée par les plénipotentiaires des puissances représentées au Congrès, la France, l'Angleterre, la Sardaigne, la Turquie, la Russie, la Prusse et l'Autriche; elle proclama comme principe du droit des gens la règle suivante : « La course est et demeure abolie. »

Cependant il ne faut pas exagérer la portée de ce principe et du reste de la déclaration du 16 avril 1856 [1]. Pour l'apprécier, il suffit de rappeler la phrase qui la termine : « Cette déclaration ne sera obligatoire qu'entre les puissances qui y ont accédé ou qui y accéderont [2]. » Voici les états qui ont donné leur adhésion

---

[1] M. Wollheim da Fonseca (*Le commerce allemand et les tribunaux de prise français*, p. 31 et suiv.) va certainement trop loin en sens contraire, lorsqu'il affirme ceci : La déclaration n'est pas seulement discutable, mais elle n'a aucune valeur et ne peut même prétendre à devenir une règle pour le droit maritime moderne, et à lier moralement et juridiquement les puissances signataires de cet acte. En particulier, l'article 1er concernant l'abolition de la course serait, en cas de guerre, dommageable et dangereux pour la Prusse, et par conséquent non obligatoire pour elle.

M. Carron, auteur français, se place au même point de vue dans un écrit intitulé : *La Course maritime*, où il cherche à prouver que l'abolition de la course (et du droit de capture sur mer) ne répond ni aux intérêts généraux de la civilisation et de l'humanité, ni aux intérêts particuliers de la France et lui serait plutôt nuisible.

[2] C'est pourquoi l'article 208 du code maritime italien maintient encore, dans certains cas, le droit du gouvernement de délivrer des lettres de marque. Voir sur cette réserve, *Marco*, p. 17 à 19.

et qui existent encore : la Belgique, le Danemark, la Grèce, les Pays-Bas, le Portugal, la Suède, la Norwége, la Suisse; et parmi les états américains : le Brésil, le Chili, la Confédération argentine, l'Équateur, le Guatemala, Haïti, le Pérou, l'Uruguay.

La course est ainsi déclarée abolie par tous les états maritimes de l'Europe et de l'Amérique, à l'exception de l'Espagne, du Mexique et des États-Unis d'Amérique. Le gouvernement des États-Unis déclara qu'il ne renoncerait à la course qu'à la suite de l'admission par tous les états du principe de l'inviolabilité de la propriété privée sur mer, donc de l'abolition du droit de capture de cette propriété, à l'exception de la contrebande de guerre [1].

Cette dernière réforme a échoué devant la résistance que l'Angleterre a opposé jusqu'à présent à tout autre changement dans les usages de la guerre maritime. Quant aux États-Unis, ils considèrent l'abolition de la course comme une demi-mesure.

Il reste à voir si la déclaration de Paris se maintiendrait dans l'hypothèse où une puissance qui n'a pas adhéré aurait à intervenir, comme alliée de l'un des belligérants, dans une guerre engagée entre deux gouvernements qui ont proclamé l'abolition de la course.

En Angleterre, depuis le 14 juillet 1857, on a provoqué à différentes reprises un mouvement de l'opinion pour amener le retrait de la déclaration de Paris tout entière [2]. La question a été remise en dernier lieu à l'ordre du jour de la chambre basse le 2 mars 1877, mais cette tentative aboutit à un échec éclatant pour les adversaires de la réforme opérée en 1856 [3].

---

[1] Memorandum du secrétaire d'état Marcy, du 28 juillet 1856, dans Aegidi et Klauhold, p. 9 et suiv.

[2] Pour les détails, voir Gessner : *Des puissances belligérantes et neutres*, p. 5 et suiv.

[3] La résolution suivante avait été proposée par M. Windham :

« That the object of the declaration of Paris respecting maritime law, signed at Paris on the 16 th. of april 1856, was, as was expressed in the preamble, to endeavour to attein uniformity of doctrine and practice in respect to maritime law in time of war; that it is, moreover, obvious that the whole value that might

Aussi longtemps que le droit de capture de la propriété privée sur mer ne sera pas aboli, il est évident que les corsaires fourniront un appoint important aux états dont la marine militaire sera relativement faible, et qu'ils leur permettront de lutter avec plus de chances contre des ennemis possédant des forces supérieures. Dans un conflit entre les États-Unis d'Amérique et l'Angleterre, cet élément entrerait vraisemblablement en première ligne. Il est donc aisé de comprendre pourquoi, en présence de l'attitude que l'Angleterre a jugé bon de prendre dans ce qui concerne l'abolition du droit de capture, les États-Unis n'ont pas voulu renoncer à la faculté de délivrer des lettres de marque. Dans une déclaration adressée à la chambre de commerce de New-York, le président Buchanan a précisé ce point

be supposed to attach to any such declaration, as changing the ancient and immemorial practice of the law of nations on the subject, must necessarily depend on the general assent of all the maritime states to the new doctrines; that the fact of important maritime powers, such as Spain and the United States, having declined to accede to the declaration of Paris deprives that document of any value between the governments who have signed it; that the consequence of some powers adhering to the new rules, while others retained intact their natural rights in time of war, would be to place the former at a great and obvious disadvantage in the event of hostilities with the latter; that Great Britain being an essentially naval power, this House cannot contemplate such an anomalous and unsatisfactory condition of international obligations without grave misgivings; that independently of all other considerations, the failure after 20 years' negociations to bring about general adhesion to its terms necessitates the withdrawal of this country from what was necessarily and on the face of it a conditional and provisional assent to the new rules; that this House, while desiring to leave the question of oportuneness to the discretion of Her Majesty's government, and having confidence in the repeated declarations on the subject of individual members of the present administration, thinks it desirable to record an opinion that no unnecessary delay ought to take place in withdrawing from the declaration signed at Paris on the 16 th of April 1856, on the subject of maritime belligerent rights. »

On fit valoir d'autre part, qu'une renonciation à la déclaration de Paris serait contraire à l'honneur et aux intérêts de l'Angleterre, quelque peu satisfaisant que fût l'état actuel du droit des gens maritime. D'autres encore plaidèrent la thèse de l'inviolabilité de la propriété privée sur mer, à l'exception de la contrebande de guerre. Le gouvernement combattit également la résolution proposée; il fit remarquer que la déclaration de Paris avait reçu l'approbation du parlement en toutes circonstances; qu'il ne pourrait honorablement retirer son adhésion. La résolution fut rejetée par 170 voix contre 56. V. Bluntschli, art. 550, 566.

de vue, et il est même allé jusqu'à dire que, tenant compte du petit nombre de navires de guerre des États-Unis, on ne pouvait renoncer à la course; qu'il ne suffirait même pas de proclamer l'inviolabilité de la propriété privée sur mer, qu'il faudrait également interdire le blocus des navires de commerce dans les ports.

§ 35. — Des moyens licites et illicites de faire la guerre.

A. — Définitions et principes généraux.

I. On a toujours proclamé et le plus souvent respecté le principe qu'il faut, entre ennemis, se conduire honnêtement et de bonne foi. L'adage *etiam hosti fides servanda* appartient au droit des gens depuis un temps immémorial. Pour le reste, jusque dans les temps modernes, on a regardé comme licite tout moyen propre à atteindre le but de la guerre; cette opinion persiste chez les peuples qui ne sont point à la hauteur de la civilisation moderne. Au cours du xviie siècle, la guerre était encore barbare à tous les points de vue; la guerre de Trente Ans nous en offre un exemple frappant. Parfois la discipline était très sévère, mais le meurtre, le viol, l'incendie, le vol, accompagnés de toute espèce de cruautés, se commettaient encore tous les jours en pays ennemi, souvent même sur le propre territoire du belligérant. C'est ce qui explique que pendant la durée de cette guerre la population de l'Allemagne tomba de dix-sept millions d'âmes environ à quatre millions.

Lorsque le droit des gens eut proclamé le caractère juridique de la guerre, on vit naître les efforts tendant à maintenir les hostilités dans les bornes de l'humanité et de l'honneur, à restreindre leurs maux dans la mesure rigoureusement indispensable, à ne pas permettre que cette mesure fût dépassée, sauf en cas de représailles. Même dans la limite de ce qui est exigé pour atteindre sûrement le but de la guerre, on doit respecter les usages qui se sont établis durant les derniers siècles. C'est sous cette condition seulement que les chefs d'armée peuvent user de tous les moyens propres à assurer l'accomplissement de leurs devoirs, qui consistent à prendre aussi promptement et aussi complètement que possible les dispositions stratégiques nécessaires, et à veiller à l'entretien et à la sécurité de leurs soldats.

C'est dans ce sens que le congrès de Bruxelles de 1874 a fait, en tête du chapitre intitulé *Des moyens de nuire à l'ennemi*, la déclaration suivante : « Les lois de la guerre ne reconnaissent pas aux belligérants un pouvoir illimité quant au choix des moyens de nuire à l'ennemi (art. 12). De même, le *Manuel de l'Institut de droit international* dans son article 4, qui dit en outre : « Ils doivent s'abstenir notamment de toute rigueur inutile, ainsi que de toute action déloyale, injuste ou tyrannique. »

II. Quant à la légitimité des représailles, les opinions diffèrent : « A reckless enemy often leaves to his opponent no other means of securing himself against the repetition of barbarous outrage,» est-il dit dans l'article 27 des *Instructions américaines* pour les armées en campagne de 1863. Il ne saurait être douteux que la violation des lois de la guerre par les uns justifie la non observation de ces usages de la part des autres, et impose en certaines circonstances même des mesures extraordinaires. Mais les lois de l'humanité n'en doivent pas moins être toujours respectées [1]. Il ne sera pas toujours possible de renoncer à des satisfactions ou à des réparations accomplies sous des conditions très dures. Dans ces circonstances exceptionnelles on doit absolument exclure la barbarie et l'arbitraire et ne jamais dépasser ce qui est rigoureusement nécessaire pour atteindre le but que l'on poursuit [2].

---

[1] Bluntschli, art. 567.

[2] La conférence de Bruxelles renonça à s'occuper des représailles, bien que la Russie, dans la section IV de son projet, eût formulé des principes sur ce point; le président avait déclaré que le gouvernement russe voulait proposer de restreindre, non de sanctionner les représailles.

B. — Des divers moyens de faire la guerre [1].

III. Bien que l'emploi des sujets ennemis qui trahissent leur pays soit autorisé, on ne pourra jamais considérer comme licite l'excitation à une trahison semblable, qui constitue un crime de droit commun. Cependant les opinions diffèrent et la pratique n'est pas d'une sévérité excessive à cet égard. Les explications que donne Bluntschli ne font que constater ces divergences et ces hésitations [2].

IV. Sont absolument interdits l'assassinat et l'excitation au meurtre en dehors de la lutte; il est également défendu de répandre des matières empoisonnées dans le pays ennemi ou sur le territoire occupé par l'ennemi, particulièrement d'empoisonner les fontaines, les sources, les approvisionnements, etc.; de favoriser la diffusion des maladies contagieuses en pays ennemi ou dans les camps ennemis [3]. Il est aussi défendu de déclarer un homme hors la loi et de mettre sa tête à prix [4].

V. Le respect de la bonne foi est dans l'intérêt réciproque des belligérants. Il est contraire au droit des gens de la violer. Cependant il pourra être difficile de tracer la limite entre la ruse de guerre et la perfidie. Mais la violation de la parole jurée et l'emploi d'un faux drapeau au moment d'en venir aux mains doivent être toujours rejetés comme absolument incompatibles avec le droit des gens (voir pour le droit maritime sur ce point, VIII, 2). Du reste, les opinions diffèrent sur la légitimité de la ruse qui consiste à tromper l'ennemi en usant de

---

[1] Ce paragraphe traite de relations qui se présentent surtout dans la guerre sur terre; mais il peut arriver qu'il y ait lieu d'appliquer l'un ou l'autre de ces principes dans les guerres maritimes.

[2] Art. 564, et remarque sur cet article.

[3] Conférence de Bruxelles, art. 13. — *Instructions américaines*, art. 70.

[4] *Instructions américaines*, art. 148. — En 1853, pendant la guerre contre les Birmans, les Anglais mirent à prix, pour 2000 roupies, la tête du chef de guérillas Mœan-Taon. Ils cherchèrent à justifier cette mesure en déclarant qu'il s'agissait d'un brigand, mais en Angleterre même elle souleva une vive désapprobation.

ses uniformes, de ses drapeaux. Bluntschli[1] estime que cette ruse ne peut se prolonger au delà des préparatifs du combat ; dans la bataille même, les adversaires doivent marcher ouvertement et loyalement l'un contre l'autre ; Heffter[2] dit également que si la ruse peut se prolonger pendant la lutte ouverte, la simulation doit s'arrêter auparavant[3]. La conférence de Bruxelles s'est exprimée ainsi en son article 13 : » ... sont interdits :... F. l'abus du pavillon parlementaire, du pavillon national, ou des insignes militaires et de l'uniforme de l'ennemi, ainsi que des signes distinctifs de la convention de Genève. » La question de savoir en quoi consiste l'*abus* est restée sans solution.

VI. Les destructions inutiles et le pillage dans le territoire de l'ennemi ne sont plus en harmonie avec le droit des gens actuel. « Le pillage est formellement interdit » (art. 39 de la déclaration de Bruxelles). « Sont interdits :... G. toute destruction ou saisie de propriétés ennemies qui ne serait pas impérieusement commandée par la nécessité de la guerre » (art. 13).

Toutefois, les chefs d'armée ont une grande latitude à ce point de vue. La conduite des opérations d'une guerre peut justifier la destruction de toute espèce de voies et de moyens de communication, notamment de ports et de chemins de fer, de bâtiments, d'approvisionnements, etc.

VII. Dans le combat ou l'action proprement dite, sont considérés comme illicites :

1. L'emploi d'armes empoisonnées. (Déclaration de Bruxelles, art. 13, A.)

2. L'emploi d'armes ou de projectiles qui causent des souffrances inutiles ou des blessures particulièrement difficiles à guérir, comme la mitraille, le plomb haché, le verre pilé, les flèches barbelées, les projectiles incendiaires ou explosibles

---

[1] Article 565.

[2] Article 125.

[3] Voir aussi Phillimore, III, art. 94 ; Wildman, II, p. 24 ; Henri Brocher, dans la *Revue de droit international* de 1873, p. 325 et suiv. — *Instructions américaines,* art. 65.

contre les personnes (*ibidem*). La déclaration arrêtée à Saint-Pétersbourg le 11 décembre 1868, sur l'initiative de la Russie, et à laquelle ont adhéré les puissances européennes et la Perse[1], interdit aux armées des états signataires l'usage de projectiles pesant moins de 400 grammes et chargés de matières explosibles et inflammables ; elle ajoute cependant que l'obligation de ne point faire usage de projectiles semblables viendrait à cesser si, dans une guerre entre des puissances signataires de la déclaration ou bien y ayant adhéré, l'une d'elles faisait alliance avec une puissance non engagée[2].

2. L'emploi de moyens de destruction qui détruisent en un coup des masses entières de soldats ennemis est également condamné par certains auteurs de droit des gens ; on mentionne toujours à ce sujet les boulets à chaîne ou ramés[3]. Il est évident que la défense d'employer des moyens semblables ne saurait subsister au siècle où l'on se sert des grenades, des schrapnels, des mitrailleuses, des canons-révolvers, etc.[4] (voir aussi VII, 1).

3. Il faut condamner l'emploi de sauvages et de corps de troupes appartenant à des peuplades qui vivent encore à l'état de barbarie, parce qu'il leur manque la compréhension d'une guerre entre nations civilisées. En pratique, il est vrai, on ne s'est pas toujours tenu à ce principe[5].

4. Il est contraire au droit des gens de mettre à mort ou de

---

[1] Voir les documents se rapportant à cette convention dans le *Staatsarchiv*, t. XVI, n°° 3315 à 3318, 3475 à 3478, 3485, 3486.

[2] Dans la dépêche-circulaire du chancelier de la confédération de l'Allemagne du Nord, en date du 9 janvier 1871, il est fait mention de plusieurs cas où des projectiles explosibles pour fusils auraient été employés par les Français ; il affirme aussi que l'on a trouvé sur des prisonniers français, des cartouches, dont les projectiles consistaient en balles de plomb composées de seize morceaux et plus, projectiles produisant donc des effets semblables à ceux du plomb haché.

[3] Bluntschli, art. 560.

[4] Bluntschli, art. 559.

[5] Voir dans Phillimore, III, § 94, une écrasante critique de l'emploi d'Indiens dans les armées anglaises lors de la guerre de l'Indépendance des États-Unis d'Amérique. La dépêche circulaire du 9 janvier 1871, citée plus haut, blâme vivement l'emploi d'indigènes africains pendant la guerre franco-allemande de 1870.

maltraiter ceux qui ne font ou qui ne peuvent faire aucune résistance. Le meurtre d'un ennemi qui, ayant mis bas les armes ou n'ayant plus le moyen de se défendre, s'est rendu à discrétion, est interdit [1]. De même, la déclaration qu'il ne sera pas fait quartier est considérée comme contraire au droit des gens [2]. Mais celui qui ne fait pas quartier n'en doit pas attendre de l'ennemi [3].

5. En ce qui concerne les sièges et bombardements, les règles suivantes sont en vigueur : Les villes ouvertes et les places qui ne sont pas défendues ne peuvent être bombardées ; il en est de même, du côté de la mer, pour les places ouvertes du littoral. L'article 15 de la déclaration de Bruxelles dit : « Les places fortes peuvent seules être assiégées. Des villes, agglomérations d'habitations ou villages ouverts qui ne sont pas défendus, ne peuvent être ni attaqués ni bombardés. » Dans le bombardement des places défendues, il sera rarement possible de ménager les bâtiments qui n'ont pas une destination militaire. Les nécessités stratégiques décideront seules ; dans le cas de siège ou de bombardement d'une forteresse, l'assiégeant n'aura le devoir de ménager la ville elle-même que pour autant que les opérations de l'attaque le permettront. Le bombardement doit donc être dirigé en premier lieu contre les ouvrages de fortification, les arsenaux, les magasins et autres établissements militaires ; contre les autres bâtiments, pour autant qu'on ne puisse faire autrement ; particulièrement les églises, les monuments artistiques, les établissements scientifiques et charitables, comme les hôpitaux et lazarets, devront être épargnés autant que possible.

Le projet de déclaration de Bruxelles dit à ce sujet dans ses articles 16, 17 et 18 : « Si une ville ou une place de guerre, agglomération d'habitations ou village, est défendue, le commandant des troupes assaillantes, avant d'entreprendre le bombardement et sauf l'attaque de vive force, devra faire tout ce

---

[1] Projet de Bruxelles, art. 13 c. — Règlement autrichien, III, n° 1494.
[2] Projet de Bruxelles, art. 13 d.
[3] *Instructions américaines*, art. 60 à 62.

qui dépend de lui pour en avertir les autorités. — En pareil cas, toutes les mesures nécessaires doivent être prises pour épargner autant qu'il est possible les édifices consacrés au culte, aux arts, aux sciences et à la bienfaisance, les hôpitaux et les lieux de rassemblements de malades et de blessés, à condition qu'ils ne soient pas employés en même temps à un but militaire. Le devoir des assiégés est de désigner ces édifices par des signes visibles spéciaux à indiquer d'avance à l'assiégeant ; » et plus loin : « une ville prise d'assaut ne doit pas être livrée au pillage des troupes victorieuses. »

D'après les usages actuels de la guerre, l'avertissement adressé aux autorités locales avant le bombardement ne saurait être considéré comme obligatoire. Le bombardement de Paris a été ouvert en 1870 sans cet avis, et le chancelier de l'empire allemand a déclaré au représentant de la Suisse, dans une note du 17 février, que : « la dénonciation préalable d'un bombardement n'est point exigée par les principes du droit des gens ni reconnue comme obligatoire par les usages militaires [1]. »

Après l'investissement d'une place, l'assiégeant n'est pas tenu de laisser les habitants sortir librement, car son intérêt exige que les approvisionnements soient consommés aussi vite que possible [2]. Mais des raisons d'humanité peuvent provoquer une exception [3].

C. — Dans la guerre maritime en particulier.

VIII. La guerre maritime prête aux observations suivantes :
1. L'emploi des boulets rouges et des couronnes foudroyantes,

---

[1] L'article 19 des *Instructions américaines* dit :
« Commanders, whenever admissible, inform the enemy of their intention to bombard a place, so that the non combatants, and especially the women and children, may be removed before the bombardment commences. But it is no infraction to the common law of war to omit thus to inform the enemy. Surprise may be a necessity. »

[2] *Ibid.*, art. 18.

[3] Pendant le siège de Strasbourg en septembre 1870, on permit aux femmes et aux enfants de sortir librement.

ainsi que des brûlots lancés contre les navires ennemis, est déclaré contraire aux usages du droit des gens, même par des auteurs récents. Il est difficile de maintenir cette opinion à une époque où l'on se sert de torpilles et de mines sous-marines. Mais l'on ne comprend guère pourquoi ces moyens étaient réprouvés auparavant, car la destruction aussi prompte que possible de la force navale de l'adversaire a toujours été le but principal de la guerre maritime, et ce but ne peut être atteint dans les batailles sans que tout l'équipage du navire soit enveloppé dans la destruction ou exposé à périr. En réalité, on n'a jamais été logique en posant de semblables principes.

A ce point de vue, il est curieux de citer un ordre émanant du maréchal de Conflans, vice-amiral français qui, en 1759, déclarait absolument contraire au droit des gens et aux règles de l'honneur l'emploi de boulets creux remplis de substances inflammables, et ajoutait qu'on ne s'était décidé qu'à regret à pourvoir les vaisseaux de ligne de semblables boulets ; mais qu'on leur en avait remis cependant afin qu'ils s'en servissent si les Anglais le faisaient. Dans son *Histoire du Consulat et de l'Empire*, Thiers flétrit, comme « une perfidie contraire à toutes les lois de l'humanité et à une loyauté chevaleresque », l'ordre donné en 1809 à l'amiral anglais Gambier, à qui l'on enjoignit de détruire la flotte française près de Rochefort, en employant à cet effet trente navires transformés en brûlots et chargés de matières explosibles. Cet ordre fut exécuté en partie.

2. Si l'on part du principe que la ruse est permise, pourvu qu'elle ne soit pas contraire aux lois de l'honneur, il faut se placer au même point de vue en examinant la question de l'usage d'un faux pavillon. Il en résultera que cette ruse de guerre sera licite ou non, selon les circonstances de chaque espèce ; c'est l'honneur militaire qui décidera. Mais on considère toujours comme une perfidie condamnable de s'engager dans un combat en arborant un faux pavillon.

Les anciennes ordonnances françaises de 1696 et de 1704 défendent aux vaisseaux de guerre et aux corsaires de donner le coup de semonce (§ 54, II) sous un faux pavillon[1]. C'est en tirant le coup de semonce au plus-tard que le pavillon national doit être hissé. Dans la guerre de 1756 entre la France et l'Angleterre, on regarda cependant de part et d'autre comme permis de donner le coup de semonce sous faux pavillon, mais les Français ne le firent qu'à titre de représailles. La loi française du 22 mai 1803 ordonne aux capitaines de corsaires de déployer le drapeau français avant de tirer le premier coup à boulet sur le navire qu'ils poursuivent.

En 1815, le conseil d'état français déclara que la simulation de pavillon était permise pour échapper à la surveillance des navires de guerre, mais jamais s'il s'agissait d'une attaque ou d'un combat, ou du coup d'assurance (de semonce), parce qu'il sert précisément à affirmer le pavillon. Le décret du 15 août 1851 concernant le service à bord des navires de guerre dit à son article 121 : « Avant de commencer l'action, le commandant en chef fait arborer les marques distinctives et hisser les pavillons français sur tous les bâtiments. Dans aucun cas, il ne doit combattre sous un autre pavillon. Dans les combats de nuit, il ordonne qu'un fanal soit placé au-dessus du pavillon de poupe. » Le règlement autrichien (III, n° 1476) prescrit : « Avant que le feu soit ouvert, les couleurs nationales et les marques de commandement doivent être hissées. Dans les combats de nuit, un fanal doit être placé au-dessus du pavillon de poupe. »

Ortolan[2] tient pour stratagème licite le fait d'attirer son ennemi au combat ou d'échapper à un ennemi supérieur en hissant un faux pavillon. Mais de Cussy[3] déclare : « Aujourd'hui

---

[1] L'ordonnance du 17 mars 1696 dispose : « Sa Majesté a ordonné et ordonne que tous les capitaines commandant ses vaisseaux ou ceux armés en course par ses sujets, seront tenus d'arborer le pavillon français avant de tirer le coup d'assurance ou de semonce. Défenses très expresses leur sont faites de tirer sous pavillon étranger à peine d'être privés, eux et leurs armateurs, de tout le provenu de la prise, qui sera confisqué au profit de Sa Majesté, si le vaisseau est jugé ennemi, et en cas que le vaisseau soit jugé neutre, les capitaines et armateurs seront condamnés aux dépens, dommages et intérêts des propriétaires. »

[2] II, p. 29.

[3] I, p. 257, 258.

aucun commandant de navire de guerre ne se considérerait comme autorisé à masquer sous un pavillon étranger le dessein d'attaquer l'ennemi, sauf à abandonner cette ruse en approchant de lui; sa dignité personnelle, la dignité de son pays et l'honneur militaire ne s'opposeraient pas seulement à l'emploi d'un tel moyen, mais même à la pensée d'en faire usage. »

L'emploi d'un faux pavillon dans les conditions où il est illicite ne saurait être admis comme représaille, parce que la conduite contraire à l'honneur de l'un des belligérants n'autorise jamais l'adversaire à agir de même.

3. Le sentiment de l'honneur militaire doit dire au commandant jusqu'où peut aller l'emploi des stratagèmes dans les guerres maritimes.

L'histoire des guerres maritimes nous rapporte des traits nombreux où l'obligation de se conduire honorablement envers l'ennemi semble avoir été fort oubliée [1].

4. Il est contraire au droit des gens de faire feu sur un navire ennemi qui a amené son pavillon, parce qu'en abaissant le pavillon, on manifeste l'intention de se rendre.

L'article 96 des Instructions allemandes prescrit : « Aussitôt qu'un navire ennemi a amené le pavillon, le feu contre lui doit être arrêté et on doit en prendre immédiatement possession. Le commandant envoie un officier avec un équipage provisoire pour occuper le navire, et il avertit le chef d'escadre. » De même, le règlement autrichien (III, no 1488) : « Si un navire étranger a amené son pavillon, et si l'on a la certitude que le

---

[1] Pendant la guerre de 1756, une frégate anglaise parut en vue de Calais, fit des signaux de détresse pour attirer des bâtiments français, et s'empara d'une chaloupe et de son équipage, qui venait à son secours, croyant à un danger réel.

Dans le cas suivant, qui s'est passé en 1800, une flagrante violation de neutralité vint se joindre à une condamnable perfidie : Plusieurs vaisseaux anglais qui se trouvaient en mer près de Barcelone, contraignirent une galiote suédoise, *la Hoffnung*, à prendre à son bord des officiers et des marins anglais, et à se laisser remorquer à la tombée de la nuit jusqu'à l'entrée de la rade de Barcelone. Les Anglais parvinrent là, en se servant de la galiote, à surprendre deux frégates espagnoles, qui se trouvaient à l'ancre et qu'elles forcèrent de se rendre. Les réclamations de la Suède à Londres restèrent sans résultat. Voir les détails dans de Cussy, II, p. 211 et suiv.

pavillon est réellement amené et non pas emporté par un boulet, le feu doit être arrêté immédiatement[1]. »

5. *Destruction de télégraphes sous-marins.* La question de savoir si une semblable destruction est licite n'a pas encore été tranchée par voie d'autorité. Nous avons renvoyé plus haut (§ 12, III) au travail de M. Renault sur ce point, et nous avons signalé l'attitude qu'a prise l'*Institut de droit international.* Tenant compte, d'une part, du dommage que causerait la destruction des câbles sous-marins aux rapports internationaux, et de l'autre, des nécessités de la guerre, M. Renault distingue quatre hypothèses et arrive aux conclusions suivantes :

a) Si le câble relie deux points du territoire d'une seule et même puissance belligérante. Dans ce cas, l'autre belligérant a le droit d'arrêter les communications télégraphiques et de détruire le câble.

b) Le câble relie les territoires des deux belligérants. Dans ce cas également, rien ne restreint leur liberté d'action.

c) Le câble relie le territoire d'un belligérant et d'un neutre. Le belligérant dont il s'agit peut alors arrêter les communications sur son propre territoire ; et si l'autre belligérant réussit à s'emparer de ce territoire, il peut également détruire le câble si cela lui convient. Il en est de même lorsque ses croiseurs bloquent un port ennemi. M. Renault s'abstient de trancher la question de savoir si la destruction serait permise dans d'autres hypothèses, par exemple pour prévenir un échange de dépêches s'opérant au profit de l'adversaire, de ou vers la frontière du neutre. Mais il ne doute pas, avec pleine raison selon nous, que le belligérant, s'il a des motifs de craindre que l'on use des moyens de communication existants pour faciliter les opérations militaires de l'ennemi, en prendra prétexte pour rompre ces moyens de communication.

d) Le câble relie deux territoires neutres. Les belligérants

---

[1] Plus loin, il est dit : « Si un navire ennemi se rend pendant que la flotte est engagée dans un combat, on ne doit, sauf le cas d'abordage, en prendre possession que si cela peut se faire sans nuire à l'action principale.

n'ont alors, dans aucune circonstance, le droit d'interrompre les communications ou de détruire le câble.

Dans tous les cas, il n'y a pas à distinguer si le câble est propriété de l'état ou de particuliers.

Nous renvoyons d'ailleurs, pour tout ce qui concerne la neutralisation des télégraphes internationaux et des câbles sous-marins, à l'utile et savant ouvrage de M. Fischer (*Die Telegraphie und das Vœlkerrecht*), qui, le premier, a soumis cette question à un examen approfondi.

§ 36. — Du droit de capture sur mer.

I. La guerre maritime ne consiste pas seulement à détruire les flottes ennemies, les ouvrages de fortifications, et les établissements maritimes et militaires qui se trouvent sur le littoral de la partie adverse, à opérer des débarquements, à entreprendre et à conduire des opérations militaires de toute espèce, à défendre et à protéger les côtes nationales; elle a pour but l'abaissement de la puissance navale de l'ennemi au sens le plus étendu du mot. Le commerce maritime de la nation ennemie est donc enveloppé dans la guerre, qui, lorsqu'elle est engagée sur mer, a pour but principal de nuire à ce commerce et de le détruire.

Tandis que dans la guerre terrestre l'inviolabilité de la propriété privée constitue, pour les états civilisés de notre temps, un principe de droit international dont il n'est permis de se départir qu'en certaines circonstances spéciales, dans la lutte maritime on admet que la propriété privée soit soumise à confiscation par les forces ennemies. Cette règle s'applique aux navires de commerce des belligérants et aux marchandises qui leur appartiennent et sont embarquées sur ces navires (voir cependant § 42). En ce qui concerne les bâtiments, on ne prend en considération que leur nationalité au moment de la saisie ; la translation de propriété opérée postérieurement en faveur d'un neutre est sans effet, parce que la saisie a enlevé au propriétaire la disposition ultérieure du navire ; mais les belligérants doivent respecter les translations de propriété faites auparavant à des neutres, et même celles qui ne se sont opérées qu'après le commencement de la guerre. « According « to the law of nations, neutrals have the right to purchase « during war the property of belligerents, whether ships or « anything else ; and any regulation of a particular state, « which contravenes this doctrine, is against public law, and « in mere derogation of the sovereign authority of all inde- « pendent states [1]. »

Il va de soi que les ventes simulées ne peuvent prétendre à l'inviolabilité ; toute vente faite à un neutre pendant le voyage, *in transitu*, sera aisément suspectée et de nature à jeter du doute sur la bonne foi du marché [2].

II. Le droit de saisie de la propriété privée sur mer appartient aux navires de guerre, aux corsaires et aux forces militaires agissant sur le rivage [3].

III. Il peut être exercé en tout lieu qui peut servir de théâtre à la guerre (voir § 33) ; la capture de bâtiments ennemis est donc, aussi bien que tout autre acte d'hostilité, interdite dans les eaux territoriales des neutres (voir §§ 39 et 40).

IV. Le droit de capture et la course sont des institutions étroitement liées dans leurs résultats. La propriété privée de l'ennemi sur mer est directement atteinte par l'une et par l'autre. Leur but est le même : la confiscation, la ruine du commerce maritime de l'ennemi, souvent le lucre, qui est toujours le seul mobile du corsaire ; de sorte qu'on a pu dire, même en parlant de ce droit exercé par les navires de guerre, qu'il

---

[1] Consultations de l'attorney général des États-Unis d'Amérique, de mai 1855, dans le *Recueil* de Soetbeer, nouv. série, I, n° 156, et du 7 août 1854, *ibid.*, II, n° 182, dans lesquelles la matière est traitée avec détails.

[2] Dans ces consultations, on pose comme condition de la validité du contrat, que « the purchase be made bona fide and the property be passed absolutely and without reserve. » — Voir aussi Marco, p. 33 et suiv., et Phillimore, III, § 486.

[3] Voir des exemples dans De Martens, *Essai sur la course,* § 34.

constituait une piraterie privilégiée. Précédemment et presque
toujours jusqu'en 1854, on confondait les deux choses en
traitant la matière, et, même dans ces derniers temps, on ne
s'est pas attaché suffisamment à les distinguer. Il était donc
tout naturel que les premières attaques dont la course a été
l'objet vers le milieu du dernier siècle de la part d'hommes
autorisés, aient eu promptement pour conséquence de mettre
en question le sort réservé par le droit de gens à la propriété
privée sur mer, qui se trouve en quelque sorte hors la loi
(voir § 34, X). Depuis lors, on a beaucoup écrit et négocié sur
ce point; presque tous les nouveaux ouvrages de droit des gens,
surtout lorsqu'ils sont consacrés au droit maritime, le discutent
plus ou moins longuement: en outre, une foule de monogra-
phies ont pour sujet la réforme du droit maritime. Cependant
les opinions des publicistes les plus distingués diffèrent profondément. Le maintien de la capture trouve des défenseurs,
surtout en Angleterre et en France, tels que Phillimore, Twiss,
Hautefeuille, Ortolan, Carron, tandis que, parmi les partisans
de l'abolition, on peut citer Wheaton, de Cussy, Cauchy et
Calvo, la plupart des auteurs allemands, particulièrement
Heffter, Bluntschli, Gessner, de Holtzendorff, etc. [1].

L'*Institut de droit international*, dans ses sessions de 1875, 1877
et 1878, s'est occupé de la question, et il s'est prononcé, à la
majorité de ses membres, pour le principe de la suppression
de la capture; en 1877, il a adopté les résolutions suivantes:

1) La propriété privée, neutre ou ennemie, est inviolable
sous le pavillon neutre et sous le pavillon ennemi.

2) Sont soumis à la saisie les objets pouvant servir immédiatement à la guerre ou qui y sont destinés, et les navires de
commerce qui ont pris part aux hostilités ou qui sont immédiatement destinés à y prendre part, ou qui ont violé un blocus
effectif.

Même en dehors du monde des publicistes, un vif mouve-

---

[1] Un résumé des diverses opinions se trouve dans l'écrit de Bluntschli : *Le
droit de capture dans la guerre et particulièrement dans la guerre maritime*,
1878; dans Klobukowsky, p. 49 et suiv., dans Assensio, p. 23 et suiv.

ment s'est produit depuis le congrès de paix de Paris de 1856 en faveur de l'abolition. Il faut signaler notamment les résolutions du commerce de Brême du 2 décembre 1859 [1]; la déclaration de la chambre de commerce de Marseille du 30 décembre 1859 [2]; les vœux exprimés par le congrès international maritime de Naples en 1871 [3]; enfin la résolution unanimement prise dans la séance du *Reichstag* de la confération de l'Allemagne du Nord, le 18 avril 1868, sur l'initiative du docteur Aegidi, résolution ayant pour but « d'inviter le chancelier fédéral à profiter des rapports pacifiques qui existent actuellement pour provoquer des négociations avec les puissances étrangères en vue de convertir, par le moyen d'accords et de traités internationaux, l'inviolabilité de la propriété privée sur mer en un principe formellement reconnu du droit des gens [4]. »

On ne s'est pas seulement borné à combattre la saisie au point de vue du droit des gens, mais aussi on s'est placé sur le terrain de la morale et de la civilisation. D'autre part, les raisons alléguées par les défenseurs de la capture peuvent se résumer ainsi : La guerre est un mal nécessaire; la confiscation de la propriété privée sur mer l'est également, sans contestation possible; un état dont la puissance militaire repose principalement sur ses forces navales, ne pourrait renoncer à ce droit sans compromettre ses moyens de défense. La confiscation des navires et des biens de l'ennemi est, aussi bien que la lutte sanglante, l'objet de la guerre maritime; celle-ci en revêt un caractère moins cruel, sans cependant nuire à sa fin dernière,

---

[1] Voir annexe J.

[2] Voir Aegidi et Klauhold : *Navire libre sous pavillon ennemi.*

[3] Ils sont ainsi conçus : « Le congrès émet le vœu que les bâtiments de commerce des belligérants et leurs cargaisons soient exempts de capture et de confiscation comme le sont ceux des états neutres, à l'exception de la contrebande de guerre, et pourvu que cette exception ne s'étende pas aux navires et aux cargaisons qui chercheraient à pénétrer dans un port bloqué par les forces navales d'une des nations belligérantes. » — On exprima, en outre, le désir de voir déterminer par des conventions internationales les objets qui sont contrebande de guerre, et définir plus nettement ce qu'il faut entendre par blocus.

[4] Les débats sur cette matière se trouvent reproduits dans le *Staatsarchiv*, t. XIX, n° 3304.

qui est de contraindre l'adversaire à se soumettre ; en accordant une liberté complète aux navires de l'ennemi, on lui concéderait un grand avantage, car ces navires ne se bornent pas toujours à des actes commerciaux inoffensifs. Le commerce maritime et le commerce terrestre sont choses très différentes : il y a des rapports étroits entre la flotte de guerre d'un état et sa marine commerciale ; les bâtiments de commerce sont souvent aptes à servir à des usages de guerre, et leurs équipages s'y prêtent parfaitement.

Ce serait sortir du cadre de notre ouvrage que d'approfondir les raisons alléguées pour et contre cette thèse, et d'en faire la critique complète. Nous nous bornerons à exprimer l'espoir que la question reçoive une solution pratique dans des temps qui ne soient pas trop éloignés, et nous constaterons seulement avec Bluntschli [1] que « la croyance à la légitimité du droit de capture est déjà ébranlée jusque dans ses fondements [2]. »

Quant à la suppression de la saisie par conventions ou lois spéciales, voir le § 37.

V. Le droit de capture sur mer, qui frappe directement la propriété, navire ou marchandise, de l'ennemi, reçoit dans la pratique une extension singulière ; il comprend en outre le droit de faire prisonniers les équipages des navires déclarés de bonne prise, pour autant qu'ils soient de nationalité ennemie. C'est une nouvelle anomalie : d'après les principes en vigueur dans la guerre terrestre, les particuliers qui se conduisent pacifiquement ne sont point enveloppés dans les hostilités [3].

Le règlement des prises rendu par la Prusse en 1864 dit à

---

[1] *Du droit de capture*, p. 79.

[2] Aegidi et Klauhold, *loc. cit.*, donnent de nombreux documents sur le mouvement qui s'est produit de 1856 à 1866.

[3] Ce principe du droit moderne a été clairement formulé dans la proclamation, lancée par le roi de Prusse, en sa qualité de commandant en chef des armées allemandes, le 11 août 1870 : « Je fais la guerre aux soldats français et non aux citoyens français. Ces derniers continueront donc à jouir d'une sécurité complète pour leurs personnes et pour leurs biens aussi longtemps qu'ils ne m'enlèveront pas le droit de les protéger en faisant des entreprises hostiles contre les troupes allemandes. »

son article 18 : « L'équipage du navire capturé sera entretenu
« aux frais de l'état jusqu'à décision de la cause. Si la prise est
« condamnée, les sujets ennemis qui se trouvent parmi l'équi-
« page seront traités en prisonniers de guerre. Les sujets des
« nations alliées ou neutres seront remis aux consuls de leurs
« gouvernements respectifs, qui en disposeront ultérieure-
« ment. »

Les personnes qui n'appartiennent pas à l'équipage, comme
les passagers, quelle que soit leur nationalité, ne subissent
pas ce traitement, à moins qu'elles ne fassent partie de l'armée
ou de la flotte de l'ennemi, ou qu'elles ne soient en voie d'entrer
au service militaire de l'ennemi ; dans ces cas, on est en droit
de les retenir prisonnières ou de les interner, indépendamment
de la condamnation de la prise [1].

Pour ce qui regarde l'exemption de ceux qui se livrent à la
pêche maritime, voir § 37, IV.

En différentes circonstances, notamment en Allemagne pendant la guerre de 1870, on a critiqué et combattu cette extension du droit de prise, et on l'a fait, nous paraît-il, avec pleine
raison, car elle ne répond plus aux conséquences que l'on
assigne de nos jours à l'état de guerre [2].

Les Français, du reste, ne se bornèrent pas à traiter simplement en prisonniers de guerre les équipages des navires capturés; plusieurs d'entre eux furent traités en criminels, en-
chaînés deux à deux, conduits d'un endroit à un autre, nourris
d'une manière insuffisante [3].

En 1860, les députés du commerce britannique ayant de-

---

[1] Les instructions françaises de 1854 disent dans leur article 20 : « Vous ne
« devrez distraire du bord aucun des individus qui montent le bâtiment capturé,
« s'il s'agit d'un corsaire ou d'un bâtiment marchand ; mais les femmes, les en-
« fants et toutes les personnes étrangères au métier des armes ou à la marine ne
« devront, en aucun cas, être traités comme prisonniers de guerre, et seront
« libres de débarquer dans le premier port où le bâtiment abordera. »

[2] Voir aussi Gessner : *Puissances belligérantes et neutres*, p. 90, 91 ; et *Droits
des neutres*, p. 436 ; Geffken, p. 268.

[3] Dépêche circulaire du comte de Bismarck, datée de Versailles, le 9 janvier 1871, dans Hirth, *Tagebuch*, II, nº 429 ; *ibid.*, II, nº 603.

mandé l'acceptation par l'Angleterre des résolutions votées à Brême (voir plus haut n° IV), lord Palmerston leur déclara qu'à son avis l'existence de l'Angleterre dépendait du maintien de son empire sur les mers, et qu'il était nécessaire dans ce but de ne pas se dessaisir du pouvoir de confisquer les navires des puissances étrangères et de retenir prisonniers les marins servant sur ces navires. Il ajoutait que la guerre était un mal effroyable, mais qu'il n'en était pas moins nécessaire parfois de la faire pour sauver sa propre existence; qu'une puissance maritime comme l'Angleterre ne pouvait abandonner aucun moyen propre à affaiblir ses ennemis sur mer. Si l'Angleterre ne retenait pas prisonniers les matelots de la nation ennemie pris à bord des bâtiments de commerce, elle aurait bientôt à combattre ces mêmes matelots à bord des navires de guerre [1].

Lors de la guerre de 1870, le comte de Bismarck a répondu vivement à M. de Chaudordy qui développait le même thème.

VI. Le droit de capture peut être exercé en mer dès le début de la guerre, même sur les bâtiments qui ignoraient qu'elle fût déclarée; il se termine à la conclusion de la paix, et il est suspendu pendant la durée des armistices généraux et de tous ceux qui arrêtent les hostilités maritimes [2]. La convention d'armistice entre l'Allemagne et la France du 28 janvier 1871 contient dans son article premier une stipulation sur ce point.

Depuis le milieu de ce siècle, il n'est plus d'usage d'exercer, comme on l'avait fait constamment jusqu'alors, le droit de capture immédiatement après la déclaration de guerre. On estime qu'il est conforme à l'équité d'accorder aux navires marchands de l'ennemi un délai proportionné aux circonstances. Cette pratique a reçu une première sanction dans les décrets publiés par l'Angleterre et la France au début de la guerre de Crimée « pour concilier les intérêts du commerce « avec les nécessités de la guerre, et parce qu'il convient de « protéger, même après l'ouverture des hostilités, aussi large-

[1] Ortolan (II, p. 35 et suiv.) et Hautefeuille (*Dr. et dev. des neutres*, II, p. 179 et suiv.), se placent également à ce point de vue.
[2] Voir de Martens, *loc. cit.*, § 38 ; Gessner, *loc. cit*, p. 346.

« ment que possible les opérations engagées de bonne foi et en
« cours d'exécution avant la guerre [1]. »

Conformément à ces précédents, un décret du ministre de
la marine de France, en date du 25 juillet 1870, a prescrit que
les navires marchands de nationalité allemande qui, antérieurement à la déclaration de guerre, avaient pris des marchandises en fret pour la France ou pour le compte de Français,
ne seraient pas sujets à capture, mais qu'ils pourraient décharger leur cargaison, et seraient renvoyés dans leur pays
avec un sauf-conduit. D'après le même décret, les navires
allemands qui seraient entrés plus tard dans les ports français, ignorant l'état de guerre, devaient avoir un délai de trente
jours pour reprendre la mer, et recevoir un sauf-conduit pour
rentrer librement dans leur pays [2].

L'ordonnance allemande du 19 janvier 1871, concernant la
capture des bâtiments de commerce français, établit de même
un délai jusqu'au 10 février suivant, tenant surtout compte de
ce que, sur la foi d'une renonciation antérieure de la Prusse au
droit de capture (voir § 37, II), on avait peut-être chargé des
marchandises neutres sur des bâtiments français.

VII. On n'est point d'accord sur le moment précis où la propriété de la prise passe à l'état belligérant au nom duquel la
saisie s'est faite, ou bien au capteur. On exige actuellement
pour l'acquisition de la propriété les deux conditions suivantes :

1° Le navire ou les objets saisis doivent être mis en sûreté.

2° Ils doivent être adjugés, c'est-à-dire la légitimité de la

[1] La déclaration française du 27 mars 1854 (voir aussi les Instructions du
31 mars 1854) dit dans son article 1er : « Un délai de six semaines, à partir de ce
jour, est accordé aux navires de commerce russes pour sortir des ports français.
En conséquence, les navires de commerce russes qui se trouvent actuellement
dans nos ports, ou ceux qui, étant sortis des ports russes antérieurement à la déclaration de guerre, entreront dans les ports français, pourront y séjourner et
compléter leur chargement jusqu'au 9 mai inclusivement. »
Art. 2. Ceux de ces navires qui viendraient à être capturés par les croiseurs
français, après leur sortie des ports de l'empire, seront relâchés, s'ils établissent
par leurs papiers de bord qu'ils se rendent directement à leur port de destination,
et qu'ils n'ont pu encore y parvenir. »
[2] Voir la déclaration dans Hirth, *Tagebuch*, I, n° 394.

15

prise doit avoir été reconnue par un jugement du tribunal compétent [1].

Le code général de la Prusse ne parle pas de la nécessité de l'adjudication pour le transfert définitif de la propriété; mais elle est mentionnée dans le règlement du 31 décembre 1865, concernant la répartition des parts de prise et des primes. L'article 1er dit : « Le droit à des parts de prise se fonde sur la « capture de navires ennemis ou neutres, lorsqu'elle est per- « mise, et sur leur condamnation régulière par le conseil des « prises. »

VIII. Il y a un rapport étroit entre cette question et celles que soulève le *droit de reprise*, c'est-à-dire, les conséquences juridiques de la reprise d'un navire ou de biens capturés par l'ennemi.

Le sujet est traité avec grands détails dans le chapitre 287 du *Consulat de la mer*, intitulé : *du navire pris et repris*; il se trouve exposé scientifiquement et d'une manière approfondie aux §§ 40 à 73 de l'ouvrage de G. F. de Martens, qui porte pour titre : *Essai sur la course, les prises par l'ennemi et spécialement les reprises*; les §§ 55 et suivants contiennent les principes du droit des gens positif en matière de reprise. Mais tous ces éléments ne fournissent pas une théorie homogène. Les lois et règlements particuliers de chaque état varient en outre dans une foule de détails.

Jusque dans ces derniers temps, on posait comme condition de la reprise, que le navire ou les biens de l'ennemi qui avaient été capturés n'eussent pas encore été mis en sûreté, de telle façon que, pendant le même engagement ou immédiatement après, on n'ait pu les reprendre; il fallait par exemple qu'ils n'eussent pas été conduits dans un port ennemi ou neutre. Ensuite on a déclaré que le droit de reprise ne pouvait être

---

[1] Voir notamment Bulmerincq, p. 311. — Déjà Lampredi (p. 139) constate que c'est la pratique suivie par presque toutes les nations de l'Europe; de même, De Martens, *Précis*, II (§ 322) : « Il est reconnu en Europe que le capteur n'a pas le droit de disposer de sa prise quelle qu'elle soit, avant qu'elle lui ait été adjugée.

exercé lorsque la prise se trouvait en la possession du capteur depuis vingt-quatre heures, ou un autre espace de temps déterminé. D'après la dernière jurisprudence des États-Unis d'Amérique, le droit de reprise existe, indépendamment de la durée de la possession, jusqu'au moment de la condamnation régulière du navire ou de la cargaison. Cette solution paraît exacte, car la translation définitive de la propriété ne s'est pas opérée auparavant. Il n'est pas encore permis, cependant, de considérer la règle américaine comme un principe du droit des gens positif.

Lorsque le navire ou les marchandises sont recapturés après le délai fixé pour l'exercice du droit de reprise, ils constituent une nouvelle prise dont profite le capteur ; tandis que c'est le propriétaire primitif qui, en cas de reprise, rentre en possession de son bien. La nouvelle capture doit être régulièrement adjugée, mais non la reprise. Toutefois, la restitution au propriétaire primitif ne se fait ordinairement que contre remboursement des frais et payement d'une prime, fixée d'après les principes adoptés en matière d'épaves, par exemple à 1/2, 1/3, 1/5, 1/8, etc., de la valeur totale de la reprise [1].

On traite parfois différemment la prise selon qu'elle appartient à des nationaux, à des alliés ou à des neutres, ou en distinguant d'après la nationalité du capteur ; on fait dépendre aussi de la condition de réciprocité, l'application des règles adoptées.

Le code général prussien (I.9, § 208) dispose que les « navires et les biens qui sont pris par des corsaires, ne doivent être considérés comme perdus, qu'après avoir été amenés dans un port ennemi ou neutre »; et plus loin (§§ 203, 209, 210) que, dans le cas où les navires et marchandises capturés sont repris à l'ennemi, avant d'être amenés dans le port, par un corsaire de l'état auquel appartient le propriétaire du navire ou des biens, ou par un corsaire d'un état allié, le propriétaire y a droit jusqu'à concurrence d'un tiers de la valeur, tandis que si la reprise

---

[1] Voir Bulmerincq, p. 542 et suiv.; Gessner, loc. cit., p. 363.

a été opérée par un navire de guerre, le propriétaire doit seulement une indemnité proportionnée à l'équipage.

Le règlement des prises prussien de 1864 ne donne pas la définition de la reprise; il dit dans son article 10 : « Les navires nationaux qui ont été pris par l'ennemi et qui lui ont été enlevés ensuite, sont de bonne prise, pour autant qu'on ne doive pas les considérer comme des *reprises.* »

Heffter [1] fait ressortir l'incertitude qui domine en cette matière, où l'on trouve à peine quelques principes de droit des gens universellement adoptés. Dans la pratique, en effet, les divers états maritimes se laissent guider plutôt par leurs intérêts ou les convenances du moment, que par des règles juridiques.

IX. Voir le § 57 et suivants pour la procédure en matière de prise.

§ 37. — Restrictions au droit de capture de la propriété privée sur mer.

I. *Abrogation conventionnelle.* — L'article 23 du traité d'amitié et de commerce conclu le 10 septembre 1785 entre la Prusse et les États-Unis d'Amérique, peut servir d'exemple. Il est ainsi conçu : «.Tous les vaisseaux marchands et commerçants, « employés à l'échange des productions de différents endroits, « et par conséquent destinés à faciliter et à répandre les né- « cessités, les commodités et les douceurs de la vie, passeront « librement et sans être molestés. Et les deux puissances con- « tractantes s'engagent à n'accorder aucune commission à des « vaisseaux armés en course, qui les autorisât à prendre ou à « détruire ces sortes de vaisseaux marchands, ou à interrompre « le commerce. »

Dans le traité de commerce et d'amitié conclu entre les deux mêmes états, le 11 juillet 1799, aucune disposition semblable

---

[1] §§ 191 et 192.

n'a été insérée ; mais l'article 12 du traité de commerce et de navigation du 1er mai 1828 remet en vigueur l'article 23 avec d'autres stipulations de la convention de 1785.

A une époque plus récente, le traité conclu entre les États-Unis d'Amérique et l'Italie, en date du 26 février 1871 (article 12), a proclamé de nouveau le principe de la liberté de la propriété privée sur mer : « Les hautes parties contractantes sti- « pulent qu'en cas de guerre entre elles, la propriété privée « de leurs citoyens ou sujets respectifs, à l'exception de la « contrebande de guerre, ne pourra être prise ni saisie en « pleine mer ou ailleurs, par les bâtiments armés ou les forces « militaires de l'autre partie, étant bien entendu que cette « exemption ne s'étend pas aux bâtiments et à leur cargaison « qui tenteraient d'entrer dans un port bloqué par les forces « navales de l'autre partie. »

II. *Renonciation unilatérale à l'exercice du droit.* — Elle s'est produite fréquemment, avec ou sans condition de réciprocité.

a) Sous condition de réciprocité.

Nous en voyons un exemple dans la guerre de 1866 entre la Prusse, l'Italie et l'Autriche.

En Autriche, un ordre impérial fut publié le 13 mai 1866 : En voici le texte. « A l'égard de la déclaration qu'ont faite les puissances réunies au congrès de Paris, le 16 avril 1856, et par laquelle ont été établis les principes internationaux qui abolissent la piraterie et proclament le droit des neutres, afin d'atténuer, autant qu'il est possible, les funestes effets produits par une guerre sur le commerce maritime, et qui proviennent de l'incertitude du droit public, et aussi afin de contribuer, autant qu'il dépend de l'Autriche, à remplir encore ce but, à condition qu'il y aura réciprocité, j'ai, après avoir consulté mon conseil des ministres, décrété ce qui suit :

ART. 1er. — Les navires marchands et leurs cargaisons ne peuvent être saisis en mer par les croiseurs autrichiens, ou condamnés dans une cour autrichienne de prise, comme étant de bonne prise, sous prétexte qu'ils appartiennent à un état en guerre avec l'Autriche, si la puissance hostile accorde la réciprocité aux navires marchands autrichiens. Cette réciprocité sera présumée accordée jusqu'à preuve du contraire toutes les fois qu'un traitement également favorable, exercé envers les navires autrichiens par la puissance hostile, aura pour garantie les principes manifestes de la législation, ou les déclarations faites par la dite puissance, avant que les hostilités aient éclaté.

Art. 2. — Les stipulations de l'article 1er ne sont pas applicables aux navires qui portent de la contrebande de guerre, ou qui violent un blocus légalement obligatoire.

Art. 3. — Mes ministres de la guerre et de la justice sont chargés de l'exécution du présent décret. »

A la suite de la publication de cet acte impérial, un décret fut rendu le 19 mai 1866, par le roi de Prusse ; il est ainsi conçu : « Sur la proposition du ministre d'état, je décide qu'en « cas de guerre les bâtiments marchands, appartenant aux « sujets d'un état ennemi, ne seront pas soumis à capture de « nos vaisseaux de guerre, en tant que l'état ennemi pratique « la réciprocité. La décision ci-dessus n'est point applicable « aux bâtiments qui seraient sujets à être pris et confisqués, « s'ils étaient navires neutres. »

Pour déterminer quels sont les navires neutres qui encourent la capture et qui peuvent être déclarés de bonne prise, voir les §§ 42 et 43.

Il ne saurait être douteux que le décret prussien ne s'étende, non pas seulement aux bâtiments de commerce ennemis, mais aussi à leurs cargaisons.

L'ordonnance de l'empereur d'Autriche, en date du 9 juillet 1866, concernant l'arrêt, la saisie et la condamnation des navires ennemis et des bâtiments suspects, maintient le principe proclamé le 13 mai précédent.

En Italie, les articles 211 et 212 du code maritime, publié le 21 juin 1865, contenaient déjà une disposition importante, supprimant la saisie des bâtiments de commerce ennemis par les navires italiens, sauf les cas de contrebande de guerre et de violation de blocus, sous la condition de réciprocité. L'instruction du 20 juin 1866 s'exprime dans le même sens (art. II) :

« L'Autriche ayant déclaré, par l'ordonnance impériale du
« 13 mai dernier, vouloir se conformer au principe de la réci-
« procité énoncé par l'article 211 de notre code pour la ma-
« rine marchande, vous ne capturerez point les navires de
« commerce ennemis ni leur cargaison, sauf les cas de trans-
« port de contrebande de guerre ou de tentative de rompre un
« blocus [1]. »

b) Sans condition de réciprocité.

Le seul cas que nous connaissions, est un décret de la présidence de la confédération de l'Allemagne du Nord, du 18 juin 187) (B. G. Bl., p. 485), qui a déclaré que : « Les navires de commerce français ne seront pas sujets à être saisis et confisqués par les bâtiments de la marine fédérale. Cette disposition ne s'applique point aux navires qui encourraient la saisie et la confiscation même s'ils étaient bâtiments neutres [2]. »

Toutefois, l'ordonnance du 18 juin 1870 a été, par une autre ordonnance du 19 janvier 1871 (B. G. Bl., p. 8), mise hors de vigueur à partir du 10 février 1871, non point à cause de l'absence de réciprocité de la part de la France, mais comme mesure de représailles contre les violations du droit des gens commises par le vapeur de guerre français *le Desaix*, sur des bâtiments allemands [3].

---

[1] Nous n'avons sous les yeux que la traduction française et non pas l'original italien.

[2] Le secrétaire d'état des États-Unis, dans une dépêche du 22 juillet 1870, exprima au ministre de la confédération nord-allemande à Washington, la satisfaction que ce décret avait causée à son gouvernement, et il rappela les anciens efforts faits dans le même sens par les États-Unis. Voir dans Hirth, *Tagebuch*, I, n° 145.

[3] La dépêche circulaire du chancelier de la confédération de l'Allemagne du Nord, en date du 9 janvier 1871, se plaint également des violations de droit des

III. *Licences spéciales*. Il dépend du belligérant d'en accorder[1]. Le cas est prévu par exemple dans l'article III de l'Instruction française du 31 mars 1854, qui impose également aux commandants des navires de guerre un examen minutieux des sauf-conduits accordés, et une surveillance rigoureuse relativement à l'accomplissement des conditions que ces sauf-conduits imposent aux navires russes.

Nous croyons aussi que l'exemption de la saisie a toujours été accordée aux bâtiments en cours de voyage scientifique, pour autant qu'ils ne sortent pas de leur mission civilisatrice. Calvo[2] remarque sur ce point : « Il va sans dire seulement que pour conserver intact le privilége qui leur est octroyé, ces sortes de navires sont rigoureusement tenus de s'abstenir de tout acte hostile, et que le gouvernement, sous les auspices duquel ils remplissent leur mission scientifique est astreint à notifier d'avance aux belligérants le caractère du bâtiment explorateur, son nom, sa force, son armement, le but de son voyage et les principaux ports d'attérage. »

Le règlement russe de 1869 établit, dans son article 16, que les navires ennemis destinés à des expéditions scientifiques, seront considérés comme neutres, s'ils observent les lois de la neutralité[3].

IV. *Exemptions concernant l'industrie de la pêche maritime*. Depuis plusieurs siècles, cette industrie jouit d'une protection internationale toute particulière, qui a pour fondement légal, soit les règlements intérieurs des états, notamment les ordonnances de la marine française[4], soit des traités (trèves pêche-

---

gens commises sur mer par les Français. Le vapeur de guerre français *le Desaix*, après avoir capturé les bâtiments allemands *le Ludwig*, *le Vorwaerts*, *la Charlotte*, les avait brûlés ou coulés en mer, au lieu de les conduire dans un port français pour les y faire condamner. Les navires allemands furent ensuite invités à user de représailles envers les bâtiments français. — Voir Hirth, *Tagebuch*, III, n° 1470. — Marco (p. 29) n'apprécie pas exactement les motifs de l'ordonnance du 10 janvier 1871, de même Klobukowski (p. 46) et d'autres.

[1] De Martens, *Essai sur la course*, § 19.
[2] III, § 2056.
[3] Voir aussi Marco, p. 38, 39.
[4] Mais non pas toutes, voir Calvo, III, § 2049.

resses), qui garantissent le libre et paisible exercice de la pêche, même pendant la guerre. On trouve déjà des traités
semblables au xvie siècle [1], et les dispositions qu'ils consacrent
paraissent reposer sur des usages plus anciens encore [2]. Plus
tard, la France a toujours réclamé l'exemption de la saisie
pour l'industrie de la pêche. Dans un rescrit en date du 15 juin
1775, adressé par le roi Louis XVI à l'amiral de la flotte française, il est dit : « Le désir que j'ai toujours eu d'adoucir les calamités de la guerre, m'a fait porter les yeux sur cette classe
de mes sujets qui se consacre au commerce de la pêche et qui
n'a pour subsistance que les seules ressources que ce commerce lui présente ; j'ai pensé que l'exemple que je donnerais
à mes ennemis et qui ne peut avoir d'autre principe que les
sentiments d'humanité qui m'animent, les déterminerait à accorder à la pêche les mêmes facilités auxquelles je consen-
tirais à me prêter.

« En conséquence, je vous fais cette lettre pour vous dire que
j'ai donné ordre à tous les commandants de mes bâtiments,
aux armateurs et capitaines des corsaires, de ne point inquiéter
jusqu'à nouvel ordre, les pêcheurs anglais, et de ne point arrêter leurs bâtiments, non plus ceux qui seraient chargés de
poisson frais, quand même ce poisson n'aurait pas été pêché
à bord de ces bâtiments, pourvu toutefois qu'ils ne soient armés d'aucune arme défensive, et qu'ils ne soient pas convaincus
d'avoir donné quelques signaux qui annonceraient une intelli-
gence suspecte avec les bâtiments de guerre ennemis. »

Les règles énoncées dans cette lettre ne furent pas toujours
observées par les autres états. C'est ainsi qu'en 1793, le gouvernement anglais autorisa les commandants de ses navires à
s'emparer des pêcheurs français et à saisir leurs bateaux, et il
maintint cette mesure, malgré l'énergique protestation de la
convention nationale, qui déclarait que cette conduite était

---

[1] Par exemple, entre l'Allemagne et la France, du 2 octobre 1521 ; plus tard,
entre la France et la Hollande, du 17 août 1675, etc.

[2] Cleirac, p. 544, 545 : « Pêcheurs sur mer, quelque guerre qui soit entre
France et Angleterre, jamais ne se firent mal l'un à l'autre. »

sans exemple et contraire à tous les usages des nations civilisées. Le gouvernement français ne changea rien à la pratique suivie par lui jusqu'alors, et continua d'accorder aux pêcheurs de nationalité ennemie le libre exercice de leur industrie, ainsi que cela résulte d'un décret du comité de salut public de 1796, rendu « en faveur d'une classe d'hommes dont « le travail pénible et peu lucratif, ordinairement exercé par « des mains faibles et âgées, est si étranger aux opérations de « la guerre. »

L'exemption de la saisie de la propriété privée sur mer en faveur de la pêche maritime peut être regardée comme faisant partie du droit des gens actuel, en vertu de coutumes bien établies; elle s'étend :

1. Aux bâtiments de pêche de toute espèce, aussi bien en pleine mer que dans les eaux territoriales, et pendant la traversée comme pendant la pêche ;

2. Aux ustensiles de pêche de toute espèce, qu'ils se trouvent à bord des bâtiments ou en dehors d'eux ;

3. Aux produits de la pêche ;

4. Aux sujets ennemis adonnés à l'industrie de la pêche.

Ces principes, sanctionnés par le droit des gens, doivent être observés, même s'ils ne sont pas mentionnés dans les règlements de prises ou dans les instructions données aux commandants des navires de guerre. Le règlement de prises prussien de 1864 ne contient pas de prescription semblable. L'*Instruction française* du 31 mars 1854 dit dans son article 2 : « Vous « n'apporterez aucun obstacle à la pêche côtière, même sur les « côtes de l'ennemi ; mais vous veillerez à à ce que cette faveur, « dictée par un intérêt d'humanité, n'entraîne aucun abus « préjudiciable aux opérations militaires et maritimes.

« Si vous êtes employés dans les eaux de la mer Blanche, « vous laisserez aussi subsister sans interruption et sauf ré-« pression en cas d'abus, l'échange de poisson frais, de vivres, « d'ustensiles et d'agrès de pêche qui se fait habituellement « entre les paysans des côtes russes de la provinces d'Archan-« gel et les pêcheurs des côtes du Finnmarken norwégien. »

De même, l'*Instruction française* du 25 juillet 1870 reproduit la première partie de l'article 2 que nous venons de citer.

D'après Calvo [1], l'exemption ne s'étend pas à la grande pêche; il nous manque les éléments nécessaires pour juger si cette opinion est, en fait, exacte. Pour la justifier, Calvo dit seulement que « les navires qui se livrent à la grande pêche sont en « effet considérés comme adonnés à des opérations à la fois « commerciales et industrielles. »

Mais l'exemption suppose que les pêcheurs s'abstiennent de toute participation aux hostilités; elle cessera donc aussitôt qu'on sera en droit de soupçonner une semblable participation. S'il y a le plus léger soupçon de transport de contrebande de guerre ou d'une immixtion quelconque dans les hostilités, surtout dans les opérations maritimes de l'ennemi, la visite du bâtiment est parfaitement justifiée, même la saisie, aussitôt que certains indices confirment les soupçons. Si l'on est en présence d'un acte d'espionnage, l'auteur doit naturellement en subir les conséquences. La circonstance que l'équipage serait en possession d'armes de guerre, comme la présence à bord de pavillons de signaux qui ne sont pas d'usage entre pêcheurs, justifieraient la saisie.

V. *En cas de danger de mer.* — La question de savoir s'il est permis de saisir et de capturer un navire qui se trouve en danger de mer, ou qui a échoué sur la côte ennemie, ou que l'état de la mer a forcé de se réfugier dans un port ennemi, cette question ne peut, au point de vue du droit, être résolue qu'affirmativement. La pratique cependant s'est inspirée quelquefois des sentiments d'humanité pour se départir d'une règle aussi rigoureuse [2].

VI. *Restriction résultant du principe « navire libre, marchan-*

[1] III, § 2053. — Voir aussi Marco, p. 35, 36.
[2] Ortolan cite un cas semblable (II, p. 322). — Voir aussi Caumont, p. 786, n°s 6 et 7, où l'on distingue entre les navires échoués et ceux qui, pour échapper au naufrage, cherchent asile dans un port ennemi; l'auteur réclame la liberté pour ces derniers. Voir aussi Marco, p. 36 et suiv., et Bulmerincq, p. 527 et 528, qui indiquent quelques *Règlements* où ce point est traité.

dise libre. » — D'après le droit des gens actuel, le pavillon neutre couvre la marchandise ennemie, à l'exception de la contrebande de guerre (voir le § 42).

Dans certains cas ce principe a été étendu à la liberté de la marchandise ennemie sous le pavillon de son adversaire ; il en a été ainsi dans les décrets anglais et français concernant le traitement des navires de commerce pendant la guerre de Chine, en date des 7 et 28 mars 1860 ; le second dit à son article 3 que « les propriétés chinoises jouiront à bord des bâ- « timents français et anglais des mêmes immunités qu'à bord « des bâtiments neutres. »

VII. *Exemption de saisie en raison de l'article additionnel à la convention de Genève, du* 20 *octobre* 1868. — La convention de Genève et ses articles additionnels sont reproduits à l'annexe K [1]. Ces derniers n'ont point été, il est vrai, l'objet d'une ratification, comme la convention elle-même. On ne devrait pas cependant méconnaître leur portée ; il a été possible de s'en rendre compte lorsque, au moment où la guerre de 1870 éclata, les deux parties belligérantes déclarèrent qu'elles appliqueraient ces articles pour la durée des hostilités, à titre de *modus vivendi*. Il faut ajouter que cette guerre n'a pas donné l'occasion d'en faire l'expérience.

VIII. *Navires et colis de la poste.* — Le code général prussien a proclamé le principe que le pavillon postal, comme le pavillon neutre, couvre la propriété enuemie à l'exception de la contre bande de guerre (I, 9, §§ 214 et 215) : « La propriété des su- « jets ennemis qui se trouve sur des navires neutres est libre. « Il en est de même de la propriété des sujets ennemis qui a « été confiée aux bâtiments et paquebots de la poste de leur « propre adversaire [2]. »

---

[1] Voir pour les détails historiques et la critique, Lueder, *La Convention de Genève*, particulièrement p. 193 à 225 et 408 à 420, où se trouve aussi la littérature du sujet.

[2] La convention postale entre la Grande-Bretagne et le Danemark, du 26 juin 1846, établit cependant dans son article 4 : « In case of war between the two « nations, the vessels employed in the conveyance of the mails shall continue « their navigation without impediment or molestation until notice is given by

Pour ce qui concerne l'exemption des bâtiments postaux eux-mêmes, voir Marco, p. 39, 40 ; jusqu'à présent cette exemption n'a pas été sanctionnée par des actes qui lui donnent la valeur d'un principe de droit des gens.

SECTION DEUXIÈME

DE LA NEUTRALITÉ

§ 38. — Des caractères essentiels de la neutralité.

I. Le mot de neutralité n'est pas d'origine classique ; l'idée qu'il exprime et qui joue un si grand rôle dans le droit moderne de la guerre, n'était pas connue des anciens ; ils ne se représentaient pas, en effet, qu'il y eût entre les nations d'autres rapports que ceux de la guerre ou de l'alliance. Au moyen âge, cette notion apparaît çà et là, mais elle ne prend sa place que dans la doctrine et la pratique modernes et sert dès lors de base à un ensemble de droits et de devoirs.

Le terme de neutralité a une double signification. Il comprend la neutralité au sens objectif, qui a déjà été étudiée plus haut dans ses applications au droit de la guerre maritime (§ 33), et la neutralité au sens subjectif ; celle-ci sera traitée dans les pages qui vont suivre.

II. Par neutralité au sens subjectif nous comprenons les rapports des états qui ne prennent point part à la guerre. Si leur attitude à l'égard des belligérants est absolument impartiale, la neutralité sera parfaite, tandis qu'il y aura neutralité imparfaite ou partielle s'ils favorisent les belligérants ou l'un

« either of the two governments that the service is to be discontinued, in which « case they shall be permitted to return freely, and under special protection, to « their country. »

d'eux d'une manière quelconque, par exemple en permettant
le passage des troupes sur leur territoire, en admettant les navires de guerre et les prises dans leurs ports, en accordant des
subsides d'argent, du matériel de guerre, etc.

La neutralité imparfaite est basée souvent sur des traités qui
l'imposent conditionnellement ou d'une manière absolue. Si le
traité érige en obligation réciproque des deux parties contractantes l'assistance pour une guerre en particulier ou pour
toutes les guerres à venir, et s'il en résulte une participation
directe aux opérations militaires, il ne peut plus être question
de neutralité. Il y a, dans cette hypothèse, alliance soit défensive, soit offensive, comme par exemple lors de la guerre
de 1870 entre la Prusse et certains états du Midi de l'Allemagne, en conséquence des traités des 18 et 20 août 1866, ra-
tifiés le 14 octobre de la même année [1].

III. Un état qui ne s'est pas lié envers d'autres puissances
pour le cas de guerre, observera en général une neutralité parfaite aussi longtemps que ses intérêts l'exigeront, et il ne se
départira d'une impartialité absolue que s'il les voit lésés ou
menacés par la conduite des opérations militaires. A mesure
que les relations internationales se sont développées, les guerres
ont eu plus d'action sur les intérêts des nations que les hostilités proprement dites ne touchent point. Cette influence s'est
particulièrement fait sentir sur la navigation maritime. Il appartient à tout état tiers d'apprécier jusqu'à quel point il laissera porter directement ou indirectement atteinte à ses intérêts
et à ceux de ses sujets; mais une immixtion ne serait justifiée
que dans l'hypothèse où la lésion des intérêts serait en même
temps une violation du droit de la guerre; car les neutres ne
peuvent se soustraire aux conséquences légitimes de l'exercice
de ce droit, même à celles qui leur causent du dommage.

---

[1] L'article 1er de ces traités contient la clause suivante : « Les gouverne-
« ments concluent une alliance défensive et offensive pour maintenir l'indépen-
« dance et l'intégrité, ainsi que la sécurité intérieure et extérieure de leurs états,
« et s'engagent à défendre en commun leurs possessions, qu'ils se garantissent
« par le présent traité. »

Il est certain toutefois que le neutre a le droit et même le devoir d'accomplir tout ce qui est nécessaire pour sauvegarder sa neutralité, de prendre par conséquent toutes les mesures de défense, comme armer les forteresses, assurer la sécurité des frontières, y envoyer des corps d'observation, équiper des forces navales, en un mot se placer en état de neutralité armée, et au besoin repousser par la force toute agression contre l'intégrité de son territoire.

L'état de paix et la neutralité sont donc des choses tout à fait différentes, non pas seulement parce que la neutralité suppose nécessairement l'existence d'une guerre, mais parce qu'on ne peut s'abstenir de tenir compte des effets de cette guerre sur la situation du neutre. Une indifférence complète à l'égard des conflits qui éclatent et des hostilités qui en sont la suite entre tierces puissances est tout à fait impossible.

Si chaque état neutre règle sa conduite d'après ses intérêts, le droit des gens, de son côté, impose certains devoirs à ceux qui veulent garder la neutralité. Il faut ajouter que la définition de ces devoirs a donné lieu à des opinions très divergentes. Ils sont indépendants de toute convention et peuvent se résumer ainsi :

1° Le neutre ne peut tolérer sur son territoire aucune entreprise des belligérants qui aurait pour but une action belliqueuse.

2. Il doit s'abstenir de toute immixtion dans les opérations militaires en dehors de son territoire.

3. Il ne doit favoriser aucun des belligérants, ni tous les deux à la fois, parce qu'une faveur accordée également à l'un et à l'autre, si cela était possible, n'entraînerait nullement un avantage égal pour chacun d'eux [1].

L'état neutre qui viole ces devoirs provoque de justes plaintes, des représailles, et peut s'attendre à une déclaration de guerre.

---

[1] Si durant l'automne de 1870, l'Angleterre avait livré une égale quantité de canons à la France et à l'Allemagne, l'avantage aurait été pour la France, qui ne possédait pas de matériel de guerre à ce moment, et non pour l'Allemagne qui en était richement pourvue.

En compensation de ces devoirs, les neutres ont certains droits à faire valoir vis-à-vis des belligérants :

1° Droit au respect de leur territoire ;

2° Droit au respect de leur indépendance, de leur souveraineté en général ;

3° Droit à ce que leurs sujets, ainsi que les biens et le commerce de ceux-ci, ne souffrent pas d'autre détriment que ne le comportent la législation et les usages internationaux.

Dans les pages suivantes, ces droits et devoirs vont être étudiés et précisés en ce qui touche la guerre maritime. Mais il ne sera pas toujours possible de les définir rigoureusement en se tenant sur le terrain du droit positif. Les paroles de l'un de nos philosophes récents seront, en effet, applicables dans bien des cas [1]. « La notion de neutralité, dit-il, peut être considérée sous deux aspects. Les belligérants la conçoivent en ne tenant compte que de leurs intérêts ; ils exigent que leur ennemi ne retire aucun avantage du neutre parce que celui-ci est neutre. Quant aux neutres, ils ne la conçoivent qu'au point de vue du tiers, que la guerre ne regarde en rien et qui entend par conséquent ne pas être entravé dans la liberté de ses mouvements. Il résulte de là que la neutralité fait surgir des prétentions absolument contraires : prétentions des belligérants à restreindre le commerce neutre, prétentions des neutres à la liberté entière de leurs allures. »

Tout état souverain, aussi bien au début de la guerre que pendant son cours, a le droit de fixer les limites de la neutralité qu'il entend garder.

Les décisions de cette espèce se produisent depuis quelque temps sous la forme de *déclarations de neutralité*, publiées au début des guerres. Bien qu'ils n'énoncent que la législation particulière de chaque état, ces actes constituent cependant des sources du droit international très dignes d'attention, car leurs dispositions touchent au domaine du droit des gens, et appliquent souvent des principes qu'elles lui empruntent. Il peut

---

[1] Trendelenburg, *Les mérites de Fréderic-le-Grand, en ce qui regarde le droit de la guerre maritime*, p. 96.

arriver cependant qu'elles soient dictées par une politique étroite et intéressée [1].

IV. Nous n'avons pas à nous occuper ici des stipulations conventionnelles qui obligent certains états à observer la neutralité, et les autres à respecter cette neutralité dans toutes les guerres [2].

§ 39. — De l'inviolabilité du territoire maritime du neutre et de la conduite que les navires de guerre doivent y ténir.

I. Le territoire neutre comprend le domaine maritime aussi bien que le domaine continental de la puissance qui ne prend point part à la guerre. Toute action des belligérants y est interdite (voir § 33, I). Aucune puissance neutre n'est tenue de tolérer le trouble qui serait apporté à la liberté des relations maritimes dans ses eaux territoriales, à la sûreté de ses côtes, ou à la sécurité de ses sujets ou des étrangers se trouvant à bord de navires mouillés dans ses rades et ports. Si l'on souffrait que les eaux du neutre devinssent le théâtre de faits de guerre, les rapports pacifiques seraient gravement menacés ou même rendus impossibles. L'état neutre a le devoir strict de s'opposer à toute entreprise qui aurait un trouble semblable pour but ou pour conséquence, car la tolérance dégénérerait promptement en faveur accordée à l'un ou à l'autre belligérant.

Le maintien de l'intégrité du territoire neutre sera souvent une question de puissance. Mais le neutre, attaqué dans sa souveraineté, possède en tout cas le droit de se défendre par tous les moyens qui seraient en son pouvoir.

[1] Voir les déclarations de neutralité à l'annexe L.

[2] La neutralité de la Suisse et l'inviolabilité de son territoire, après avoir été presque constamment respectées depuis la guerre de Trente Ans jusqu'à la Révolution française, ont été rendues perpétuelles et garanties par la déclaration de Paris du 20 novembre 1815, dans l'intérêt de la politique générale de l'Europe. — La neutralité perpétuelle de la Belgique ne fut déclarée qu'en 1831.

II. On reconnaît généralement comme permise la simple traversée de la mer territoriale, qu'un navire de guerre fait en longeant les côtes du neutre. Il s'agit ici du passage non sur un territoire qui appartient exclusivement à l'état neutre, comme les ports, rades, mers intérieures, etc., mais sur une partie de la pleine mer, qui est soumise à l'*imperium* du neutre jusqu'à la portée du canon, et pour le reste demeure ouverte à la navigation de tous les peuples [1]. Le simple passage ne donne pas lieu de craindre des difficultés ou des troubles dont souffriraient les relations maritimes.

III. De haute importance est la question de savoir si les navires de guerre des belligérants ont le droit de séjourner dans les eaux du neutre. On tient pour règle qu'aucun état neutre n'est obligé, bien qu'il en ait le droit, d'accorder l'autorisation de séjourner dans ses mers territoriales aux navires de guerre des puissances belligérantes. On ne pourrait toutefois faire, relativement à ce droit d'asile, des concessions plus larges que celles que l'on accorde ordinairement en temps de paix, ou qui seraient fixées par traités. Il y aurait également violation des devoirs de neutralité, si un neutre ouvrait ses ports à l'un des belligérants et les fermait à l'autre [2].

Dans les cas de danger de mer, l'asile ne doit jamais être refusé.

Cette dérogation à la règle générale du droit de la guerre, d'après laquelle les forces militaires des belligérants ne peuvent être reçues sur le territoire neutre sans y être désarmées et internées, a sa raison d'être dans les conditions spéciales des rapports maritimes, et dans la circonstance que des navires de guerre, quel que soit le lieu où ils se trouvent, représentent une partie intégrante de l'état auquel ils appartiennent. Cette anomalie est admise aussi en temps de paix ; tandis que les corps de troupes ne peuvent, sans autorisation spéciale, entrer sur le territoire étranger et le traverser, les ports de

---

[1] Ortolan, II, p. 284 et suiv.
[2] Gessner, *Droits des neutres*, p. 76, 77.

mer de toutes les nations sont, en temps de paix, ouverts aux bâtiments de guerre.

Comme nous l'avons vu plus haut, tout état a le droit de fixer les conditions sous lesquelles il consent à accorder dans ses eaux asile aux navires de guerre étrangers. Lorsqu'il s'agit des vaisseaux de guerre d'une puissance belligérante, ce droit devient un devoir. On admet universellement comme règle que tout acte hostile, et tout acte qui prépare directement une hostilité, doit être tenu pour un abus du droit d'asile, et par conséquent ne peut pas être toléré. C'est dans ce sens qu'il est dit dans un ordre du Foreign-Office, en date du 19 juillet 1870, que les eaux qui se trouvent sous la juridiction de la couronne britannique ne peuvent servir : « as a station or place « of resort for any warlike purpose or for the purpose of ob-« taining any facilities of warlike equipment. »

Il est généralement permis de faire les réparations indispensables au navire et à ses canots, de prendre de l'eau, des provisions et du charbon ; les déclarations de neutralité récentes restreignent parfois cependant le charbon à la quantité nécessaire pour un temps déterminé. Il est défendu [1] d'embarquer des armes et des munitions, de fournir le navire de torpilles, d'augmenter l'équipage, d'user des eaux du neutre comme base d'opérations hostiles contre l'ennemi [2], et par dessus tout de faire aucun acte d'hostilité proprement dite (voir § 40). Il est également défendu de poursuivre les prisonniers de guerre qui ont réussi à s'échapper du bord. La guerre du Schleswig-Holstein et du Danemark, de 1848 à 1850, offre un exemple d'un refus de toute espèce d'asile maritime. La canonnière holsteinoise *Von der Tann* ayant capturé un bâtiment de commerce danois dans la mer territoriale de Lubeck, le sénat de la ville prit occasion de cette violation de neutralité pour

[1] Azuni, II, p. 290 à 292, expose clairement toutes les règles concernant la conduite des navires de guerre.

[2] Le devoir d'un état neutre de ne point permettre et même d'empêcher des actes de cette espèce, est énoncé expressément dans l'article 6 du traité conclu à Washington, le 8 mai 1871, entre l'Angleterre et les États-Unis, pour arranger le différend de l'*Alabama* (voir § 44, III).

expulser le *Von der Tann*, comme il en avait certainement le droit; mais en même temps il rendit une ordonnance dont voici le résumé :

1° La mer baignant la côte lubeckoise jusqu'à portée de canon doit être considérée comme territoire neutre.

2° Les bâtiments de guerre danois ou holsteinois qui se présenteront sur ce territoire, seront invités à s'éloigner à la distance d'une portée de canon de la côte.

3° Si ces bâtiments entrent sur le territoire neutre en vue de demander la protection de l'état neutre, ils doivent être désarmés et mis en sûreté.

4° Les bâtiments danois et holsteinois qui seront amenés sur le territoire de Lubeck par un danger de mer seront admis à séjourner et à recevoir les secours nécessaires, mais seulement dans la mesure qu'exige le danger de mer [1].

Ces dispositions rigoureuses étaient d'autant plus extraordinaires que le navire, dont la capture les avait provoquées, venait d'être relâché [2]. La troisième règle applique simplement au droit maritime, pour lequel il n'est point fait, le principe en vigueur dans la guerre continentale. Sans doute, l'on ne pouvait, à cette époque, dénier au sénat souverain de la ville de Lubeck le droit de fermer le territoire maritime de la république aux navires de guerre des deux belligérants, en s'inspirant de motifs politiques et de la protection d'intérêts respectables. Il avait également le droit incontesté d'user de la force envers les bâtiments qui ne respectaient pas ses prescriptions, c'est-à-dire de repousser ceux qui auraient tenté d'entrer sur ce territoire, et au besoin de s'en rendre maître, s'il avait

---

[1] Voir Kaltenborn, *Navires de guerre sur territoire neutre*; dans cet écrit, l'attitude prise par la ville de Lubeck est vivement critiquée, bien que l'auteur estime qu'elle soit correcte, au point de vue du droit des gens strict.

[2] Schiatarella, *Il diritto della Neutralità*, p. 51 et suiv. — Le cas était tout différent, lorsque, en 1870, le schooner allemand *Antinoüs*, après avoir été capturé dans la mer du Nord, fut jeté par le mauvais temps sur la côte de Helgoland, et abandonné comme épave par l'équipage qu'y avait placé le capteur; le gouverneur de Helgoland agit avec une correction parfaite en faisant désarmer les marins français.

les moyens de le faire. Mais, en n'accordant l'asile aux navires de guerre que sous la condition du désarmement, ce gouvernement méconnaissait l'exterritorialité qui suit partout le navire de guerre, et se mettait en opposition avec un principe fondamental du droit des gens.

Abstraction faite des cas où la violation de neutralité entraîne une répression sévère, la pratique a toujours beaucoup varié en ce qui concerne l'admission des bâtiments de guerre ; à défaut d'entente préalable, cette admission dépend absolument des mobiles politiques qui font agir le neutre. On trouve autant d'exemples de refus que d'admission. Quelques cas récents serviront de preuve.

Pendant la guerre de sécession américaine, le gouvernement anglais, par ordonnance du 31 janvier 1862, ferma aux navires des belligérants, hors le cas de danger de mer, les ports, rades et eaux des îles Bahama, et il prescrivit que tout bâtiment qui entrerait, malgré la défense, serait surveillé et contraint de reprendre la mer le plus tôt possible. — Par décret du 17 mars 1866, le gouvernement néerlandais permit aux navires de guerre des puissances belligérantes d'entrer dans les ports du pays et d'y séjourner un temps indéterminé, ainsi que d'y prendre du charbon en quelque quantité que ce soit, mais il se réserva de limiter la durée du séjour à vingt-quatre heures, si la sûreté, ou la neutralité du pays l'exigeait. — Dans la déclaration de neutralité espagnole, du 26 juin 1870, il est interdit aux navires de guerre allemands et français, ainsi qu'aux prises qu'ils auraient faites, d'entrer dans les eaux espagnoles, hors le cas de nécessité ; si ce dernier cas se présente, le bâtiment entré doit sortir le plus tôt possible. Il ne peut prendre à bord ni armes, ni munitions ; quant aux autres objets d'approvisionnement, seulement ce qui est nécessaire pour les besoins du moment, et autant de charbon qu'il en faut pour gagner le port le plus proche du pays d'origine. Ces navires ne peuvent entrer une seconde fois qu'avec permission spéciale, et neuf jours seulement après leur première apparition, etc. L'ordonnance anglaise, du 19 juin 1870, contient des

prescriptions semblables [1]. Les navires de guerre des parties
belligérantes, qui entrent dans les ports et les eaux soumis à
la juridiction de la couronne, dans la Grande-Bretagne et dans
les colonies, seront invités à reprendre la mer vingt-quatre
heures après leur arrivée, sauf les cas de mauvais temps, de
manque de vivres et de réparations nécessaires ; aussitôt que
ces conditions ne se rencontrent plus, le bâtiment doit être
invité à partir dans les vingt-quatre heures. — La proclamation de neutralité du président des États-Unis d'Amérique, en
date du 8 octobre 1870 [2], contient des dispositions semblables
et des règles très détaillées sur l'asile à accorder aux navires
de guerre. Ces dispositions sévères avaient été prises après que
des navires de guerre français furent venus croiser dans les
eaux de New-York, et eurent ainsi menacé la sortie des paquebots de la poste allemande. La déclaration de neutralité portugaise, du 28 juillet 1870 [3], accorde l'entrée et le séjour aux
navires de guerre des puissances belligérantes, s'ils n'amènent
pas de prise, mais interdit l'augmentation des équipages et de
l'armement, l'embarquement d'armes et de munitions, etc. —
Par décret du 2 avril 1870, le gouvernement de la Suède et
Norwége déclara fermés ses cinq ports militaires : Stockholm,
à l'intérieur de la forteresse de Waxholm, Christiana (Oscar-
borg), Carslkrona (Kungsholm), Marstrand (Carlsten), Carl-
Johan Varns (Bastion Norska Lejonet).

IV. Les corsaires ne peuvent jamais être traités plus favorablement que les navires de guerre en ce qui concerne le
séjour dans les eaux du neutre. Les derniers efforts tendant à
l'abolition de la course ont eu pour résultat de faire interdire
absolument ou sauf le cas de pressant danger de mer, l'entrée
des ports neutres aux corsaires, ainsi qu'à leurs prises [4]. S'il

[1] *A. M. Bl.*, n° 185.
[2] *A. M. Bl.*, n° 179, et le *Staatsarchiv.*, t. XX, n° 4391.
[3] *A. M. Bl.*, n° 181.
[4] Cette prohibition se trouve déjà dans les nombreuses déclarations de neutralité, publiées en 1854, lors de la guerre d'Orient, notamment par l'Autriche, la
Confédération Argentine, la Belgique, le Brésil, Brême, le Chili, le Danemark,
Hambourg, le Hanovre, Lubeck, le Mecklembourg-Schwerin, la Norwége, l'Ol-

y a vraiment nécessité, on ne peut considérer le refus comme
permis, même lorsque cette hypothèse n'est pas expressément
prévue, pour autant, toutefois, qu'il s'agisse de corsaires qui
naviguent sous le pavillon d'un état qui n'a pas adhéré à la
déclaration de Paris, de 1856. Il va de soi que, dans des cas
semblables, il faut user d'une étroite surveillance, et donner
l'ordre de départ aussitôt que le danger a disparu.

V. L'état neutre ne peut permettre que l'une des parties belligérantes fasse sur son territoire des entreprises qui, sans avoir
le caractère d'hostilités, seraient de nature à servir les intérêts de ce belligérant ou auraient cette destination.

Pour le refus d'admettre dans les ports neutres les navires
porteurs de câbles sous-marins, voir Dahn, la *Guerre maritime*[1].

§ 40. — Des actes d'hostilités accomplis par les belligérants sur le territoire neutre.

I. Des principes exposés ci-dessus, et d'après lesquels le territoire maritime du neutre ne peut être le théâtre d'aucun acte
d'hostilité proprement dite[2], nous tirons les conséquences
suivantes :

1° Tout combat sur le territoire neutre est contraire au droit
des gens[3]; de même tout combat livré en dehors, mais assez

denbourg, les Pays-Bas, le Portugal, la Sardaigne, la Suède, les Deux-Siciles,
l'Espagne, la Toscane.

[1] *Annales de l'armée et de la marine allemandes*, t. V, p. 127 et suiv.

[2] Pour les détails et la citation de sources nombreuses, voir notamment Azuni,
II, p. 291 et suiv., et Calvo, III, p. 478 et suiv.

[3] Un cas de violation flagrante de neutralité s'est présenté, lors de l'attaque
et de la prise de la corvette des états confédérés d'Amérique *la Florida* par le
steamer fédéral *Wachussetts* dans le port de Bahia, le 7 octobre 1864. Voir
dans la *Hansa*, année 1864, n° 25, p. 203, 204. Sur la réparation donnée par
les États-Unis au Brésil, voir Caumont, p. 264, n°s 57 à 60.

L'art. 15 des *Instructions autrichiennes* sur l'admission des navires de guerre rapproché pour que les projectiles atteignent le territoire neutre [1] ;

2° On ne saurait admettre davantage qu'un navire de guerre ennemi en poursuive un autre jusque dans le territoire neutre. Bynkershoek [2] et d'autres après lui approuvent une poursuite semblable lorsqu'elle se rattache étroitement au combat et que l'adversaire cherche un asile sur le territoire neutre. Ils admettent également la capture dans ces conditions. Il est évident toutefois que cette opinion arbitraire est inconciliable avec les principes fondamentaux de l'intégrité du territoire neutre [3].

Il y a controverse sur la question de savoir si un navire poursuivi par l'ennemi peut recevoir asile dans un port neutre. Gessner [4] se prononce pour l'affirmative ; il déclare non fondées les restrictions apportées par Galiani, d'après lequel l'asile ne pourrait être accordé que dans le cas où le navire poursuivi serait mis hors de service et s'engagerait à ne pas quitter le port neutre jusqu'à la fin de la guerre, tandis que l'équipage de son côté ne pourrait également plus prendre part à la lutte [5]. Nous nous rangeons à l'opinion de Gessner, et nous ne tiendrions pas la restriction de Galiani pour justifiée, même dans le cas où l'entrée des eaux du neutre serait interdite au navire belligérant, parce que dans le doute cette interdiction ne doit s'interpréter que pour le cas de l'entrée volontaire et non de l'entrée forcée.

Ortolan est d'opinion que le devoir de s'abstenir de tout

étrangers, dit : « Dans les ports autrichiens, il n'est pas permis que deux ou plu- « sieurs navires de nations étrangères accomplissent des actes d'hostilité l'un « contre l'autre ; ceux qui troublent les premiers la paix, doivent, à la suite d'une « protestation écrite demeurée sans effet, être traités en ennemis. »

[1] Des objections sur ce dernier point sont élevées dans le *Staatsarchiv.*, t. IX, n° 1939.

[2] *Quaest. Jur. publ.*, lib. I, c. VIII.

[3] Surland, § 675 ; Twiss, II, § 177 ; Calvo, III, p. 478 ; de Kaltenborn, *loc. cit.*, p. 25 ; Marco, p. 41 et suiv. Voir aussi le règlement russe de 1869, § 27 et 28.

[4] *Droits des neutres*, p. 78.

[5] Voir aussi de Kaltenborn, II, p. 34, 35.

combat dans les eaux du neutre ne doit pas, dans certaines circonstances, être interprété trop rigoureusement[1].

3° On n'autorise pas davantage la poursuite immédiate d'un navire ennemi, de guerre ou de commerce, lorsqu'il quitte

[1] Il s'explique ainsi sur ce point (II, p. 287 et s.) : La détermination un peu vague des portions de la mer réputées mers territoriales, la nature variée des côtes qui les bornent, peuvent entraîner dans la pratique des infractions plutôt apparentes que réelles à la règle que nous venons d'exposer.

Par exemple, si des navires ennemis se rencontrent dans des mers territoriales neutres, baignant une étendue considérable de côtes à peu près désertes, incultes et non défendues, ces navires devront-ils oublier leur qualité d'ennemis? Faudra-t-il prendre à la lettre ces clauses de divers traités publics qui commandent l'abstention des hostilités dans tout l'espace des eaux mesuré à partir des côtes par la portée du canon? Celui qui veut forcer son ennemi légitime au combat, devra-t-il attendre patiemment d'être bien sûr de se trouver au delà de cet espace pour commencer l'attaque et fournir par là à cet ennemi la possibilité de lui échapper? En s'en tenant rigoureusement au principe, il est certain qu'on devrait agir ainsi.

Cet espace de mer est soumis à l'empire et à la juridiction de l'état dont il baigne les côtes; de ce qu'il n'y a pas de forts ou de moyens de défense à proximité pour faire respecter cet empire, ce n'est pas une raison pour les puissances belligérantes de le mépriser. Il serait régulier de s'abstenir en toute situation de tout acte d'hostilité en deçà de cette ligne, qu'on appelle ligne de respect.

Mais, en fait, on conçoit que les opérations militaires d'une action maritime ne comportent pas une précision mathématique aussi rigoureuse; que l'officier commandant, lorsqu'il n'a en vue qu'une côte inculte, inhabitée, dénuée de tout signe de la puissance territoriale, puisse se laisser entraîner au delà de la règle précise, et qu'il soit évident cependant qu'il n'a pas eu l'intention d'offenser l'état neutre et de violer son droit d'empire. Nous pensons que les circonstances de faits pareils devraient entrer en ligne de compte comme causes d'excuse.

Mais la violation de l'immunité attachée au territoire neutre est surtout flagrante et manifeste lorsque des hostilités sont exercées dans des eaux closes; telles que celles des ports et des rades. C'est alors un droit et un devoir pour l'état auquel appartiennent ces ports et ces rades, d'user contre les contrevenants de la force dont ils disposent sur les lieux. Ainsi l'artillerie des forts et des batteries doit être employée contre l'attaquant pour l'obliger à discontinuer le combat. Il en est de même dans des mers littorales sur des côtes ouvertes où il existe des moyens de défense.

Les hostilités dont il est question ne constituent pas moins une grave infraction aux obligations envers les neutres lorsqu'elles ont lieu soit sur des rades foraines non fortifiées, soit même sur ces portions de la mer, découpées par des lignes droites tirées d'un cap à l'autre, que les Anglais appellent King's chambers, soit encore dans les baies formées par les embouchures des fleuves. L'absence des moyens de force pour réprimer cette infraction n'en diminue pas l'illégalité.

le territoire neutre, parce que cette poursuite impliquerait le commencement de l'acte d'hostilité sur le territoire neutre [1]. C'est pourquoi on a fréquemment décidé par voie de règlements particuliers, et même récemment par conventions, qu'un navire de guerre qui se trouve dans un port neutre ne peut prendre la mer en même temps qu'un navire de son adversaire, mais seulement après qu'un délai de vingt-quatre heures s'est écoulé depuis le départ du premier et que celui-ci n'est plus en vue [2]. Le neutre a le devoir de faire respecter cette règle, que l'on doit considérer désormais comme un principe reconnu du droit des gens.

C'est la poursuite seule après le départ du premier navire belligérant qui est défendue; rien ne s'oppose à ce que son adversaire quitte le port si le premier parti a jeté l'ancre sans y être contraint, soit dans les eaux du neutre, soit en dehors de ces eaux, mais en vue du port. Le neutre devra toutefois, selon les circonstances, s'opposer à ce qu'en se mettant ainsi à l'ancre ou en panne, le navire ne cherche à prolonger son séjour sur le territoire qu'il vient de quitter.

II. L'exercice direct ou indirect du droit de capture est également interdit sur le territoire neutre. Il en résulte qu'on ne peut, sur ce territoire, ni arrêter, ni visiter, ni prendre, ni reprendre un bâtiment de commerce du neutre ou de l'ennemi. De même la poursuite d'un navire neutre dans le but de l'arrêter, de le visiter ou de le saisir, y est interdite comme celle de l'ennemi [3].

Si une saisie a été faite sur le territoire du neutre en violation de ces règles et si elle est régulière, abstraction faite du lieu où elle s'est accomplie, l'état neutre est seul compétent pour contester sa légitimité. L'observation d'une neutralité

---

[1] Jacobsen (p. 588) cite une décision de sir Walter Scott, qui déclare licite une poursuite semblable, lorsque le navire poursuivi n'avait pas choisi le port neutre pour le point de départ de ses expéditions de capture, mais s'y trouve par hasard et a remarqué l'approche de l'ennemi.

[2] Voir les déclarations de neutralité dans les annexes; nous y renvoyons pour certaines modifications au principe qui est posé ci-dessus.

[3] Règlement des prises, rendu en Russie en 1869, art. 20.

impartiale impose dans ce cas au neutre le devoir d'exiger la
restitution de la prise au propriétaire, éventuellement même
l'obligation de la faire relâcher par la force ; l'état neutre a droit
en outre à une réparation [1] (voir aussi § 58, IV).

Dans des cas de cette espèce, le propriétaire du navire capturé ne peut attaquer la légitimité de la saisie, car il ne peut
fonder une réclamation sur la violation du droit d'un tiers,
c'est-à-dire de l'état neutre [2]. D'après une autre opinion, de
semblables prises sont nulles et les objets saisis doivent être
restitués à leur propriétaire primitif [3].

Le capteur peut disposer de la manière suivante du navire
et des marchandises saisies : il doit les amener dans un port
de son pays et les y faire juger ; d'après la décision rendue la
prise sera ensuite mise en vente ou relâchée. Cette règle est
soumise à certaines modifications, d'abord en ce qui concerne
l'entrée des prises sur le territoire neutre, ensuite relativement à l'exercice du droit de juridiction et à la vente de la prise
dans une place neutre (voir sur ce dernier point le § 60, II).

---

[1] Il n'est pas sans intérêt de lire la correspondance officielle, concernant la
saisie de la barque nord-allemande *le Frey* par le vapeur de guerre français
le Desaix, le 28 octobre 1870, dans le voisinage de la côte anglaise, en vue du
phare de Dungeness ; voir la brochure de Hopf : *La saisie du Frey dans les eaux
britanniques.*

[2] Wheaton, *Él.*, p. 88, 89 ; Ortolan, II, p. 298 ; Phillimore, III, p. 350 ; Hautefeuille, *Droits et devoirs*, IV, p. 265 et suiv.; Bluntschli, art. 786, note 3 ; Hopf,
loc. cit.; Wildman, II, p. 147 ; Gessner, *loc. cit*, p. 344.

[3] Voir Bulmerincq, p. 326, 327. — Pour la Grande-Bretagne, le Foreing Enlistment Act, 1870, § 14, sous le titre « *Illegal prize* », décide que : If during
the continuance of any war in which Her Majesty may be neutral, any ships,
goods or merchandise captured as prize of war within the territorial jurisdiction
of Her Majesty, in violation of the neutrality of this realm, or captured by any
ship which may have bein built, equiped, commissionned, or despatched, or the
force of which may have bein augmented, contrary to the provisions of this act,
are brought within the limits of Her Majesty's dominions by the captor, or any
agent of the captor or by any person having come into possession thereof with
knowlegde that the same was prize of war so captured as aforesaid, it shall be
lawfull for the original owner of such prize, or his agent, or for any person au-
thorized in that behalf by the government of the foreign state to which such owner
belongs, to make application to the court of admiralty for seizure and detention
of such prize, and the court shall on due proofs of the facts, order such prize
to be restored.

Nous avons ici à nous occuper en premier lieu de la conduite d'une prise dans les ports du neutre.

Les règlements de prises prescrivent en général aux commandants des croiseurs d'envoyer les navires capturés dans un port de leur pays ou dans un port d'une nation alliée [1], et n'autorisent l'entrée dans un port neutre que dans le cas de nécessité.

C'est avec raison que l'on considère le fait d'amener une prise dans un port neutre comme ne constituant pas un acte d'hostilité, et que le fait, de la part du neutre, de lui accorder asile n'est pas davantage une faveur indûment accordée et violant la neutralité. Mais il faut, bien entendu, que l'asile soit également concédé aux deux belligérants. Au point de vue du droit international, rien ne s'oppose donc à ce qu'un navire de guerre entre dans le port neutre avec sa prise, peu importe que cette prise faite en dehors du territoire du neutre l'ait été régulièrement ou non; l'état neutre, en effet, n'est pas compétent pour juger ce point [2].

Mais d'autre part, tout état neutre a incontestablement le droit de fermer ses ports et ses rades aux navires capturés par les croiseur ou les corsaires, ou bien de fixer les conditions sous lesquelles il les admettra. Les neutres ont même fait si souvent usage de ce droit que l'exclusion, hors le cas de danger de mer, est devenue la règle.

Déjà l'ordonnance de la marine française de 1681 défend aux navires amenés dans les ports français par les croiseurs ou les corsaires des nations étrangères d'y séjourner plus de vingt-quatre heures, hors le cas de danger de mer. Depuis la guerre de Crimée de 1854, de nombreuses déclarations de neutralité ont interdit l'entrée dans les ports avec des prises, ou bien le séjour de plus de vingt-quatre heures, hors le cas de nécessité [3].

---

[1] Voir des exceptions dans Gessner, *loc. cit.*, p. 349.

[2] Voir dans de Martens, *Essai sur la course*, §§ 36, 37 et 58 des principes différents.

[3] Par exemple, en avril 1854, par la Suède, le Danemark, l'Espagne, Naples, le Brésil, pendant la guerre de Sécession de 1861, par l'Angleterre, la France et l'Espagne; pendant la guerre de 1870, par la Grande-Bretagne, les Pays-Bas,

Quelques traités stipulent même que les parties contractantes devront, le cas échéant, édicter une semblable prohibition [1].

Pour ce qui regarde la législation prusssienne, le code général (I, 9, § 208) admet la légitimité de la conduite des prises dans les ports du neutre. Le règlement des prises prussien (§§ 14 et 15) prescrit d'amener le navire capturé dans un port prussien ou, si cela offre des difficultés, dans un port d'une puissance alliée à la Prusse, où l'on pourrait trouver une assistance militaire; la conduite du navire dans d'autres ports ou places n'est permise qu'en cas de danger de mer et particulièrement en cas de tempête, de mauvais temps, de manque de vivres, de poursuite de l'ennemi. Lorsque, le 17 janvier 1871, le brick français le *Saint-Marc*, après avoir été capturé par la corvette allemande *Augusta*, arriva en danger de mer à Plymouth, l'amiral anglais ordonna itérativement à celui qui le commandait de prendre la mer dans les vingt-quatre heures, ce qui eut lieu. La déclaration de neutralité anglaise du 19 juillet 1870 avait défendu l'entrée des ports aux navires de guerre accompagnés de prises, mais non aux prises elles-

l'Espagne, l'Italie, le Pérou, le Chili. Voir les déclarations de neutralité dans l'annexe L.

[1] Une stipulation semblable se retrouve, par exemple, dans le traité entre la Grande-Bretagne et les États-Unis d'Amérique, de 1794. Mais il est établi par le même traité qu'il sera libre aux croiseurs et aux corsaires de chacune des parties contractantes, d'amener les prises faites sur l'ennemi dans les ports de l'autre partie. Le gouvernement des États-Unis s'engageait en même temps, pour le cas d'une guerre entre la Grande-Bretagne et une tierce puissance, d'admettre dans ses ports les prises faites par les Anglais, tandis que celles faites par les croiseurs de la tierce puissance devaient être renvoyées. C'eût été un cas de neutralité restreinte conventionnellement au profit de l'Angleterre. La France protesta auprès du gouvernement de Washington, et avec d'autant plus de raison, que dans un traité antérieur (1770) conclu avec elle, les États-Unis s'étaient engagés à recevoir dans les ports de la république les navires français avec leurs prises. — Le traité d'amitié et de commerce, conclu le 11 juillet 1799, entre la Prusse et les États-Unis, mentionne également ce point dans son article 19, et établit la libre admission avec exemption des droits de douane des navires et des objets capturés dans les ports des deux parties contractantes; dans la déclaration de neutralité du 22 août 1876, le président des États-Unis annonça que cet article était encore en vigueur.

mêmes. Le 16 février, le navire capturé entra par un gros temps à Hindoln (Norwége) et il put y demeurer sans être inquiété jusqu'à la fin de mars.

§ 41. — Emploi de navires de commerce neutres à des usages de guerre.

I. Nous avons exposé plus haut (§ 31, V) pourquoi l'on doit considérer comme légitime l'embargo mis dans l'intérêt des opérations militaires sur les navires de commerce neutre qui se trouvent dans les ports du belligérant. Mais ce n'est pas seulement le simple arrêt, exécuté par la force en cas de résistance, qui est permis ; les usages de la guerre autorisent aussi l'emploi du navire neutre à des services de transport et autres du même genre, auxquels l'équipage neutre peut lui-même être forcé de concourir. C'est le droit d'*angarie* ; il peut toutefois être interdit par traités. Le devoir du capitaine d'un navire de commerce est de se rendre à une réquisition de cette espèce, sauf aux armateurs à recourir en dommages-intérêts pour être indemnisés du tort que ces mesures leur ont causé. De nombreux traités contiennent des stipulations expresses à cet égard [1]. D'après la pratique récente, une semblable saisie, destinée à pourvoir à des entreprises militaires ou à d'autres services publics, ne peut se produire que contre indemnité à fixer préalablement ; souvent aussi on a interdit par traité toute réquisition adressée aux sujets de l'autre partie contractante pour les contraindre à participer à des opérations militaires, et l'on a reconnu implicitement par là que les équipages de

---

[1] Parmi les anciens traités, voir ceux entre la Prusse et les États-Unis d'Amérique des 10 septembre 1785 et 11 juillet 1799 (art. 16); parmi les récents, celui de l'Allemagne avec l'Espagne, du 30 mars 1868 (art. 5), avec le Mexique, du 28 août 1869 (art. 13), avec le Salvador, du 13 juin 1870 (art. 6), avec le Portugal, du 2 mars 1872 (art. 2), avec le royaume des îles Hawaïennes, du 25 mars/ 19 septembre 1879 (art. 2).

leurs navires ne pouvaient être forcés à rendre des services de cette nature.

II. Il faut même regarder comme permise la destruction de navires neutres qui se trouvent dans les eaux de l'ennemi, pour cause de nécessité militaire et contre pleine indemnité[1]. La saisie de bâtiments anglais qui furent coulés à fond dans la Seine, à Duclair, par les troupes prussiennes en décembre 1870, provoqua un long échange de notes entre les cabinets de Londres et de Berlin. L'Allemagne paya l'indemnité, mais en maintenant le principe que dans des cas semblables cette obligation incombait au vaincu et non au vainqueur[2].

§ 42. — Droit de capture contre les neutres.

Le principe de la saisie sur mer de la propriété privée du belligérant, navires ou marchandises, doit dans une certaine mesure atteindre le commerce maritime du neutre. Il s'agit maintenant de déterminer quelle est l'étendue de cette atteinte, et dans ce but il faut s'arrêter successivement aux hypothèses suivantes :

a) Le navire est de nationalité ennemie, la cargaison est propriété neutre.

b) La cargaison est propriété ennemie, et le navire de nationalité neutre.

Ces hypothèses ont, jusqu'au milieu de ce siècle, provoqué une quantité innombrable de controverses, d'études, de traités, de dispositions législatives. On leur avait donné diverses solutions.

a) Cargaison neutre sur navire ennemi :

---

[1] Bluntschli, art. 795 a.

[2] Voir sur cet incident, Dahn, dans les *Annales de l'armée et de la marine allemandes*, t. V, p. 138 et suiv., et l'échange de dépêches officielles dans le *Staatsarchiv*, t. XX, n° 4498, à 4509, et dans Hirth's, *Tagebuch*, n° 1229, 1254, 1309, 1330, 1339, 1405.

1) Cette cargaison est soumise à confiscation ; navire ennemi, marchandise ennemie.

2) Elle est affranchie de la confiscation : navire ennemi, marchandise libre.

b) Cargaison ennemie sur navire neutre :

1) Elle est soumise à confiscation : navire libre, marchandise ennemie.

2) Elle est affranchie de la confiscation : navire libre, marchandise libre.

3) Elle est soumise à confiscation, ainsi que le navire : marchandise ennemie, navire ennemi.

Ces solutions se sont groupées en trois systèmes.

II. Le plus ancien est le système du Consolato del mare, qui constituait à son origine le droit maritime de la Méditerranée. Distinguant rigoureusement le droit du belligérant vis-à-vis de l'ennemi d'une part, et les droits du tiers de l'autre, il pose les règles suivantes :

1. Le bien ennemi sur navire neutre est sujet à confiscation.

2. Le bien neutre sur navire ennemi ne peut être saisi [1].

Ces règles furent admises bien au delà des limites où s'étendaient originairement l'autorité du Consolato ; c'est ainsi que l'Angleterre, bien qu'elle se soit guidée fréquemment dans la pratique par les circonstances de chaque espèce, a constamment, jusqu'à une époque toute récente, jusqu'en 1854, proclamé l'équité et la justice de ce système. Des publicistes anglais croient devoir le défendre encore aujourd'hui [2], quoique la première de ces deux règles ait été abrogée par la déclaration de Paris du 16 avril 1856, pour ce qui regarde les puissances signataires de cet acte international et celles qui y ont adhéré.

On ne peut nier que ce système réponde à la rigoureuse logique du droit. Mais il n'est pas moins clair que son applica-

---

[1] Voir dans *le Consolato*, chap. 273, 230, 276.
[2] Voir entre autres Maclachlan, p. 509 et suiv.

tion doit causer directement et indirectement tort au commerce du neutre. On n'a jamais admis qu'il fût permis de réclamer une indemnité pour un dommage indirect, notamment pour un gain qui n'a pu être fait. Mais déjà le Consolato del mare, et plus tard la pratique internationale autorisèrent les neutres ayant un intérêt dans le navire ou la cargaison à demander une indemnité pour les dommages directs. On reconnut particulièrement aux armateurs neutres le droit de revendiquer le remboursement du prix de transport des marchandises ennemies, qui étaient condamnées en vertu du droit de capture [1] ;

[1] Quelques publicistes, particulièrement Vattel (III, § 115), estiment que cette indemnité est une réparation complète du dommage causé au neutre; dans le sens contraire, voir Ortolan (II, p. 94). — Phillimore résume ainsi les principes admis par la jurisprudence des cours anglaises (III, § 499) : It has been ruled, that in general where enemies goods are captured in an neutral ship, the captors take cum onere ; an if the conduct of the neutral has been perfectly fair and impartial, it is the practice of the prize court to allow him his full freight, in the same manner, as if the original voyage had been performed ; and in like manner, to allow him his expenses. The freight allowed is not, however, necessarily the rate agreed on by the parties, if it be inflamed by extraordinary circumstances; but a reasonable freight only will, in such cases, be allowed. And where the goods have been once unlivered by order of court, the whole freight for the voyage is due, and the owner of the goods, even in case of restitution, cannot demand the ship to reload them and carry them to the original port of destination, for by the separation the ship is exonerated ; but it would be otherwise if there had been no unlivery. And the neutral will be allowed his freight where he carries the goods of one belligerent to its enemy; for though such a trade be illegal as to the subjects, it is not so as to neutrals. So, on a voyage from the port of one enemy to the port of another enemy.

But if the neutral has conducted himself fraudulently or unfairly, or in violation of belligerent rights, he will not be allowed freight or expenses and, in flagrant cases, will be visited with confiscation, even of the ship itself. And he is never allowed freight where he has used false papers; nor upon the carriage of contraband goods; nor where there has been a spoliation of papers ; nor where the cause of capture was the ship and not the cargo. But where part of the goods are condemned as contraband, and part restored after unlivery of the cargo, freight may be decreed as a charge upon the part restored. If the goods are unlivered under a hostile embargo upon neutral ships, they are discharged of the lieu of the freight; and if freight be decreed, it can only be against the original consignees or freighters, and not against a prior purchaser, who has received them on bail.

When a decree is made that the freight shall be a charge on the cargo, application must be made to the court for the sale of so much as is necessary for this

17

et aux propriétaires des marchandises neutres, un droit à être indemnisé du chef du dommage que leur causait directement la confiscation du navire ennemi ; dans ce dernier cas, cependant, on admet à certaines conditions les revendications du capteur sur le fret [1].

III. Le système français était de loin plus favorable aux belligérants [2]. Le principe d'après lequel la marchandise neutre est sujette à saisie sur navire ennemi, a toujours été en vigueur dans la jurisprudence française ; il se trouve déjà formellement exprimé dans l'édit de l'Amirauté de Henri III (art. 69). Le navire et la cargaison étaient donc capturés, dès que le navire

purpose. In general, where a ship and cargo are restored, with a decree that the freight shall be a charge on the cargo, if the proceeds of the cargo are not sufficient to pay the freight, the captors are not responsible for the deficiency. But although the capture be right, yet if afterwards the cargo is lost by the negligence of the captors, and the freight be decreed a charge on the cargo, the captors are responsible to pay it. Where the freight of the neutral and the expenses of the captors are both decreed to be a charge on the cargo, and the proceeds are insufficient to discharge both, priority of payment of the freight is, in ordinary cases, allowed by the court, as a lieu that takes place of all others. »

[1] Voir, pour ces revendications, Gessner, *loc. cit.*, p. 275, 276, 279. — Phillimore (*loc. cit.*) dit à ce sujet : « In the next place, as to the allowance of freight to the captors. — This may happen when the ship is hostile, and the cargo, or a part thereof is neutral. The general rule is, that if neutral goods are found on board of a hostile ship, the captors are not entitled to freight therefore, unless they carry the goods to the port of destination. And the rule is applied notwithstanding there may have been a sale of the goods beneficial to the owners. But there are exceptions to the rule itself ; for if the captors bring the cargo to the country where the claimants ultimately designed to send it, but were compelled to take a circuitous route in existing circumstances, the captors are entitled to freight, notwithstanding the ship was actually destined to another country, there to land it. So, if brought to the same country, but not to the port of actual destination. So, where the goods are brought to the country where the proceeds were ultimatily destined, and would have been brought directly, but for a prohibition of municipal law. Where freight is decreed to the captors, it will be paid by the court, out of the cargo or its proceeds, if yet remaining in the admiralty. And in particular circumstances, application may be made to the court, to decree the sale of so much of the cargo as may be necessary to be sold for the discharge of freight. And were freight is allowed to the captors, if they have done any damage to the cargo, the amount may be deducted by way of set-off or compensation. »

[2] Voir l'exposé historique dans Wheaton, *Histoire*, I, p. 153 et suiv., et 357 et suiv.

appartenait à l'ennemi. Bientôt après, ce principe reçut une nouvelle extension. Un édit de François II posa comme règle que le navire et la cargaison devaient tous deux être saisis, si l'un ou l'autre était de l'ennemi. L'ordonnance de la marine de 1681, adopta cette règle (III. 9. art. VII). « Tous les navires « qui se trouveront chargés d'effets appartenant à nos ennemis « et les marchandises de nos sujets ou alliés qui se trouveront « dans un navire ennemi, seront pareillement de bonne prise. » Bien que dans la seconde partie de cette règle, il ne s'agisse que de marchandises appartenant aux sujets français ou à des alliés, la jurisprudence française a toujours étendu la confiscation aux neutres. On ne peut méconnaître cependant que la distinction entre neutres et sujets du belligérant serait ici parfaitement justifiée, car tout état a incontestablement le droit de défendre, sous peine de confiscation, à ses propres sujets, d'affréter des navires ennemis. L'ordonnance de 1704 contient également une disposition ainsi conçue : « S'il se trouvait sur « des vaisseaux neutres des effets appartenant aux ennemis de « Sa Majesté, les vaisseaux et tous les chargements seraient de « bonne prise. » C'est la confirmation de la maxime : mar-« chandise ennemie, navire ennemi [1]. On la justifiait en disant que le neutre, s'il consent à transporter des marchandises ennemies, se rend coupable d'une violation de neutralité, et doit par conséquent subir, comme peine, la perte de la chose qui sert à commettre le délit. Ce principe ne fut abandonné qu'en 1744, sans que l'on renonçât à la règle, *navire ennemi, marchandise ennemie.* Cependant le règlement de 1744 fut interprété en France comme tranchant la question en ce sens seulement, pour les rapports avec les états qui avaient conclu antérieurement des traités contenant la clause *navire libre, marchandise ennemie,* tandis que les anciennes ordonnances restaient en vigueur vis-à-vis des autres nations.

IV. Le troisième système proclame la liberté de la marchandise ennemie sous pavillon neutre, et de la marchandise neu-

---

[1] Voir les motifs allégués dans Wheaton, *Élém.* II, p. 101, 102.

tre sous pavillon ennemi [1]. Nous avons déjà signalé les inconvénients qu'entraîne l'application du principe contenu dans le Consolato del mare, d'après lequel la liberté du pavillon ne couvre pas la marchandise. Les intérêts maritimes des neutres en ont souffert grand dommage. Il faut ajouter que, pour peu qu'un navire neutre fût soupçonné d'avoir de la marchandise ennemie à bord, on regardait la capture comme justifiée ; devant les tribunaux de prises, c'était au neutre qu'incombait la preuve du contraire. Souvent cette preuve était très difficile dans la procédure en revendication, même lorsque la capture avait été faite sur simple soupçon.

Ces abus eurent pour conséquence, déjà au xviie siècle, que l'on stipula fréquemment par traité la liberté de la marchandise ennemie à bord des navires neutres, mais en exceptant la contrebande de guerre, et en maintenant le droit de saisir le bien neutre à bord du navire ennemi; c'était donc le pavillon qui décidait absolument de la confiscation ou de la liberté de la marchandise.

Les traités qui mirent en vigueur la maxime *le pavillon couvre la marchandise*, tinrent une place importante dans un conflit qui surgit entre la Prusse et la Grande-Bretagne, à l'occasion de la capture d'un grand nombre de navires et de cargaisons appartenant à des Prussiens, pendant la guerre maritime de 1744 à 1748. Le tribunal d'amirauté britannique avait condamné les cargaisons, chaque fois qu'on n'apportait pas la preuve de leur qualité de neutre. Les propriétaires intéressés, à l'exception d'un seul qui interjeta appel auprès des « lords commissioners », exposèrent leurs griefs au roi de Prusse. Une commission, chargée de l'examen de chaque cas, reconnut ces plaintes fondées. Le gouvernement britannique refusa cependant d'accéder à la demande du roi de Prusse, qui réclamait un nouveau jugement. Celui-ci résolut alors de mettre à exécution la menace qu'il avait faite et d'user de représailles [2].

---

[1] Pour le développement de ce système, voir Gessner, *loc. cit.*, p. 250 à 274.

[2] Le roi de Prusse avait, dans les traités de Breslau et de Dresde conclus avec l'Autriche, pris à sa charge le payement de sommes d'argent considérables que

Dans le § 25 du mémoire prussien de 1752, il est dit : « La raison
« et le droit des gens universel nous enseignent que dans un
« endroit neutre les deux parties ennemies sont en sûreté, et
« que par conséquent aucun ennemi n'y peut attaquer son
« ennemi ou s'emparer de ses effets. Or, les navires prussiens
« sont des endroits neutres, où les choses de l'ennemi sont
« chargées ; il n'y a donc pas de différence, si ces objets sont
« enlevés d'un navire neutre ou d'un pays neutre. Ce principe
« de droit de gens universel est consacré dans les traités entre
« l'Angleterre et la Hollande, et entre l'Angleterre et la France,
« par cette expression remarquable : les vaisseaux libres ren-
« dent les marchandises libres. » Le mémoire explique ensuite
comment cette dernière règle est empruntée au droit des gens
universel. Le gouvernement britannique se fondait sur une
pratique contraire, qui avait été suivie et constamment reconnue depuis le Consolato del mare, et « qui ne pouvait être
« mieux prouvée que par les exceptions faites en divers traités. »
En justifiant la maxime, « navire libre, marchandise libre, »
par l'assimilation des navires de commerce prussiens à des
parties du territoire prussien, on prêtait toutefois à la critique,
car la théorie « des fractions de territoire ambulantes » ne se
fonde que sur une fiction, dont le but tend uniquement à
assurer l'application de la législation nationale à bord du navire, surtout lorsqu'il se trouve en pleine mer ; elle ne règle
d'ailleurs que des rapports privés et de droit public, en ce qui
concerne les navires eux-mêmes et les personnes qui sont à
leur bord. Mais, dans le domaine du droit international, les
bâtiments de commerce ne sont nullement considérés comme

l'empereur Charles VI avait empruntées pour dix années, en 1733, 1734 et 1736,
à des particuliers anglais, en engageant les revenus de la Silésie, et dont la plus
grande partie n'avait pas été payée jusqu'alors. Le roi résolut de mettre ces
sommes sous séquestre jusqu'à ce que le gouvernement britannique eût donné satisfaction à ses sujets, et il se proposait d'employer cet argent à indemniser ceux-
ci, si cela était nécessaire. Le conflit fut vidé en 1756. L'Angleterre accorda
20,000 liv. st. de dommages-intérêts, et les capitaux retenus furent payés avec
les intérêts aux créanciers anglais. Voir l'histoire détaillée du cas dans Ch. de
Martens, *Causes célèbres*, II, p. 1 et suiv.

des parties inviolables du territoire de l'état auquel ils appartiennent. Le droit de les arrêter, de les visiter (voir §§ 53 et suiv.), de saisir la contrebande de guerre qui se trouverait à bord, est absolument incontesté. C'est avec raison que Wheaton, posant la question de savoir si le navire de nationalité neutre doit être tenu, en pleine mer, pour territoire neutre, n'y répond affirmativement que pour les bâtiments de l'état, tandis qu'il s'exprime ainsi au sujet des navires appartenant à des particuliers [1] : « Ils ne forment point partie du territoire neutre, et quand ils sont dans le territoire d'un autre état, ils ne sont point exempts de la juridiction locale. Cette portion de l'Océan temporairement occupée par eux ne forme pas une portion du territoire neutre ; et le vaisseau lui-même, qui est un objet mobilier, propriété d'individus privés, ne forme pas partie du territoire de la puissance aux sujets de laquelle il appartient. La juridiction que cette puissance peut légalement exercer sur le vaisseau en pleine mer est une juridiction sur les personnes et les propriétés de ses citoyens, ce n'est pas une juridiction territoriale. Être sur l'Océan, c'est être dans un lieu où aucune nation particulière n'a de juridiction, et où, par conséquent, toutes les nations peuvent également exercer leurs droits internationaux. »

La reconnaissance du principe de la liberté de la marchandise ennemie sous pavillon neutre dans les déclarations de neutralité armée de 1780 et de 1800, a exercé une longue et profonde influence.

Cette même règle est insérée dans le code général des états prussiens, ainsi que le principe de la liberté de la marchandise neutre à bord du navire ennemi [2].

Dans notre siècle également, les deux principes ont été pro-

---

[1] *Élém.*, II, p 100.

[2] I, 9, § 213. Par contre, on ne retiendra pas la propriété des sujets des nations alliées ou neutres, qui sera trouvée à bord des navires ennemis. — § 214 : La propriété des sujets ennemis, qui se trouve sur des navires neutres, est également libre. — Pour l'exception en matière de contrebande de guerre, voir § 216, *ibid.*

clamés dans la plupart des conventions ou des lois intérieures
qui traitèrent la question. Celle-ci était mûre pour une solution
définitive, lorsque l'Angleterre et la France eurent publié leurs
déclarations des 28 et 29 mars 1854, au début de la guerre de
Crimée ; à l'issue de cette même guerre une autre déclaration portant la date du 16 avril 1856 proclama les règles suivantes :

2° Le pavillon neutre couvre la marchandise ennemie, à
l'exception de la contrebande de guerre ;

3° La marchandise neutre, à l'exception de la contrebande
de guerre, n'est pas saisissable sous pavillon ennemi.

Ces principes sont obligatoires non seulement pour les puissances signataires, mais aussi pour un grand nombre d'états
qui adhérèrent ensuite à la déclaration de Paris. D'autre part,
l'Espagne et les États-Unis, qui avaient refusé leur adhésion à
cause de la première règle abolissant la course, ont inséré les
deux autres dans une série de traités. Il en est de même de
beaucoup d'autres gouvernements extraeuropéens, qui n'ont
pas donné d'adhésion générale à la déclaration elle-même. On
peut donc dire que, sauf exception formelle, les deux principes
proclamés en 1856 constituent, dans cette matière, le droit
en vigueur [1].

§ 43. — **Différentes espèces de commerce maritime
des neutres.**

I. En temps de paix, la liberté du commerce maritime des
neutres entre eux est soumise à une restriction, en ce que sou-

[1] C'est ainsi que la Russie, dans l'ukase du 24 mai 1877, concernant les règles
à suivre pendant la guerre (*Staatsarchiv*, t. 32, n° 6453) a déclaré les principes
applicables à toutes les puissances « sans en excepter les États-Unis de l'Amé-
« rique du Nord et l'Espagne, qui jusqu'à présent n'ont pas adhéré à cette déclaration (de Paris).

vent le commerce de cabotage est réservé aux nationaux (voir § 5, X).

Certains états de l'Europe avaient apporté des restrictions semblables au commerce de la métropole avec ses colonies d'outre-mer.

On a beaucoup discuté, aussi bien dans la diplomatie qu'entre savants, sur le point de savoir si dans le cas où l'un des belligérants abolirait cette prohibition pour la durée d'une guerre, et ouvrirait toute espèce de commerce aux neutres en général ou à une nation neutre en particulier, l'autre belligérant aurait le droit de s'opposer à ce commerce nouveau, en le déclarant illicite.

L'Angleterre a émis cette prétention, pour la première fois en 1756, après que la France, à l'occasion de la guerre qui sévissait à ce moment, eut ouvert ses colonies au commerce des Hollandais, qui en avaient été exclus jusqu'alors au profit du pavillon national (règle de 1756).

La déclaration russe publiée en 1780, à l'occasion de la neutralité armée, proclama le contraire. « Tous les vaisseaux neu- « tres pourront naviguer librement de port en port et sur les « côtes des nations en guerre. »

En mentionnant les débats qui se sont élevés sur ce sujet, Phillimore[1] arrive aux conclusions suivantes : Le commerce de cabotage au sens strict du mot, a un caractère si exclusivement national, que les neutres ne peuvent jamais se croire en droit de le faire pendant une guerre, sans être exposés à la confiscation. La pratique anglaise a injustement étendu ce principe aux cas où les neutres font le commerce entre les ports belligérants avec une cargaison embarquée en pays neutre. Phillimore constate ensuite, à sa satisfaction, que le commerce colonial, opéré par des étrangers entre la mère patrie et la colonie pendant la guerre seulement, a été déclaré illicite dans dans la plupart des jugements de prise, et qu'il a été interdit en conséquence. Mais il lui paraît abusif d'étendre, avec la juris-

---

[1] III, § 220 et suiv.

prudence anglaise, ce principe (appelé la règle de 1756) à tout commerce opéré par des neutres entre la colonie et un pays neutre.

Bluntschli[1] s'élève contre les restrictions maintenues par Phillimore, mais il le fait en subordonnant les intérêts des belligérants à ceux du commerce, et il semble être guidé par la considération, d'ailleurs inexacte, que le privilège du cabotage pour les nationaux n'est plus en harmonie avec les idées actuelles sur la liberté du commerce international; il oublie que la grande majorité des traités récents sur le commerce et la navigation maintiennent cette réserve (voir § 5, X, et particulièrement les notes).

Heffter[2] fait au contraire la remarque suivante : « Des maxi-« mes observées dans les cas indiqués ci-dessus (confiscation « pour le commerce colonial et pour le commerce de cabotage), « ne manquent pas à la vérité d'une certaine justification, « comme étant une conséquence de la nature spéciale des « guerres maritimes, lorsqu'il s'agit d'un transport de mar-« chandises ennemies. Car ces guerres, ainsi que nous l'avons « dit, ne se font pas d'état à état. Elles sont dirigées en même « temps contre les propriétés privées et contre le commerce des « sujets ennemis. Les peuples neutres qui se livrent à ce com-« merce, semblent ainsi en quelque sorte secourir l'un des com-« battants contre l'autre et lui porter des secours indirects. « C'est sans doute le motif pour lequel les puissances maritimes « ne se sont pas opposées jusqu'à ce jour d'une manière plus « efficace à un usage si contraire à leurs intérêts. Toutefois la « règle de 1756 n'est plus à concilier avec les règles de la décla-« ration de 1856. »

II. Nous ne pouvons qu'adhérer à ces considérations. Pour le reste, dans les cas où la règle de 1856: *le pavillon neutre*

<hr />

[1] Articles 799 et 800. — Voir aussi Wheaton, *Éléments*, II, p. 169; Cauchy, II, p. 216 et suiv.; Wheaton, *Histoire*, I, p. 273 et suiv. (tiré de Hubner); Gessner, *loc. cit.* p. 283 et suiv.; Hautefeuille, *Droits et devoirs*, etc., II, p. 288, 289; Calvo, III, § 2409; de Kaltenborn, II, p. 426, 427.

[2] § 165.

*couvre la marchandise ennemie, à l'exception de la contrebande
de guerre*, n'est pas obligatoire, on doit, à notre avis, examiner
dans chaque espèce si la cargaison est, en tout ou en partie,
soit propriété de l'ennemi, soit contrebande de 'guerre, et c'est
de là que doit dépendre la légitimité de la confiscation. Il nous
paraît évident que dans le commerce maritime dont il s'agit,
il y a une forte présomption pour le caractère ennemi de la
cargaison; mais il ne nous semblerait pas juste de dire que
cette présomption doit être *juris et de jure*.

§ 44. — De l'assistance prêtée par les neutres.

Du principe en vertu duquel la neutralité complète défend
absolument de favoriser l'un ou l'autre belligérant, découlent
plusieurs conséquences fort importantes pour la guerre maritime.

I. Le neutre ne doit pas permettre à ses sujets d'entrer au
service militaire de l'une des parties belligérantes, surtout ne
point tolérer que des enrôlements se fassent sur son territoire[1].

Il faut considérer comme service militaire en ce sens le pilotage à bord des navires employés à des opérations militaires,
sauf le cas de pilotage à l'entrée ou à la sortie d'un port
neutre. Il est du devoir de tout gouvernement neutre de s'opposer énergiquement à ce qu'une semblable assistance soit

---

[1] En Allemagne, l'article 141 du code pénal commine une peine contre celui
qui enrôle un Allemand pour le service militaire d'une puissance étrangère ou qui
amène un Allemand aux enrôleurs. Cette prescription s'applique aussi en temps
de paix. En Angleterre, le Foreign Enlistment Act. du 9 août 1870 (33 et 34 Victoria, c. 90, an Act to regulate the conduct of Her Majesty's subjects during the
existence of hostilities between foreign states with which Her Majesty is at peace)
édicte dans ses articles 1 à 7 des prohibitions détaillées, sanctionnées de peines
sévères. Il est défendu d'entrer au service militaire d'une puissance étrangère
sans autorisation, d'enrôler ou de tenter d'enrôler un autre à ce service sans autorisation, de transporter sciemment des personnes enrôlées à bord, etc.

prêtée. Pour remplir ce devoir, le gouverneur d'Helgoland défendit, immédiatement après la déclaration de guerre de 1870,
aux pilotes de l'île d'offrir leurs services à des navires de guerre
étrangers, sous peine d'être exclus de la corporation des pilotes.
A la date du 6 août, le *Board of trade* porta une défense générale
ainsi conçue : « Il est interdit aux pilotes britanniques de conduire aucun navire appartenant à une puissance belligérante
quelconque, si ce n'est dans les eaux britanniques à trois milles
de la côte, et ils ne peuvent que guider ces navires à l'entrée
ou à la sortie des ports et des lieux d'ancrage de la Grande-
Bretagne, pourvu que ces vaisseaux n'accomplissent à ce moment aucun acte hostile. Toutefois les navires de guerre en
danger peuvent être pilotés pour sortir de ce danger. » Les
pilotes danois rendirent pendant la guerre de précieux services à la flotte française dans la Baltique.

La participation des sujets isolés du neutre aux opérations
militaires sur terre ou sur mer peut ne point constituer un acte
de faveur pour le belligérant qui en profite ; si un gouvernement neutre la permet, il ne commet donc pas une violation
des devoirs de la neutralité [1].

D'après les idées qui ont cours aujourd'hui, un état neutre
ne pourrait autoriser ses sujets à accepter des lettres de marque d'une puissance belligérante (voir sur ce point § 34, VIII).

II. Toute communication des neutres avec les commandants des forces de terre ou de mer des belligérants dans l'intérêt des opérations militaires, est illicite ; il faut y comprendre la transmission, par des bâtiments de guerre appartenant
au neutre, des renseignements sur le nombre, le lieu de stationnement et la marche des troupes ou des bâtiments de
l'ennemi, etc. [2].

---

[1] Lorsque la guerre éclata en 1870 entre la France et l'Allemagne, le gouvernement russe défendit d'une manière générale et sans réserver aucune autorisation, aux sujets russes d'entrer comme volontaires au service des puissances engagées en guerre, « parce que ce serait enfreindre la ferme résolution prise par Sa
Majesté, d'observer une rigoureuse neutralité dans le conflit entre la France et la
Prusse. »

[2] Heffter, § 148.

Les navires appartenant à des particuliers de la nation neutre
qui se livrent à des actes de cette espèce s'exposent à la saisie
et à la confiscation, que l'on considère aussi comme autorisée
lorsqu'ils sont destinés à participer d'une manière quelconque aux hostilités et armés en conséquence ; ils revêtent par
là, en effet, le caractère de navires ennemis participant à
des opérations hostiles [1]. Dans le cas d'espionnage, il est permis, après confiscation du navire, de traiter les hommes de
l'équipage comme espions, pour autant qu'ils aient rempli
cette tâche sciemment, ce qui est une question à décider en
fait.

III. Il n'est pas permis à l'état neutre de céder aux belligérants des navires qui doivent recevoir une destination militaire, ni de tolérer que dans ses ports des navires soient construits, équipés, armés, pourvus de matelots, afin d'être remis
ensuite à l'un des belligérants ; il ne lui est pas permis davantage de souffrir que ses sujets fournissent de semblables navires aux belligérants [2]. La législation anglaise, aussi bien que
celle des Etats-Unis d'Amérique, a, depuis longtemps, reconnu ce principe en édictant des lois prohibitives pour le
sanctionner. Toute violation de ces lois est frappée d'une peine
et, s'il y a lieu, de la confiscation [3].

Dans le traité conclu à Washington le 8 mai 1871, entre la
Grande-Bretagne et les Etats-Unis, concernant particulièrement la solution de l'affaire de l'*Alabama*, l'article VI établit
trois règles destinées à servir de base juridique à la décision
des arbitres, et que les parties contractantes s'obligent également à observer dans l'avenir. Voici ces articles :

« En décidant les questions qui leur seront soumises, les

---

[1] Bulmerincq (p. 307), estime que dans le cas où l'on a constaté seulement le
fait de la préparation, la confiscation n'est pas justifiée ; on ne peut, d'après lui,
que séquestrer le navire jusqu'à la conclusion de la paix. Selon nous, la sévérité
est parfaitement justifiée.

[2] Voir aussi Bluntschli, art. 763 et 764.

[3] Le Foreign Enlistment Act de 1870 contient des prescriptions détaillées dans
ses articles 8 à 13, sous la rubrique *Illegal Shipbuilding and illegal Expe-
ditions*.

arbitres seront guidés par les trois règles suivantes, que les
hautes parties contractantes sont convenues d'accepter comme
celles qui devront être appliquées à la cause, et par les principes du droit des gens qui n'y seraient pas incompatibles et
que les arbitres jugeraient y être applicables.

RÈGLES.

« Un gouvernement neutre est tenu :

1º D'user de toute diligence pour empêcher dans sa juridiction l'équipement et l'armement de tout vaisseau qu'il a des
motifs raisonnables de croire destiné à croiser ou à concourir
à des opérations hostiles contre une puissance avec laquelle il
est en paix, et aussi d'user de la même diligence pour empêcher le départ hors de sa frontière de tout navire destiné à
croiser ou à concourir à des opérations hostiles, ce navire
ayant été, dans ladite juridiction, adapté en tout ou en partie
à des usages de guerre ;

2º De ne permettre à aucun des belligérants de faire de ses
ports ou de ses eaux la base d'opérations, ni de s'en servir
pour augmenter ou renouveler des approvisionnements militaires et des armements, ou pour recruter des hommes ;

3º D'exercer toute diligence nécessaire dans ses propres
ports et dans ses eaux, et à l'égard de toute personne dans sa
juridiction, pour empêcher toute violation des obligations et
des devoirs sus mentionnés.

« Sa Majesté Britannique a ordonné à ses commissaires de
déclarer que son gouvernement ne pouvait donner son assentiment à ces règles comme étant un exposé des principes de la
loi internationale en vigueur au moment où les réclamations
s'étaient élevées ; mais pour témoigner de son désir de fortifier
les relations amicales entre les deux pays et de pourvoir d'une
manière satisfaisante aux éventualités de l'avenir, elle a consenti qu'en décidant les questions soulevées par ces réclamations, les arbitres admissent que son gouvernement avait entendu agir conformément aux principes énoncés dans ces
règles. »

« En conséquence, les parties contractantes sont convenues d'observer ces obligations entre elles à l'avenir et de les
porter à la connaissance des autres puissances maritimes, en
les invitant à y accéder. »

Dans la plupart des déclarations de neutralité récentes, on
trouve insérées des prohibitions en ce sens. Voir à l'annexe L.

IV. On considère comme absolument incompatible avec la
neutralité la fourniture directe ou indirecte de matériel de
guerre, opérée par un gouvernement neutre à un belligérant [1].

V. On a souvent discuté la question de savoir si l'état neutre est *obligé* d'interdire à ses sujets de prêter de l'argent aux
belligérants, de leur livrer du matériel de guerre, etc.

En fait, il n'est pas douteux qu'il n'y ait là une faveur si, à la
suite d'assistance de ce genre prêtée notoirement, le neutre
n'édicte pas une prohibition. C'est au droit des gens général
qu'il appartient de résoudre la question de principe [2].

---

[1] Pour répondre à ce devoir, le président Grant défendit, pendant la guerre
de 1870, que des armes tirées des arsenaux de l'état fussent livrées à l'un ou à
l'autre belligérant. — Toutefois, les États-Unis trouvèrent alors opportun de
vider leurs magasins de matériel de guerre, et ils firent vendre à l'encan, au
mois d'octobre 1870 notamment, un demi-million de fusils (parmi lesquels 240,000
étaient neufs), 163,000 carabines avec fourniment de cuir et munitions, 35,000
revolvers avec munitions, 40,000 sabres de cavalerie, 20,000 harnais de chevaux,
50 batteries d'artillerie de campagne complètement approvisionnées. Du mois de
septembre à la mi-novembre 1870, l'exportation d'armes de New-York vers les
ports français s'éleva au moins à 378,000 fusils et carabines, 45 millions de cartouches outre 11,000 caisses qui en contenaient également, 55 canons, 5 batteries
Gatling et 2,000 pistolets. — Ces faits n'ont besoin d'aucun commentaire.

[2] L'exportation d'armes d'Angleterre en France pendant la guerre de 1870
donna lieu à de longs débats. L'attitude passive de l'Angleterre fut surtout défendue
par *Historicus* (Harcourt) dans le *Times*; d'autre part cependant (en Angleterre
même) on critiqua comme contraire au droit des gens la tolérance du gouvernement qui laissa exporter le matériel de guerre et particulièrement le charbon
destiné à la flotte française. Voir pour les écrits allemands sur la question : *La
question des exportations d'armes anglaises*, Gotha, 1871 ; Gessner, *Puissances belligérantes et neutres*, et *La Grande-Bretagne et le droit des gens de
l'Europe*, dans le n° 6 de la *Gegenwart* de 1870 ; Bluntschli, art. 765 et 766, et
les remarques à ces articles ; Geffken, § 148, remarque 4, pense que toute
tentative pour obtenir l'établissement d'une prohibition à l'avenir serait vaine et
que la prohibition elle-même ne pourrait être observée dans la pratique. Voir les

Pour le reste, voir la théorie de la contrebande de guerre dans les §§ 45 à 47.

SECTION TROISIÈME

DE LA CONTREBANDE DE GUERRE

La prohibition du transport de la contrebande de guerre a des conséquences importantes pour le commerce maritime des belligérants aussi bien que pour celui des neutres. En cette matière, la théorie et la pratique sont toutes deux hésitantes

opinions différentes des gouvernements allemand et anglais dans Hirth, *Tagebuch*, particulièrement t. I, n° 291; t. II, n° 431, 470, 472, 558, 671, 700.

Plusieurs gouvernements, sans être liés par des traités, ont considéré cependant comme une nécessité d'édicter des prohibitions sur ce point; par exemple, le gouvernement autrichien, aussi bien au début de la guerre d'Orient, en 1854, que lors de la guerre franco-allemande, en 1870; dans la déclaration de neutralité du 25 mai 1854, il est dit : « Il est interdit de transporter, à l'aide de navires sous pavillon autrichien, des troupes destinées aux belligérants, ou bien des objets, qui d'après le droit des gens général, ou d'après des ordonnances rendues publiques des puissances étrangères intéressées, sont considérés comme contrebande de guerre. Sur les navires autrichiens qui sont en rapport avec les états belligérants, il ne peut y avoir que la quantité de ces objets, qui est rigoureusement nécessaire pour les besoins ou la défense du bâtiment. Celui qui enfreint la présente prohibition ne peut réclamer aucune protection du gouvernement impérial et royal, en cas de saisie et de confiscation faite légitimement par l'un des belligérants, et il encourra en outre une peine proportionnée. » — Les ordonnances du 29 juillet 1870 et du 11 mai 1877, sont identiques, mais ne contiennent plus de peine. — Pendant la guerre de Turquie de 1877, le gouvernement britannique a fixé de la manière suivante son attitude : « Her Majesty's government had always « maintained that by the law of nations the neutral shipper of goods which may « be deemed to be contraband of war commits no offence against his own sove- « reign, and that a neutral state is not bound to restrain or punish its subjects « who seek to carry such goods across the seas to a belligerent, the only penalty « for so doing being the seizure and condemnation of the goods if intercepted by « the enemy during their transport. — The existence of war inflicts sufficiently « onerous burdens on neutral commerce, and Her Majesty's government had no « intention of adding to them by the imposition of restrictions on the trade of « this country in excess of the recognized practice of neutral States. » (*Staats-archiv*, t. XXXIII, n° 6536.)

et incertaines. Souvent la question même de savoir si tel objet doit être tenu pour contrebande soulève des difficultés. Il est vrai que les tribunaux appelés à juger de la validité de la prise souffrent moins de ces incertitudes que les croiseurs, dont la tâche consiste à réprimer en pleine mer tout commerce contraire au droit des gens, et qui doivent toujours décider sur place quel est le caractère de la cargaison et le traitement à lui infliger.

§ 45. — Définitions et éléments de la contrebande de guerre.

I. Au sens étendu du mot, on entend par contrebande l'entrée ou la sortie de marchandises prohibées, ou bien les marchandises elles-mêmes qui sont importées ou exportées malgré une défense formelle ou sans l'observation de certaines conditions requises.

II. La notion de la *contrebande de guerre* se déduit des principes du droit des gens qui imposent aux neutres des devoirs vis-à-vis des belligérants et accordent à ces derniers des droits vis-à-vis des neutres. On a toujours vivement discuté la nature et l'étendue de ces droits et de ces devoirs, et ces controverses se retrouvent naturellement dans le sujet qui nous occupe.

Deux principes servent de base aux règles qui sont admises en matière de contrebande de guerre :

1° Les sujets de l'état neutre doivent s'abstenir de favoriser en quoi que ce soit aucun des belligérants ; s'ils le font, ils se rendent coupables d'un acte d'hostilité envers celui dont les intérêts sont lésés par la faveur accordée ; il importe peu qu'ils agissent contrairement à une défense de leur propre gouvernement.

2° En tous les lieux où les hostilités peuvent se faire, donc en pleine mer également, le belligérant est en droit de prendre les mesures nécessaires pour s'opposer à ce que des faveurs contraires au droit des gens soient accordées. Parmi les faveurs, il faut comprendre particulièrement le transport d'objets destinés à l'adversaire et servant à un usage belliqueux.

Toute puissance belligérante a, en conséquence, le droit d'empêcher les neutres de fournir à son ennemi des objets de cette espèce ; de ce droit est sorti ensuite celui de la confiscation des objets eux-mêmes. Anciennement, on permettait en outre d'infliger un châtiment à celui qui essayait de secourir l'ennemi en lui procurant les moyens de faire la guerre.

Celui qui abuse de la liberté du commerce pour porter assistance à l'un des belligérants le fait à ses risques et périls, et si l'état auquel cet individu appartient veut observer une neutralité parfaite, il n'a ni motif ni droit d'étendre sur lui sa protection ; en le faisant, il se rendrait lui-même coupable d'une faveur illicite et d'une rupture de neutralité.

Peu importe que le particulier ait le dessein de porter aide et secours au belligérant, ou qu'il soit poussé par un mobile d'intérêt propre et de lucre, ce qui arrivera le plus souvent. Il suffit que le fait de l'assistance prêtée à l'ennemi existe et se manifeste par le transport de la marchandise. Il n'importe pas davantage que le sujet neutre approvisionne un seul belligérant ou tous les deux. Une assistance également répartie ne saurait, en effet, se concevoir ; les quantités et les prix n'entrent pas seulement en ligne de compte ; il se peut que le même article soit absolument nécessaire à l'un des belligérants ou qu'il puisse en disposer immédiatement et utilement, tandis que l'autre se trouverait dans des circonstances différentes.

III. On entend par contrebande de guerre, au sens étroit du mot, les objets qu'il est défendu d'apporter à l'ennemi. Quand il s'agit de déterminer ces objets, les opinions varient notablement. Au temps où le droit de la guerre commençait à se former, on ne considérait comme tels que les armes de guerre et les munitions préparées. Mais la prohibition n'a pas tardé à s'étendre : aujourd'hui elle embrasse, d'après les uns, les objets qui servent, soit directement soit indirectement, à la guerre, c'est-à-dire tous ceux qui peuvent être employés dans les opérations militaires ; d'après les autres, seulement ceux qui servent immédiatement à un usage belliqueux. Cette définition restreinte répond mieux aux idées actuelles.

Un très grand nombre de traités conclus entre les différents états ont déterminé dans le détail quels sont les objets qui doivent être considérés comme contrebande de guerre ; parmi ces traités, à peine en trouverait-on deux dont les dispositions soient identiques. Depuis 1869, l'Allemagne a conclu des traités d'amitié, de commerce et de navigation avec trois états américains, avec le Salvador en 1869, avec le Mexique en 1870, avec Costa-Rica en 1875, et dans chacun d'eux l'énumération des articles qui composent la contrebande de guerre est différente.

Il résulte de ceci qu'on ne peut donner une définition de la contrebande qui comprenne toutes les applications qu'on en a faites. Chaque fois qu'il s'agira d'articles non regardés comme tels de tout temps et par tous les états, il faudra procéder à un examen qui aura pour fondement les points suivants :

a) Les lois, règlements, traités, qui mentionnent ces articles.

b) Le principe d'après lequel le commerce neutre ne peut prêter assistance au belligérant dans ses opérations militaires.

c) La règle d'après laquelle les articles destinés à l'usage de la guerre et qui peuvent y être immédiatement applicables doivent toujours être traités comme contrebande.

Seules, les armes de guerre et les munitions confectionnées ont été comprises de tout temps et par tous les états, comme tombant sous l'application de cette dernière règle.

Les armes et munitions qu'un navire de commerce emporte exclusivement pour ses besoins, soit pour se défendre contre les pirates, soit pour la chasse, pour les signaux et saluts, ne sont pas contrebande de guerre [1], car ils ne sont pas destinés à l'ennemi.

Pour tout le reste, les traités, règlements, etc, varient; les uns, comme nous l'avons dit, ne déclarent contrebande que

[1] Code général prussien, II, 8, § 2033, et de nombreuses conventions.

les objets qui servent immédiatement à la guerre ; c'est le cas pour le *Règlement des prises* de la Prusse ; d'autres condamnent les articles qui peuvent être employés indirectement à des usages belliqueux. D'après le *Règlement des prises* de la Prusse, la poudre à tirer est contrebande de guerre, mais non le soufre ni le salpêtre ; le traité avec le Mexique de 1870 comprend, sous la dénomination de contrebande, tous les objets qui *peuvent* servir à l'usage de la guerre, et particulièrement le soufre et le salpêtre ; dans le traité avec Costa-Rica de 1875, nous trouvons de nouveau la poudre et le salpêtre, mais non le soufre. Dans le traité avec le Mexique, les chevaux sont compris dans la contrebande, tandis que le code général prussien (II, § 2034 et s.) et le *Règlement des prises* de la Prusse (§ 8) les en excluent.

Dans la pratique, chaque état se guidera en première ligne d'après les traités conclus par lui avec les états neutres ; en second lieu, d'après ses propres lois et règlements, et si les uns et les autres ne donnent pas de solution, il faut s'en référer aux principes posés plus haut sous les lettres *b* et *c*.

IV. Des divergences se sont produites tantôt dans la pratique, tantôt dans la doctrine, notamment à propos des articles suivants :

I. *Matériaux qui peuvent être façonnés pour servir à un usage de guerre.* — En règle générale, on a les a tenus pour contrebande lorsqu'on devait supposer qu'ils allaient être employés à la guerre ; mais les tribunaux de prises anglais et américains les ont condamnés sans tenir compte de cette restriction. Le code général prussien (II. 8, §§ 2034 et 2036) distingue ; il range les cordages, la toile à voile, la poix, le chanvre, parmi les articles permis ; le salpêtre et le soufre parmi ceux dont le transport est défendu.

D'après une règle formulée récemment[1], dans le cas de transport de contrebande conditionnelle, c'est-à-dire d'objets qui peuvent également servir à des usages pacifiques, la pré-

[1] Voir notamment Bluntschli, art. 895.

somption doit toujours être favorable à ces usages, et contraire à la supposition qu'il s'agisse de contrebande de guerre. Cette règle est au moins contestable dans le cas où il y aurait déjà eu chez le neutre qui est en cause, de précédents transports des objets incriminés, avec la certitude du fait de contrebande. Dans le transport de la poudre à tirer, qui peut aussi servir à un but pacifique, et d'autres articles du même genre, il faut bien que l'on puisse présumer qu'il y a contrebande, surtout si les envois se font en quantité considérable.

2. A la suite de l'ordonnance de la marine française de 1681, on a presque toujours considéré et traité les *chevaux* comme contrebande de guerre : « chevaux et équipages qui seront transportés pour le service de nos ennemis ».

3. *Les machines et les parties de machines à vapeur pour bâtiments de guerre.* La pratique les considère justement comme contrebande de guerre.

4. *Le charbon.* En 1854, le premier lord de l'amirauté déclara au parlement que le charbon, destiné à un usage de guerre, serait regardé comme contrebande. Par contre, en 1859, la France et l'Italie ne voulurent point prohiber cet article. Pendant la guerre de 1870, le gouvernement anglais défendit le transport du charbon, opéré des ports britanniques, aux navires de guerre français qui stationnaient dans la Baltique pour y faire des opérations hostiles. A notre avis, il faut décider uniquement d'après la destination ; si le charbon doit servir à des opérations militaires du belligérant, la confiscation est justifiée[1].

5. *Les vivres.* C'est avec raison que la pratique anglaise et française les déclare contrebande, lorsque les circonstances indiquent qu'ils sont destinés aux forces militaires ou navales de l'ennemi. En 1793, pendant la guerre entre la France et l'Angleterre, les deux belligérants décidèrent que les navires

[1] Voir cependant Gessner, *Le Droit des neutres*, p. 93, et plus loin, p. 108 à 110, sur la contrebande conditionnelle ou relative. — Phillimore (III, § 266) dit : « It is clear that coal may in the particular case, regard being had to its « quantity and destination, become liable to seizure. »

neutres chargés de vivres et à destination d'un port ennemi devaient subir la confiscation ; pour la justifier, les Anglais alléguèrent qu'en empêchant les transports de vivres à l'ennemi, on l'obligeait à conclure promptement la paix [1].

Bluntschli essaie de prouver que cette pratique est contraire à la morale [2]; mais ses raisons ne paraissent pas décisives; il dit que le belligérant ne serait pas en droit de saisir les vivres que le neutre transporterait à son adversaire et dont lui-même aurait un pressant besoin. Nous ne pouvons absolument pas adhérer à cette opinion : l'officier qui, dans un cas semblable, ne saisirait point au détriment de ses propres soldats, encourrait certainement une grave responsabilité (voir aussi § 46, III).

6. *L'argent comptant* a parfois été compris dans la contrebande de guerre, par exemple dans quelques traités entre l'Angleterre et la Suède. Cette disposition particulière n'est que l'application des règles générales. L'argent destiné à une puissance belligérante est incontestablement de la contrebande ; il doit en être de même des papiers qui ont la valeur de l'argent [3].

7. *Les navires,* qui sont construits de quelque façon que ce soit pour l'usage de la guerre, ou équipés dans ce but, même sans avoir les aménagements nécessaires. On doit décider d'après les circonstances de chaque cas [4]. Dans certains traités

---

[1] Le gouvernement des États-Unis d'Amérique éleva une opposition énergique, voir Kent, I, p. 138 et suiv.

[2] Article 807; voir aussi dans Steck, p. 152 et suiv.

[3] Phillimore, III, § 274. Oppenheim (p. 260, 261) pense que l'argent transporté comme marchandise doit, malgré de nombreuses tentatives pour établir le contraire, être traité non comme contrebande de guerre, mais comme subside et comme bien de l'ennemi. M. Geffken (remarque sur le § 160 de Heffter) dit que « personne ne compte plus l'argent et les vivres comme contrebande acciden-« telle, pourvu qu'on ne les apporte pas à une flotte ennemie »; c'est là une assertion qui n'est nullement acceptable, ne fût-ce que par le seul motif qu'il ne saurait y avoir de différence entre les vivres apportés à une armée et ceux qui sont destinés à une flotte.

[4] En 1800, pendant la guerre entre l'Angleterre et l'Espagne, des croiseurs anglais capturèrent le navire américain *le Brutus.* Ce bâtiment était disposé pour recevoir quatorze canons, bien qu'il n'en eût que deux à bord, prétendû-

de semblables navires sont expressément mentionnés parmi la contrebande de guerre[1] (voir aussi § 44, III).

V. Pour résoudre la question de savoir si dans un cas déterminé il y a contrebande de guerre, il faut tenir compte non pas seulement de la nature de l'objet, mais de sa destination ; on doit la déterminer avant tout en se référant aux papiers du bord, qui indiquent le lieu pour lequel le navire est destiné. Mais s'il existe d'autres soupçons de contrebande, la mention très simple et très claire du lieu de destination dans les papiers du bord ne suffit point pour les écarter, surtout dans le cas où le navire aurait une direction différente de celle qui résulterait des papiers de la cargaison, et particulièrement des connaissements[2].

Lorsqu'un navire chargé de marchandises qui ont le caractère de contrebande de guerre, se rend d'un port neutre à un autre port également neutre, il ne s'ensuit pas que le lieu de destination doive décider absolument de l'innocence de la cargaison. Twiss[3] dit que dans ce cas il y a présomption *juris et de jure*. Gessner[4] remarque avec raison qu' « il importe peu au

ment pour se protéger contre les pirates français. Son lieu de destination était le port ennemi de la Havane ; le capitaine avait pour instruction de vendre le navire quand il y serait arrivé, ou de l'affréter ; mais les propriétaires préféraient la vente, parce que le navire n'était ni construit ni disposé pour recevoir des marchandises à bord. Le navire fut condamné justement, sans aucun doute.

[1] Quelques auteurs, comme Heffter (§ 161 *a*), et Gessner (*loc. cit.*, p. 111), rangent, sans motif plausible, parmi la contrebande de guerre par accident les navires de guerre et de transport, qui sont destinés à l'un des belligérants. Nous pensons que ces navires sont de la véritable contrebande.

[2] « Nothing is more common than for those who contemplate a breach of bloc-« kade, or the carriage of contraband to disguise their purpose by a simulated « destination, and by deceptive papers. » Décision du Foreign Office aux propriétaires du *Peterhof*, concernant le commerce avec Matamoras, du 3 avril 1863. *Staatsarchiv*, IX, n° 1932. Voir aussi la note américaine du 12 mai 1863. *Ibid.*, n° 1936.

[3] Dans un travail intitulé : *The doctrine of continuous voyages as applied to contraband of war and blockade contrasted with the declaration of Paris of 1856*. (*Law Magazine and Review*, nov. 1877).

[4] Dans l'article intitulé : *A propos de la théorie de l'unité du voyage en ce qui concerne la contrebande de guerre et le droit de blocus. Augsburger Allgemeine Zeitung*, 1877, n° 340, 341. suppl. Voir aussi du même auteur : *De la*

point de vue juridique que le transport de la contrebande
s'opère directement ou par des détours, pourvu que la destination hostile soit établie. La différence juridique qui résulte de
cette circonstance, c'est que si la contrebande se trouve en
route pour un port neutre, il y a présomption que sa destination est neutre. Toutefois cette présomption n'est pas, comme
le dit Twiss, *juris et de jure*, c'est-à-dire n'admettant pas de
preuve contraire, mais *juris tantum*, ou pouvant être renversée
par des preuves rigoureusement déterminées. Si la détermination hostile ressort des papiers du bord, ou s'il se trouve
que ces papiers sont falsifiés et que la destination véritable
peut être autrement et certainement démontrée, la marchandise
doit être condamnée comme contrebande de guerre. Comment
pourrait-on, en effet, soutenir le système contraire ? Il en
résulterait qu'une flotte ennemie se trouvant dans un port
neutre serait libre de se pourvoir de contrebande de guerre
venant d'un autre port neutre. » Si l'on ne découvre aucune
destination, il faudra, en tenant compte des circonstances et
par un examen attentif de tous les papiers de la cargaison,
établir que les soupçons se trouvent suffisamment fondés et
que la cargaison est réellement destinée à l'ennemi.

VI. Il y a violation de la neutralité aussitôt que l'entreprise
d'amener directement ou indirectement de la contrebande à
l'ennemi est démontrée. Or, l'entreprise existe aussitôt qu'un
navire chargé de la marchandise prohibée a quitté le port de
chargement[1].

§ 46. — Conséquences juridiques.

I. Lorsque le fait de contrebande est constaté, que le délit
est flagrant, il entraîne la saisie et la confiscation des marchan-

---

réforme du droit maritime en temps de guerre, p. 32, et *Le Droit des neutres*,
p. 137. — Voir aussi Bluntschli, art. 813. — L'affirmation de Geffken (rem. sur
le § 161 *a* de Heffter), qui prétend qu'il ne saurait y avoir de contrebande dans
un voyage entre deux ports neutres, n'est pas justifiée.

[1] Maclachlan, p. 527. — Geffken, remarque sur Heffter, § 161.

dises coupables et du bâtiment qui les transporte ; et d'après certains usages particuliers, même la saisie et la confiscation des marchandises innocentes qui se trouvent à bord.

II. Le droit de confisquer les articles de contrebande, souvent nié au dernier siècle, et mis en question par des publicistes récents, doit être tenu pour consacré par le droit positif actuel ; les restrictions apportées aux règles II et III de la déclaration de Paris de 1856 ne laissent aucun doute à cet égard. La confiscation a lieu avec ou sans indemnité. Avec indemnité :

a) Lorsque l'indemnité a été stipulée par traité.

b) D'après certaines jurisprudences particulières, lorsqu'on admet que le propriétaire neutre des articles de contrebande a ignoré qu'ils étaient destinés à l'ennemi.

Dans le cas où le navire a entrepris le voyage avant la déclaration de guerre, et si après cette déclaration, on le rencontre ayant à bord de la contrebande, il semble juste que la saisie se fasse contre pleine indemnité, à moins que le belligérant ne préfère diriger le bâtiment sur un port neutre ; si le capitaine du navire ne suit pas cet ordre, et s'il reprend son voyage originaire, il s'expose à la saisie et à la confiscation sans indemnité[1].

III. On a essayé de justifier la saisie, contre indemnité, d'articles qui peuvent être employés à des usages de guerre, sans y être actuellement destinés, comme les vivres, en invoquant un prétendu droit de préemption. Cette extension arbitraire des droits du belligérant contre le neutre doit être repoussée absolument[2].

Mais s'il s'agit d'un cas de pressant besoin, le belligérant doit pouvoir s'approprier, contre payement d'une indemnité pleine et entière, des marchandises neutres et particulièrement

[1] Voir sur cette question Hautefeuille, *Droits et devoirs des neutres*, IV, p. 275. — Jouffroy, p. 311 et suiv.; Gessner, *Le Droit des neutres*, p. 345.

[2] Phillimore (III, § 269) constate que d'après la pratique anglaise, en exerçant le droit de préemption, on a coutume de payer la pleine valeur de l'objet avec augmentation de 10 0/0, pour indemnité de profit, fret et arrêt du navire. — Voir aussi Bulmerincq, p. 13. — Sont adversaires de ce droit, entre autres, Ortolan, II, p. 222 et suiv.; Gessner, *loc. cit,*, p. 150 et suiv.; Heffter, § 161.

des vivres que l'on transporte vers le pays ennemi, quand même leur destination militaire n'est pas évidente. Ce n'est point là un droit de préemption, mais une conséquence du droit de conservatiou personnelle en cas de nécessité pressante, du même genre que le droit d'angarie [1] (voir ci-dessus § 41).

On n'a jamais révoqué en doute la légitimité de cette immixtion du belligérant dans le commerce neutre, lorsqu'il s'agit d'un cas de nécessité, et que la guerre se fait sur le territoire continental. Le belligérant a pleine liberté à cet égard, tant sur son propre territoire que sur le territoire ennemi qu'il occupe. En principe, la guerre ne s'étend pas aux relations privées entre sujets des états belligérants et neutres; mais les exigences des opérations militaires y portent souvent atteinte; pour satisfaire à ces intérêts de la guerre, les commandants d'armée doivent pouvoir, dans la zone qu'ils occupent, interdire absolument le commerce ou le restreindre, ou même l'appliquer exclusivement aux besoins de leurs soldats. On ne saurait être admis à leur opposer la force obligatoire des contrats privés, passés entre les nationaux et les étrangers neutres ou sujets de l'ennemi. Tout autre est la question de la réparation du dommage causé aux intérêts des neutres. C'est ainsi que, par une loi du 3 septembre 1870, le gouvernement français se fit autoriser pour la durée de la guerre à s'approprier contre payement des prix fixés par les contrats, les armes de guerre et les munitions fabriquées en France pour le compte de l'étranger. Cette mesure était certainement justifiée au point de vue du droit de la guerre [2].

[1] Gessner, *loc. cit.*, p. 154, 155.

[2] Il faut mentionner ici l'article 38 de l'Act for regulating prize of war, du 23 juin 1864 (27 et 28 Victoria, cap. 25): Where a ship of a foreign nation passing the seas laden with naval or victualling stores intended to be carried to a port of an enemy of Her Majesty, is taken and brought into a port of the united kingdom, and the purchase for the service of Her Majesty of the stores on board the ship appears to the lords of the admiralty expedient without the condemnation thereof in a prize-court, in that case the lords of the admiralty may purchase, on the account or for the service of Her Majesty, all or any of the stores on board the ship; and the commissioners of customs may permit the stores purchased to be entered and landed whithin any port.

Dans quelques traités, le droit de préemption a été expressément stipulé[1], et, en l'absence d'une convention semblable, il arrivera fréquemment que le propriétaire des marchandises neutres désirera qu'on fasse l'application de ce droit à ses biens.

IV. Il y a grande divergence d'opinion et de conduite quand il s'agit de déterminer si la confiscation doit s'étendre à la partie de la cargaison qui n'est pas contrebande de guerre. D'après Ortolan[2], la confiscation de toute la cargaison est justifiée dans les cas suivants :

1. Quand la contrebande atteint au moins les trois quarts de sa valeur.

2. Quand les marchandises innocentes appartiennent également au propriétaire de la contrebande.

3. Quand il y a en même temps de faux papiers ou de fausses déclarations.

4. Quand, en vertu d'un traité international, le propriétaire a le devoir de s'abstenir de l'envoi de la contrebande.

On a élevé cependant de graves objections contre de semblables errements. Ortolan lui-même, partant du principe de la liberté du commerce, estime que la confiscation des marchandises innocentes, aussi bien que celle du navire, n'est pas conforme aux principes du droit international[3], et il fait remarquer qu'elle aurait le caractère d'une peine qui n'est point du ressort du droit de la guerre. Phillimore[4], au contraire, n'hésite pas à qualifier de pénalité les conséquences que l'on attribue au commerce de la contrebande, et il déclare, au sujet de la partie innocente de la cargaison : « It is to be observed « that the penalty of contraband extends to all the property of « the same owner involved in the same unlawfull transaction. « And therefore, if the same owner possess articles which are « and which are not contraband, all will be alike condem- « ned. To escape from the contagion of contraband the inno-

---

[1] Par exemple dans l'article 2 du traité entre la Grande-Bretagne et la Suède du 25 juillet 1803.

[2] II, p. 197 et suiv.

[3] II, p. 198 et suiv.

[4] III, § 277.

cent articles must be the property of a different owner [1]. »

Souvent les conventions et les règlements particuliers ont restreint le droit de la confiscation à la partie de la cargaison du navire qui est composée de contrebande. Le règlement des prises de la Prusse (§ 7, 402) déclare de bonne prise le navire et sa cargaison lorsque celle-ci consiste en objets de contrebande, mais avec la réserve suivante : si une partie seulement de la cargaison est de la contrebande, le patron du navire sera autorisé à la débarquer immédiatement ou dans le port le plus proche, de manière à éviter la confiscation et à continuer son voyage sans encombre avec le reste de ses marchandises. Mais dans la plupart des cas il ne sera pas possible de débarquer les marchandises en mer ou dans le port le plus proche sans se heurter à des difficultés presque insurmontables et sans causer du dommage à l'une ou à l'autre des parties intéressées.

A notre avis, il n'existe point de motif juridique pour condamner la partie innocente de la cargaison, bien qu'il ne soit souvent pas possible d'éviter qu'elle soit saisie, ainsi que le navire, en même temps que la marchandise de contrebande; mais il va de soi que cette saisie ne préjuge nullement la question d'un acquittement définitif.

Si l'on prétendait traiter dans une certaine mesure comme un ennemi le propriétaire des marchandises innocentes, parce qu'il est propriétaire des articles de contrebande, la partie innocente de la cargaison n'en devrait pas moins échapper à la confiscation, par application de la déclaration de Paris de 1856, précisément parce qu'elle n'est pas contrebande de guerre, et que la propriété ennemie, à l'exception de la contrebande, n'est plus saisissable à bord d'un navire neutre. On ne pourrait pas davantage justifier la confiscation des marchandises neutres qui se trouveraient à bord en alléguant que le navire neutre, dont l'armateur ou le capitaine use pour le transport de la contrebande, prend le caractère de l'ennemi et doit être traité comme tel. En effet, la marchandise neutre

---

[1] Cette manière de voir est celle qui domine en Angleterre.

autre que la contrebande de guerre n'est pas sujette à confiscation, fût-elle même à bord d'un navire ennemi [1].

V. La pratique n'est pas unanime à décider la confiscation du navire. Les uns prononcent cette confiscation lorsqu'il est évident que l'armateur ou le capitaine a eu connaissance de la nature du transport, ce qui sera presque toujours le cas pour ce dernier, parce qu'il doit signer les connaissements [2]; d'autres accordent au commandant du croiseur la faculté d'affranchir le navire de la saisie contre remise immédiate des articles de contrebande; parfois aussi on s'est montré indulgent lorsqu'il s'agissait d'articles dont le caractère coupable n'était pas universellement reconnu. Dans un certain nombre de traités, on a formellement exclu la confiscation du navire; de Martens [3] estime que cela est conforme à la saine raison et au droit des gens naturel.

Les mesures répressives les plus sévères sont certainement justifiées si le transport a été opéré au vu et au su de l'armateur ou du patron. Celui qui transporte ou fait sciemment transporter de la contrebande de guerre et qui prête ainsi assistance à un belligérant, commet un acte d'hostilité envers l'autre belligérant et s'expose à être traité en ennemi [4]. Sur le théâtre de la guerre, les intérêts du commerce sont subordonnés à ceux

---

[1] Gessner, *loc. cit.*, p. 146, signale le caractère peu juridique de l'opinion contraire et ajoute : « Ces objets inoffensifs n'ont aucun rapport avec le délit de contrebande commis par le neutre. »

[2] Bulmerincq (p. 374) remarque ceci : « Nous ne croyons pas pouvoir accepter « la disposition qui veut que le navire soit exempt lorsque le patron ne savait « rien de la contrebande de guerre, car le patron doit faire lui-même la distribu- « tion des places dans le navire pour les marchandises à charger et surveiller le « chargement. »

[3] *De la course*, § 24.

[4] C'est avec raison que Cauchy (I, p. 57) caractérise le transport de la contrebande de guerre opéré sciemment par le neutre, comme une violation d'un devoir essentiel de la neutralité. Hautefeuille lui-même (*Droits et devoirs des neutres*, II, p. 444 et 445), en parlant de la contrebande, remarque qu'il ne suffit pas qu'un navire soit de nationalité neutre pour que l'on sache s'il se conduit en neutre et s'il ne s'est pas rangé volontairement sous bannière ennemie en s'associant aux actes de guerre susceptibles de lui faire perdre sa qualité (voir aussi l'article 215 du code maritime italien du 21 juin 1865.)

des opérations militaires; tout particulier appartenant à une nation neutre qui de propos délibéré favorise l'ennemi, cesse d'être neutre. Il importe peu que le but du transport ait été uniquement de réaliser un gain commercial ou bien de porter assistance à l'ennemi. C'est à tort qu'Assensio prétend que ces cas doivent être résolus d'une manière différente [1] (voir aussi § 45, II).

Lorsque le propriétaire, ou le capitaine, qui représente les intérêts du bâtiment et ceux de la cargaison, se livre au trafic de la contrebande, le navire peut tout au moins être équitablement confisqué à titre de mesure préventive contre de futures violations de la neutralité. Oppenheim [2] remarque avec raison que la sévérité dont on usera ici, en contribuant à rendre la guerre plus courte, sera véritablement un acte d'humanité. Phillimore [3] constate que, d'après la jurisprudence anglaise, le navire est toujours condamné lorsque le propriétaire de la contrebande est en même temps propriétaire du navire, et que s'il est seulement co-propriétaire sa part de propriété est condamnée. Pour le reste, les explications de cet auteur n'ont d'autre résultat que de montrer l'incertitude de la pratique suivie en matière de confiscation du navire.

Gessner [4] dit : « Dès que le propriétaire a connaissance des marchandises qui se trouvent sur son navire, il est complice du délit, il n'est par conséquent pas moins punissable que le propriétaire de la contrebande. On ne peut donc déduire des principes généraux du droit aucune objection à la confiscation du navire, surtout pas si navire et cargaison prohibée appartiennent à deux personnes différentes ; on ne pourra, en effet, opposer dans ce cas, ce qu'on opposerait dans le cas contraire, que le propriétaire du navire est déjà puni par la perte de la cargaison. L'essentiel au point de vue juridique est que le propriétaire ait eu connaissance de l'emploi donné à son navire et

---

[1] P. 52.
[2] P. 247.
[3] III, § 276.
[4] *Loc. cit.*, p. 146.

qu'il ait tacitement ou expressément donné son consentement à cet emploi. Dans ce cas, la confiscation du navire en sus de la confiscation du chargement serait un procédé juridiquement et strictement conséquent. Mais le droit moderne se rapproche d'une pratique plus indulgente ».

VI. Une autre question a été discutée souvent. On s'est demandé s'il était permis de saisir et de confisquer le navire après l'achèvement du voyage qui a eu pour but le transport de la contrebande à l'ennemi. Contrairement à la jurisprudence anglaise, qui a plusieurs fois admis la confiscation, la doctrine prétend qu'une saisie pour violation des devoirs de la neutralité ne peut avoir lieu qu'*in delicto*; que le délit est consommé par l'achèvement du voyage ; que pendant le retour, ou en général pendant tout autre voyage après le déchargement de la cargaison, on ne peut plus poursuivre le navire du chef d'actes de cette espèce [1]. Cette manière de voir a été récemment soutenue par le gouvernement allemand, contre une décision opposée du tribunal des prises du Pérou, dans l'affaire du *Luxor*.

§ 47. — De la contrebande par accident.

I. On a, depuis quelque temps, compris dans la prohibition de la contrebande de guerre, certains transports opérés par les neutres, et qui constituent incontestablement un acte d'assistance aux belligérants dans l'exécution de leurs desseins hostiles [2]. On désigne ces transports sous le nom de *contrebande par accident*. Voici les principales espèces :

I. Transport d'hommes destinés au service militaire sur terre ou sur mer. Il ne s'agit pas ici des individus qui se proposent

---

[1] Voir particulièrement Wheaton, *Elem.*, II, p. 165; Wildman, II, p. 218; Jacobsen, p. 422, 423; Heffter, § 161 ; Hautefeuille, *Droits des neutres*, III, p. 222 et suiv.; Ortolan, II, p. 201 et suiv.; Bluntschli, art. 809; Calvo, III, § 2,467; Gessner, *loc. cit.*, p. 140; Maclachlan, p. 527.

[2] Heffter, § 161 *a*.

seulement de s'engager dans la flotte ou dans l'armée ennemie, mais de gens qui en font réellement partie, donc des soldats ou des marins au sens propre du mot, recrues déjà enrôlées et hommes astreints au service militaire.

Le code général prussien dit : « Les officiers et soldats des armées de terre ou de mer des belligérants ne peuvent être reçus à bord des navires neutres. — Un tiers au plus de l'équipage du navire neutre peut être de la nationalité de l'un des belligérants [1] ».

Ortolan [2], remarque très justement qu'un semblable transport a une autre gravité que le simple fait d'apporter à l'ennemi des marchandises prohibées, parce qu'il n'est pas possible, dans l'espèce, de méconnaître le caractère hostile de l'acte. Le navire neutre rend ainsi des services directs à l'état belligérant, et il perd complètement par là son caractère neutre ; le belligérant a le droit de le traiter en ennemi. — Ce traitement, toutefois, n'est justement encouru que si l'armateur ou le patron du navire neutre a eu connaissance de la qualité des passagers embarqués ; dans la plupart des cas, il y aura forte présomption pour l'affirmative (voir ci-dessous n° II).

3. Le transport volontaire de dépêches venant des belligérants ou qui leur sont adressées, à l'exception de celles qui ont une destination étrangère à tout ce qui concerne les opérations et la conduite de la guerre [3]. Phillimore [4] remarque justement : « The mischievous consequences of such a service can-
« not be estimated and extented far beyond the effect of any
« contraband that can be conveyed, for it is manifest that by
« the carriage of such dispatches the most important operations
« of a belligerent may be forwarded or obstructed. In general

---

[1] II, 8, §§ 2,037 et 2,038.

[2] II, p. 234.

[3] Dans l'ordonnance de neutralité autrichienne du 25 mai 1854 les dépêches de l'ennemi sont expressément assimilées à la contrebande, de même dans le décret italien du 20 juin 1866, art. 8.

[4] III, § 271. Il va de soi qu'il ne s'agit ici que de dépêches qui ont rapport à la conduite de la guerre (voir aussi Calvo, IV, § 2523; Bluntschli, § 803; Heffter; § 161 a; Gessner, loc. cit., p. 115 et suiv., et 161.

« cases of contraband, the quantity of the article carried may
« be a material circumstance, but the smallest dispatch may
« suffice to turn the fortune of war in favour of a particular
« belligerent. »

Il n'y a pas lieu de distinguer si les dépêches concernant les
opérations militaires, ont été prises à bord dans une place
ennemie ou dans un port neutre. C'est également la destination définitive des dépêches et non celle du navire, qui doit
être considérée pour établir la culpabilité du fait [1].

3. Les agents des puissances belligérantes, quand ils ont
pour mission de prêter leur concours aux opérations militaires
et d'acquérir des engins de guerre.

L'affaire du *Trent* offre un intérêt particulier à cet égard. Le
7 novembre 1861, pendant la guerre de Sécession, quatre commissaires des états confédérés, nommés Mason, Slidell, Custis
et Mac-Farland s'embarquèrent à la Havane sur le paquebot-
poste anglais *le Trent* [2] ; ils se rendaient par la voie de Saint-
Thomas en Europe, afin d'y demander des secours pour les
états du Sud, et d'y contracter des alliances. Le capitaine du
Trent ainsi que les armateurs du navire avaient connaissance
de cette mission. Aussi le commandant d'un vapeur de guerre
de l'Union, le *San Jacinto*, se crut-il, pour ces raisons et sans
instructions préalables, en droit d'arrêter le *Trent*, et, malgré
l'opposition du capitaine, d'emmener prisonniers à son bord
les quatre commissaires des états du Sud. Dans son rapport,
le commandant déclara qu'il les avait considérés comme des
dépêches personnifiées ; qu'il aurait pu en conséquence saisir
en outre le navire et la cargaison, mais qu'il avait renoncé à
faire cette capture. De vives protestations surgirent en Angleterre, et on réclama la mise en liberté des prisonniers avec une
indemnité proportionnée [3]. Le gouvernement de Washington
continua de soutenir que les quatre agents étaient contrebande

---

[1] Voir Gessner, *loc. cit.*, 117. L'opinion contraire (Hautefeuille, *Droits et devoirs*, II, p. 462, est insoutenable.

[2] Voir Marquardsen, le *Cas du « Trent »*.

[3] La Prusse, l'Autriche et la France élevèrent également des objections.

de guerre, mais il consentit à les mettre en liberté parce qu'« il n'avait aucun intérêt à les retenir prisonniers. » Bluntschli [1] estime que le droit revendiqué par les États-Unis n'était nullement justifié. Harcourt [2] critique également leurs prétentions ; selon lui, le fait de contrebande ne peut exister dans les objets qui viennent de l'ennemi, mais seulement dans ceux qui vont à lui ; il serait impossible de considérer comme contrebande des canons, fussent-ils même chargés, qui seraient à bord d'un navire neutre en destination d'un port neutre. Or, le cas des agents américains n'est pas sans analogie avec celui-ci. « Jamais, dit Heffter [3] avec beaucoup de justesse selon nous, « le transport dans un pays neutre d'agents diplomatiques « d'une puissance belligérante ne pourrait être considéré, en « lui-même, comme une violation de neutralité ; l'agent aurait « dû avoir mission de conclure une alliance en vue de la « guerre, pour que son arrestation et sa détention parussent « justifiées. » Geffken ajoute à ce passage : « L'arrestation eût « été injuste même dans cette hypothèse, parce qu'il s'agissait « d'une traversée entre deux ports incontestablement neutres, « pendant laquelle il ne peut y avoir de contrebande. »

C'est là une erreur. D'abord parce qu'il peut y avoir contrebande entre deux ports neutres (voir § 45, V) ; ensuite parce que ce n'est point ici, à proprement parler, comme le croit également Harcourt, un cas de contrebande de guerre. Il s'agit uniquement de savoir si, en dehors de l'hypothèse de la véritable contrebande de guerre, un belligérant est en droit de s'opposer à ce que le neutre favorise les intérêts de son ennemi.

II. Le transport de la contrebande par accident a pour conséquence la saisie des objets ou l'arrestation des individus, et selon les circonstances, la confiscation du navire [4]. Celle-ci

---

[1] Remarque sur l'article 817.
[2] Dans la *Revue maritime et coloniale*, t. XIX, p. 514 et suiv.
[3] § 161 *a*.
[4] Bulmerincq, p. 307 : « Lorsque les navires saisis ont pris part aux hostilités, « par exemple en amenant des troupes à l'ennemi ou en faisant le transport ré-

n'est permise, toutefois, que si l'armateur ou le capitaine a eu connaissance du véritable état des choses. Il suffit pour la confiscation que le capitaine seul ait agi sciemment, parce qu'il représente les armateurs. « It is a general principle that the « act of the master at all events binds the owner of the ship, « as much as if the act were committed by himself » (Phillimore [1]).

S'il s'agit de dépêches, il ne faut pas, pour autoriser la confiscation du navire, que l'armateur ou le capitaine ait eu connaissance exacte et complète de leur contenu. Phillimore [2] expose pourquoi il est absolument sans importance que le capitaine connaisse le contenu des dépêches, s'il les a prises à bord dans un port ennemi.

Il n'y a pas de règle fixe quant au nombre de soldats ou de navires, qui est nécessaire pour justifier la confiscation dans le cas de transport de troupes ou de matelots ennemis. Mais il répugnerait aux principes exposés ci-dessus de confisquer un navire neutre, parce que le patron aurait accueilli parmi les passagers, même sciemment, quelques hommes astreints au service militaire chez l'un des belligérants ; car on ne peut admettre qu'il ait voulu par là se rendre utile aux intérêts de l'état qui fait la guerre [3]. Dans des cas semblables, tout sera terminé par la capture des soldats ennemis. Mais le transport en masse de semblables individus revêtirait un autre caractère. De même, la confiscation du navire ne serait pas dépourvue de fondement, s'il transportait, à la connaissance du capitaine, un général important, dont le concours serait plus précieux à l'ennemi que celui d'une grande quantité de soldats.

D'après la pratique anglaise, on ne doit pas avoir égard aux allégations du capitaine, s'il prétend avoir été amené par force

---

« guller des dépêches, on devra condamner le navire. » — Le décret russe du 24 mai 1877 (*Staatsarchiv*, t. XXXII, n° 6,453) fait dépendre la confiscation des circonstances.

[1] III, § 489.

[2] III, § 272 ; voir aussi Maclachlan, p. 530.

[3] Hautefeuille, *Droits et devoirs* (II, p. 456), n'admet pas ceci.

ou par ruse à faire le transport. L'armateur neutre, dit Philli-more [1], doit, dans un pareil cas, réclamer la réparation du dom-mage subi, par l'intermédiaire de son propre gouvernement auprès de l'état qui s'est rendu coupable de l'acte de fraude ou de violence. D'autres, et parmi eux Gessner [2], sont d'avis que le transport *volontaire* de troupes, de dépêches ou autres choses semblables, justifie seul la saisie, et nous ne pouvons que nous rallier à cette opinion.

En ce qui concerne la contrebande par accident, on est dis-posé à admettre dans la pratique que la confiscation du navire n'est permise que s'il est pris en flagrant délit [3].

Nous mentionnerons encore une opinion singulière qui a cours en Angleterre et d'après laquelle, dans le cas de contre-bande par accident, la cargaison innocente doit être confisquée, lorsque le propriétaire de la cargaison est en même temps pro-priétaire du navire, ou s'il a connaissance de la violation de neutralité qui s'opère à son bord [4].

QUATRIÈME SECTION

DU BLOCUS

§ 48. — Définition.

1. On désigne sous le nom de blocus [5] la rupture de toute communication, opérée et maintenue par la force armée, entre les côtes ou les ports de l'ennemi et le dehors. On a prétendu

---

[1] III, § 274 ; voir aussi Maclachlan, p. 530.

[2] *Loc. cit.*, p. 114, 115 ; 160, 161.

[3] L'article VII du décret russe du 24 mai 1877, déjà cité, dit : « Les na-vires neutres pris en flagrant délit de semblable contrebande peuvent être, selon les cas, saisis et même confisqués. »

[4] Maclachlan, p. 530.

[5] Sur les blocus pacifiques, voir § 30, VII.

parfois que le blocus des ports militaires répondait seul aux usages des nations civilisées ; mais cette assertion est contraire au droit des gens positif, non pas seulement des siècles derniers, mais aussi de notre temps [1].

II. Le but principal du blocus est d'empêcher qu'un port déterminé ou une certaine partie des côtes ait aucune relation commerciale avec le dehors. Cette mesure est autorisée au même titre que le siège et l'investissement d'une place forte sur terre. Il en résulte que les neutres doivent reconnaître et respecter l'état de blocus, même quand il porte atteinte à leurs intérêts [2]. Les nations qui ne prennent point part à la guerre souffrent toujours plus ou moins dans leurs intérêts, lorsque le commerce est provisoirement suspendu ; mais leurs droits ne sont pas violés par là ; lorsque les opérations militaires et les rapports commerciaux entre sujets ennemis et neutres ne peuvent s'accorder, ce sont les derniers qui doivent céder et souffrir.

Une autre conséquence du blocus pour les neutres est que les navires neutres qui se rendent coupables d'une violation du droit du belligérant en accomplissant ce qu'on désigne sous le nom de rupture de blocus, subissent la responsabilité de leurs actes ; or, depuis des siècles, cette rupture a pour résultat la confiscation du navire, et en principe aussi celle de la cargaison (voir § 51). C'est ce que prescrit déjà l'ordonnance de blocus rendue par les États-Généraux des Provinces-Unies, le 26 juin 1630. Cette ordonnance détermina pour la première fois les conditions d'un blocus régulier, telles qu'on doit les reconnaître

---

[1] Napoléon 1er déclara dans le décret du 21 novembre 1806 : « Le droit de « blocus, d'après la raison et l'usage de tous les peuples policés, n'est applica- « bles qu'aux places fortes. » Cependant il n'hésita pas à faire du blocus un usage sans précédent dans l'histoire. — Contre l'exemption des ports de commerce, voir Assensio (p. 41 et suiv.), et Geffken, remarque 3 sur le § 154 de Heffter.

[2] Kent, I, p. 145. — « Among the rights of belligerents there is none more clear and uncontroversible or more just and necessary in the application than that which gives rise to the law of blockade. » — Phillimore, III, § 285, reproduit cette idée. Voir aussi Gessner, *loc. cit.*, p. 242.

encore aujourd'hui. Ce sont les suivantes : existence réelle du blocus, connaissance du blocus et tentative de le rompre.

III. En principe, le blocus doit interrompre toute communication par mer avec la place bloquée, sauf les exceptions suivantes :

1. Le blocus peut n'avoir d'autre but que d'empêcher les communications venant du dehors ; dans ce cas, rien ne s'oppose à la sortie des bâtiments neutres. C'est ce qui s'est présenté pendant la guerre de Crimée, lorsque les navires anglais et français bloquaient les bouches du Danube pour empêcher que l'armée russe ne fût approvisionnée par cette voie [1].

2. En cas de danger de mer, il est permis d'entrer dans un port bloqué (voir § 51).

3. La fermeture de la place bloquée doit être respectée par les navires de guerre et de commerce neutres ; il n'est pas rare cependant que les navires de guerre neutres soient exceptés de la prohibition d'entrer. Les égards auxquels ont droit les puissances neutres justifient d'autant plus cette concession qu'elle ne porte aucune atteinte au but essentiel du blocus, qui est la suspension des relations commerciales par mer. C'est ainsi que, pendant le blocus des côtes des états confédérés par la flotte de l'Union, tous les navires de guerre neutres y eurent libre accès [2]. Le gouvernement français avait adopté une règle contraire en 1838, lorsqu'il fit mettre, par sa flotte, les côtes de la république Argentine en état de blocus. Le département des affaires étrangères rendit alors le décret suivant : « Les bâti-« ments de guerre neutres se présentant devant un port blo-« qué doivent aussi être invités à s'éloigner ; s'ils persistent, « le commandant du blocus a le droit de s'opposer à leur en-« trée par la force, et la responsabilité de tout ce qui peut s'en « suivre pèsera sur les violateurs du blocus. »

IV. Il y a controverse sur la question de la légitimité du blocus des embouchures d'un fleuve.

[1] Déclaration de blocus du 2 juin 1854.
[2] Ortolan, II, p. 329, 330.

A.la rigueur, un semblable blocus ne devrait être valable
que si tout le cours navigable du fleuve jusqu'à son embouchure se trouvait en pays ennemi; car, s'il traversait aussi
un territoire neutre, le blocus atteindrait le commerce de cette
nation avec celles qui sont également neutres, ce que rien ne
pourrait justifier en droit. Heffter[1], cependant, ne paraît pas
rejeter absolument un blocus de cette espèce. « Si l'on a, dit-il,
« déclaré des fleuves neutres en état de blocus, comme en
« 1803 à cause de l'occupation française du Hanovre, cela se
« justifie par le caractère d'un fleuve, qui est une propriété
« commune; mais il faut établir certaines modifications en
« faveur des neutres, ce qui ne s'est pas toujours fait. » Les
auteurs qui font autorité en France et en Angleterre se prononcent avec raison contre cette sorte de blocus[2]. Si l'on se
tient aux conditions exigées pour une application complète et
rigoureuse du blocus (voir § 49), l'impossibilité de l'admettre
devient évidente.

Le vice-amiral Fourichon, commandant l'escadre française
pendant la guerre de 1870, paraît s'en être rendu compte lorsqu'il s'abstint d'étendre aux bouches de l'Ems le blocus des
côtes allemandes de la mer du Nord; cette extension n'aurait
pu être opérée, en effet, qu'au détriment de la neutralité de la
Hollande. On doit tenir pour tout aussi inadmissible que le blocus de l'embouchure d'un fleuve, celui d'une partie des côtes
où se trouve compris un territoire neutre. Ce serait une violation flagrante des droits de l'état neutre, maître de cette
portion du littoral, et de ceux de toutes les autres nations
neutres qui auraient des relations commerciales avec lui. Un
blocus établi dans ces conditions ne pourrait obliger personne.

V. Le droit de mettre en état de blocus ne peut être exercé
que par le pouvoir souverain de l'état. Bluntschli[3] pose abso-

---

[1] § 154.
[2] Notamment Hautefeuille, *Droits et devoirs*, III, p. 49 à 51.
[3] Article 831, rem. I.

lument cette règle. Heffter [1] exige que le blocus soit ordonné
par des autorités militaires ayant pouvoir de le faire. Phillimore [2] part du principe suivant : « A declaration of blockade is
« a high act of sovereign power » ; il tient cependant une délégation pour permise, et c'est aussi l'avis de Gessner [3]. Pendant la guerre de Crimée, les tribunaux de prises anglais
admirent qu'il y avait une délégation tacite dans la remise
faite à un officier de la conduite des opérations maritimes.
Quoiqu'il en soit, le commandant qui, sans ordre spécial de son
gouvernement, décide de faire un blocus, a le devoir d'en avertir immédiatement le pouvoir souverain dont il dépend [4].

§ 49. — Du blocus effectif.

I. Déjà l'ordonnance des États-Généraux de 1630 ne considérait comme valable qu'un blocus réel. Au xviii° et même
encore au xix° siècle, on s'est souvent borné à faire des blocus
fictifs, et l'on a cherché à leur attribuer les mêmes conséquences juridiques qu'aux blocus effectifs. Au milieu du xviii°
siècle, l'Angleterre déclara une partie des fleuves français en
état de blocus, sans faire même stationner des vaisseaux aux
embouchures, parce que, disait-on, la situation géographique
des côtes ennemies par rapport à la côte anglaise, devait les
faire considérer comme naturellement bloquées.

Plus tard, l'Angleterre posa en principe général qu'un
blocus était valable quand la puissance qui l'avait déclaré pos-

[1] § 156.
[2] III, § 288.
[3] Loc. cit., p. 242.
[4] Pendant la guerre de 1870, les commandants des forces navales françaises
dans la mer du Nord et dans la mer Baltique mirent les côtes allemandes en
état de blocus, en vertu des pleins pouvoirs dont ils avaient été revêtus. — Pour
ce qui concerne la délégation tacite, voir Phillimore, loc. cit., Wildman, II, c. 4,
et Soetbeer, Éléments du droit des gens maritime, p. 26, 27.

sédait des forces navales suffisantes pour le maintenir. D'autre part, et conformément à la pratique ancienne, la déclaration de neutralité armée de 1780 définit le port bloqué celui « où il y a, par la disposition de la puissance qui attaque avec des vaisseaux arrêtés et suffisamment proches, un danger évident d'entrer. » La Prusse, l'Autriche, la France, les Deux-Siciles, la Hollande et les États-Unis d'Amérique reconnurent ce principe, qui fut ensuite inséré dans de nombreux traités, particulièrement dans celui de la neutralité armée de 1800. L'année suivante, l'Angleterre parvint à faire modifier, dans une convention avec la Russie, la condition imposant des *vaisseaux arrêtés et suffisamment proches*, en y remplaçant le mot *et* par le mot *ou* [1]. Depuis lors, on s'est affranchi fréquemment de l'obligation de rendre les blocus effectifs, et l'on a regardé comme suffisant de les marquer, ou même de les déclarer seulement. Le système des blocus fictifs reçut son extension la plus grande par les déclarations de blocus de l'Angleterre et de la France, l'une contre l'autre et contre les tiérces puissances. Heffter [2] fait parfaitement ressortir combien ces blocus prêtent à la critique : « Le blocus sur le papier, dit-il, était le fruit de la « guerre entre la France et l'Angleterre, et le principal moyen « employé pour réagir contre la prépondérance et l'orgueil de « l'Angleterre. Mais cette maxime n'a jamais été approuvée « par les autres nations ; elle a toujours été appliquée unilaté-« ralement et à titre de mesure extraordinaire ; elle est con-« traire au droit, parce que, en réalité, elle veut imposer aux « puissances neutres une loi qui, en les obligeant par elle-« même, viendrait restreindre leur liberté. On la laissera donc « dans son isolement, et l'on reconnaîtra à ceux qui sont assez « puissants pour le faire, le droit de la combattre de toutes « leurs forces. Un blocus sans fermeture effective n'est qu'un « moyen de couvrir des prohibitions illicites dirigées contre « le commerce de l'ennemi et celui du neutre. » Nous nous

---

[1] C'est ainsi que prit naissance le *blocus par croisière.*

[2] § 157. — Voir aussi Gessner, *Le Droit des neutres,* p. 58 à 60.

abstiendrons d'examiner plus en détail ces actes arbitraires, parce qu'ils ne peuvent trouver un fondement dans les principes du droit des gens [1].

La condition de la réalité du blocus fut admise universellement par l'adoption de la déclaration de Paris, du 16 avril 1856, qui proclama la règle suivante : « Les blocus, pour être obli- « gatoires, doivent être effectifs, c'est-à-dire maintenus par une « force suffisante pour interdire réellement l'accès du littoral « de l'ennemi. »

On doit donc pouvoir empêcher effectivement toute communication entre la partie des côtes qui est bloquée et la pleine mer. Si l'on y réussit réellement, rien ne s'oppose à ce que la côte ennemie, dans toute son étendue, soit mise en état de blocus. Lorsqu'en 1861, pendant la guerre civile, le gouvernement de Washington manifesta le dessein de déclarer le blocus du littoral des états du Sud tout entier depuis la baie de Chesapeake jusqu'à l'embouchure du Rio-Grande, sur une étendue de 2,500 milles, le ministre d'Angleterre objecta qu'il n'y avait point de forces navales suffisantes pour exécuter cette mesure. Cependant le blocus n'en fut pas moins déclaré ; plus de 400 navires le mirent à exécution, et toutes les puissances maritimes, y compris l'Angleterre, le reconnurent, malgré les protestations répétées du gouvernement des états du Sud, qui allégua un grand nombre de violations heureusement accomplies pour soutenir que le blocus n'était pas effectif [2] (voir aussi les numéros II et III).

La fermeture du port mexicain de Matamoros par un décret de l'empereur Maximilien en date du 9 juillet 1866, provoqua, le 17 août suivant, une protestation du président des États-Unis, déclarant ce décret nul et de nul effet à l'égard des États-Unis et des citoyens de l'Union, parce que la déclaration d'un blocus de guerre, qui n'est pas maintenu effectif à

---

[1] De Martens les a réunis, *Nouveau Recueil*, V, p. 433 à 549.

[2] Échange de notes entre le gouvernement britannique et le commissaire des états du Sud. *Staatsarchiv*, t. IV, n°ˢ 607, 614, 615, 617, 618.

l'aide de forces maritimes ou navales, blessait les droits des États-Unis neutres [1].

Les circonstances particulières de chaque espèce détermineront quelles seront les conditions requises pour que la fermeture soit suffisante au sens de la déclaration de Paris, particulièrement quel sera le nombre des navires requis, et à quelle distance ils devront se trouver du lieu bloqué. Dans les anciens règlements et traités, il n'est pas rare de trouver des prescriptions détaillées sur les éléments qui constituent un blocus effectif, notamment sur le nombre des navires qui doivent stationner. C'est ainsi que, dans un traité entre le royaume des Deux-Siciles et la Hollande, de l'année 1753, il est stipulé que, pour établir un blocus sur mer, il faut au moins six navires qui ont à stationner hors de la portée de canon de la place bloquée, et que, pour un blocus établi sur terre, il faut des batteries et autres ouvrages érigés de telle manière qu'aucun bâtiment ne puisse entrer dans le port sans passer sous leurs canons. Dans un traité entre la Prusse et le Danemark, de 1818, le nombre minimum des navires est fixé à deux. Tous ces arrangements sont tombés en désuétude à la suite de l'introduction de la navigation à vapeur. La condition essentielle a toujours été, et elle est encore, que l'entrée et la sortie ne puissent se faire sans danger. C'est dans ce sens que s'exprime le règlement des prises de la Prusse (§ 20) : « Un port est considéré comme bloqué lorsqu'il est fermé par un ou plusieurs bâtiments de guerre, de telle façon qu'un bâtiment de commerce ne peut y entrer ou en sortir sans courir un danger évident de capture. » Cette définition est insuffisante, parce que la fermeture peut être opérée autrement que par des navires de guerre. Les termes plus généraux de la déclaration de Paris méritent la préférence, comme ceux dont se sert le code général de la Prusse (I. 9, § 219) : « Le lieu « bloqué est celui dont l'accès est interdit par des batteries de « terre ou des vaisseaux stationnés devant le port. »

[1] Voir dans Caumont, p. 263, 264, n° 56.

II. Le blocus doit être effectif d'une manière permanente ; on ne doit plus le respecter lorsqu'il n'est pas exécuté réellement. Pour qu'il existe en droit avec ses conséquences, les croiseurs doivent demeurer au lieu de stationnement. On admet généralement, toutefois, que le blocus n'est que suspendu et non levé, et qu'il ne faut donc pas de nouvelle notification lorsque les croiseurs, cédant à la force majeure, ont abandonné leur station pour un temps très court[1] ; en cas d'absence plus longue, qui n'a point pour cause immédiate la force majeure, il n'y a plus ni blocus effectif ni simple suspension. L'exception se présente particulièrement dans le cas où le mauvais temps oblige les croiseurs à interrompre leur stationnement ; mais si le mauvais temps a pour effet de les obliger à faire des réparations et qu'ils quittent la station pour les opérer, ce n'est plus la force majeure qui est la cause immédiate de leur absence ; le blocus est regardé comme levé, à moins qu'on ne le continue d'une autre manière. Bluntschli[2] précise ainsi l'exception : « Lorsque le blocus cesse momen-« tanément, et qu'on le rétablit dans un bref délai, on admet « que l'ancien blocus n'a pas cessé d'exister. »

III. Le blocus ne cesse pas d'être effectif, si quelques navires ont réussi à le rompre en diverses circonstances, pourvu que ces entreprises aient exposé ceux qui les ont faites à un certain danger[3].

IV. Mais le blocus cesse d'être valable en droit, abstraction faite du cas où l'on a notifié sa cessation :

1° Si les croiseurs abandonnent le lieu de stationnement

---

[1] Phillimore, III, p. 386; Wheaton, *Él.*, p. 175. Wildman, II, p. 182; Maclachlan, p. 532. En sens différent, Gessner, *loc. cit.*, p. 209.

[2] Article 834.

[3] La note britannique du 10 février 1863 (*Staatsarchiv*, t. IV, n° 615), dit : « It appears to be sufficiently clear that the Declaration of Paris could not be intended to mean that a port must be so blockaded as really to prevent access in all winds, and independently of wether the communication might be carried on in a dark night, or by means of small low steamers or coasting craft creeping along the shore ; in short, that is was necessary that communication with a port under blockade should be utterly and absolutely impossible under any circumstances. »

pour un autre motif qu'à la suite d'un cas de force majeure, soit qu'ils le quittent spontanément soit qu'ils aient été chassés par l'ennemi.

2° Si les croiseurs n'exercent pas leur droit d'une manière uniforme à l'égard de tous les navires neutres. Le blocus ne doit donc pas seulement exister en fait, mais il doit être réellement exécuté pour tous ; les licences accordées à certains navires, lorsqu'elles ne sont pas une conséquence du droit de blocus lui-même [1], ne sont pas régulières, bien que la pratique ne se soit pas uniformément prononcée à cet égard. Phillimore [2] déclare : « Licences to particular persons have been « considered not to vitiate a blockade [3]. »

V. Dans les cas où la réalité du blocus est contestée devant les tribunaux de prises, la jurisprudence anglaise récente admet comme parfaitement suffisante pour prouver la fermeture, une déclaration officielle faite sous serment par l'officier commandant le blocus et attestant que « ce blocus a été mis à exécution par une force suffisante [4]». Il paraît cependant indispensable que, dans tous les cas où des preuves seraient nécessaires, le tribunal de prises reçoive du commandant du blocus un rapport exposant la manière dont il l'a exécuté, de sorte que le tribunal soit mis en mesure de juger en se rendant lui-même compte de la situation véritable. Si la réalité du blocus est chose notoire, on n'admettra les affirmations contraires que dans les cas où elles peuvent s'appuyer sur des preuves sérieuses.

Dans une série de cas qui furent soumis à la cour d'amirauté anglaise en 1854, à la suite du blocus des ports russes de la Baltique, ce tribunal a jugé que la déclaration délivrée

---

[1] Voir §§ 48, III; 50, II; 51, I.

[2] III, § 295.

[3] Le règlement russe de 1869 (§ 100) autorise la délivrance de licences ; l'Instruction italienne de 1866 (art. IX) le permet dans les cas de danger de mer causé par le mauvais temps et par le manque de vivres. Voir aussi § 51, I.

[4] Voir J.-P. Deane : « *The law of blockade as contained in the report of eight cases argued and determined in the high courts of admiralty on the blokade of the coast of Courland*, 1854. »

par l'amiral commandant la flotte anglaise, malgré ses termes
très peu précis, était suffisante pour faire rejeter toutes les réclamations élevées contre la réalité du blocus[1].

§ 50 — De la notification du blocus.

I. Pour rendre juridiquement obligatoire le blocus d'un
port ou d'une partie des côtes du pays ennemi, il ne suffit pas
d'empêcher en fait toute communication avec le dehors ; il
faut en outre une notification aux nations neutres. En faisant
stationner des navires de guerre devant un port de l'adversaire,
on peut n'avoir d'autre but que d'attaquer la place ou d'empêcher les bâtiments de l'ennemi d'entrer ou de sortir. L'intention d'établir un blocus obligatoire pour les neutres n'en ressort pas nécessairement. Il est indispensable que les navires
neutres qui se trouvent dans le port soient informés. C'est à
tort qu'en Angleterre on a prétendu souvent qu'une semblable notification n'est pas requise[2].

La notification se fait ordinairement :

1) Au moyen d'une communication adressée aux puissances
neutres par la voie diplomatique.

2) Au moyen d'une communication du commandant des
forces navales qui doivent établir le blocus, adressée aux représentants des états neutres dans le cercle de ses opérations
militaires, et, selon les circonstances, aux autorités locales du
port soumis au blocus. La forme de la notification dépend également des circonstances et des moyens d'information dont

---

[1] Sir Charles Napier donna le 9 septembre une déclaration constatant que
« depuis le 17 avril, le blocus des ports de Libau, Windau et du golfe de Riga
avait été mis à exécution par trois, et depuis le 9 mai par quatre vapeurs de
guerre, et qu'il tenait pour exact le rapport officiel des commandants, affirmant
que le blocus avait été rigoureusement maintenu. » Plus tard, il déclara sous
serment que d'après les rapports et les journaux de bord qui lui étaient parvenus, il croyait que le blocus avait été strictement exécuté.

[2] Notamment dans l'ouvrage de H. B. Deane, *The law of blockade*, 1870, et
dans Wildman, *loc. cit.*

dispose le commandant. La déclaration de blocus du vice-amiral Fourichon portant la date du 12 août 1870 fut apportée à Cuxhaven par un bâtiment anglais, après que le gouverneur de Helgoland eût refusé de fournir un pilote pour conduire un bâtiment parlementaire à Cuxhaven, afin d'éviter qu'on abusât des services de ce pilote ou des renseignements qu'on aurait pu recueillir sur les eaux qui se trouvaient encore ouvertes à la navigation. Le vice-amiral Bouet de Willaumez, commandant en chef des forces navales françaises dans la Baltique, ne négligea aucune occasion de porter le blocus à la connaissance des autorités locales de la côte [1].

3) En outre, d'après la pratique récente, au moyen d'une communication faite aux navires neutres que l'on rencontre en mer et qui paraissent ignorer l'existence du blocus. Ces notifications spéciales, qui sont assez souvent prescrites par des conventions internationales ou par des règlements intérieurs, ne peuvent cependant être tenues pour suffisantes ; la notification générale est requise en tout état de cause, parce que les intérêts du commerce maritime des neutres l'exigent [2].

La notification doit renseigner les ports ou les parties de la côte auxquelles s'étend le blocus, et le jour où il entrera en vigueur. Il va de soi que cette déclaration n'a de force obligatoire que pour autant qu'il y ait sur les lieux une force navale suffisante.

II. La pratique et les traités ont sanctionné la concession d'un délai de sortie accordé aux bâtiments neutres. Le règlement des prises prussien dispose ainsi dans son article 21 : « Le commandant qui est chargé de mettre le blocus à exécu-« tion doit, après son arrivée au lieu de stationnement, noti-« fier par écrit le blocus à tous les consuls qui résident dans « le port bloqué, et requérir en même temps les navires neu-« tres qui sont mouillés dans le port, de le quitter dans un dé-

---

[1] Voir dans Hirth, *Tagebuch*, I, n° 365, quelques notifications de cette espèce.
[2] Gessner (*loc. cit.*, n° 203 et suiv.) explique pourquoi la notification diplomatique doit être considérée comme une condition essentielle de la validité du blocus. La pratique anglaise est en sens contraire; voir Maclachlan, p. 533.

« lai qui sera fixé après que les patrons des navires auront fait
« leurs propositions à cet égard. » Ceci sera presque toujours
impraticable ; le commandant devra alors fixer le délai d'après
ses propres appréciations.

Pendant la guerre franco-allemande de 1870, les déclarations
de blocus des 12 et 15 août laissèrent aux navires de commerce
neutres mouillés dans les ports allemands de la mer du Nord
et de la Baltique un délai de dix jours pour achever leur chargement et sortir.

Il va de soi que pour jouir de cette concession de libre sortie, les navires neutres doivent avoir pour destination un port
où les devoirs de neutralité leur permettent de se rendre, et
n'avoir point de contrebande de guerre dans leur cargaison.

La défense d'entrer dans le port bloqué est ordinairement
mise en vigueur aussitôt après la notification du blocus [1].

III. Les égards dus aux relations de bonne amitié avec les
neutres et aux intérêts commerciaux de ceux-ci exigent également que la levée du blocus leur soit notifiée sans retard.

§ 51. — De la violation du blocus.

I. On comprend sous le nom de violation de blocus, en
général, toute infraction commencée. Le règlement des prises
prussien prescrit en ce sens (§ 22) : « Tout navire qui essaie de
« rompre un blocus, est saisissable et de bonne prise. » L'existence de cette tentative est une question de fait ; dans leurs
décisions, les tribunaux de prises ont posé des principes tantôt
très larges, tantôt très rigoureux. Il s'est établi cependant une
pratique uniforme pour certains cas dont voici les principaux.

1) Il n'y a pas violation de blocus, lorsqu'un navire en
danger de mer entre dans le district bloqué soit intention-
nellement, soit malgré lui. Ceci n'est qu'une équitable récipro-

---

[1] Voir l'échange des dépêches entre l'Angleterre et la France, en août 1870,
dans Hirth, I ; n° 400.

cité; une semblable circonstance ne saurait, en effet, tourner au détriment du neutre, car le blocus n'en continue pas moins à être effectif lorsqu'un événement de force majeure oblige les croiseurs du belligérant à quitter momentanément leur station.

2) Mais le manque de vivres n'est pas considéré comme affranchissant des conséquences de la violation le navire qui veut entrer dans un port bloqué.

La sentence suivante de lord Stowell, juge des prises en Angleterre, peut servir à apprécier les cas de cette espèce : « The want of provisions is not an excuse, which will, on light « grounds, be received, because an excuse, to be admissible, « must show an imperative and overruling compulsion, to enter « the particular port under blockade. It may induce the master « of a ship to seeck a neighbouring port, but it can hardly ever « force a person to resort exclusively to a blockade port. What « is said with respect to wind is of a different nature. I will not « say that cases of necessity may not occur which would afford « a sufficient justification. If a party can show, that he was « under very great necessity and that four or five days he « could get into no other port, I will certainly admitted such an « excuse, if well supported. »

3) La fausse route, l'ignorance de la côte, la perte de la boussole et d'autres circonstances semblables ne sont pas regardées, dans la jurisprudence des tribunaux de prises, comme étant de nature à exclure une violation du blocus, peu importe qu'il y ait ou non faute du capitaine. Ceci se justifie parce qu'en ayant égard à des réclamations pareilles, on rendrait presque impossible un blocus rigoureux, et qu'on ouvrirait la porte à de faux prétextes de tout genre.

4) En règle générale, on admet qu'il n'y a pas infraction au blocus, lorsqu'un navire qui se trouvait déjà avant la notification dans le port bloqué, le quitte avec un chargement de lest, ou bien avec une cargaison innocente, qui avait été prise à bord avant la notification. Cette exception a été admise dans de nombreux traités.

5) On décide de même, lorsqu'en dehors de la ligne de blocus un navire se sert d'une voie détournée pour recevoir par terre des marchandises venant du port bloqué, ou pour en expédier à cette destination[1]. Mais on maintient qu'il y a violation, si l'embarquement ou le déchargement se fait en dehors de la ligne de blocus au moyen d'allèges qui doivent traverser cette ligne. Dans ce cas, ce ne sont pas seulement les allèges avec les marchandises qu'elles transportent, mais aussi le navire lui-même et sa cargaison qui tombent sous le coup d'une capture.

Dans le délit de contrebande de guerre, on considère la destination finale du navire et de la cargaison, tandis qu'en matière de blocus, on examine uniquement si le navire se dirige immédiatement vers le port bloqué. Il faut rejeter l'application de la théorie de l'unité du voyage, dans le cas où un navire venant d'un port neutre et s'étant dirigé d'abord sur un port non bloqué, aurait continué son voyage avec la même cargaison ou aurait expédié cette cargaison vers un port bloqué. Cette théorie a été appliquée notamment par la cour des prises des États-Unis d'Amérique dans le cas de la barque anglaise le *Springbok*. Depuis lors, les publicistes l'ont vivement combattue[2].

6. On admet qu'il y a violation de blocus lorsqu'un bâtiment destiné à un port bloqué jette l'ancre, met en panne ou croise en dehors, mais à proximité de la ligne de blocus. On est, en effet, pleinement en droit de supposer que ce navire saisira la première occasion qui s'offrira pour traverser la ligne. Dans cette hypothèse et d'autres semblables, il n'est point tenu compte de l'allégation du capitaine disant qu'il a voulu s'assurer

---

[1] *Notes concernant l'exportation du coton par Matamoros pendant le blocus des ports des états confédérés par la flotte des états du Nord*, dans le *Staatsarchiv*, t. IV, n° 607, et celles *concernant les importations de marchandises*, *ibid.*, t. IX, n° 1935.

[2] Voir notamment l'écrit de Twiss. cité au § 45, V; Geffken sur Heffter, § 156; Bluntschli, rem. 5 sur l'article 835; Gessner, dans les articles cités plus haut (§ 45, rem. 4).

de l'existence du blocus et que dans l'affirmative il aurait re-broussé chemin [1].

7. On a beaucoup varié sur le traitement à infliger au navire lorsque parmi les escales de son voyage se trouve un port bloqué. Les tribunaux de prises anglais, adoptant les principes posés par l'ordonnance de 1630, ont vu généralement dans de semblables voyages les éléments d'une tentative de violation de blocus et ils ont condamné en conséquence. La science mo-derne proteste justement contre cette pratique, et elle admet la saisie seulement lorsque le navire s'approche de la ligne de blocus, au point que la tentative de passer outre devient évi-dente. Heffter [2] remarque à ce propos : « Il n'est pas seulement « contraire à l'équité, mais absolument injuste de déclarer un « navire neutre coupable de violation de blocus parce qu'il se « trouve sur la route d'une place bloquée, quelle que soit la « distance qui l'en sépare ; car il se peut que le navire espère « trouver à son arrivée l'entrée du port libre, par suite de la « levée du blocus. Rien ne prouve non plus qu'il n'aurait point « changé de direction pendant la traversée. » Bluntschli s'ex-prime dans le même sens [3]. Les promoteurs de la neutralité armée de 1800 voulaient même faire prévaloir le principe sui-vant : un navire faisant voile vers un port bloqué ne peut être accusé de violation s'il ne tente, par force ou par ruse, de traverser la ligne après avoir reçu notification du blocus. Mais cette théorie ne fut pas universellement reconnue comme ses auteurs le désiraient.

Le règlement des prises prussien dispose au § 25 : « Le départ « d'un navire neutre pour un port bloqué, ou la mise à la voile « dans cette direction ne sont point des tentatives de rompre « le blocus. » Ce principe est appliqué dans tous les pays où

---

[1] Gessner est d'une autre opinion, *loc. cit.*, p. 244. Maclachlan (p. 536, 537) pense que dans ce cas il y a seulement une présomption contre le navire. — En 1864, la cour suprême des prises en Danemark a, dans une espèce semblable, admis la *bona fides* et acquitté le capitaine du navire; voir Bulmerincq, p. 39.

[2] § 156.

[3] Art. 835.

les règlements de prises ne permettent la capture du navire qu'après une notification spéciale qui doit lui avoir été adressée par l'un des croiseurs de l'escadre de blocus (voir ci-dessous, n° III).

II. La violation du blocus a pour conséquence la saisie et la confiscation du bâtiment et de la cargaison. Les opinions diffèrent lorsqu'il s'agit de déterminer jusqu'à quel moment la saisie est licite après violation accomplie. La pratique anglaise et nordaméricaine, se référant à l'ordonnance de 1630, tient la saisie pour licite jusqu'à l'achèvement du voyage de retour. C'est avec pleine raison que dans d'autres pays on refuse d'admettre une extension semblable du droit de blocus. Haute-feuille[1], Bluntschli[2] et Gessner[3] la combattent fortement; ils se basent sur ce que le blocus, de sa nature même, est étroitement lié à un endroit déterminé et ne peut être mis en vigueur autre part; on reconnaît toutefois que la poursuite d'un navire qui a violé le blocus peut s'étendre au delà des eaux bloquées[4].

Il est admis qu'après la levée du blocus toute confiscation du chef de rupture tentée ou accomplie auparavant devient illicite. La première hypothèse est même irréalisable, puisqu'il n'y a plus en fait ni navire, ni escadre empêchant les commucations. Pour apprécier le second cas, on doit partir de ce principe que la cessation du blocus fait tomber tous les pouvoirs que le droit des gens reconnaît au belligérant en cette matière; on ne peut plus que condamner les navires déjà saisis.

La confiscation de la cargaison a toujours lieu :

1. Lorsque le propriétaire du navire est propriétaire de la cargaison; on confisque en proportion de cette propriété;

2. Lorsqu'on doit admettre que le propriétaire de la cargaison avait connaissance du blocus au moment où les marchandises ont reçu leur destination pour le port bloqué;

[1] *Droits et devoirs*, III, p. 151 et suiv.
[2] Art. 836.
[3] *Loc. cit.*, p. 229 et suiv.
[4] Maclachlan, p. 539, 540.

3. Pour autant que la cargaison se compose de contrebande de guerre.

Dans d'autres cas, il n'est pas rare qu'on ait absous la cargaison ou au moins les marchandises innocentes, c'est-à-dire celles dont le propriétaire est de bonne foi. Il résulte de la nature des actions en matière de prise que la preuve de la bonne foi incombe à ceux qui ont intérêt à défendre la cargaison [1].

L'équipage du navire neutre saisi ne devient pas prisonnier de guerre, s'il n'est point de nationalité ennemie, mais on doit pouvoir le retenir jusqu'à décision du procès, ne fût-ce que pour avoir les hommes à la disposition du tribunal, si leur témoignage était requis (voir cependant § 36, V).

III. On ne peut faire subir les conséquences de la violation que si le navire neutre, au moment de l'acte incriminé, connaissait l'existence du blocus. Ceci doit être établi d'après les circonstances. A défaut de dispositions conventionnelles ou réglementaires sur ce point, on admet généralement qu'il y a connaissance du blocus, lorsque notification en a été faite à l'état neutre dont le navire porte le pavillon, et qu'il s'est écoulé depuis lors un délai proportionné aux circonstances. L'état neutre a le devoir de porter lui-même le blocus à la connaissance de ses sujets de la manière qu'il jugera convenable; s'il ne remplit pas ce devoir, ses sujets en souffriront; car, en faisant la notification officielle, le belligérant s'est acquitté de ses obligations; il est en droit d'attendre que le gouvernement neutre remplisse aussi les siennes.

Il y a toujours, dans ce cas, présomption de connaissance du blocus, sauf lorsque le navire se trouvait en mer au moment où il a été établi.

Dans tous les autres cas, lorsque la notification s'est faite en

[1] La science s'accorde en général à reconnaître la légitimité de la confiscation de la cargaison. Voir Vattel, III, § 117; Oke Manning, p. 320; Hautefeuille, *Droits et devoirs des neutres*, p. 149 et suiv.; Ortolan, II, p. 357; Heffter, § 154; Wildman, II, p. 203; Phillimore, III, §§ 316 et suiv.; Pistoye et Duverdy, p. 379; Bluntschli, art. 840; Gessner, p. 227 et suiv. et 244; Bulmerincq, p. 39 Pour les exceptions, voir Maclachlan, p. 539.

général, par voie diplomatique ou de toute autre manière, les tribunaux de prises d'Angleterre admettent qu'il y a présomption *juris et de jure* de la connaissance du blocus.

Il est dit dans les *Admiralty Reports* : « L'effet de la notifica-
« tion adressée à un gouvernement étranger, s'étend sans au-
« cun doute à tous les sujets de l'état qui la reçoit. Elle serait
« inutile, s'il leur était permis d'invoquer l'ignorance de la
« notification du blocus. C'est le devoir des gouvernements
« étrangers, de donner les informations nécessaires à leurs
« sujets, dont ils ont à protéger les intérêts. Je crois donc
« pouvoir dire que, si une notification spéciale n'est pas pres-
« crite, et si l'on se trouve en présence d'une notification gé-
« nérale, le capitaine du navire neutre sera admis dans des cir-
« constances toutes particulières seulement à opposer à la saisie
« l'ignorance où il se trouverait. Si cette ignorance est réelle,
« qu'il s'adresse à son propre gouvernement pour être indem-
« nisé, mais il ne peut chercher là une cause d'excuse à faire
« valoir devant le tribunal des prises d'une puissance belligé-
« rante. » Lorsqu'un blocus dûment notifié se prolonge, on peut évidemment tenir sa notoriété pour établie sans autre preuve.

Un grand nombre de traités et quelques règlements dis-
posent qu'un navire ne peut jamais être saisi ou condamné du chef de violation de blocus, lorsqu'il n'a pas reçu, d'un des croiseurs, notification ou information de l'existence du blocus [1]. Le règlement des prises prussien donne une certaine

---

[1] La neutralité armée de 1800 avait, comme nous l'avons déjà dit, proclamé en principe qu'un navire se dirigeant vers un port bloqué ne doit être considéré comme violant un blocus que s'il tente par force ou par ruse d'entrer dans le port bloqué, après avoir reçu information de la mise en état de blocus par le commandant des forces belligérantes.— La jurisprudence américaine exige égale-
ment la notification spéciale. Nous trouvons déjà une clause de cette espèce dans l'article 18 du traité entre les États-Unis et l'Angleterre du 19 novembre 1794; plus tard, dans l'article 23 du traité avec la Prusse du 1er mai 1828; récemment, dans la déclaration du président Lincoln du 19 avril 1861. L'ordonnance suédoise du 12 avril 1808 contient également dans son § 8 une disposition en ce sens, de même les instructions françaises du 31 mars 1854 (art. 7) et du 25 juillet 1870 (art. 7), et le décret italien du 20 juin 1866 (art. 7); parmi les traités conclus par l'Allemagne, celui avec le Salvador du 13 juin 1870 (art. 22).

latitude au commandant du croiseur. « La tentative de rompre le blocus ne doit pas être, dit-il, imputée à un navire neutre, sauf s'il a connaissance du blocus » (§ 23). « Il faut décider, d'après les circonstances du cas, si le navire avait connaissance du blocus ; à ce point de vue, la longueur du temps qui s'est écoulé depuis l'annonce et la notification du blocus, n'est pas sans importance. Si le commandant du navire de guerre a des raisons de croire que le bâtiment neutre n'avait pas connaissance du blocus, il doit l'en informer et mentionner cet avis sur les papiers du bord, particulièrement sur le journal et sur les documents qui servent à constater la nationalité du navire ; il doit ensuite renvoyer le navire en l'engageant à changer de direction » (§ 24). Le règlement danois du 15 février 1864 contient des dispositions analogues.

Nous ne pouvons que nous rallier à cette manière de voir, et nous croyons en conséquence que la notification spéciale est obligatoire seulement :

1° Lorsqu'elle est prescrite par des traités ou par des règlements nationaux ;

2° Lorsque les circonstances indiquent que le navire neutre en arrivant à la ligne de blocus ne connaissait pas l'existence du blocus.

Exiger en tout cas la notification spéciale, c'est assurer l'impunité à la première tentative de violer le blocus [1].

§ 62. — Appendice. — De la fermeture, par un état, de ses propres ports.

I. La fermeture des ports de guerre ou de commerce, opérée par l'état même auquel ils appartiennent, est d'une toute autre nature que le blocus au sens exposé dans le § 48. Cette mesure est parfaitement licite ; ou bien elle a le caractère d'un em-

---

[1] Voir Maclachlan, p. 534 et suiv.; Gessner est d'un avis différent (*Le Droit des neutres*, p. 203 et suiv., et 244); il tient la notification spéciale pour absolument nécessaire pour qu'il puisse y avoir violation de blocus d'après les principes admis dans le droit des gens moderne.

bargo général, consistant dans le fait de retenir au port les
navires neutres et tous les autres (§ 30, V), ou bien elle a pour
but, en vue de certaines opérations de guerre, d'empêcher
qu'aucun navire n'entre dans le port ou n'en sorte.

C'est ainsi qu'au début de la guerre de 1870, une ordonnance
du commandant de la station navale allemande dans la Baltique prononça la fermeture du port de Kiel. Cette mesure ne
tarda pas à être levée ; dès le 28 septembre 1870, on la remplaça
par certaines entraves qui furent apportées à l'entrée dans le
port, pour répondre d'un côté aux exigences de l'état de guerre,
et de l'autre à celles de la sécurité de la navigation, qui était
menacée par la pose des torpilles [1].

Dans le cours de la même guerre, les ports français furent
également fermés, mais dans un autre but. L'armée allemande
s'étant avancée dans le nord de la France jusqu'à la Manche
et ayant occupé les ports de Rouen, de Dieppe et de Fécamp,
le gouvernement français, par décret du 13 décembre 1870, notifia aux puissances neutres la mise en état de blocus par les
forces navales françaises de ces ports et de tous ceux qui tom-
beraient encore entre les mains des Allemands. On voulait
uniquement empêcher par là que l'armée allemande ne s'ap-
provisionnât par mer [2].

---

[1] *A. M. Bl.*, n° 178.

[2] Dahn remarque sur ce point (*Annales pour l'armée et la marine allemande*,
t. V, p. 121, 122) : « Il fallait s'attendre à ce que l'esprit d'entreprise des Anglais,
qui s'était employé jusqu'alors avec grand succès à amener aux Français, par voie
de la Manche, des armes et du matériel de toute espèce, se montrât, pour observer
une juste neutralité, tout disposé à accorder le même service aux Allemands.
On voulait empêcher que le ravitaillement de cette partie de l'armée allemande se
fît plus facilement par mer au lieu de suivre une longue route terrestre ; et l'on
espérait forcer ainsi les troupes d'occupation à la retraite. Il est vrai que la mesure ne frappait pas moins durement la population française de ces parages, ac-
coutumée à se servir de tout temps de la voie maritime pour pourvoir à ses besoins.
Elle ne pouvait plus tirer ses approvisionnements de la région de l'ouest, occupée
par les Allemands, ni de celle du sud-ouest, parce que les paysans et les trafiquants
n'osaient se risquer à traverser les lignes ennemies ou étaient retenus de le faire
par les autorités françaises elles-mêmes. Pendant cet hiver exceptionnellement
froid, le manque de moyens de chauffage fut surtout sensible ; les bateaux anglais
chargés de charbon ne pouvaient, en effet, arriver à cause du blocus. Aussi, un

II. La fermeture des ports, quels que soient son but et les moyens employés pour la réaliser, ne saurait avoir les conséquences du blocus, dont elle n'a pas le caractère. Il est hors de doute qu'on peut également la maintenir par la force contre les navires neutres qui n'en tiendraient pas compte, et arrêter les bâtiments qui voudraient passer outre. En cas de résistance ouverte, la destruction du navire neutre serait même justifiée par les exigences du droit de la guerre, mais il faudrait tenir pour illicite et non fondée en droit des gens la condamnation comme bonne prise d'un navire neutre et de sa cargaison, pour infraction au décret de fermeture.

SECTION CINQUIÈME

DU DROIT DE VISITE

§ 53. — Définition.

I. Le droit de faire arrêter et visiter en mer les navires marchands repose sur une pratique immémoriale et n'a jamais été sérieusement contesté aux belligérants. On le désigne très exactement sous le nom de droit de visite (right of visit and search).

II. Le but de la visite est double : elle a d'abord pour objet d'établir la nationalité du navire arrêté, et, lorsque la qualité de neutre est constatée, de s'assurer s'il ne commet pas ou s'il n'a pas commis une violation des devoirs de la neutralité. On recherche particulièrement :

a) Si le navire n'a pas de contrebande de guerre à bord ;

décret du gouvernement français, en date du 9 janvier 1871, fît-il en faveur du charbon une exception à l'ordre de fermeture. »

b) S'il ne se dirige pas vers un port bloqué, ou s'il n'en vient point;

c) S'il n'a pas à bord des objets appartenant à l'état ennemi. La propriété privée de l'ennemi est couverte par le pavillon neutre.

III. La nécessité du droit de visite est évidente. Aussi longtemps qu'il sera permis de capturer les bâtiments de commerce de l'ennemi, les belligérants doivent être en mesure de pouvoir s'assurer de la nationalité des navires que l'on rencontre en mer. Ayant le droit de saisir les bâtiments neutres qui essayent de violer un blocus, ou qui transportent de la contrebande de guerre à l'ennemi, ils doivent également avoir les moyens de déterminer la destination du navire neutre et la nature de sa cargaison. Si les limites du droit de visite ont donc été et sont encore mal définies, tant dans la pratique que dans la théorie, la légitimité du droit lui-même ne peut être sérieusement mise en question [1].

IV. L'exercice de ce droit appartient aux navires de guerre, et aux corsaires pour autant qu'il en existe encore et qu'on ne le leur ait pas formellement refusé [2].

V. La visite est permise en tout endroit qui peut être le théâtre des hostilités, ainsi en pleine mer et dans les eaux territoriales des belligérants, mais non sur le territoire maritime du neutre [3]. Rien ne s'oppose, en principe, à ce qu'elle s'opère dans les eaux nationales d'un allié; mais l'allié est toujours en droit de l'interdire sur son territoire. Heffter [4] et Gessner [5] estiment que la visite n'est permise sur le territoire

---

[1] Heffter, § 168; Bluntschli, art. 819; Phillimore, III, § 325. Au sujet des objections de principe de quelques publicistes, voir Gessner, *loc. cit.*, p. 297 à 299. Hautefeuille ne combat que le droit de recherche (*Droits et Devoirs*, II. p. 438 et suiv.). — Mais le droit de visite n'est nullement, comme Gessner paraît le croire, (*loc. cit.*, p. 252) un droit exceptionnel; il ne l'est pas plus que tout le droit de la guerre.

[2] Tel fut le cas, par exemple, dans l'article 4 du traité entre la Russie et l'Angleterre du 5/17 juin 1801. Voir aussi de Martens, *Essai sur la course*, § 20.

[3] Règlement des prises de la Prusse, § 4; Règlement autrichien, III, n° 1,461.

[4] § 168.

[5] *Le droit des neutres*, p. 314.

d'un allié que si celui-ci a donné un consentement exprès ou tacite.

L'étendue du droit de visite se détermine par le but qu'on poursuit. Il en résulte que dans les mers qui sont éloignées du théâtre réel de la guerre, on ne doit l'exercer que s'il y a un soupçon fondé de violation de neutralité [1].

C'est ce qu'exprime l'article 10 du décret italien du 20 juin 1866, où il est dit : « Bien qu'il n'y ait pas de limites à l'exer- « cice du droit de visite en temps de guerre, je vous recom- « mande (aux commandants des navires) de ne l'exercer que « dans les lieux et dans les circonstances qui vous autorise- « ront à croire que la visite aura pour conséquence la saisie du « navire. »

VI. Il résulte de la nature même du droit de visite qu'il doit être mis en pratique avec autant de ménagements que pos- sible et sans formalités inutiles et vexatoires. « The right must « unquestionably be exercised with as little of personal hard- « ness and of vexation in the mode as possible. » (Lord Stowell.)

VII. Les navires de guerre et autres bâtiments appartenant à l'état neutre ne sont pas soumis à la visite [2].

En seront particulièrement affranchis, les vapeurs postaux de l'état neutre, commandés par un officier de marine en acti- vité de service, aussitôt que leur qualité est établie.

---

[1] Pendant la guerre entre la Turquie et la Russie, le 25 juillet 1877, une can- nonière russe arrêta le brick allemand *Oceanus*, sur la côte japonaise (à moins d'une portée de canon du littoral), et il envoya un officier et des hommes à bord pour examiner les papiers et se renseigner exactement sur la cargaison. Abstrac- tion faite de la violation du territoire japonais, il y avait dans cette conduite un abus de droit de visite. Il est notoire, en effet, que les navires marchands turcs ne visitent pas les eaux de l'Asie orientale; en outre, l'*Oceanus* avait hissé le pavillon allemand aussitôt qu'il vit que le navire russe était un bâtiment de guerre. Dans les circonstances de l'espèce, le commandant russe ne pouvait pas raisonnablement supposer que le navire allemand transportait de la contrebande de guerre pour la Turquie, ou était en voie de lui prêter une assistance défendue. La conduite de cet officier n'était donc pas en harmonie avec le but du droit de visite.

[2] Hautefeuille, *Droits et devoirs des neutres*, III, p. 438, 439; Phillimore, III, § 334; Gessner, *loc. cit.*, p. 313, 314.

VIII. Il y a doute sur la question de savoir si le droit de visite peut être exercé pendant un armistice, lorsque la convention d'armistice n'en parle pas. Selon nous, il faut répondre affirmativement; l'exercice de ce droit, en effet, n'est point un acte d'hostilité; si on le suspendait pendant un certain temps, les neutres pourraient en profiter pour fournir impunément au belligérant des secours défendus. De Negrin [1] et Hautefeuille [2] sont d'une opinion contraire.

IX. Le droit de visite n'appartient qu'aux nations qui se trouvent en état de guerre; un navire de guerre appartenant à une puissance neutre ne serait donc pas admis à exiger des croiseurs et des corsaires des belligérants qu'ils fissent la preuve de leur qualité en subissant la visite. Il n'y a donc pas de droit de visite pour les neutres. L'Angleterre l'a revendiqué pour ses navires de guerre à l'égard des corsaires étrangers lorsqu'ils capturent un navire de commerce britannique.

Il va de soi que les navires de guerre de toutes les nations ont le droit d'arrêter et de visiter les corsaires qui portent le pavillon d'une nation belligérante, aussitôt qu'il s'élève contre eux des soupçons sérieux de piraterie (voir § 34).

§ 54. — De la manière de procéder.

I. La manière de procéder en cas de visite a été souvent réglée par traité. L'article 17 du traité des Pyrénées, du 7 novembre 1659, entre la France et l'Espagne, a généralement servi de modèle aux conventions de cette espèce. Il est ainsi conçu : « Les navires d'Espagne, pour éviter tout désordre, « n'approcheront pas de plus près les Français que de la portée « du canon, et pourront envoyer leur petite barque ou cha- « loupe à bord des navires français, et faire entrer dedans « deux ou trois hommes seulement, à qui seront montrés les « passeports par le maître du navire français, par lesquels il

---

[1] § 282.
[2] Loc. cit., IV, p. 44.

« puisse apparoir non seulement de la charge, mais aussi du
« lieu de sa demeure et résidence, et du nom tant du maître
« ou patron que du navire même, afin que, par ces deux moyens
« on puisse connaître s'il porte des marchandises de contre-
« bande, et qu'il apparaisse suffisamment tant de la qualité
« dudit navire que de son maître ou patron, auxquels pas-
« seports et lettres de mer le décret donnera entière foi et
« créance. »

Cette procédure se divise donc, selon les circonstances, en
deux ou trois parties, dont l'ensemble constitue le droit de
visite. Ce sont : l'arrestation du navire, l'examen des papiers
et la visite ou recherche proprement dite.

A. — Arrestation du navire.

II. Le croiseur s'approche du navire à visiter, et par un
coup de canon (voir § 12, II), il lui donne le signal de mettre
en panne ou de stopper. Ce coup de canon doit être donné sous
le pavillon national, qui affirme la qualité du croiseur. Pendant
la nuit, on doit mettre un fanal au-dessus du pavillon. L'emploi d'un faux pavillon en tirant le coup de semonce est contraire au droit des gens (voir § 35, VIII, 2).

En ce qui regarde la distance à laquelle doit se tenir le croiseur, les nombreux traités et règlements qui ont touché ce
point, varient considérablement.

On a fixé la distance :

a. A la portée de canon ;

b. Au moins à la portée de canon ;

c. Hors de la portée de canon [1] ;

d. A demi-portée de canon [2] ;

---

[1] Encore tout récemment, dans le traité entre la confédération nord-allemande
et le Mexique du 28 décembre 1869 (B. G. Bl. 1870, p. 525 et suiv.), art. XXII ;
entre la confédération nord-allemande et le Salvador du 3 juin 1870 (B.G. Bl. 1872,
p. 377), art. XXI. Dans l'instruction française du 31 mars 1854 il est dit (art. XII) :
« Vous vous tiendrez, *autant que possible*, hors de la portée de canon.

[2] Par exemple dans le traité entre la France et la Russie du 11 janvier 1787,
art. XXXI.

e. En la déterminant d'après les circonstances [1];

Quelques règlements ne contiennent rien à cet égard.

Les quatre premières de ces règles ne répondent absolument pas aux circonstances dans lesquelles doit se faire la visite. Dans la plupart des cas, il sera impossible de les observer rigoureusement; en le faisant, ou bien on rendrait l'exercice du droit impossible ou illusoire, ou bien on prolongerait outre mesure l'accomplissement des formalités, tandis que les intérêts du commerce maritime en général et particulièrement ceux du navire visité exigent qu'elles s'opèrent aussi promptement que possible; or, il est impossible d'exécuter la visite, si le croiseur ne se trouve pas à une très petite distance du navire arrêté.

La portée de canon est aujourd'hui de huit milles environ. C'est à cette distance qu'en exécution de la règle posée par certains traités, on devrait, au moyen d'une embarcation, établir une communication entre le croiseur et le bâtiment de commerce. Il est évident qu'une communication est très souvent impossible à établir dans ces conditions. Au temps même où la portée de canon était notablement moindre, ces prescriptions n'étaient guère praticables, comme le remarque justement Ortolan [2].

« Dans la plupart des anciens traités, il est dit que, pendant qu'on procède à la visite, le bâtiment visiteur doit rester hors de la portée du canon; dans d'autres, il est dit qu'il restera à la portée du canon; quelques-uns permettent d'approcher jusqu'à la demi-portée. A coup sûr, ces clauses n'ont pas été rédigées par des marins. Il est des circonstances dépendant de l'état du vent et de la mer, où il serait tout à fait impardonnable à un commandant d'aventurer un canot et les hommes qui en font l'équipage à une distance aussi considérable que celle de la portée du canon, et à plus forte raison, à

---

[1] Dans la plupart des traités conclus entre les états américains, d'abord dans celui entre le Chili et les États-Unis d'Amérique; ensuite dans certains règlements.

[2] II, p. 256.

une distance hors de la portée. Le bâtiment qu'on veut reconnaître est suspect jusqu'après la visite, et peut fort bien être un ennemi, malgré l'apparence de son pavillon ; il faut donc se mettre à même de le tenir en respect, et le conserver pour cela, sinon sous la volée de ses pièces, du moins à une distance raisonnable. C'est ainsi qu'on en use sagement dans la pratique du droit commun général. »

Ainsi, lorsqu'un croiseur rencontre un bâtiment de commerce pendant la nuit, il devrait commencer, s'il veut l'arrêter, par s'éloigner lui-même à portée de canon, et donner ensuite seulement le coup de semonce !

Dans les nouveaux traités, on tient compte de la réalité des choses, et l'on stipule que la distance à observer doit dépendre des exigences nautiques, de l'état de la mer et du temps d'une part ; de l'autre, de la nature et du degré des soupçons.

Le règlement des prises de la Prusse contient dans son article 11 une disposition très simple : « Le commandant du croiseur donne le signal de mettre en panne ou de stopper. »

Cela est suffisant. La distance à observer dépend des circonstances de chaque espèce.

III. Il est permis de tirer à boulet sur un navire qui n'obtempère pas au coup de semonce en mettant en panne ou en stoppant, ou qui cherche à échapper par la fuite à la visite. S'il ne cède pas après le boulet tiré dans son gréement, on peut user des mesures nécessaires pour opérer la visite par la force.

Si le navire résiste en employant également la force, cela suffit pour qu'il devienne de bonne prise, car il se rend coupable d'un acte d'hostilité[1]. Il n'y a point de motif juridique pour attribuer cette conséquence au seul fait de prendre la fuite ; un navire qui essaie de se soustraire à la visite par la fuite, peut être saisi comme suspect[2]. Parfois, on a voulu également

---

[1] Règlement des prises de la Prusse, § 7, n° 3, et § 4, n° 2. Voir dans Gessner, Le droit des neutres, p. 33? et suiv., certaines objections élevées par la doctrine.

[2] Loc. cit., § 5, n° 3.

voir dans les préparatifs d'une résistance ouverte un acte d'hostilité justifiant la condamnation [1].

Phillimore [2] fait remarquer avec raison que, dans des cas semblables, la condamnation du navire ne serait pas équitable, si le navire neutre n'avait pas de sérieux motifs de croire à l'existence de la guerre.

On se demande également si la cargaison doit être confisquée avec le navire chaque fois qu'un cas de cette espèce se présente, ou seulement lorsque l'armateur ou le capitaine est en même temps propriétaire de la cargaison. La jurisprudence anglaise s'est prononcée en principe pour la confiscation de la cargaison, et les publicistes d'Angleterre et d'Amérique trouvent cette solution équitable. On fait valoir que le capitaine du navire se proposait précisément, en opposant de la résistance, de soustraire la cargaison à la visite [3]. Dans d'autres pays, les opinions diffèrent.

Selon nous, il n'y a pas de motif juridique pour confisquer la cargaison, qu'elle appartienne ou non au capitaine ou à l'armateur, et sauf le cas où elle serait contrebande de guerre. La confiscation est la peine de la résistance; c'est le navire seul qui oppose cette résistance, et la cargaison n'a aucun rapport direct avec ce délit.

B. — Examen des papiers.

IV. L'examen des papiers de bord suit l'arrestation du navire. Cet examen s'opère soit à bord du croiseur, soit à bord du navire arrêté. En pratique on ne s'accorde pas sur ce point. Le règlement des prises de la Prusse établit dans son article 11

[1] La pratique est très hésitante. L'ordonnance de la marine française de 1681 (III, 9, art. XII) exige pour la condamnation « la résistance *et* le combat »; d'autres règlements, d'après le précédent de l'ordonnance espagnole de 1718, exigent seulement la résistance *ou* le combat.

[2] III, § 339.

[3] Phillimore, III, § 336; le même auteur remarque cependant que la résistance, par la force, d'un navire *ennemi* est un acte parfaitement légitime, qui n'entraîne pas la condamnation de la cargaison neutre qui se trouverait à bord; § 330; voir aussi Wheaton, *Él.* II, p. 190; et Wildman, II, p. 122.

que le commandant du croiseur doit faire venir à son bord le patron du navire avec ses papiers; dans les traités cités plus haut de la confédération nord-allemande avec le Mexique et le Salvador, et dans de nombreuses conventions conclues par d'autres états et se rattachant à l'article 17 du traité des Pyrénées, on stipule que l'examen des papiers doit avoir lieu seulement à bord du navire à visiter; que ces papiers ne peuvent être emportés, et que sous aucun prétexte le capitaine, les officiers ou les hommes de l'équipage ne peuvent être forcés de se rendre à bord du croiseur. Les règlements autrichiens, danois et prussiens contiennent des prescriptions semblables, tandis que les règlements français, italiens et russes établissent la règle contraire. Dans chaque espèce, on devra avant tout conformer sa conduite aux traités existants. A défaut de convention ou de règlement, il faudra donner la préférence à l'envoi d'un officier à bord du navire arrêté [1].

S'il y a lieu de procéder ensuite à une visite proprement dite, on déléguera à cet effet un ou deux officiers, qui se rendront avec deux ou trois hommes sur le bâtiment en se servant d'une embarcation montée en outre par le nombre d'hommes nécessaire à la manœuvre.

V. L'examen des papiers a pour seul but d'établir la nationalité du navire de commerce, sa destination et la nature de la cargaison; l'officier chargé de cette mission ne doit pas l'oublier en procédant à la visite.

Les papiers qui doivent ou peuvent être produits se divisent en trois catégories [2].

a) Papiers concernant la nationalité du navire.

D'après les législations actuelles, le certificat d'enregistrement et les lettres de mer servent tout d'abord à fixer la nationalité du navire. Un certificat d'enregistrement en due forme

---

[1] Bulmerincq défend aussi cette opinion (p. 330).

[2] Le même auteur, p. 352 et suiv., expose quels sont les papiers de bord requis d'après la législation d'un grand nombre de pays.

fournit une preuve complète de la nationalité; aussitôt qu'il est produit, il n'y a aucun motif de poursuivre l'examen sur ce point[1]. Des recherches ultérieures ne seraient nécessaires que s'il y avait une raison sérieuse de croire que, depuis la délivrance du certificat, des changements fussent survenus dans les conditions requises pour porter le pavillon indiqué, de sorte que le navire aurait perdu le droit de l'arborer.

Les papiers qui peuvent servir à défaut d'un certificat d'enregistrement ou de lettres de mer sont : l'attestation de pavillon (§ 9, VII, 2), le certificat de construction, le certificat de jaugeage, la liste des armateurs et autres documents concernant la propriété du navire (voir aussi § 9, X), le rôle d'équipage pour autant qu'il renseigne la nationalité des marins embarqués.

Dans tous les cas, l'officier qui visite doit avoir soin de vérifier si les papiers qu'on présente se réfèrent réellement au navire dont la nationalité doit être constatée.

b) Papiers concernant le voyage.

Parmi ces papiers, le plus important est le journal du bord (logbuch), que doit tenir tout bâtiment d'une certaine dimension[2]. Serviront ensuite à déterminer le lieu de départ et la destination du navire : le rôle d'équipage, les passe-ports, les acquits de payement ou à caution de la douane, et les papiers de la cargaison.

---

[1] L'article 9 de la loi allemande du 25 octobre 1867, concernant la nationalité des bâtiments de commerce, etc., dit : « Le droit de porter le pavillon fédéral se « détermine par le certificat. Pour prouver ce droit, des lettres de mer ne sont « pas nécessaires. » De même la loi danoise du 13 mars 1867.

[2] Les événements importants de chaque voyage doivent être portés sur le journal; on doit y indiquer chaque jour la route suivie par le navire, les distances parcourues, la longitude et la latitude qui ont été relevées, de sorte que la simple inspection suffit pour donner une idée exacte du voyage. Voir l'art. 486 et suiv. du code de commerce allemand pour ce qui regarde la tenue du journal à bord des navires allemands.

c) Papiers de la cargaison.

L'examen de ces papiers sert à établir la nature, l'origine, la destination et les propriétaires de la cargaison. Il faut citer principalement : les chartes-parties (*frachtvertrag*), la liste des objets embarqués (*manifest, freight list*), et particulièrement les connaissements (*ladescheine, bills of lading*) [1]. En outre, on trouvera des indications utiles dans les certificats d'origine, les factures, les correspondances, etc.

La question du droit de propriété sur la cargaison se décide d'après le droit commercial et les principes généraux du droit privé [2].

VI. L'examen des papiers doit porter sur leur contenu et fournir la certitude qu'ils ne sont point faux ou falsifiés, ou qu'il n'y a point à bord des papiers en double et de nature différente. On doit procéder avec soin, sans chicanes ni subtilités, et s'arrêter à des déductions raisonnables. L'absence de papiers d'une espèce ou de l'autre est sans conséquence, lorsque ceux qui sont présentés établissent avec une certitude suffisante la qualité neutre du navire, et le caractère innocent de la cargaison et de la destination. Mais un navire sera toujours suspect s'il y a défaut du certificat d'enregistrement lorsque ce certificat est nécessaire, du journal du bord, du rôle d'équipage ou de tous les papiers concernant la cargaison.

VII. Si l'examen des papiers ne provoque aucune observation, le bâtiment est autorisé à continuer son voyage [3], et il est

---

[1] D'après le code de commerce allemand, art. 645, le connaissement à délivrer par le capitaine au chargeur, à la suite de chaque chargement de marchandise, doit indiquer : le nom du patron, le nom et la nationalité du navire, le nom du chargeur, le nom du destinataire ou du consignataire, le port de chargement et de destination, ou l'endroit de la consignation, la nature et les marques spéciales des marchandises chargées, les dispositions prises concernant le fret, le lieu et le jour de la livraison, le nombre des objets livrés.

[2] Maclachlan, p. 525.

[3] Cauchy, I, p. 56, 57. « Ce qu'on appelle vaguement le « droit de visite », nous paraît donc devoir se restreindre généralement, et d'après les notions de l'équité

utile de lui délivrer une attestation constatant les résultats de la visite qui a été opérée ou d'en faire mention sur les papiers eux-mêmes.

C. — De la perquisition.

VIII. Si l'examen des papiers fait soupçonner qu'il y aurait des raisons de saisir, on procède aux perquisitions nécessaires à bord du navire suspect ; les soupçons peuvent résulter également de l'attitude du capitaine ou des gens de l'équipage. Voici les règles qu'il faut observer dans ces perquisitions :

1. Elles doivent se faire en la présence du capitaine et avec tous les ménagements possibles.

2. Les endroits fermés, les cloisons, les armoires, les caisses, les tonneaux, les ballots, les colis et autres contenants ne peuvent être ouverts ou fracturés par l'officier qui visite. S'il juge nécessaire de les examiner, il doit les faire ouvrir par le patron.

3. Les marchandises chargées en vrac ne peuvent également être visitées qu'avec le concours du capitaine du navire.

4. En refusant de prêter son concours, le capitaine s'expose à la saisie, parce qu'il semble justifier les soupçons et reconnaître que les endroits qu'il ne veut pas montrer renferment des marchandises prohibées. Mais on n'a pas le droit de procéder par la force à la recherche, ce qui n'est d'ailleurs pas nécessaire.

§ 55. — De la saisie.

I. En principe, un navire de commerce est donc sujet à saisie :

naturelle, à la visite des papiers de bord. Il ne doit, suivant nous, s'étendre à la visite du navire et de la cargaison que dans le cas où, par suite de circonstances tout à fait exceptionnelles, il existerait des soupçons de fraude, non pas légers et futiles, tels que peut en imaginer une politique arbitraire, mais sérieux et graves, tels que seraient, par exemple, des altérations manifestes dans la tenue des papiers de bord, ou l'absence non justifiée de ces papiers. »

1° S'il est de nationalité ennemie et non dans un cas exceptionnel qui l'exempte de saisie (voir § 37);

2° S'il donne lieu à saisie par sa conduite au moment où il reçoit le signal de mettre en panne ou de stopper (voir § 54);

3° Si la visite a pour résultat d'établir le fait ou le soupçon d'une violation de neutralité.

II. Voici les principaux cas de saisie des navires neutres :

1. Si le navire ne met pas en panne ou ne stoppe pas au signal donné[1];

2. S'il résiste par la force à l'ordre d'arrêter;

3. S'il essaie de lutter par la force ou s'il s'y prépare;

4. S'il ne peut justifier suffisamment sa nationalité[3];

5. S'il n'a point de papiers ou s'il les a fait disparaitre, surtout si cela est arrivé lorsque le croiseur était déjà en vue[4];

6. S'il a des papiers doubles, ou des papiers qui sont ou qui paraissent faux ou falsifiés[5];

7. S'il est convaincu ou soupçonné de rupture de blocus, pourvu qu'on soit en droit de croire qu'il a connu la déclaration du blocus (§ 51);

8. Si le patron s'oppose à la visite des endroits ou des contenants, dans lesquels on soupçonne qu'il se trouve des papiers ou de la contrebande de guerre[6], ou s'il refuse d'ouvrir ceux qui sont fermés;

9. Si la cargaison se compose de contrebande de guerre (§ 46); si ces articles ne forment qu'une partie du chargement, le patron peut, d'après certains règlements, échapper à la saisie en se défaisant immédiatement de ces objets ou bien en les débarquant dans le port le plus proche[7] (§ 46, IV).

10. S'il y a contrebande par accident et si l'armateur ou le

---

[1] Règlement des prises de la Prusse, § 5, n° 3.
[2] Loc. cit., § 4, n° 2.
[3] § 6.
[4] Loc. cit., § 5, n° 2.
[5] Loc cit., § 5, n° 1.
[6] Loc. cit., § 3, n° 3.
[7] Loc. cit , § 7, n° 2.

capitaine est en même temps soupçonné d'en avoir eu connaissance (§ 47, II).

§ 56. — Des convois.

I. On entend par convoi, dans le sens étendu du mot, l'escorte des transports par la force armée. Les convois de bâtiments de commerce protégés par des navires de guerre ont une grande importance. A l'origine, ils avaient pour but de protéger le commerce en cas de piraterie ou de périls dans la navigation. C'est dans les temps modernes seulement que l'usage des convois s'est étendu à la navigation neutre.

En faisant voyager les navires neutres sous convoi, on donne aux belligérants la garantie qu'il n'y a pas de contrebande de guerre sur les bâtiments convoyés, et que ceux-ci n'ont point de destination prohibée. Lorsque cette garantie se rencontre, la visite n'a plus de raison d'être. C'est ce qu'on a compris, il y a deux siècles déjà. Toutefois, on n'a jamais universellement admis que les navires convoyés fussent exempts de la visite; le gouvernement britannique surtout, s'est fréquemment refusé à reconnaître ce privilège [1].

---

[1] En 1799, des navires danois convoyés furent saisis par des croiseurs anglais, parce que le commandant du convoi avait opposé de la résistance à la visite. Ce fait provoqua une décision de la cour d'amirauté britannique, où il est dit que le convoi n'exempte de la visite que dans les cas stipulés par traités. — L'année suivante, la capture de la frégate danoise *Freya*, qui s'était également opposée à la visite des navires convoyés par elle, provoqua de longues négociations. Le gouvernement britannique se décida enfin à envoyer un commissaire spécial à Copenhague, et notifia en même temps au gouvernement danois qu'une escadre accompagnerait ce délégué, afin de donner plus de poids à ses représentations, et afin de préparer la voie aux explications que pourraient provoquer peut-être les mesures extrêmes, auxquels le roi d'Angleterre ne se déciderait qu'avec répugnance. En présence de seize vaisseaux de guerre anglais, mouillés dans le Sund, le gouvernement danois dut plier et renoncer à faire des convois. — A cette époque, un conflit avec la Suède donna à la cour d'amirauté anglaise l'occasion de proclamer les principes qu'elle suivait sur cette question. Un certain nombre de bâtiments de commerce suédois, qui voyageaient sous le convoi de la frégate *Ulla Fersen*, furent capturés par des croiseurs anglais, à la suite de la résistance

II. L'exercice du droit de visite à l'égard des navires convoyés a été soumis à certaines règles, qui supposent, de la part du chef du convoi, l'accomplissement des conditions destinées à fournir aux belligérants les garanties nécessaires [1].

opposée à la visite par le baron Cederström, qui commandait le convoi. Dans le jugement rendu par la cour d'amirauté, le 11 juin 1799, il est dit : «Toute nation belligérante a le droit de visiter les navires en pleine mer, et les agents de l'autorité du pays neutre, qui interviennent d'une manière quelconque par la force, ne peuvent rien changer à ce droit des croiseurs ; l'immixtion de leur part ressemblerait à la résistance violente que l'on ferait à l'exercice légal d'un droit. Si quelques puissances ont, par des traités particuliers, stipulé que la présence de l'un de leurs navires de guerre serait considérée comme garantissant que les navires de commerce n'ont à bord rien qui soit contraire aux devoirs de la bonne amitié et de la neutralité, les autres gouvernements ne peuvent être obligés par là de renoncer à leur droit de visite et de recherche. »

Les instructions données au capitaine Cederström, le 17 mai 1798, étaient conçues dans un sens tout opposé; elles disaient : « Dans le cas où le commandant rencontrerait un ou plusieurs vaisseaux de guerre, ou une flotte d'une nation étrangère, il aurait à se conduire avec toute la courtoisie possible et à ne fournir aucun prétexte à des hostilités; mais s'il rencontrait un navire de guerre ennemi, voulant rechercher de plus près si la frégate appartient au roi de Suède, le commandant devrait, en faisant les saluts et en hissant son pavillon, affirmer qu'il en est ainsi; si le navire ennemi voulait faire la visite des bâtiments de commerce du convoi, il devrait s'y opposer autant que possible, et si, malgré les représentations amicales du commandant, les navires de commerce étaient l'objet d'une agression, il devrait opposer la force à la force. » Le capitaine Cederström avait envoyé une embarcation armée prendre un officier anglais qui se trouvait sur un des bâtiments saisis et l'avait fait amener à bord de sa frégate; mais en présence des forces supérieures des Anglais, il avait été obligé de le relâcher. On le rappela en Suède pour ce fait; il passa devant un conseil de guerre et fut condamné à être fusillé; grâcié au moment de l'exécution, il fut renfermé dans une forteresse.

[1] La neutralité armée des puissances du Nord, de 1800, fixa les règles suivantes (art. III) : « Qu'il suffira que l'officier qui commandera un ou plusieurs vaisseaux de guerre de la marine royale ou impériale, convoyant un ou plusieurs bâtiments marchands, déclare que son convoi n'a point de contrebande pour qu'il ne se fasse aucune visite sur son vaisseau ni sur les bâtiments convoyés. Pour assurer encore davantage à ces principes le respect dû à des stipulations inspirées par le désir désintéressé de maintenir les droits immuables des nations neutres, les parties contractantes, voulant donner une preuve de leur loyauté et de leur amour de la justice, s'engagent de la manière la plus formelle à défendre de nouveau à leurs capitaines, tant des vaisseaux de guerre que de commerce, de ne charger sur leurs vaisseaux, garder à leur bord, ou recéler aucun des objets qui, au terme de la présente convention, pourraient être regardés comme contrebande. Elles s'obligent aussi à tenir la main à l'exécution des ordres qu'elles donneront

C'est ainsi que le commandant du convoi doit, avant de commencer le voyage, s'assurer du caractère innocent des cargaisons et de la destination des navires à convoyer; il doit soumettre les papiers à un examen attentif et constater qu'il n'y a point de contrebande de guerre à bord.

dans leurs amirautés et partout où il sera nécessaire; et à cette fin, de faire imprimer derrière le présent acte le règlement qui renouvellera sous les peines les plus rigoureuses, la défense ci-dessus afin que l'on ne puisse en prétexter cause d'ignorance. »

Le traité entre la Russie et l'Angleterre, du 17 juin 1801, réglemente la matière dans le détail, mais en se plaçant au point de vue de l'illégitimité du droit de visite en ce cas. Il est dit dans l'article IV :

« Les deux hautes parties contractantes, voulant encore prévenir tout sujet de dissension à l'avenir en limitant le droit de visite des vaisseaux marchands allant sous convoi aux seuls cas où la puissance belligérante pourrait essuyer un préjudice réel par l'abus du pavillon neutre, sont convenues :

1° Que le droit de visiter les navires marchands appartenant aux sujets de l'une des puissances contractantes et naviguant sous le convoi d'un vaisseau de guerre de ladite puissance, ne sera exercé que par les vaisseaux de guerre de la partie belligérante et ne s'étendra jamais aux armateurs, aux corsaires ou aux autres bâtiments qui n'appartiennent pas à la flotte impériale ou royale de Leurs Majestés, mais que leurs sujets auraient armés en guerre.

2° Que les propriétaires de tous les navires marchands appartenant aux sujets de l'un des souverains contractants qui seront destinés à aller sous convoi d'un vaisseau de guerre, seront tenus, avant qu'ils reçoivent les instructions de navigation, de produire au commandant du vaisseau de convoi leurs passeports et leurs certificats ou lettres de mer dans la forme annexée au présent traité.

3° Que lorsqu'un tel vaisseau de guerre, ayant sous convoi des navires marchands, sera rencontré par un vaisseau ou des vaisseaux de guerre de l'autre partie contractante qui se trouvera alors en état de guerre, pour éviter tout désordre, on se tiendra hors de la portée du canon, à moins que l'état de la mer ou le lieu de la rencontre ne nécessite un plus grand rapprochement, et le commandant du vaisseau de la puissance belligérante enverra une chaloupe à bord du vaisseau de convoi, où il sera procédé réciproquement à la vérification des papiers et des certificats qui doivent constater, d'une part, que le vaisseau de guerre neutre est autorisé à prendre sous son escorte tels ou tels vaisseaux marchands de sa nation, chargés de telle cargaison et pour tel port; et, d'autre part, que le vaisseau de guerre de la partie belligérante appartient à la flotte impériale ou royale de Leurs Majestés.

4° Cette vérification faite, il n'y aura lieu à aucune visite si les papiers sont reconnus en règle, et s'il n'existe aucun motif valable de suspicion. Dans le cas contraire, le commandant du vaisseau de guerre neutre (y étant dûment requis par le commandant du vaisseau ou des vaisseaux de la puissance belligérante), doit amener et détenir son convoi pendant le temps nécessaire pour la visite des

III. Lorsque des règlements spéciaux [1] ou des conventions n'ont pas déterminé l'exercice du droit de visite des navires sous convoi, on peut s'en tenir aux principes suivants :

1) La considération due à l'état neutre et à son pavillon exige que l'on ajoute foi à la déclaration formelle de l'officier qu'il a mis à la tête du convoi; on porterait atteinte à cette considération si l'on montrait ouvertement de la défiance envers ce commandant, qui est le représentant d'une puissance amie [2].

bâtiments qui le composent, et il aura la faculté de nommer et de déléguer un ou plusieurs officiers pour assister à la visite desdits bâtiments, laquelle se fera en sa présence sur chaque bâtiment marchand, conjointement avec un ou plusieurs officiers préposés par le commandant du vaisseau de la partie belligérante.

5° S'il arrive que le commandant du vaisseau ou des vaisseaux de la puissance en guerre, ayant examiné les papiers trouvés à bord et ayant interrogé le maître et l'équipage du vaisseau, aperçoive des raisons justes et suffisantes pour détenir le navire marchand afin de procéder à une recherche ultérieure, il notifiera cette intention au commandant du vaisseau de convoi, qui aura le pouvoir d'ordonner à un officier de rester à bord du navire ainsi détenu et d'assister à l'examen de la cause de sa détention.

Le navire marchand sera amené tout de suite au port le plus proche et le plus convenable appartenant à la puissance belligérante, et la recherche ultérieure sera conduite avec toute la diligence possible. »

Le règlement autrichien contient des prescriptions très détaillées sur la formation et la conduite des convois (III, § 117).

[1] Le règlement des prises prussien prescrit seulement, dans son article 12, que les navires neutres sous convoi d'un bâtiment de guerre ne seront pas soumis à la recherche, et qu'il suffira de la déclaration du chef du convoi, affirmant que les papiers des navires convoyés sont en règle, et qu'il n'y a point de contrebande de guerre à bord; de même le règlement autrichien (III, 1463).

[2] Ortolan (II, p. 272) fait les observations suivantes : «Comme il est notoire que les gouvernements neutres sont dans l'impossibilité physique d'obvier entièrement au commerce frauduleux de leurs sujets que l'appât du gain conduit souvent à des entreprises illicites, les navires de commerce, lorsqu'ils naviguent seuls, ne présentent aucune garantie de leur caractère jusqu'à parfaite vérification. Les belligérants ne peuvent procéder à cette vérification que par eux-mêmes, en exerçant la visite des papiers de bord et, suivant les cas, celle de la cargaison. Mais toute enquête est pour eux inutile s'ils rencontrent comme garantie l'attestation authentique du gouvernement aux sujets duquel ces navires appartiennent. Or le commandant d'un bâtiment de guerre représente son gouvernement. Lorsqu'il a acquis par lui-même l'assurance que les navires de sa nation placés sous son escorte sont parfaitement en règle, qu'ils ne violent et qu'ils ne doivent violer aucun des devoirs de la neutralité, le témoignage qu'il donne doit suffire et ne

2) En principe, l'exercice du droit de visite se bornera donc à recevoir du commandant du convoi une déclaration sur les points suivants :

a) Il affirmera que les navires dont il s'agit appartiennent réellement au convoi.

b) Il fera connaître leur nationalité et leur destination.

c) Il affirmera qu'il n'y a point de contrebande de guerre à bord.

Le croiseur enverra un officier à bord du vaisseau convoyeur pour recevoir cette déclaration.

Il n'est pas rare que l'on exige en outre la parole d'honneur

peut être révoqué en doute sans porter atteinte à la loyauté et à l'honneur de ce gouvernement. Au point de vue de la sûreté que réclame le belligérant, ce témoignage a même plus de valeur que n'en a l'inspection des lettres de mer, que ferait ce dernier lui-même.

« Quand le navire de commerce navigue sans contrôle, les papiers qu'il présente pour constater sa neutralité et la destination de son chargement peuvent être faux, sans que le belligérant puisse en acquérir la conviction et la preuve; le commandant d'un convoi, au contraire, parfaitement renseigné d'avance dans les moindres détails sur le compte des navires placés sous son escorte, ne peut être trompé ni sur leur caractère, ni sur leur destination. »

On ne peut soutenir qu'il soit impossible d'être trompé. Bluntschli (remarque sur l'article 825), dit à ce propos : « Les puissances belligérantes doivent toujours faire respecter leurs droits et leurs intérêts. On ne peut donc pas exiger d'elles que, sur le témoignage de l'état neutre, elles renoncent complètement à visiter les navires suspects. Il est possible que l'état neutre ait été trompé lui-même ou qu'il n'ait pas procédé avec assez de soin à l'examen des marchandises embarquées. Il se peut aussi que la puissance belligérante et l'état neutre ne soient pas d'accord sur le sens à donner au mot contrebande, et que l'un envisage comme contrebande ce que l'autre ne croit pas prohibé. Ici encore il faudra chercher à concilier les opinions et les intérêts divers. » — De même Geffken (sur le § 170 de Heffter) : « Le convoi ne rend pas inviolable parce que le chef du convoi peut avoir été trompé, et parce que les opinions peuvent différer sur la nature des marchandises. » — L'instruction française du 31 mars 1854 prévoit également la possibilité d'une erreur; l'article 14 s'exprime ainsi : « Vous ne visiterez point « les bâtiments qui se trouveront sous le convoi d'un navire de guerre allié ou « neutre, et vous vous bornerez à réclamer du commandant du convoi une liste « des bâtiments placés sous sa protection avec la déclaration écrite qu'ils n'appar- « tiennent pas à l'ennemi et ne sont engagés dans aucun commerce illicite. Si ce- « pendant vous aviez lieu de soupçonner que la religion du commandant du « convoi a été surprise, vous communiqueriez vos soupçons à cet officier qui « procéderait seul à la visite des bâtiments suspectés. »

du commandant[1]. Mais ce n'est nullement une règle générale[2].

3) Si la déclaration réclamée est satisfaisante, on s'abstiendra de tout exercice ultérieur du droit de visite.

4) La visite et éventuellement la saisie sont considérées comme légitimes :

a) Si le chef du convoi refuse de donner la déclaration demandée.

b) S'il résulte de cette déclaration que l'un ou l'autre navire n'appartient pas au convoi.

c) S'il en résulte qu'un navire est en voie de commettre une violation de neutralité.

Lorsque les circonstances rendent la visite nécessaire, on doit laisser à l'officier du convoi la faculté d'envoyer un officier pour y assister.

IV. Les navires qui de leur autorité privée se sont joints au convoi, n'ont pas droit de prétendre à un traitement privilégié ; de même ceux qui s'y trouvent compris par hasard ou ceux qui s'en sont séparés[3].

V. Si un abus a été constaté à la charge du convoyeur, les croiseurs des belligérants ont incontestablement le droit d'exercer une visite rigoureuse sur tous les navires de commerce de ce pavillon, sans plus tenir compte d'aucun convoi.

VI. La pratique ancienne admettait les corsaires à exercer le droit de visite de la même manière que les navires de

---

[1] Par exemple, dans le traité déjà cité entre la confédération de l'Allemagne du Nord et le Salvador, du 13 juin 1870, art. XXI.

[2] Da Negrin (§ 284) soutient cela erronément. — Le règlement russe de 1869 (§ 103), exige une affirmation écrite ou un signal.

[3] Les capitaines des navires convoyés doivent, aussi longtemps qu'ils se placent sous la protection du commadant du convoi, obéir à ses ordres en ce qui concerne notamment le cours du voyage et la vitesse de la marche. Les communications s'établissent au moyen des signaux en usage ou de signaux particuliers à déterminer. Les *Queens Regulations*, §§ 1930 et suiv., contiennent à cet égard des prescriptions détaillées. La loi anglaise (27 et 28 Victoria, cap. 25, § 46), punit d'une amende de 500 liv. st. et d'un an d'emprisonnement toute infraction aux ordres du commandant du convoi, ainsi que le fait d'abandonner le convoi sans autorisation. Voir aussi les prescriptions autrichiennes citées (vid. tomus supra).

guerre. Depuis le commencement de ce siècle, on ne le leur
a plus permis, quand il s'agit de bâtiments convoyés. La neutralité armée de 1800 et le traité entre la Grande-Bretagne
et la Russie du 5/17 juin 1801 ont formellement exclu les corsaires de ce droit.

Ortolan [1] estime qu'il n'y a pas lieu de distinguer ici entre
navires de guerre et corsaires ; c'est à tort, selon nous, car les
deux espèces de navires, comme nous l'avons fait remarquer
ailleurs, ont un caractère tout différent, bien qu'elles appartiennent toutes deux aux forces navales de l'état. Tandis que
le corsaire n'agit que poussé par un mobile de lucre, l'intérêt
public et le sentiment de l'honneur militaire servent de guide
au commandant d'un navire de guerre. Il paraît juste dès lors
que tout particulièrement les états qui ont renoncé à délivrer
des lettres de marque, refusent de reconnaître aux corsaires
des nations étrangères aucun droit sur les convois qu'ils
forment.

VII. Peut-on exercer le droit de visite dans toute sa rigueur
à l'égard des navires neutres qui se trouvent sous un convoi
organisé par un autre gouvernement neutre que le leur? Cela
dépendra essentiellement des rapports qui existent entre cet
état neutre et les belligérants. Au point de vue du droit, on ne
peut refuser au belligérant la faculté de visiter en ce cas, parce
que le commandant du convoi n'est pas en mesure de fournir
les garanties requises au sujet de la conduite des navires autres
que ceux de sa nation [2].

---

[1] II, p. 273.

[2] Voir aussi Ortolan, II, p. 275; Gessner, *loc. cit.*, p. 326; de Negrin, § 284;
Hautefeuille (*Histoire*, p 449) dit : « Les bâtiments de guerre d'une nation
« neutre peuvent-ils prendre sous leur convoi des navires de nations étrangères,
« mais neutres? L'affirmative ne peut paraître douteuse. » Il est évident que rien
ne s'oppose à ce que cela soit fait, mais on ne peut exiger des navires de guerre
étrangers les mêmes égards que ceux dont ils usent envers les bâtiments neutres
sous convoi d'un vaisseau de guerre de leur propre nation. — Le règlement autrichien (III, n° 1451) dispose ainsi : « Les bâtiments de commerce d'une nation
belligérante, avec laquelle la monarchie est en rapports de neutralité, et les bâtiments de commerce d'autres états neutres, ne peuvent être pris sous convoi par
les vaisseaux de guerre de S. M., à moins d'ordres supérieurs ou de circonstances
spéciales, sur lesquelles il faudrait faire immédiatement un rapport détaillé. Les

VIII. Il va de soi que les navires neutres sous convoi ennemi sont pleinement soumis à la visite. Mais il y a controverse sur le point de savoir si le seul fait de naviguer sous convoi d'un navire de guerre ennemi expose le bâtiment neutre à être légitimement capturé et confisqué. Le cas fut discuté au commencement de ce siècle, lorsqu'en suite d'une ordonnance danoise de 1810, des navires de guerre de ce pays saisirent, au voyage de retour, de nombreux navires de commerce américains qui s'étaient rendus d'Amérique en Angleterre sous convoi ennemi, c'est-à-dire sous convoi anglais. L tribunal des prises du Danemark les condamna ; mais, après de longues négociations, le gouvernement accorda une indemnité aux Américains lésés dans leurs intérêts ; il fut stipulé toutefois que ce fait ne serait pas considéré comme un précédent.

A notre avis, le fait de se mettre sous la protection du pavillon d'un belligérant constitue, de la part du navire neutre, une atteinte portée au droit de visite qui appartient incontestablement à l'autre belligérant ; l'exercice de ce droit étant rendu par là ou plus difficile ou impossible, on se trouve en présence d'une violation effective de neutralité et non pas devant une simple présomption. Nous ne saurions donc trouver injuste qu'un navire soit, dans de semblables circonstances, capturé et déclaré de bonne prise, abstraction faite des autres violations de neutralité qui se rencontreraient dans l'espèce [1]. D'autres estiment que le simple fait de naviguer sous convoi d'un navire ennemi peut seulement servir de base à une présomption de violation de neutralité [2].

bâtiments de commerce d'un allié dans une guerre doivent au contraire, pour ce qui concerne les convois, être traités comme ceux de la monarchie. » — Voir aussi les *Queens Regulations*, § 1936, où l'on distingue également entre les navires de commerce d'un allié et ceux d'une tierce puissance neutre.

[1] Voir aussi Oke Manning, p. 369 ; Kaltenborn, II, p. 467 et 468 ; Jacobsen, p. 140 et 141.

[2] Voir Heffter, § 171 ; Ortolan, p. 275 et suiv. ; Gessner, *loc. cit.*, p. 328 à 331. — Wheaton (*Élem.*, II, p. 192 et suiv.) soutient en principe la légitimité de semblables convois, et concède seulement que dans l'espèce on puisse se prévaloir d'une présomption de nationalité ennemie contre les navires qui composent le convoi et leur cargaison.

SECTION SIXIÈME

DE LA PROCÉDURE DANS LES AFFAIRES DE PRISES

§ 57. — Du traitement des navires et des cargaisons capturés.

Lorsque des navires ou des cargaisons sont saisis en vertu des règles que nous avons exposées au § 55, il y a lieu de se conduire d'après les principes suivants [1] :

1) Le commandant du navire capteur doit veiller autant que possible à la conservation du navire et de la cargaison, de sorte que rien ne soit déchargé, détourné ou vendu.

2) Il doit, en présence du capitaine ou du pilote de la prise, procéder à la mise sous scellé ou sous clôture de la cargaison, si elle est nécessaire.

3) Il doit mettre sous cachet les papiers du bord avec un inventaire de ces papiers, signé et scellé par lui et par le patron.

4) Il doit, si les circonstances l'exigent, charger un officier de son bord, accompagné du nombre d'hommes nécessaires, de conduire la prise dans un port de son pays ou dans un port d'une nation alliée. Voir § 40, II, pour l'hypothèse où un danger de mer l'obligerait à mener la prise dans un port neutre.

C'est au commandant provisoire du navire capturé qu'incombent les obligations détaillées ci-dessus sous le n° 1.

5) En principe, les prises naviguent sous le pavillon de l'état capteur, parce qu'elles se trouvent sous la conduite d'un officier de marine [2]. C'est en considération de ce fait que les Amé-

---

[1] Les prescriptions prussiennes servent principalement de guide dans l'exposé qui suit.

[2] Le règlement autrichien (III, n° 1465) dit : « Le pavillon impérial, et sous ce pavillon, celui de l'ennemi, doivent être immédiatement hissés à la corne du navire ennemi qui vient d'être capturé. Un navire saisi de nationalité neutre doit

ricains admettent leur exterritorialité, semblable à l'exterritorialité des navires de guerre, lorsqu'elles se trouvent dans un port étranger[1]. L'emploi d'un autre pavillon que le pavillon de la marine de guerre du capteur, dans le but de tromper l'ennemi et particulièrement d'échapper à une reprise du navire, doit être tenu pour permis d'après les principes exposés au § 35.

6) Les ballots de la cargaison ne peuvent être ouverts avant que la prise arrive au port de destination, à moins que le patron où son remplaçant ne consente à le faire en vue de la conservation des marchandises.

7) Si des avaries rendent certaines mesures nécessaires, ou si la cargaison se compose d'objets qui ne se conservent pas, le commandant du navire capteur ou l'officier qui le remplace doit agir selon les circonstances, avec le concours du patron du navire et du consul du pays capteur qui serait sur les lieux. Rien ne s'oppose à ce qu'un navire qui ne peut plus être réparé, ou une cargaison exposée à la pourriture, soient vendus dans un port neutre avant la condamnation de la prise (voir aussi § 60, II). Le gouvernement neutre peut, dans ce cas, exiger que le prix soit mis en lieu sûr[2].

8) La destruction de la prise n'est autorisée que dans des circonstances tout à fait exceptionnelles. Il doit en être ainsi, en effet, à cause de la nécessité absolue où l'on se trouve de recourir au jugement d'une cour de prises pour décider la validité de la capture. Une semblable mesure, comme en général tout emploi de la force, ne saurait être légitime que si l'on ne pouvait pas conduire la prise en lieu sûr sans courir des dan-

---

au contraire conserver son propre pavillon jusqu'à ce qu'il ait été régulièrement déclaré de bonne prise. Mais on peut hisser le pavillon de l'empire à la tête du mât d'avant, pour marquer que le navire se trouve en la possession de la marine de guerre autrichienne.

[1] Déclaration de l'attorney général des États-Unis, du 28 avril 1855 (Soetbeer, *Recueil*, n° 183).

[2] C'est avec cette restriction que la déclaration autrichienne de neutralité, du 25 mai 1854, autorise la vente de marchandises qui peuvent se gâter, dans les ports de l'empire et avant la condamnation.

gers sérieux, ou si le capteur ne pouvait conserver la prise sans exposer gravement de quelque autre manière son propre navire[1].

Sans que l'une de ces conditions se fût rencontrée, l'aviso à vapeur français *le Desaix* mit le feu en pleine mer, le 14 octobre 1870, au bâtiment de commerce allemand *la Charlotte*, et le 21 octobre au *Vorwaerts* et au *Ludwig*. La dépêche circulaire du chancelier de la confédération de l'Allemagne du Nord, en date du 9 janvier 1870, expose que cette conduite est contraire au droit des gens.

Même après la destruction de la prise, il est nécessaire qu'une décision judiciaire confirme la validité de la capture; si le jugement déclare la saisie illégale, le gouvernement du capteur est obligé de tenir l'intéressé complètement indemne, et il ne peut le renvoyer au commandant du navire capteur pour obtenir cette réparation; la responsabilité de l'officier est une question intérieure, qui ne regarde en rien le propriétaire du navire ou de la cargaison.

II. Si la prise a péri dans un accident de mer, on ne donne pas de dommages-intérêts pour le navire et la cargaison, quand même la capture aurait été invalidée par un tribunal de prise[2].

---

[1] Voir par exemple l'article 20 de l'*Instruction complémentaire française* de 1870. Le règlement russe de 1869 (art. 108) autorise la destruction du bâtiment capturé dans les cas suivants :

1) Lorsque le combat l'a endommagé de telle manière, qu'il n'est plus en état de rester à flot par le gros temps.

2) S'il se trouve dans des conditions nautiques si mauvaises, qu'il y a lieu de craindre une reprise par l'ennemi.

3) Si le croiseur ou le commandant du navire capturé est obligé de refuser le combat en présence d'un ennemi supérieur.

4) Si le capteur ne peut, sans compromettre sa propre sûreté, détacher une partie de son équipage pour la placer à bord de la prise.

5) Si la valeur du navire capturé est si minime qu'elle ne compenserait pas les frais de conduite, par exemple, si les ports où il devrait être emmené sont trop éloignés.

Avant la destruction du bâtiment, l'équipage et, pour autant que possible, la cargaison doivent être sauvés.

Le projet de M. Bulmerincq adopte ces dispositions (*Rapport*, p. 402, 403). — Voir aussi Calvo, IV, § 2,793 et suiv., et Gessner, *loc. cit.*, p. 348.

[2] Ceci est dit expressément par exemple dans l'*Instruction française* de 1854.

III. Vers la fin du xviie siècle, la conclusion de « contrats de rachat ou de rançon » entra dans les usages. Ces stipulations consistaient d'une part dans le payement d'une rançon, auquel s'engageait le propriétaire de la prise ; de l'autre dans une promesse de ne pas reprendre le navire jusqu'à l'achèvement du voyage déterminé dans le contrat [1].

Les croiseurs et corsaires peuvent conclure de semblables contrats, lorsque cela ne leur est pas expressément défendu [2]. L'acte est dressé en deux exemplaires, l'un pour le capteur, auquel il sert de titre pour la rançon promise ; l'autre pour le patron du navire libéré, auquel il tient lieu de sauf-conduit. Pour garantir l'exécution du contrat, on donne habituellement des otages ; à notre avis, on a tort de considérer cet usage comme contraire aux idées qui prévalent dans le droit des gens moderne ; car, lorsqu'il n'y a pas rançon, c'est-à-dire dans la plupart des cas, l'équipage de la prise est tout entier interné.

On discute la question de savoir si la rançon doit être payée dans toute hypothèse et quand même la capture serait déclarée invalide. Selon nous, il faut répondre affirmativement, car le contrat de rachat est conclu librement par le capitaine du navire saisi, qui représente les intérêts des armateurs et des propriétaires de la cargaison ; et ce contrat est destiné à remplacer la décision du tribunal de prises. Si le capitaine considère la capture comme illégale, il demeure libre de refuser la conclusion du contrat de rançon que lui offre le capteur [3].

---

[1] De Martens, *De la Course*, § 23.

[2] Ceci s'est fréquemment présenté. Voir de Martens, *De la Course*, § 23 ; Calvo, IV, p. 322 et suiv. ; Gessner, *loc. cit.*, p. 352 et suiv. Parfois on a défendu les contrats de rançon, soit avec les navires ennemis, soit avec les bâtiments neutres.

[3] Calvo, IV, § 324. — Gessner (*loc. cit.*, p. 355) est d'une opinion différente, bien qu'il défende, en principe, contre Hautefeuille la légitimité de la rançon ; il dit : « La rançon ne fait pas perdre au neutre le bénéfice éventuel d'une sentence « favorable. Le procès n'en suit pas moins son cours, et s'il se termine par une « absolution, il s'entend que le capteur doit rendre la rançon. Le neutre a donc « dans ce cas eu l'avantage de se soustraire à la saisie et de pouvoir continuer « librement son voyage avec sa cargaison. » Immédiatement après (p. 356), Gessner lui-même fait remarquer que, dans le cas où il y aurait contrebande de guerre, en stipulant le rachat du navire neutre, il faudrait lui imposer l'obliga-

L'obligation de payer la rançon ne vient pas à cesser si le navire ou la cargaison ou une partie de celle-ci se perd par la suite, à moins que le contraire n'ait été stipulé par le contrat[1]. Mais le capteur perd tous ses droits, s'il est pris à son tour par un croiseur ou un corsaire de l'autre belligérant[2]. Le billet de rançon ne peut devenir un objet de butin, quel que soit le moment où le capteur a été lui-même saisi.

IV. Pour ce qui concerne le sort du navire capturé, de la cargaison et de l'équipage depuis le moment où la prise est arrivée au port de destination jusqu'au jugement du tribunal compétent, voir le § 34 du règlement prussien sur la procédure en matière de prises, approuvé par décret royal du 20 janvier 1864 (annexe M).

§ 58. — Des tribunaux de prises.

1. Il appartient au pouvoir souverain de l'état belligérant, dans les attributions duquel rentre le jugement des affaires de prises, de déterminer la procédure à suivre en cette matière. En principe, chaque puissance belligérante est seule compétente pour juger, par l'organe de ses tribunaux, de la légalité des prises faites par ses croiseurs ou ses corsaires, soit qu'il s'agisse uniquement de propriété neutre, soit que les intérêts des neutres aient été mêlés à ceux des sujets du belligérant, soit que ces derniers seuls se trouvent en cause. Abstraction faite du cas où une transaction serait intervenue, il ne s'est rencontré jusqu'à présent aucun état qui ait cru pouvoir, sans abdiquer sa souveraineté et son indépendance, remettre à des tribunaux affranchis de son contrôle et de son autorité le droit de juger la conduite de ses propres agents. De semblables

---

tion de ne pas poursuivre le voyage projeté originairement, mais de transporter la contrebande dans un port neutre. — Voir aussi dans Caumont (p. 249, n° 16), la conduite tenue par l'*Alabama* envers le bâtiment de la fédération du Nord le *Washington*, que le navire susdit relâcha après l'avoir capturé.

[1] Calvo, III, p, 325.
[2] Le même, ibid. et IV, p. 424.

jugements seraient d'ailleurs dépourvus de toute force exécutoire[1].

II. L'institution des tribunaux de prises, auxquels sont remis
l'examen et la décision de cette sorte d'affaires, a pour but de
protéger les intérêts privés, qui peuvent se trouver lésés indûment par les captures, et surtout de consacrer par un acte
public la légalité des prises faites conformément au droit des
gens. Il est donc nécessaire que ces tribunaux soient établis de
manière à offrir toute garantie de la complète et loyale application des principes de justice et des usages qui sont reconnus
et observés dans les rapports internationaux.

III. Il n'y a que de très rares exemples [2] de la création de
tribunaux de prises ayant un caractère international[3]. Dans ces
derniers temps, l'établissement d'une semblable juridiction a
été de nouveau mise en question, particulièrement par l'*Institut
du droit international,* sans que les publicistes aient réussi à
donner à leurs projets une forme nette et acceptée de tous [4].

IV. L'état neutre n'a le droit d'évoquer les affaires de prises
devant les juridictions établies par lui que dans les cas où
l'exercice du droit de capture par le belligérant a porté atteinte
aux prérogatives de sa souveraineté ; dans le cas, par exemple,
où un navire aurait été capturé dans les limites de son territoire [5]. La seule question de sa compétence est l'examen du
point de savoir si la capture a été réellement faite sur son
territoire maritime ; il ne lui appartient pas de juger, pour le
reste, la légalité de la prise. S'il y avait eu violation de la sou-

---

[1] Voir cependant ce que dit sur ce point Steck, p. 78 et suiv., et p. 99 et
suiv.

[2] La première idée en revient à Hübner : *De la saisie des bâtiments neutres,*
II, p. 21.

[3] C'est ainsi qu'en 1794 une commission mixte fut établie par la Grande-
Bretagne et les États-Unis d'Amérique pour juger les navires américains capturés
par les Anglais dans leur guerre contre la France.

[4] Voir *Annuaire de l'Institut,* 1879-80, t. I, p. 99 et suiv., et Bulmerincq,
p. 437 et suiv. ; Gessner, *Le droit des neutres,* p. 385.

[5] De Martens, *loc. cit.,* § 36 ; Phillimore, III, § 372 ; Heffter, § 172 ; Hopf, p. 12
et suiv. ; parmi les auteurs anciens, Steck, *loc. cit.*

veraineté du neutre, il n'appartiendrait même pas à celui-ci de traduire en justice le capteur, car, en tout ce qui regarde leur service, les commandants des navires de guerre ne sont responsables qu'envers leur propre souverain [1] (voir aussi § 40, II).

Le gouvernement prussien avait soutenu un système contraire dans le conflit rapporté plus haut (§ 42, IV). Le mémoire destiné à exposer et à défendre cette opinion, s'exprime ainsi (§§ 44 à 50) :

« Le ministère anglais, dans presque tous les cas où les ministres de Prusse lui firent des représentations au sujet des dépradations et insolences commises en pleine mer contre des sujets prussiens, leur déclara que le roi d'Angleterre avait établi dans ses états des tribunaux exprès, pour examiner et décider selon les lois d'Angleterre, toutes les prises sur lesquelles il y avait contestation, et pour administrer la justice à chacun, lesquels ne manqueraient pas aussi de rendre justice aux sujets prussiens, s'ils les trouvaient fondés dans leurs plaintes. Qu'au surplus, ni le roi de la Grande-Bretagne, ni son ministère ne pouvaient ni changer, ni se départir de cet usage ou constitution de l'état établi dans le pays. — On ne saurait s'empêcher de demander ici de quel droit le ministère anglais s'arroge celui d'entrer en connaissance de cause et d'exercer une sorte de juridiction sur un souverain neutre, sur ses sujets et ses vaisseaux arrêtés dans un lieu qui n'est point de la domination de l'Angleterre, et où les vaisseaux prussiens ont autant de droit que ceux des Anglais. — Comment l'Angleterre aurait-elle jugé le roi de Prusse, si, dans la dernière guerre du Nord, il eût saisi indifféremment tous les vaisseaux anglais qui commerçaient aux provinces septentrionales, les eût arrêtés en pleine mer, les eût visités et les eût fait conduire dans

[1] Hautefeuille est d'une opinion contraire (*Droits et devoirs des neutres*, IV, p. 328 ; Gessner (*Le droit des neutres*, p. 379) se réfère à Hautefeuille. Nous ne pouvons comprendre comment le capteur qui a fait une prise dans les eaux du neutre illégalement il est vrai, mais toujours en sa qualité de représentant d'une puissance étrangère, peut être assimilé « à tout autre étranger qui « s'est rendu coupable d'un crime sur le territoire de l'état neutre. »

ses ports, et donné ensuite à décider au collège de son amirauté, s'ils étaient de bonne prise, les eût relachés sans aucun
dédommagement après des procédures de deux à trois ans, et
condamnés encore au payement de deux, trois, jusqu'à quatre
mille écus pour frais de capture et de justice?

« Quand deux puissances se trouvent avoir entre elles quelques différends, on ne peut d'aucun des deux côtés en appeler
aux lois du pays, parce que l'une des deux parties ne les re-
connait point; l'affaire se traite alors par voie de négociation
et de cour à cour, et le différend ne se décide du consentement
des deux parties que selon le droit des gens, ou par des principes qui s'y trouvent fondés. — Il aurait été néanmoins très
indifférent au roi de Prusse que c'eût été le ministère anglais
ou les tribunaux de cette nation, qui eussent rendu justice à ses
sujets, mais comme ces tribunaux, contre le droit de la nature
et des gens, n'ont procuré aux dits sujets prussiens aucune
réparation, on croit le ministère anglais trop raisonnable pour
ne pas juger par lui-même que le roi est bien fondé de son
côté à ne pas reconnaitre la juridiction des dits tribunaux pour
compétente, bien loin de se soumettre à leurs injustes décisions. — Et comme les ministres anglais se sont toujours obs-
tinés, toutes les fois qu'on leur a fait des représentations au
nom du roi, à renvoyer ces sortes d'affaires à la décision de
leurs tribunaux et de leurs lois, S. M. prussienne, jouissant
des mêmes droits et prérogatives que S. M. britannique, s'est
vue contrainte par là de commettre dans ses états l'examen
des griefs de ses sujets à ses propres tribunaux. Le roi, à cet
effet, a établi une commission, composée de conseillers versés
dans les affaires de justice, aussi bien que dans celles du commerce, chargée, sous la direction de quatre de ses ministres,
d'examiner les griefs de ses sujets selon les lois du droit des
gens universellement reçu, et de constituer en conscience et
selon leur devoir un *quantum* précis et liquidé, de ce à quoi
les dommages de ses sujets peuvent monter. — C'est aussi ce
que la commission a effectivement exécuté; elle a exigé des
preuves légales de chaque liquidation des dépens; elle a mo-

déré d'une manière équitable les articles qui paraissaient sur-
chargés ; elle a débouté de leurs prétentions ceux des plai-
gnants qui n'ont pas su les vérifier dans les formes, et par
conséquent elle a agi en tout et rendu justice sans aucun égard
à la personne et avec la plus grande impartialité. »

Dans la réponse faite par le gouvernement anglais, le 8 février 1753, on fit valoir au contraire « qu'on ne prend, ni ne
peut prendre connaissance des affaires de cette nature que dans
les tribunaux de la puissance chez qui la saisie se fait ; et par
conséquent qu'il est contraire à la pratique notoire de toutes
les nations, dans des cas semblables, d'ériger des cours ou des
juridictions étrangères pour en juger ; procédé, par conséquent
qu'aucune nation ne peut admettre. » « Il faut, est-il dit plus
loin, que toute question sur la légalité ou l'illégalité d'une
prise, soit décidée par les cours d'amirauté de la puissance
dont les sujets font la capture. Tout souverain étranger avec
lequel on est en amitié, a droit de demander que justice se
fasse à ses sujets conformément au droit des gens ou aux traités particuliers s'il en existe avec lui. Et lorsque, dans des cas
qui ne peuvent être susceptibles d'aucun doute, ces tribunaux
procèdent d'une manière diamétralement opposée au droit des
gens ou aux traités en vigueur, ce souverain neutre est très
fondé à s'en plaindre. — Mais il n'a jamais existé et il n'existera jamais d'autre mode équitable ni légitime pour juger ces
causes. Depuis les temps les plus reculés, toutes les nations
de l'Europe qui étaient en guerre, ont procédé ainsi conformément, et cela avec l'approbation unanime de toutes les puissances de l'Europe qui étaient en paix... La commission établie
par le roi de Prusse est quelque chose de tout à fait extraordinaire et inouï. ..... Il n'y a aucun gouvernement quelconque
qui ait le droit de juger les prises faites par les sujets d'une
autre nation, ni d'infirmer les sentences émanées du tribunal
d'un autre gouvernement. La seule voie régulière d'en faire
rectifier et réparer les erreurs est par appel au tribunal supérieur du même souverain. »

Quoiqu'il en soit, la compétence exclusive de l'état du capteur pour l'instruction et le jugement des affaires de prise est aujourd'hui encore admise universellement [1]. Mais il n'en résulte nullement que l'état neutre, dont les sujets verraient leurs intérêts injustement atteints par des sentences de ce genre, rendues selon les formes et sans recours possible, n'ait point le droit d'intervenir pour la défense de ces intérêts, en réclamant par la voie diplomatique. Il est sans utilité de rechercher la manière dont le neutre s'y prendra pour constater la violation du droit, avant de faire aucune démarche diplomatique ; il suffit de remarquer que son action n'a pas le caractère d'un acte de juridiction en matière de prises, et qu'elle n'a d'autre but que de fournir les éléments juridiques d'une réclamation destinée à être poursuivie sur le terrain politique [2].

Se fondant sur quelques précédents, Azuni [3] a essayé de faire prévaloir l'idée suivante : Un état neutre peut toujours revendiquer un droit de juridiction, si le navire neutre capturé est entré dans un de ses ports.

L'erreur de ce publiciste est généralement reconnue ; son opinion manque de toute base juridique [4].

De nombreux auteurs défendent l'opinion d'après laquelle, dans les cas de cette espèce, l'état neutre peut revendiquer une juridiction sur les prises qui sont en tout ou en partie propriété de ses sujets [5].

D'autres, sans aller aussi loin, se basent sur l'ordonnance de la marine française de 1681 pour soutenir que l'état neutre, sans pouvoir attraire la prise devant sa juridiction, est en droit de réclamer au moins l'abandon de la propriété de ses sujets qui aurait été capturée, comme équivalent en quelque sorte de

---

[1] Bluntschli, article 842 et remarque sur cet article.

[2] Les démarches récentes du gouvernement allemand auprès du Chili, à propos du cas du *Luxor*, peuvent servir d'exemple. Voir aussi dans Steck, p. 109 et suiv.

[3] II, p. 243 et suiv. Voir aussi Jacobsen, p. 584.

[4] Gessner, *loc. cit.*, p. 374 et 375.

[5] Notamment de Martens, *De la course*, §§ 36 et 37; Galiani, I, n° 9, § 8; Jouffroy, p. 282 et suiv.; Kaltenborn, II, p. 489; Heffter, § 172; Hautefeuille, *Droits et devoirs des neutres*, III, p. 306.

l'asile qu'il accorde au capteur [1]. Les dispositions de l'ordonnance de la marine française, invoquées ici, n'ont pas d'autre valeur que celle d'une législation particulière. Nous nous rangeons, du reste, à l'opinion de ceux qui tiennent pour non fondées toutes les prétentions des états neutres à l'exercice d'une juridiction en matière de prises, dans les cas où ils accordent asile aux navires des belligérants [2].

V. L'organisation et la procédure des tribunaux de prises sont réglées souverainement par l'état qui les institue.

On établit généralement deux instances, la seconde comme recours d'appel ou de cassation. Tantôt les membres de ces tribunaux appartiennent exclusivement à l'ordre judiciaire, comme en Angleterre, en Hollande, aux États-Unis, et pour la seconde instance seulement en Norwége et en Suède; tantôt les cours ont un caractère ou exclusivement ou principalement administratif, comme en France, en Espagne, en Italie; tantôt elles se composent de juges et de fonctionnaires, comme en Prusse, en Autriche, en Danemark, etc. [3].

En Prusse, il y a pour les deux instances un conseil des prises et un conseil supérieur des prises. Les départements de la marine, des affaires étrangères, de la justice, du commerce et de l'industrie, doivent y être représentés. Les intérêts de l'état sont défendus par un agent du ministère public.

Dans le cas où il serait nécessaire de créer des tribunaux de prises pour l'empire allemand, une autre organisation serait nécessaire. Il appartiendrait à l'empereur, qui représente le pouvoir fédéral suprême pour tout ce qui touche à la guerre, d'en prendre l'initiative.

VI. La puissance belligérante à laquelle appartient le croiseur qui a conduit sa prise dans un port neutre, peut-elle y faire juger cette prise par des fonctionnaires ou par un tribunal consulaire qu'elle aurait elle-même désignés ou installés?

[1] Valin, II, p. 274; Pistoye et Duverdy, II, p. 186.
[2] Voir notamment Calvo, IV, §§ 2841 et 2842; Bluntschli, art. 845 (aussi l'art. 848); Gessner, *loc. cit.*, p. 378, 379.
[3] Bulmerincq, p. 439 et suiv.

Il faut répondre que cela dépend du consentement de l'état neutre chez lequel cet acte de juridiction doit s'accomplir. Toutefois, en accordant un semblable privilège à l'un des belligérantes seulement, le neutre le favoriserait d'une manière peu compatible avec les devoirs d'une neutralité parfaite ; car, ainsi que le fait remarquer très justement Ortolan [1], à la suite d'une pareille concession, ces ports ne seraient plus un lieu de simple asile, mais un lieu où viendraient se consommer les actes d'hostilité des belligérants [2].

Mais rien ne s'oppose évidemment à ce que des gouvernements alliés s'entendent pour installer des tribunaux de prises dépendant de l'un d'eux dans les ports de l'autre [3].

§ 59. — De la procédure devant les tribunaux de prises.

I. Le procès-verbal détaillé de la capture, rédigé par le capteur, sert de fondement à la procédure ; on doit pouvoir y trouver les éléments juridiques qui serviront à justifier la condamnation.

La procédure se divise en deux parties : l'une préliminaire, l'autre principale [4].

II. La procédure préliminaire [5] s'accomplit dans le port où la prise a été conduite ; le commandant du navire capteur remet au tribunal compétent le procès-verbal dont il vient d'être question, avec tous les livres et papiers de bord, dont il est

[1] II, p. 309 et suiv.

[2] Voir aussi de Martens, *loc. cit.*, § 37 ; Calvo, IV, § 2871 ; Gessner, *loc. cit.*, p. 349, 350.

[3] Calvo, IV, § 2870. — Voir la convention entre la Prusse et l'Autriche concernant les navires capturés par les navires de guerre des parties belligérantes pendant la guerre du Danemark, du 9 juin 1864 (annexe M.).

[4] Dans l'exposé qui suit, nous nous tenons surtout au réglement prussien de 1864, dont Bulmerincq dit (p. 468) : « Au point de vue de la procédure juridique, les dispositions prussiennes sont les plus complètes que nous ayons examinées. »

[5] Règlement prussien du 20 juin 1864, §§ 8 et 9.

fait inventaire. On procède ensuite à une instruction destinée à établir les faits allégués et tous ceux dont la preuve serait nécessaire pour apprécier la validité de la capture ; le patron et les hommes du navire capturé sont tout d'abord entendus.

III. Le tribunal des prises est appelé ensuite à juger la cause [1]. Celle-ci a le caractère d'une action en revendication [2] ; c'est-à-dire que, sauf le cas où l'irrégularité de la capture serait évidente et provoquerait une absolution sans autre forme de procès, les intéressés auront à prouver leur droit de propriété sur les objets en litige. On peut contester par voie d'exception que le navire soit de nationalité ennemie, qu'il ait commis la tentative de violer un blocus, que le blocus lui-même ait été effectif, que la cargaison ait le caractère de contrebande qu'on lui attribue, qu'il se soit produit une résistance violente au moment de la rencontre. On peut invoquer également des licences particulières, les dispositions applicables des traités en vigueur, en vertu desquelles la capture ne pouvait s'opérer, etc. La nature de l'action en revendication conduit à cette conséquence, que le simple soupçon suffit pour faire condamner même les navires neutres ; *les navires saisis comme suspects sont déclarés de bonne prise si les soupçons qu'on a élevés contre eux ne sont pas écartés* [3].

Ce principe devait paraître particulièrement grave et prêter à la critique lorsque le droit de capture était exercé par des corsaires dont le caractère n'était jamais de nature à garantir la légalité de la capture.

L'examen des réclamations et la preuve des faits s'opèrent suivant les prescriptions du droit national. Le jugement a pour objet de décider si la capture a été légitime ou non, et, dans le premier cas, si la prise doit être condamnée en tout ou en partie. D'après le règlement prussien (art. 29), le tribunal doit établir les faits en formant sa conviction sur les preuves produites

---

[1] Ibidem, §§ 10 et suiv.

[2] Voir, sur ce point, particulièrement Bulmerincq, p. 311 et suiv.

[3] Règlement prussien, art. 7, n° 4.

et les débats de la cause. Le caractère propre de l'action en revendication disparait donc ici. Dans la décision des questions de droit, les juges prendront pour guides les lois du pays sur la matière, en première ligne celles qui concernent les affaires de prises ; à défaut de dispositions semblables ayant force de loi, les principes en vigueur dans le droit des gens, et avant tout les traités conclus avec les états neutres intéressés et, selon les circonstances, avec le belligérant. Le règlement prussien autorise formellement les conseils de prises à appliquer, dans les cas qui s'y prêteraient, la rétorsion.

La doctrine a critiqué souvent le principe en vertu duquel les tribunaux de prises doivent appliquer avant tout et en toute circonstance les règles formulées en cette matière par le gouvernement qui les a institués et au nom duquel ils exercent leurs fonctions. On a essayé de faire prévaloir une maxime toute contraire, c'est-à-dire le principe de la liberté, pour les tribunaux de prises, de s'écarter de la législation intérieure lorsqu'elle est en désaccord avec le droit des gens. Cette opinion se justifie difficilement, parce que la contradiction entre les lois et règlements intérieurs d'une part et le droit des gens général de l'autre sera très souvent douteuse et peu évidente. L'interprétation que préfère chaque juge des prises ne peut, s'il y a contradiction apparente, l'emporter sur celle qui ressort clairement de la législation nationale. Si l'on maintient la force obligatoire de cette législation, les justiciables y trouveront une garantie de stabilité qui ne se rencontre pas dans le pouvoir arbitraire que l'on prétend attribuer au juge.

Gessner[1] admet en principe, comme seule vraie, l'opinion que nous critiquons ; mais il arrive finalement à conclure qu'à défaut de tribunaux internationaux de prises qui ne sont pas encore organisés, le juge des prises doit appliquer les lois nationales qui contiennent des dispositions sur les droits et les devoirs des neutres ; mais que, dans les cas douteux, cette législation doit être interprétée et appliquée

[1] *Loc. cit.*, p. 398 et suiv.

en proportion de sa conformité avec le droit international[1].

Les questions souvent difficiles concernant la nationalité des objets saisis et le transfert de la propriété à des neutres, doivent être décidées d'après les principes fondamentaux du droit civil, du droit international privé et du droit commercial.

IV. Le jugement peut prononcer :

a) L'acquittement pur et simple ;

b) L'acquittement avec allocation de dommages-intérêts ;

c) La condamnation complète ;

d) La condamnation partielle.

Il y a lieu d'allouer des dommages-intérêts en cas d'acquittement du navire et si la saisie s'est faite sans motifs suffisants[2]. En Angleterre, toutefois, on s'est montré très rarement disposé à tenir compte de cette circonstance[3]. Mais il faut qu'on établisse la faute de la part du capteur et qu'on ne puisse rien

---

[1] *Loc. cit.*, p. 400 et p. 93. Bluntschli s'exprime dans le même sens (art. 847) et il ajoute : « Nous constatons ici de nouveau combien la situation est fausse. Les conseils des prises doivent statuer d'après les règles du droit international. Et cependant ils sont soumis à l'autorité souveraine de l'état qui les nomme et dont ils dépendent. S'ils jugent selon les principes du droit international, sans tenir aucun compte des ordonnances spéciales de leur pays, ils risquent d'être pris à partie par leur gouvernement. S'ils appliquent ces ordonnances spéciales sans tenir compte du droit international, ils sont en faute aussi. Ils ont, dans ces circonstances difficiles, la tâche presque impossible d'éviter tout conflit. Cela se peut lorsque le droit spécial d'un pays est interprété par les tribunaux avec le désir sincère de respecter le droit international. Lorsque le tribunal se trouve en présence d'une contradiction flagrante entre le droit national et le droit international, il est obligé de se soumettre aux lois de son pays. Mais alors l'état qui, par ses lois, a violé les principes du droit international sera responsable vis-à-vis des états neutres dont les ressortissants auront été lésés, car l'état neutre a évidemment le droit de demander réparation du dommage causé en violation des principes universels du droit international. Il pourra exiger que, malgré le jugement du conseil des prises, le navire neutre et sa cargaison soient restitués. Comme le droit international est obligatoire pour toutes les nations, aucun état n'a le droit de s'y soustraire en faisant des lois qui en violent les principes ». — Voir, en outre, Wheaton, *El.* II, p. 56 ; Heffter, § 173. — On trouve de courts aperçus critiques sur des décisions rendues par les conseils des prises dans l'*Annuaire de l'Institut de droit international*, 1879-80, I, p. 102 ; également dans Wollheim de Fonseca, *loc. cit.*

[2] Phillimore, II, § 452.

[3] *Ibid.*, § 501.

reprocher au navire saisi. C'est en ce sens que nous faisons
nôtres les considérations ainsi développées par Gessner[1] : « Le
« point de vue auquel on doit se placer, le seul qui soit correct,
« consiste à faire dépendre l'obligation pour le capteur à dé-
« dommager le neutre du fait que le capteur a commis une
« faute en opérant la saisie. Si le neutre ne pouvait pas prouver
« sa neutralité au moment de la capture, s'il n'était pas en état
« de réfuter un soupçon fondé de délit international, le capteur
« était autorisé à la saisie ; il serait injuste de l'obliger, en cas
« d'absolution du neutre, à des dommages-intérêts ou au
« remboursement des frais. Il est naturel que ceux-ci soient
« mis à la charge du neutre, qui se trouvait par sa faute hors
« d'état de prouver la régularité de sa position. Mais si, au
« contraire, la saisie a été faite par suite d'une faute du capteur
« sans qu'il y ait eu lieu de soupçonner le neutre, le capteur
« doit porter les conséquences de sa faute, rembourser les frais
« et dédommager le réclamant. » Il n'y a pas de principe bien
arrêté sur le point de savoir si le capteur seul est tenu au
payement des dommages-intérêts que le tribunal des prises
aurait accordés au réclamant, ou si ce dernier a un recours
contre l'état auquel appartient le capteur. D'après la jurisprudence anglaise, lorsqu'il s'agit d'un navire de guerre, la responsabilité incombe au capteur ou bien à son supérieur hiérarchique, s'il a agi d'après les ordres que celui-ci lui a donnés ; si la
capture a été opérée par un corsaire, l'armateur est responsable
en même temps que le capitaine, même au delà du montant de la
caution[2]. D'après le droit français moderne, l'armateur n'est
tenu que jusqu'à concurrence de la caution[3]. Hautefeuille[4] et
Gessner[5] sont d'avis qu'en sus de cette responsabilité du capteur ou du corsaire, l'état dont ils relèvent est tenu de fournir
la réparation au réclamant qui a obtenu un jugement favo-

---

[1] *Loc. cit.*, p. 424, 425.
[2] Phillimore, § III, § 457, 458.
[3] Code de commerce, art. 217.
[4] *Droits et devoirs des neutres*, IV, p. 375 et suiv.
[5] *Loc. cit.*, p. 426 et suiv.

rable si la fortune du capteur ou des armateurs n'y suffit point. En principe, un état n'est responsable des faits et gestes de ses agents que pour autant que ceux-ci aient commis une faute dans la gestion des affaires fiscales ; mais Gessner[1] remarque avec raison qu'on ne saurait introduire une semblable restriction dans les rapports internationaux, où l'état doit répondre des conséquences de tous les actes de ceux qui le représentent. De fait, en sortant de la sphère des procès devant les tribunaux de prises, nous trouvons qu'en cas d'avaries, par exemple, causées par la faute d'un bâtiment de guerre, l'état est, en toute hypothèse, tenu de réparer le dommage quand même les principes du droit civil ne permettraient de prendre à partie que l'auteur de la faute. La pratique est d'accord sur ce point aussi bien en Angleterre qu'en France et en Allemagne.

L'allocation des dommages-intérêts appartient au tribunal de prises, à moins que la législation du pays ne dispose autrement à cet égard[2]. Le règlement des prises de la Prusse dit, dans son article 27, que les commandants et officiers des navires de guerre qui agissent contrairement à ses prescriptions peuvent être condamnés à la réparation du dommage causé par leur fait et au payement des frais. Dans les articles qui traitent de la procédure en matière de prises, le règlement déclare (art. 32) que les autorités constituées (le conseil et le conseil supérieur des prises) ne sont pas compétentes pour décider ce qui concerne les frais et la réparation du dommage, particulièrement dans le cas de l'article 17. La décision de ce point exigerait donc, le cas échéant, une procédure séparée.

V. La décision est définitive lorsqu'elle n'est plus susceptible d'aucun recours régulier, soit parce que toutes les instances sont épuisées, soit parce qu'il n'en existe pas d'autre, soit parce que le recours n'a pas été fait dans le délai fixé. Le recours en appel ou en cassation, de quelque nature qu'il soit, n'a pas généralement d'effet suspensif.

[1] *Loc. cit.*, p. 427, 428.
[2] Phillimore, III, § 452.

VI. La conclusion de la paix arrête la procédure; avec elle prennent fin, en vertu du *jus postliminii*, tous les droits qui découlent de l'état de guerre. Bluntschli [1] déclare cependant que, selon les usages du droit des gens, les conseils de prises peuvent, à moins de dispositions contraires dans le traité de paix, continuer l'instruction des procès pendants devant eux au moment de la conclusion de la paix, mais il ajoute que cette manière de procéder donne lieu à des objections très sérieuses [2].

§ 60. — Exécution du jugement.

I. L'exécution d'un jugement de condamnation s'opère au moyen de la vente publique de la prise, ou du versement définitif du prix, si la vente a eu lieu avant la décision judiciaire.

Lorsque, d'après les prescriptions du droit national, le jugement rendu en première instance est immédiatement exécutoire, bien qu'il ne soit pas définitif, cette exécution peut être suspendue si le réclamant donne des garanties suffisantes [3].

II. En ce qui concerne la question de savoir si la vente des prises est licite dans les ports neutres, il faut s'en tenir aux principes suivants, abstraction faite, toutefois, du cas prévu au § 57, I, 7, et pour autant que des dispositions conventionnelles spéciales ne règlent point la matière.

1) Les prises qui ont été condamnées par un jugement devenu définitif peuvent être vendues dans un port neutre. Car le

---

[1] Article 862.

[2] L'article 13 du traité de paix entre l'empire d'Allemagne et la France, du 10 mai 1871, dit : « Les navires allemands qui ont été condamnés devant les conseils de prises avant le 2 mars 1871 (jour de l'échange des ratifications sur les préliminaires de paix du 26 février) seront considérés comme condamnés définitivement; ceux qui n'auront pas été condamnés audit jour devront être restitués avec la cargaison si elle existe encore. Si la restitution des navires et des cargaisons n'est plus possible, les propriétaires ont droit à une compensation égale à la valeur du prix de vente. » Il avait été déjà stipulé dans l'article 1er de la convention d'armistice du 28 janvier que les prises faites après la conclusion et avant la notification de l'armistice devraient être restituées.

[3] Règlement prussien, §§ 36 et 37.

jugement passé en force de chose jugée a rendu définitive la translation de propriété, et cette propriété du navire devenu bonne prise ne diffère d'aucune autre. En autorisant la vente sur son territoire, le neutre ne favorise ni directement ni indirectement l'état belligérant qui a fait la capture, et il ne porte aucune atteinte à ses devoirs de neutralité. Il y aurait violation de ces devoirs si le gouvernement neutre permettait la vente avant la condamnation définitive[1].

2) Tout état neutre a cependant le droit d'interdire sur son territoire la vente des navires et des marchandises capturés[2]. Sous ce rapport, la pratique a beaucoup varié jusqu'à présent[3].

III. Sur le montant du prix des navires ou objets vendus une partie est attribuée à l'état, une autre à l'équipage du capteur ou des capteurs. Les principes qui régissent cette répartition ne sont pas du domaine du droit des gens[4].

---

[1] Voir aussi dans Kaltenborn, *Navires de guerre*, p. 26 et 27, et dans Gessner, *loc. cit.*, p. 351 ; Bulmerincq va trop loin quand il déclare (*Rapport*, p. 401) : « Mais « ce qui est tout à fait illégal et contraire aux devoirs de neutralité, c'est que les « États-Unis, étant neutres, permettent le déchargement et la vente des prises de « belligérants dans leurs ports de l'Amérique du Nord qui sont neutres. Cela « implique, en effet, une assistance accordée par des neutres aux belligérants « dans l'exercice du droit de prise. La violation de la neutralité n'est diminuée « en rien par la condition que la légitimité de la prise soit constatée par les ins- « tances du capteur et d'après la jurisprudence de son pays *avant* de décharger « ou de vendre. »

[2] Ortolan, II, p. 310 ; Pistoye et Duverdy, p. 371.

[3] Une interdiction semblable se rencontre dans les déclarations de neutralité des puissances scandinaves publiées pendant la guerre de Crimée, tandis que le gouvernement autrichien, par son ordonnance du 25 mai 1854, prohiba formellement la vente, dans ses ports, des prises non condamnées. Des interdictions furent également portées pendant la guerre de sécession en Amérique, pendant la dernière guerre franco-allemande, etc.

[4] Pour la Prusse, conformément au paragraphe 36 du réglement sur la procédure en matière de prises qui alloue à l'équipage un tiers du produit net, ces questions ont été décidées par un règlement approuvé par le roi, le 4 janvier 1866, et qui porte la date du 31 décembre 1865 (annexe M). Pour la marine anglaise, voir les *Queens Regulations* §§ 1927 et 1929, et leur appendice VI.

APPENDICE

Instructions provisoires pour les commandants des bâtiments de guerre allemands concernant la répression de la piraterie dans les eaux chinoises, du 20 août 1877.

I. Mesures à prendre dans les cas où un navire de guerre doit réprimer un acte de piraterie, empêcher qu'il ne soit commis, ou constater le pillage d'un bâtiment de commerce échoué.

II. Mesures à prendre lorsqu'un navire de guerre allemand se trouve, sur sa route, en présence d'un acte de piraterie tenté ou consommé, ou lorsqu'un navire de commerce échoué et attaqué par les pirates lui demande du secours, et qu'il n'y a sur les lieux ni mandarin ni interprète.

III. De la poursuite des pirates dans les eaux intérieures chinoises et sur le territoire chinois.

IV. De la visite des bâtiments soupçonnés de piraterie.

V. Des mesures à prendre après l'arrestation des pirates et la saisie de leurs navires.

VI. Du concours des consuls allemands pour la constatation des faits ou pour le contrôle de la punition des coupables.

I

Un navire de guerre allemand, avant de prendre la mer pour réprimer un acte de piraterie, doit, par l'intermédiaire du consul établi dans le port, requérir un mandarin, sous l'autorité de qui s'accompliront les mesures tendant à constater le crime et à traduire les coupables devant les tribunaux chinois compétents. — Le consul fournit aussi un interprète.

Les faits doivent être établis de telle manière que l'agent allemand puisse rendre les autorités chinoises responsables.

On s'efforcera donc de déterminer, sans qu'il puisse rester de doute :

1. Le navire attaqué.
2. Le lieu et le moment du crime.
3. La composition de la cargaison du navire.
4. Les objets de la cargaison qui restent après le pillage.
5. Le ou les navires qui ont commis l'acte de piraterie, ainsi que la composition de leurs équipages.
6. Tous les détails particuliers à chaque espèce.

Les démarches nécessaires à ces constatations doivent, autant que possible, être décidées et exécutées par le mandarin, et à terre par les autorités locales. Si le mandarin refuse, le commandant pourra agir spontanément.

Si le mandarin refuse de faire une démarche jugée nécessaire par le commandant, il en sera dressé un procès-verbal qui pourra, le cas échéant, être invoqué comme document authentique.

II

Si le commandant d'un navire de guerre est appelé en pleine mer au secours d'un navire pillé, ou s'il apprend qu'un acte de piraterie se prépare ou a été consommé, il est autorisé à s'emparer du navire pirate et à l'emmener dans le port chinois le plus proche où se trouve un consul-envoyé allemand. Les procès-verbaux et autres éléments de preuve qui sont indispensables pour une poursuite ultérieure doivent être remis entre les mains du consul.

Le commandant d'un navire de guerre est autorisé à agir de même lorsqu'il se trouve dans les eaux territoriales chinoises, et s'il n'y a point de navire de guerre chinois sur les lieux. Si un semblable navire est à portée, le commandant allemand doit exiger qu'il poursuive et arrête les pirates, puis s'assurer des mesures prises et des faits accomplis, de manière à pouvoir fournir au consul-envoyé allemand le plus proche les moyens de contrôler la conduite des autorités chinoises dans la répression du crime.

Le procès-verbal mentionné ci-dessus doit contenir :

1° Une relation exacte du fait;

2° Des renseignements sur le navire pillé ou menacé;

3° Si les pirates avaient déjà quitté le navire pillé, et avaient disparu ou gagné le territoire chinois au moment de l'arrivée du navire de guerre, des renseignements précis doivent être donnés sur le ou les bâtiments pirates, leur équipage, sur le lieu d'où ils sont venus et celui où ils sont allés, sur la saisie des ustensiles, armes, objets d'habillements, etc., qui ont été abandonnés par eux et pourront servir à l'instruction, sur la nature, le nombre, et l'apparence des objets de la cargaison qui ont été volés;

4° Tous les autres renseignements qui seraient utiles pour la constation du crime.

Si le commandant d'un navire allemand a, sur sa route, l'occasion de porter secours à un navire échoué et pillé, sans avoir auprès de lui un mandarin et un interprète, il prendra sous sa responsabilité le navire pillé et son équipage jusqu'au moment de la remise à un consulat allemand.

L'arrestation des pirates ou des voleurs d'épaves doit être remise aux soins des autorités chinoises les plus proches.

Les démarches ultérieures sont réglées d'après les principes fixés au paragraphe précédent.

III

Le gouvernement chinois a organisé récemment une flotille de vapeurs armés pour la répression de la piraterie sur les côtes de l'empire; il ne lui manque donc rien de ce qui est nécessaire à la poursuite des pirates dans les eaux intérieures et dans le pays même.

Les actes de piraterie commis dans les eaux territoriales chinoises doivent, en conséquence, être réprimés par le gouvernement chinois. En règle générale, les navires de guerre allemands ne doivent intervenir et renforcer la police chinoise que si des intérêts allemands sont en jeu et si les autorités chinoises en ont fait la demande écrite. Le commandant doit, le cas échéant, si un consul-envoyé allemand ne l'a pas fait déjà, insister par écrit auprès des autorités chinoises, afin que la poursuite ne se fasse pas avec molesse ou ne soit pas abandonnée.

Il n'est permis de continuer dans les eaux intérieures et sur terre une poursuite commencée en pleine mer que sur la demande écrite d'un mandarin et en se faisant accompagner par lui.

Si l'on ne réussit pas à s'emparer des pirates avant qu'ils aient atteint le territoire chinois, les autorités chinoises les plus proches ou le navire de guerre chinois qui se rencontrera le premier sur les lieux seront rendus responsables de la poursuite ultérieure et de l'arrestation des coupables.

IV

Si un navire de guerre allemand rencontre un bâtiment chinois qu'il y a lieu de soupçonner de piraterie, il a le droit de le visiter, mais en observant les mêmes formalités qu'à l'égard des navires d'autres nations, et en assumant la pleine responsabilité de cet acte.

Le commandant a dans ce cas le droit de confisquer (jeter à la mer) les pots à feu et les armes prohibées, de prendre à bord comme otages le patron et d'autres personnes de l'équipage, et de procéder comme il est indiqué au paragraphe II ci-dessus ; ou bien il peut se borner à constater l'identité du pirate, à dresser procès-verbal des faits et à remettre ce procès-verbal au consul allemand.

V

La punition des pirates arrêtés par les navires de guerre allemands appartient toujours aux autorités chinoises. En conséquence, les pirates doivent toujours être remis par l'intermédiaire d'un consul-envoyé allemand aux autorités chinoises pour être jugés, sous la condition que les pirates ne seront pas torturés ou frappés de peines cruelles contraires aux usages de la civilisation.

Les sujets allemands qui seraient pris en même temps que les pirates chinois doivent être non pas livrés aux autorités locales, mais envoyés en Allemagne pour être jugés.

Si des navires allemands et anglais ont concouru à l'arrestation de pirates en haute mer, le jugement est déféré au tribunal de vice-amirauté anglaise le plus proche. Si, par exception, l'arrestation avait été opérée par des navires anglais et allemands dans les eaux territoriales chinoises, les prisonniers doivent être remis aux autorités chinoises.

VI

Il appartient au commandant de s'assurer de la personne des pirates; le contrôle de la répression complète, qui doit être l'œuvre des autorités chinoises, est l'affaire du consul allemand.— Le commandant doit, autant que possible, donner suite aux réquisitions du consul dans les affaires de cette espèce.

Annexe B.

Traité entre l'Autriche, la Grande-Bretagne, la Prusse et la Russie pour la suppression de la traite des nègres, signé à Londres le 20 décembre 1841.

— Ce traité, qui avait été également signé par le plénipotentiaire français, *n'a point été ratifié par la France,* mais les quatre autres puissances contractantes en ont fait échanger les ratifications à Londres le 19 février 1842.

Article 1er. — LL. MM. l'empereur d'Autriche, roi de Hongrie et de Bohême, le roi de Prusse et l'empereur de toutes les Russies, s'engagent à prohiber tout commerce d'esclaves, soit par leurs sujets, soit sous leurs pavillons respectifs, ou par voie de capital appartenant à leurs sujets respectifs, et à déclarer piraterie un pareil trafic. Leurs Majestés déclarent en outre que tout vaisseau qui essayerait de faire la traite perdra par ce seul fait son droit à la protection du pavillon.

Art. 2. — Pour remplir d'une manière plus complète le but du présent traité, les hautes parties contractantes conviennent, d'un commun accord, que ceux de leurs vaisseaux de guerre qui auront des ordres et des mandats spéciaux, préparés conformément aux dispositions de l'annexe A du présent traité, pourront visiter tout navire marchand appartenant à l'une ou à l'autre des parties contractantes, qui serait, sur des motifs raisonnables, soupçonné de faire la traite ou d'avoir armé à cet effet ou de s'être livré à la traite durant le voyage où il aura été rencontré par lesdits croiseurs, et que lesdits croiseurs pourront arrêter et emmener ces navires pour qu'ils soient jugés de la manière convenue ci-après.

Cependant le droit de visite à l'égard des navires marchands ou autres appartenant aux hautes parties contractantes, sera exercé uniquement par les vaisseaux de guerre dont les commandants auront le rang de capitaine et de lieutenant de la marine impériale ou royale, si ce n'est dans le cas où, à raison d'un décès ou pour toute autre cause, le commandement serait dévolu à un officier d'un rang inférieur. Le commandant recevra des mandats qui seront revêtus des formalités prescrites dans l'annexe du traité, lettre A.

Le droit de visite réciproque ne pourra pas être exercé dans la Méditerranée. En outre, l'espace dans lequel l'exercice de ce droit se trouvera restreint sera limité au nord par le 32e degré de latitude nord; à l'ouest, par la côte orientale d'Amérique, en partant du point où le 32e degré de latitude nord atteint cette côte jusqu'au 45e degré de latitude sud; au sud, par le 45e degré de latitude sud, à partir du point où ce degré atteint la côte orientale de l'Amérique jusqu'au 80e degré de longitude est du méridien de Greenwich; et à l'est par le même degré de longitude, en partant du point où ce degré est coupé par le 45e degré de latitude sud jusqu'à la côte de l'Inde.

Art. 3. — Chacune des hautes parties contractantes qui voudra employer des croiseurs pour la suppression de la traite et pour exercer le droit réciproque de visite, se réserve de déterminer à son gré le nombre des vaisseaux qui seront employés au service stipulé dans l'article 2 du présent traité, ainsi que les stations où ces vaisseaux croiseront. Les noms des vaisseaux et de leurs commandants seront communiqués par chacune des hautes parties contractantes aux autres; et quand un croiseur sera placé dans une station ou en sera rappelé, il en sera donné connaissance, afin que les ordres nécessaires soient transmis par le gouvernement autorisant la visite, et renvoyés quand ils ne seront pas nécessaires pour l'exécution du traité.

ART. 4. — Immédiatement après que le gouvernement qui emploie les croiseurs aura notifié au gouvernement qui doit autoriser la visite, le nombre et les noms des croiseurs qu'il a l'intention d'employer, les ordres autorisant la visite. seront dressés d'après la forme établie par l'annexe A du présent traité, et délivrés par le gouvernement qui autorise la visite au gouvernement qui emploie le croiseur. Dans aucun cas, le droit de visite réciproque ne s'appliquera aux vaisseaux de guerre des hautes parties contractantes. Les hautes parties contractantes s'entendront pour établir un signal particulier qui sera employé exclusivement par les croiseurs investis du droit de visite.

ART. 5. — Les croiseurs des hautes parties contractantes autorisés à exercer le droit de visite et de détention, en exécution du présent traité, se conformeront rigoureusement aux instructions annexées audit traité sous la lettre B, dans tout ce qui a rapport aux formalités de visite et de la détention, ainsi qu'aux mesures qui devront être prises pour que les navires qui seraient soupçonnés de s'être livrés à la traite soient renvoyés devant les tribunaux compétents. Les hautes parties contractantes se réservent la faculté de changer, d'un commun accord, ces instructions, suivant que les circonstances rendraient des changements nécessaires. Les croiseurs des hautes parties contractantes devront se prêter secours dans toutes les circonstances où il serait avantageux d'agir en commun.

ART. 6. — Toutes les fois qu'un bâtiment marchand naviguant sous le pavillon de l'une des hautes parties contractantes aura été pris par un croiseur d'une autre partie, dûment autorisé à cet effet d'après les dispositions du présent traité, le vaisseau marchand ainsi que le maître, l'équipage, la cargaison et les esclaves à bord, seront conduits dans tel lieu que les hautes parties contractantes auraient respectivement choisi dans ce but, et livrés aux autorités désignées par le gouvernement dans le territoire duquel ce lieu se trouverait, afin que des poursuites soient dirigées contre eux devant les tribunaux compétents, de la manière qui sera déterminée ci-après. Quand le commandant du croiseur ne jugera pas convenable d'amener lui-même et de livrer le navire saisi, il confiera ce soin à un officier du rang de lieutenant dans la marine royale ou impériale, ou au moins à l'officier qui sera le troisième en grade sur le bâtiment détenteur.

ART. 7. — Si le commandant d'un croiseur d'une des hautes
parties contractantes a des motifs de soupçonner un navire marchand, naviguant sous convoi ou en compagnie d'un vaisseau de
guerre d'une des autres parties contractantes, de s'être livré à
la traite ou d'avoir été armé pour la traite, il fera connaître ses
soupçons au commandant du vaisseau de guerre, qui visitera
seul le navire suspect, et dans le cas où ce commandant trouverait ses soupçons fondés, il ordonnera que le navire, le maître,
l'équipage et la cargaison, ainsi que les nègres à bord, soient
conduits dans un des ports de la nation à laquelle appartiendra
le navire saisi, pour qu'une instruction soit commencée devant
les tribunaux compétents de la manière ci-après déterminée.

ART 8. — Aussitôt qu'un navire marchand saisi et emmené
pour être vendu, arrivera dans le port où il devra être conduit
d'après l'annexe B du présent traité, le commandant du croiseur
qui l'aura arrêté ou l'officier chargé de le conduire transmettra
aux autorités compétentes une copie, signée par lui, de toutes les
listes, déclarations et autres documents spécifiés dans les instructions annexées au présent traité sous la lettre B, et les autorités
visiteront en conséquence le navire saisi et sa cargaison; ils ins-
pecteront aussi l'équipage et les esclaves qui se trouveraient à
bord, après avoir préalablement fait connaître le moment de la
visite et de l'inspection au commandant du croiseur ou à l'officier
qui aura amené le navire, afin qu'il puisse y assister ou une autre
personne qu'il aurait chargée de ce soin. Il sera dressé procès-
verbal en duplicata. Ce procès-verbal sera signé par toutes les
personnes qui y auront pris part, qui y auront assisté. Un de ces
duplicata sera remis au commandant du croiseur ou à l'officier
désigné par lui pour emmener le bâtiment saisi.

ART. 9. — Tout navire marchand de l'une ou de l'autre des
cinq nations qui sera visité et saisi en vertu des articles du présent traité sera, à moins de preuve contraire, réputé avoir fait la
traite ou avoir été équipé pour ce trafic, si dans l'équipement ou
à bord dudit vaisseau, pendant le voyage où il sera saisi, on
trouve un des articles ci-après déterminés : 1° des écoutilles à
jour (open gratings), au lieu des écoutilles fermées dont on se sert
dans les navires marchands ; 2° des cloisons dans la cale ou sur
le pont, en plus grand nombre qu'il n'est nécessaire à des vaisseaux faisant un trafic légitime; 3° des planches destinées à faire

un second pont ou pont à esclaves (slave deck); 4° des menottes ou des fers, ou des chaînes; 5° une plus grande quantité d'eau dans des pièces ou des caisses, qu'il n'en faut pour la consommation de l'équipage d'un navire marchand; 6° un nombre extraordinaire de *pièces* à eau ou d'autres vases pour tenir des liquides, à moins que le capitaine ne produise un certificat de la douane constatant que le propriétaire du navire a prouvé suffisamment que ce nombre extraordinaire de *pièces* n'est destiné qu'à recevoir de l'huile de palme ou à être employé à d'autres objets d'un commerce légitime; 7° une plus grande quantité de gamelles et de corbillons qu'il n'en faut pour l'équipage du navire; 8° une chaudière ou autre appareil de cuisine d'une capacité extraordinaire et plus grande qu'il n'est nécessaire pour l'usage de l'équipage, ou plus d'une chaudière ou autre appareil de cuisine de la grandeur ordinaire; 9° une quantité extraordinaire de riz, de farine, de manioc du Brésil ou de cassada appelé farine, ou de maïs, ou de blé indien, ou de toute autre espèce de vivres dépassant les besoins probables de l'équipage, à moins que tous ces articles ne figurent sur le manifeste comme faisant partie de la cargaison; 10° une plus grande quantité de nattes qu'il n'est nécessaire pour l'usage du navire, à moins qu'il ne soit dit dans le manifeste qu'elles font partie de la cargaison. S'il est établi qu'un ou plusieurs des articles ci-dessus sont à bord ou ont été à bord durant le voyage où le navire a été pris, ce fait sera considéré comme une preuve de prime abord que le navire a fait la traite. En conséquence, le navire sera condamné et déclaré de bonne prise, à moins que le capitaine ou les propriétaires ne prouvent jusqu'à la dernière évidence qu'à l'époque de la capture le navire faisait un trafic licite, et que les articles trouvés à bord ou embarqués pendant le voyage étaient indispensables pour que le navire fût en état d'atteindre le but légitime de son voyage.

ART. 10. — Il sera procédé immédiatement contre le bâtiment détenu, ainsi qu'il a été dit plus haut, son capitaine, son équipage et sa cargaison, par devant les tribunaux compétents du pays auquel il appartient. Ils seront jugés et adjugés suivant les formes et les lois établies en vigueur dans ce pays, et s'il résulte du procès que ledit bâtiment faisait la traite ou qu'il avait été équipé pour ce trafic, le bâtiment, son gréement et sa cargaison de marchandises seront confisqués, et le capitaine, l'équipage et leur complice, seront traités conformément aux lois par lesquelles ils auront été jugés. En cas de confiscation, le produit de la vente du bâtiment précité sera, dans le délai de six mois à partir de la date de la vente, mis à la disposition du gouvernement du pays auquel appartient le navire qui a fait la capture, pour être employé conformément aux lois du pays.

ART. 11. — Si l'un des objets spécifiés dans l'article 9 du présent traité est trouvé à bord d'un navire marchand, ou s'il est prouvé qu'il en a eu quelqu'un pendant le voyage dans lequel il a été capturé, aucune indemnité pour pertes, dommages et dépenses relatives à la détention dudit navire ne sera accordée en aucun cas, soit au capitaine, soit au propriétaire, soit à toute autre personne intéressée dans l'armement et dans le chargement, même quand une sentence de condamnation n'aurait pas été prononcée contre ledit navire à la suite de sa détention.

ART. 12. — Dans tous les cas où un navire aura été détenu en conformité du présent traité, comme ayant été employé au commerce des esclaves ou équipé pour ce trafic, et qu'il aura été en conséquence jugé et confisqué, le gouvernement du croiseur qui aura opéré la capture, ou le gouvernement dont le tribunal aura condamné le navire, pourra acheter le navire condamné pour le service de sa marine royale, au prix fixé par une personne compétente choisie à cet effet par ledit tribunal. Le gouvernement dont le croiseur aura opéré la capture, aura un droit de préférence dans l'achat du navire. Mais si le bâtiment condamné n'est pas acheté de la manière ci-dessus spécifiée, il sera détruit et dépecé immédiatement après la sentence de confiscation, et vendu par fragments après avoir été dépecé.

ART. 13. — Quand, par sentence du tribunal compétent, il aura été reconnu d'une manière certaine qu'un navire marchand, détenu en vertu du présent traité, n'était pas engagé dans le commerce des esclaves et n'était pas équipé pour ce trafic, ce navire sera restitué à ses propriétaires légitimes. Et si, dans le cours de la procédure, il était prouvé que le bâtiment a été visité et détenu illégalement et sans une cause suffisante de suspicion, ou s'il était prouvé que la visite ou la détention ont été accompagnées d'injures ou de vexations, le commandant du croiseur ou l'officier qui se serait transporté à bord dudit navire, ou l'officier qui aurait reçu l'ordre de s'y transporter et sous l'autorité duquel, suivant la nature du cas, l'injure ou la vexation aurait eu lieu, seront tenus à des dommages-intérêts envers les capitaines, armateurs et propriétaires du navire et de la cargaison. Ces dommages-intérêts seront déterminés par le tribunal devant lequel seront portées les accusations contre le navire détenu, son capitaine, son équipage et sa cargaison, et le gouvernement du pays auquel il appartient. L'officier par le fait duquel il aurait été octroyé des dommages-intérêts paiera le montant desdits dommages-intérêts dans le délai de six mois à partir de la date de la sentence, quand cette sentence aura été prononcée par un tribunal siégeant en Europe, et dans le délai d'une année quand le jugement aura eu lieu hors d'Europe.

Art. 14. — Quand, dans la visite ou la détention d'un navire marchand effectuée en vertu du présent traité, quelques injures ou vexations auront eu lieu, et quand le navire n'aura pas été livré à la juridiction de sa propre nation, le capitaine fera une déclaration, sous la foi du serment, des injures ou des vexations dont il aurait à se plaindre, ainsi que du montant des dommages-intérêts qu'il entend réclamer, et cette déclaration devra être faite par lui devant les autorités compétentes du premier port de son pays, ou devant l'agent consulaire de sa propre nation dans un port étranger, dans le cas où le navire aborderait d'abord un pays étranger où se trouve un agent de son pays.

Cette déclaration sera constatée au moyen d'un interrogatoire sous serment des principales personnes composant l'équipage, ou des passagers qui auront été témoins de la visite ou de la détention; il en sera dressé un procès-verbal dans les formes, dont deux copies seront délivrées au capitaine, qui en expédiera une à son gouvernement à l'appui de sa demande en dommages-intérêts. Il est bien entendu que si quelques circonstances, indépendantes de sa volonté, empêchaient le capitaine de faire sa déclaration, elle serait faite par le propriétaire du navire ou par toute autre personne intéressée dans l'armement et le chargement dudit navire. Sur une copie du procès-verbal ci-dessus mentionné qui lui aura été officiellement transmise, le gouvernement du pays auquel appartient l'officier contre lequel s'élèveraient des plaintes d'injures ou de vexations, fera procéder immédiatement à une enquête, et si la validité de la plainte est reconnue, ce gouvernement sera tenu de payer au capitaine, au propriétaire ou à toute autre personne intéressée dans l'armement ou le chargement du navire molesté, le montant des dommages-intérêts qui lui seront dus.

ART. 15. — Les hautes parties contractantes s'engagent réciproquement à se communiquer les unes aux autres, quand elles en seront requises et sans frais, des copies des instances engagées et des jugements rendus relativement aux navires visités ou détenus en exécution des dispositions du présent traité.

ART. 16. — Les hautes parties contractantes promettent d'assurer la mise en liberté immédiate de tous les esclaves qui seront trouvés à bord des navires saisis et condamnés en vertu des stipulations du traité.

ART. 17. — Les hautes parties contractantes s'accordent pour inviter les puissances maritimes de l'Europe qui n'ont pas encore conclu de traités pour l'abolition du commerce des esclaves, à accéder au présent traité.

ART. 18. — Les actes ou les pièces annexés au présent traité, et qui devront être mutuellement considérés comme en faisant partie intégrante, sont les suivants : A. Formes de mandats d'autorisations et d'ordres pour servir de guides aux croiseurs de chaque nation dans les visites et saisies qui seront faites en vertu du présent traité. B. Instructions pour les croiseurs des forces navales employées en vertu du présent traité pour la suppression du commerce des esclaves.

ART. 19. — Le présent traité, consistant en dix-neuf articles, sera ratifié, etc.

Annexe A. — Traité entre la Grande-Bretagne, l'Autriche, la France, la Prusse et la Russie, pour la suppression de la traite des nègres d'Afrique, signé à Londres le 20 décembre 1841.

PREMIÈRE FORMULE.

Mandats en vertu desquels un croiseur d'une des hautes parties contractantes pourra visiter et arrêter un navire de commerce appartenant à une autre des hautes parties contractantes ou naviguant sous son pavillon, et soupçonné de se livrer à la traite des nègres ou d'être équipé pour ce trafic.

Le traité conclu entre la Grande-Bretagne, l'Autriche, la France, la Prusse et la Russie, signé à Londres le 20 décembre 1841, pour la suppression totale de la traite des nègres d'Afrique, ayant stipulé que des croiseurs appartenant à l'une ou à l'autre desdites puissances seraient autorisés à visiter et à arrêter, dans l'étendue de limites déterminées, les navires de commerce des hautes parties contractantes se livrant à la traite des nègres ou soupçonnés d'être équipés pour ce trafic; et le gouvernement. . . . . ayant jugé convenable d'employer à ce service le bâtiment que vous commandez, et de vous munir d'instructions spéciales pour vous servir de règle dans ledit service, vous êtes, en vertu de ces instructions et du présent mandat, autorisé à visiter, dans les limites indiquées dans l'article 2 dudit traité, les navires de commerce sous pavillon. . . . . soupçonnés de se livrer à la traite des nègres ou qui seront soupçonnés d'être équipés, pour ce trafic, selon qu'il est prescrit dans ledit traité et dans les instructions qui y sont annexées.

Donné à

le

au commandant de

DEUXIÈME FORMULE.

Ordre pour guider le commandant d'un croiseur d'une des hautes parties contractantes, en ce qui regarde la visite et l'arrestation d'un navire de commerce appartenant à une autre des parties contractantes ou naviguant sous son pavillon.

Le traité conclu entre la Grande-Bretagne, l'Autriche, la France, la Prusse et la Russie, signé à Londres le 20 décembre 1841, pour la suppression totale de la traite des nègres d'Afrique, ayant stipulé que des croiseurs appartenant à l'une ou l'autre desdites puissances seront autorisés, par les instructions spéciales y mentionnées, à visiter et à arrêter, dans l'étendue de limites fixes, les navires de commerce des autres parties contractantes se livrant à la traite des nègres ou soupçonnés d'être équipés pour ce trafic; et le gouvernement. . . . . ayant jugé convenable d'employer à ce service le bâtiment que vous commandez et de vous munir desdites instructions spéciales, nous vous envoyons ci-joint copie dudit traité du 20 décembre et des instructions y annexées ci-dessus mentionnées, conséquemment et en vertu du présent ordre et du mandat ci-joint du gouvernement de. . . . . .

vous êtes autorisé à visiter, dans les limites indiquées dans l'article 2 dudit traité, les navires de commerce naviguant sous pavillon. . . . . soupçonnés de se livrer à la traite des nègres et à agir à l'égard de ceux de ces navires qui se seront livrés à cette traite, ou qui seront soupçonnés d'être équipés pour ce trafic, ainsi qu'il est indiqué dans ledit traité, ledit mandat et lesdites instructions; et nous vous chargeons et requérons de vous conformer très strictement à toutes les dispositions et stipulations y contenues, ayant soin d'exercer l'autorité dont vous êtes investi de la manière la plus douce et avec tous les égards que se doivent des nations alliées et amies, et de coopérer cordialement avec les commandants de tout bâtiment de guerre. . . . . employé au même service.

Donné à

le

au commandant de

Les présentes formules de mandats et d'ordres seront annexées au traité signé aujourd'hui entre la Grande-Bretagne, l'Autriche, la France, la Prusse et la Russie, pour la suppression de la traite des nègres d'Afrique, et seront considérées comme faisant partie intégrante de ce traité.

En foi de quoi, les plénipotentiaires des hautes parties contractantes ont signé cette annexe et y ont apposé le sceau de leurs armes.

Fait à Londres le vingt décembre, l'an de grâce mil huit cent quarante et un.

Annexe B. — *Instructions aux croiseurs.*

1° Toutes les fois qu'un navire marchand appartenant aux hautes parties contractantes ou en portant le pavillon devra être visité, l'officier commandant le vaisseau croiseur devra, avant de procéder à la visite, exhiber au capitaine dudit navire les ordres spéciaux qui lui confèrent par exception le droit de le visiter; et il délivrera à ce capitaine un certificat signé de lui, spécifiant le grade qu'il occupe dans la marine de sa nation et le nom du vaisseau qu'il commande, et déclarant que le seul but de sa visite est de s'assurer si le navire est engagé dans le commerce des esclaves, ou est armé et équipé pour se livrer à ce trafic, ou s'il a été engagé dans ce trafic pendant le voyage dans le cours duquel il a été rencontré par ledit croiseur. Quand la visite sera faite par un officier du vaisseau croiseur autre que son commandant, cet officier ne pourra être d'un grade moindre que celui de lieutenant de la marine royale, à moins qu'il ne soit l'officier commandant en second le vaisseau par lequel la visite est faite, et dans ce cas cet officier exhibera au capitaine du navire marchand une copie des ordres spéciaux ci-dessus mentionnés, signée par le commandant du croiseur, et lui délivrera également un certificat signé de lui, spécifiant le rang et le grade qu'il occupe dans la marine militaire de son pays, le nom du commandant sous les ordres duquel il agit, le nom du croiseur auquel il appartient et l'objet de sa visite, ainsi qu'il a été dit ci-dessus. S'il est reconnu par la visite que les papiers du navire sont en règle et son commerce légal, l'officier spécifiera sur le livre de bord du navire visité, que la visite a eu lieu en vertu des instructions spéciales ci-dessus mentionnées. Après l'accomplissement de ces formalités, le bâtiment pourra continuer son voyage.

2° Si, par suite de la visite, l'officier commandant le croiseur est d'avis qu'il y a des raisons suffisantes de croire que le bâtiment fait la traite, qu'il a été équipé pour ce trafic ou qu'il s'y est livré pendant la traversée dans laquelle il a été rencontré par le croiseur, et s'il se détermine en conséquence à le détenir et à le remettre à la juridiction des autorités compétentes, il aura le soin de faire rédiger en double la liste de tous les papiers trouvés à bord; il signera cette liste et le *duplicata*, faisant suivre son nom par l'indication de son grade dans la marine et par le nom du bâtiment sous ses ordres. Il fera pareillement et signera en double une déclaration énonçant la place et l'époque de la prise, le nom du bâtiment et celui du capitaine, les noms des personnes de l'équipage, et le nombre et la condition des esclaves trouvés à bord. Cette déclaration contiendra de plus une description exacte de l'état du bâtiment et de sa cargaison.

3° Le commandant du croiseur conduira ou enverra sans retard le bâtiment saisi avec son capitaine, l'équipage, les passagers, la cargaison et les esclaves trouvés à bord, dans l'un des ports ci-après spécifiés, afin qu'il puisse être procédé à leur égard conformément aux lois du pays dont le bâtiment porte le pavillon ; et il les remettra aux autorités compétentes ou aux personnes spécialement désignées à cet effet par le gouvernement auquel appartiendra ledit port.

4° Nul ne sera enlevé du bord du navire saisi, aucune partie de sa cargaison, aucun des esclaves trouvés à son bord n'en sera retiré qu'après que ce bâtiment aura été remis aux autorités de sa nation, à moins que l'éloignement de tout ou partie de l'équipage ou des esclaves trouvés à bord n'ait été jugé nécessaire, soit dans l'intérêt de la conservation de leur existence, soit pour toute autre considération d'humanité, soit pour la sûreté des personnes chargées de diriger le bâtiment après sa saisie. Dans ces cas, le commandant du croiseur ou l'officier chargé de conduire le navire détenu déclarera les susdites absences en en expliquant les motifs, et les capitaines, matelots, passagers ou esclaves ainsi éloignés seront conduits au même port que le bâtiment et sa cargaison, et ils seront reçus de la même manière que le bâtiment, suivant les règlements ci-après. Il est bien entendu que rien dans ce paragraphe ne sera susceptible d'application aux esclaves trouvés à bord des bâtiments autrichiens, prussiens ou russes. Il sera procédé, à l'égard desdits esclaves, de la manière spécifiée au paragraphe suivant.

5° Tous les bâtiments autrichiens qui seront détenus dans les stations d'Amérique ou d'Afrique par les croiseurs des autres parties contractantes, seront conduits et remis à la juridiction autrichienne à Trieste, et, si l'on trouve des esclaves à bord d'un bâtiment autrichien à l'époque de sa prise, le bâtiment sera d'abord envoyé pour faire le dépôt des esclaves au port où il aurait été jugé s'il avait navigué sous pavillon anglais ou français. Ensuite le bâtiment sera envoyé et remis à la juridiction autrichienne à Trieste, ainsi qu'il a été dit plus haut. Tous les bâtiments français qui seront pris sur la côte occidentale d'Afrique par des croiseurs des autres parties contractantes, seront conduits et remis à la juridiction française à Gorée. Tous les bâtiments français qui seront pris sur la côte orientale d'Afrique par les croiseurs des autres parties contractantes, seront conduits et remis à la juridiction française à l'île Bourbon. Tous les bâtiments français qui seront pris sur la côte d'Amérique, au sud du 10e degré de latitude nord, par les croiseurs des autres parties contractantes, seront conduits et remis à la juridiction française à Cayenne. Tous les bâtiments français qui seront pris dans les Indes occidentales ou sur le littoral américain, au nord du 10ᵉ degré de latitude nord, par les croiseurs des autres parties contractantes, seront conduits et remis à la juridiction française à la Martinique.

Tous les bâtiments anglais qui seront pris sur la côte occidentale d'Afrique par les croiseurs des autres parties contractantes seront conduits et remis à la juridiction anglaise à Bathurst, sur la rivière Gambie. Tous les bâtiments anglais qui seront pris sur la côte orientale d'Afrique par les croiseurs des autres parties contractantes seront conduits et remis à la juridiction anglaise, au cap de Bonne-Espérance. Tous les bâtiments anglais qui seront pris sur la côte d'Amérique par les croiseurs des autres parties contractantes seront conduits et remis à la juridiction anglaise, à la colonie de Demerara, ou à Port-Royal, à la Jamaïque, suivant que le commandant du croiseur le jugera convenable. Tous les bâtiments anglais qui seront pris dans les Indes occidentales par les croiseurs des autres parties contractantes seront conduits et remis à la juridiction anglaise à Port-Royal, dans la Jamaïque. Tous les bâtiments prussiens qui seront pris dans les stations d'Amérique et d'Afrique par les croiseurs des autres parties contractantes seront conduits et remis à la juridiction prussienne, à Stettin. Mais si l'on trouve des esclaves à bord d'un bâtiment prussien, le bâtiment sera d'abord envoyé, pour faire le dépôt de ses esclaves, au port où il aurait été jugé s'il avait navigué sous pavillon anglais ou français. Ensuite le bâtiment sera envoyé et remis à la juridiction prussienne à Stettin, ainsi qu'il a été dit. Tous les bâtiments russes qui seront pris dans les stations d'Amérique ou d'Afrique par les croiseurs des autres parties contractantes seront conduits et remis à la juridiction russe à Cronstadt ou à Revel, suivant que la saison permettra de gagner l'un ou l'autre de ces ports. Mais si l'on trouve des esclaves à bord d'un bâtiment russe au moment de sa prise, le bâtiment sera d'abord envoyé, pour faire le dépôt des esclaves, au port où il aurait été jugé s'il avait navigué sous pavillon anglais ou français. Le bâtiment sera ensuite envoyé et remis à la juridiction russe à Cronstadt ou à Revel, ainsi qu'il a été stipulé plus haut.

6° Aussitôt qu'un bâtiment marchand, après avoir été détenu comme il a été dit plus haut, arrivera dans un des ports ou l'une des places ci-dessus mentionnés, le commandant du croiseur ou l'officier chargé d'amener le bâtiment détenu remettra aux autorités dûment commises à cet effet par le gouvernement sur le territoire duquel se trouvera ledit port ou ladite place, le bâtiment et sa cargaison ainsi que le capitaine, l'équipage et les passagers, et les esclaves trouvés à bord avec les papiers saisis à bord du navire et le *duplicata* de la liste desdits papiers, ledit officier devant garder l'autre liste entre ses mains. Cet officier remettra en même temps aux dites autorités une des déclarations originales, ainsi qu'il a été dit précédemment, y ajoutant la mention de tous changements qui auraient pu survenir depuis l'époque de la prise du vaisseau jusqu'à celle de la remise, ainsi qu'une copie de la déclaration de tout transbordement qui aurait pu avoir lieu, ainsi qu'il a été dit ci-dessus. En faisant la remise de toutes ces pièces, l'officier en certifiera l'exactitude par écrit et sous la foi du serment.

7° Si le commandant d'un croiseur de l'une des hautes parties contractantes, dûment nanti des instructions spéciales précitées, a quelque raison de croire qu'un bâtiment marchand, sous l'escorte ou en la compagnie d'un vaisseau de guerre de l'une des autres parties contractantes, est engagé dans le commerce des esclaves, ou a été équipé pour faire ce trafic, ou bien a fait acte de ce trafic dans la traversée où il a été rencontré par ledit croiseur, celui-ci se bornera à faire part de ses soupçons au commandant du vaisseau de guerre, et il laissera à ce dernier le soin de procéder seul à la visite du navire suspect, et de le remettre à la juridiction de son pays, s'il y a lieu.

8° Par l'article 4 du traité, il est stipulé que jamais le droit réciproque de visite ne sera exercé sur des vaisseaux de guerre des hautes parties contractantes. Il est convenu que cette exception s'appliquera également aux bâtiments de la compagnie russe-américaine qui, commandés par des officiers de la marine impériale, sont autorisés par le gouvernement impérial à porter un pavillon qui les distingue de la marine marchande, et sont armés et équipés de même que les transports de guerre. Il est en outre et demeure entendu que lesdits bâtiments seront nantis d'une patente russe certifiant leur origine et leur destination. La forme de cette patente sera adoptée d'un commun accord. Il est convenu que cette patente, émanée de l'autorité compétente de Russie, sera contresignée à Saint-Pétersbourg par les consulats de la Grande-Bretagne et de la France.

9° Dans la troisième clause de l'article 9 du traité, il est stipulé qu'à moins de preuve contraire un bâtiment sera présumé engagé dans le commerce des esclaves si l'on trouve à bord des planches de rechange destinées à former un second pont ou pont des esclaves. Pour prévenir tout abus qui pourrait résulter d'une interprétation arbitraire de cette clause, il est spécialement recommandé aux croiseurs de ne pas l'appliquer aux bâtiments autrichiens, prussiens ou russes, faisant le commerce de bois de construction, dont les déclarations prouveront que les planches et solives qu'ils ont ou ont eues à bord, font ou ont fait partie de leur cargaison commerciale.

En conséquence, pour ne pas gêner le commerce légitime, les croiseurs ont l'ordre exprès de n'agir que d'après les stipulations consignées dans la troisième clause de l'article 9, lorsqu'il y aura à bord du bâtiment visité des planches de rechange évidemment destinées à former un pont à esclaves.

Les plénipotentiaires soussignées ont résolu, conformément à l'article 18 du traité signé par eux aujourd'hui, que ces instructions seront annexées au traité signé aujourd'hui entre la Grande-Bretagne, la France, la Prusse et la Russie, pour la suppression du commerce des esclaves d'Afrique, et qu'elles seront considérées comme partie intégrante du traité.

En foi de quoi, etc.

ANNEXE C.

Arrangement conclu entre l'Empire d'Allemagne et la Grande-Bretagne, concernant la substitution de l'Empire d'Allemagne à la Prusse dans le traité du 20 décembre 1841, pour la répression de la traite des nègres africains, en date du 29 mars 1879.

(*Recueil des Lois de l'Empire, p.* 100 *et s.*)

Sa Majesté l'empereur d'Allemagne, roi de Prusse, et Sa Majesté la reine du Royaume-Uni de Grande-Bretagne et d'Irlande, ayant jugé opportun, pour répondre à la situation qui s'est modifiée, d'étendre à l'empire d'Allemagne le traité concernant la répression de la traite des nègres, conclu à Londres le 20 décembre 1841 entre la Prusse, la Grande-Bretagne, l'Autriche, la France et la Russie, et ratifié par toutes ces puissances, sauf par la France, ont, en vue d'arrêter un arrangement dans ce but, nommé des plénipotentiaires ; lesquels, après s'être communiqués leurs pleins pouvoirs qui ont été trouvés en bonne et due forme, sont convenus des articles suivants :

ARTICLE 1er. — Tous les droits et obligations qui découlent, pour la Prusse, du traité mentionné ci-dessus sont, sous la réserve des modifications contenues dans l'article II du présent arrangement, à partir de ce moment transférés à l'empire d'Allemagne, qui sera lié comme s'il avait conclu directement ce traité.

ART. 3. — Les dispositions suivantes remplacent les paragraphes onze et douze du n° V des Instructions pour les croiseurs, jointes comme annexe A au susdit traité :

Les navires allemands qui seraient saisis par les croiseurs de l'autre partie contractante aux stations d'Amérique ou d'Afrique seront amenés à Cuxhaven, et livrés par les autorités de ce port à la juridiction de l'état allemand auquel appartient le port qui est le lieu d'origine du navire.

Si des esclaves sont trouvés à bord du navire allemand au moment de la saisie, le navire sera tout d'abord, en vue du débarquement des esclaves, conduit dans le port où il aurait été amené pour être jugé s'il avait navigué sous pavillon anglais. Le navire sera amené ensuite à Cuxhaven pour être livré à la juridiction allemande qui est compétente, comme il est dit ci-dessus.

ART. 3. — Le présent arrangement sera ratifié et les ratifications en seront échangées, à Londres, aussitôt que faire se pourra, après que les gouvernements d'Autriche-Hongrie et de Russie, en qualité de parties contractantes au traité du 20 décembre 1841, auront déclaré vouloir donner leur assentiment aux modifications apportées au dit traité par le présent arrangement.

En foi de quoi, etc.

Fait à Londres, le 29 mars 1879.

L'arrangement reproduit ci-dessus a été ratifié et l'échange des ratifications a été opérée.

ANNEXE D.

Règlement concernant les moyens destinés à prévenir les abordages en mer.

Ce règlement a été adopté par les différents états maritimes. Nous en donnons le texte français d'après l'arrêté royal du 1er août 1880, qui l'a mis en vigueur en Belgique.

ARTICLE 1er. — A dater du 1er septembre 1880, les bâtiments de la marine de l'état, ainsi que les navires nationaux du commerce, seront assujettis aux prescriptions ci-après, qui ont pour objet de prévenir les abordages.

Dans les règles qui suivent, tout navire à vapeur qui ne marche qu'à l'aide de ses voiles est considéré comme bâtiment à voiles; et tout navire à vapeur dont la machine est en action est considéré comme navire à vapeur, qu'il se serve de ses voiles ou qu'il ne s'en serve pas.

RÈGLES CONCERNANT LES FEUX.

ART. 2. — Les feux mentionnés dans les articles suivants numérotés 3, 4, 5, 6, 7, 8, 9, 10 et 11 doivent être tenus allumés par tous les temps, depuis le coucher du soleil jusqu'à son lever.

Aucun autre feu ne pourra paraître à l'extérieur du navire.

ART. 3. — Tout navire à vapeur de mer, quand il est en marche, doit porter :

A. Sur le mât de misaine ou en avant du mât de misaine, à une hauteur d'au moins 6 mètres au-dessus du plat-bord, — et si la largeur du navire est de plus de 6 mètres, à une hauteur au-dessus du plat-bord au moins égale à la largeur du navire, — un feu blanc brillant construit de manière à fournir une lumière uniforme et sans interruption sur tout le parcours d'un arc de l'horizon de vingt quarts ou rhumbs de vent. Il devra être fixé de telle sorte que la lumière se projette de chaque côté du navire, depuis l'avant jusqu'à deux quarts de l'arrière du travers. La portée de ce feu devra être assez grande pour qu'il soit visible à cinq milles de distance par nuit sombre, mais atmosphère sans brume, pluie, brouillard ou neige.

B. A tribord, un feu vert établi de manière à projeter une lumière uniforme et sans interruption sur tout le parcours d'un arc de l'horizon de dix quarts du compas compris entre l'avant du navire et deux quarts de l'arrière du travers à tribord; il doit avoir une portée telle qu'il soit visible à au moins deux milles de distance par une nuit sombre, mais atmosphère sans brume, pluie, brouillard ou neige.

C. A bâbord, un feu rouge établi de manière à projeter une lumière uniforme et sans interruption sur tout le parcours d'un arc de l'horizon de dix quarts du compas compris entre l'avant du navire et deux quarts de l'arrière du travers à bâbord; il doit avoir une portée telle qu'il soit visible à au moins deux milles de distance par une nuit sombre, mais atmosphère sans brume, pluie, brouillard ou neige.

D. Ces feux de côté vert et rouge doivent être pourvus du côté du navire, par rapport à eux, d'écrans se projetant en avant d'au moins 0^m 91, de telle sorte que leur lumière ne puisse pas être aperçue de tribord devant pour le feu rouge, et de bâbord devant pour le feu vert.

Art. 4. — Tout navire à vapeur qui remorque un autre bâtiment doit porter, outre ces deux feux de côté, deux feux blancs brillants placés verticalement à 0^{m}91 de distance au moins l'un au-dessus de l'autre, afin de le distinguer des autres bâtiments à vapeur.

Chacun de ces feux doit être du même genre et installé de la même manière que le feu blanc brillant porté au mât de mizaine par les autres navires à vapeur.

Art. 5. — Tout navire à voiles ou à vapeur employé soit à poser, soit à relever un câble télégraphique; tout navire qui, par une cause accidentelle, n'est pas libre de ses mouvements, doit, si c'est le jour, porter en avant de la tête du mât de misaine, et pas plus bas que cette tête de mât, trois boules noires de 0^{m}61 de diamètre chacune, placées verticalement l'une au-dessous de l'autre à une distance d'au moins 0^m 91; si c'est pendant la nuit, il doit mettre à la place assignée au feu blanc brillant que les bâtiments à vapeur sont tenus d'avoir en avant du mât de misaine, trois feux rouges placés dans des lanternes sphériques d'au moins 0^{m}25 de diamètre et disposées verticalement à une distance l'une de l'autre d'au moins 0^{m}91.

Ces boules ou ces lanternes servent à avertir les autres navires qui approchent que celui qui les porte n'est pas manœuvrable, et par suite ne peut se garer.

Les navires ci-dessus ne doivent pas avoir les feux de côté allumés lorsqu'ils n'ont aucun sillage. Ils doivent, au contraire, les tenir allumés s'ils sont en marche soit à la voile, soit à la vapeur.

Art. 6. — Tout navire à voiles qui fait route ou qui est remorqué doit porter les feux indiqués par l'article 3 pour un bâtiment à vapeur en marche, à l'exception du feu blanc qu'il ne doit avoir en aucun cas.

Art. 7. — Toutes les fois que les feux de côté rouge et vert ne pourront pas être fixés à leur poste, comme cela a lieu à bord des petits navires pendant le mauvais temps, on devra tenir ces feux sur le pont, à leurs côtés respectifs du bâtiment, allumés et prêts à être montrés. Si on approche d'un autre bâtiment, ou si on en est approché, on doit montrer ces feux, à leurs bords respectifs, en temps utile pour empêcher l'abordage, les placer de manière qu'ils soient le plus visibles possible, et de telle sorte que le feu vert ne puisse pas s'apercevoir de bâbord, ni le feu rouge de tribord.

Afin de rendre plus facile et plus sûr l'emploi de ces feux portatifs, les lanternes doivent être peintes extérieurement de la couleur du feu qu'elles contiennent et munies d'écrans convenables.

Art. 8. — Tout navire, soit à voiles, soit à vapeur, doit, lorsqu'il est au mouillage, avoir un feu blanc dans une lanterne sphérique d'au moins 0m20 de diamètre, placée le plus en vue possible à une hauteur au-dessus du plat-bord qui n'excède pas 6 mètres; ce feu doit montrer une lumière claire, uniforme, sans interruption, et visible tout autour de l'horizon à une distance d'au moins un mille.

Art. 9. — Les bateaux pilotes, quand ils sont sur leur station de pilotage pour leur service, ne doivent pas porter les mêmes feux que les autres navires; ils doivent avoir à la tête du mât un feu blanc, visible tout autour de l'horizon; ils doivent également montrer à de courts intervalles, ne dépassant jamais 15 minutes, un ou plusieurs feux à éclats.

Quand un bateau pilote n'est pas dans sa zone et occupé au service de pilotage, il doit porter les mêmes feux que les autres navires.

ART. 10. — A. Les bateaux de pêche non pontés et tous autres bateaux non pontés ne sont pas forcés, lorsqu'ils sont en marche, de porter les feux de côté obligatoires pour les autres navires; mais s'ils ne les ont pas, ils doivent avoir à la place une lanterne toute prête et munie sur un des côtés d'un verre vert, et sur l'autre d'un verre rouge, et s'ils approchent d'un navire ou s'ils en voient approcher un, ils doivent montrer la lanterne assez à temps pour éviter un abordage, en la tenant de manière que la lumière verte ne soit vue qu'à tribord et la lumière rouge à bâbord.

B. Tout bâtiment de pêche ou tout bateau non ponté doit montrer un feu blanc brillant quand il est au mouillage.

C. Tout bâtiment de pêche occupé à la pêche aux filets traînants portera à l'un de ses mâts deux feux rouges placés verticalement l'un au-dessus de l'autre, à une distance d'au moins 0m91.

D. Tout bateau pêchant à la drague portera à l'un de ses mâts deux feux placés verticalement à la distance d'au moins 0m91 l'un au-dessus de l'autre, le feu supérieur étant rouge et le feu inférieur vert; en outre, il aura les deux feux de côté réglementaires pour les autres bâtiments, ou, s'il ne peut pas les porter, il aura tout prêts et à la main les feux colorés prévus par l'article 7, ou enfin une lanterne avec un verre rouge et un verre vert, comme il est dit au paragraphe A de cet article 10.

E. Les bâtiments de pêche, ainsi que les bateaux non pontés, pourront en outre, s'ils le désirent, se servir d'un feu à éclats alternativement montré et caché.

F. Tous les feux exigés par cet article, à l'exception des feux de côté, doivent être contenus dans des lanternes sphériques, de manière que la lumière soit visible sans interruption sur tout l'horizon.

ART. 11. — Un navire qui est rattrapé par un autre bâtiment doit montrer au-dessus de sa poupe un feu blanc ou à éclats destiné à avertir le navire qui approche.

SIGNAUX PHONIQUES PAR TEMPS DE BRUME, BROUILLARD, ETC.

ART. 12. — Tout navire à vapeur doit être pourvu :

1° D'un sifflet à vapeur ou de tout autre système efficace de sons au moyen de la vapeur, placé de manière que le son ne soit gêné par aucun obstacle.

2º D'un cornet de brume d'une sonorité suffisante et qu'on puisse faire entendre au moyen d'un soufflet ou de tout autre instrument.

3º D'une cloche assez puissante.

Tout navire à voiles doit être pourvu d'un cornet et d'une cloche analogues.

En temps de brume, de brouillard ou de neige, soit de nuit, soit de jour, les avertissements indiqués ci-dessous seront employés par les bâtiments :

A. Tout navire à vapeur, lorsqu'il est en marche, doit faire entendre un coup prolongé de son sifflet à vapeur ou de tout autre mécanisme à vapeur à des intervalles qui ne doivent pas excéder deux minutes.

B. Tout navire à voiles, lorsqu'il est en marche, doit faire les signaux suivants, avec son cornet, à des intervalles de deux minutes au plus : un coup lorsqu'il est tribord amures; deux coups, l'un après l'autre, quand il est bâbord amures; trois coups, l'un après l'autre, quand il a le vent de l'arrière du travers.

C. Tout navire, à voiles ou à vapeur, qui ne fait pas route, doit sonner la cloche à des intervalles qui n'excèdent pas deux minutes.

Art. 13. — Tout navire, soit à voiles soit à vapeur, ne doit aller qu'à une vitesse modérée pendant les temps de brouillard, de brume ou de neige.

RÈGLES RELATIVES A LA ROUTE A SUIVRE ET AUX MANŒUVRES A EXÉCUTER.

Art. 14. — Quand deux navires à voiles font des routes qui les rapprochent l'un de l'autre de manière à faire courir le risque d'abordage, l'un des deux s'écartera de la route de l'autre, d'après les règles suivantes :

A. Le navire qui court largue doit s'écarter de la route de celui qui est au plus près.

B. Le navire qui est au plus près bâbord amures doit s'écarter de la route de celui qui est au plus près tribord amures.

C. Si les deux navires courent largue, mais avec les armures de bord différents, le bâtiment qui a le vent par bâbord s'écarte de la route de celui qui le reçoit par tribord.

D. Si les deux navires courent largue, ayant tous deux le vent du même bord, celui qui est au vent doit s'écarter de la route de celui qui est sous le vent.

E. Le bâtiment qui est vent arrière doit s'écarter de la route de l'autre navire.

ART. 15. — Si deux navires marchant à la vapeur courent l'un sur l'autre en faisant des routes directement opposées ou à très peu près, de manière à faire craindre un abordage, chacun d'eux devra venir sur tribord afin de laisser l'autre navire passer à bâbord.

Cet article s'applique uniquement au cas où les bâtiments ont le cap l'un sur l'autre en suivant des rhumbs de vent tout à fait ou presque tout à fait opposés, de telle sorte que l'abordage soit à craindre. Il ne s'applique pas à des navires qui, s'ils continuent leur route, se croiseront certainement sans se toucher.

Les seuls cas que vise cet article sont ceux dans lesquels chacun des deux bâtiments a le cap sur l'autre, les deux plans longitudinaux étant complètement ou à très peu près sur le prolongement l'un de l'autre ; en d'autres termes, les cas dans lesquels, pendant le jour, chaque bâtiment voit les mâts de l'autre navire l'un par l'autre ou à très peu près, et tout à fait ou à très peu près dans le prolongement de son cap ; et, pendant la nuit, le cas où chaque bâtiment est placé de manière à voir à la fois les deux feux de côté de l'autre.

Il ne s'applique pas aux cas où, pendant le jour, un bâtiment en aperçoit un autre droit devant lui et coupant sa route, ni aux cas où, pendant la nuit, chaque bâtiment, présentant son feu rouge, voit le feu de même couleur de l'autre navire, ou chaque bâtiment, présentant son feu vert, voit le feu de même couleur de l'autre navire, ni aux cas où un bâtiment aperçoit droit devant lui un feu rouge sans voir de feu vert, ou aperçoit droit devant lui un feu vert sans voir de feu rouge, enfin, ni aux cas où un bâtiment aperçoit à la fois un feu vert et un feu rouge dans toute autre direction que droit devant ou à peu près.

ART. 16. — Lorsque deux navires marchant à la vapeur font des routes qui se croisent de manière à faire craindre un abordage, le bâtiment qui voit l'autre par tribord doit s'écarter de la route de cet autre navire.

ART. 17. — Si deux navires, l'un à voiles et l'autre à vapeur, courent de manière à risquer de se rencontrer, le navire sous vapeur doit s'écarter de la route de celui qui est à voiles.

ART. 18. — Tout navire à vapeur qui en approche un autre au point de faire craindre un abordage doit diminuer de vitesse ou stopper et même marcher en arrière si cela est nécessaire.

ART. 19. — En changeant sa route conformément à l'autorisation ou aux prescriptions de ce règlement, un bâtiment à vapeur qui est en marche peut indiquer ce changement à tout autre navire en vue au moyen des avertissements suivants donnés avec le sifflet à vapeur :

Un coup bref pour dire : Je viens sur tribord.

Deux coups brefs : Je viens sur bâbord.

Trois coups brefs : Je vais en arrière à toute vitesse.

L'emploi de ces avertissements est facultatif; mais si l'on s'en sert, il faut que les mouvements du navire soient d'accord avec la signification des coups de sifflet.

ART. 20. — Quelles que soient les prescriptions des articles qui précèdent, tout bâtiment à vapeur ou à voiles qui en rattrape un autre doit s'écarter de la route de celui-ci.

ART. 21. — Dans les passes étroites, tout navire à vapeur doit, quand la recommandation est d'une exécution possible et sans danger pour lui, prendre le côté du chenal qui est à tribord du navire.

ART. 22. — Quand, d'après les règles tracées ci-dessus, l'un des navires doit changer sa route, l'autre bâtiment doit continuer la sienne.

ART. 23. — En suivant et interprétant les prescriptions qui précèdent, on doit tenir compte de tous les dangers de la navigation ainsi que des circonstances particulières qui peuvent rendre nécessaire un écart de ces règles pour éviter un danger immédiat.

ART. 24. — Rien de ce qui est recommandé ici ne peut exonérer un navire, ou son propriétaire, ou son capitaine, ou son équipage, des conséquences d'une négligence quelconque, soit au sujet des feux ou des signaux, soit de la part des hommes de veille, soit enfin au sujet de toute précaution que commandent l'expérience ordinaire du marin et les circonstances particulières dans lesquelles le bâtiment se trouve.

ART. 25. — Rien dans ces règles ne doit entraver l'application des règles spéciales dûment édictées par l'autorité locale, relativement à la navigation dans une rade, dans une rivière, ou enfin dans une étendue d'eau intérieure quelconque.

ART. 26. — Ces règles ne doivent en rien gêner la mise en exécution de toute prescription spéciale faite par un gouvernement quelconque quant à un plus grand nombre de feux de position ou de signaux à mettre à bord des bâtiments de guerre au nombre de deux ou davantage, ainsi qu'à bord des bâtiments à voiles naviguant en convoi.

ART. 27. — Le présent arrêté abroge, à partir du 1ᵉʳ septembre 1880, les dispositions de l'arrêté royal du 30 janvier 1863, à l'exception de celles formant l'article 9 (feux à porter par les bateaux de pêche), qui, par mesure transitoire, continueront d'être en vigueur jusqu'à dispositions nouvelles.

ANNEXE E.

Ordonnance impériale sur la conduite des patrons de navires à la suite d'une collision en mer, du 15 août 1876.

(*Recueil des Lois* 1876, *p.* 189.)

Nous, Guillaume, par la grâce de Dieu, empereur d'Allemagne, roi de Prusse, etc.

Au nom de l'Empire, et vu l'article 145 du code pénal (*Recueil des Lois,* 1876, *p.* 40), ordonnons ce qui suit :

ARTICLE PREMIER. — A la suite d'une collision de navires en mer, le patron de chacun d'eux doit fournir à l'autre navire et à son équipage toute l'assistance possible en vue de détourner ou d'atténuer les conséquences dommageables de la collision, pour autant qu'il puisse le faire sans danger notable pour son propre navire et les gens qui s'y trouvent. Sous cette réserve, les patrons des deux navires sont tenus de tenir leurs bâtiments l'un près de l'autre jusqu'à ce qu'ils aient acquis la certitude qu'un secours ultérieur n'est pas nécessaire.

ART. 2. — Avant de continuer son voyage, chacun des patrons doit faire connaître à l'autre le nom et le signal distinctif de son navire, le port d'origine, le lieu d'où il vient, celui où il va ;

pourvu qu'il puisse le faire sans danger pour son propre navire.

ART. 3. — Sont assimilées à la mer, pour l'application de la présente ordonnance, les eaux qui sont en communication avec la mer, et où naviguent des navires de mer.

ART. 4. — La présente ordonnance entrera en vigueur le 1er septembre de cette année.

Donné sous notre seing, etc.

Château de Babelsberg, le 15 août 1876.

ANNEXE F.

Ordonnance concernant les signaux de détresse et de pilotage, pour les navires en mer et dans les eaux du littoral, du 14 août 1876.

(*Recueil des Lois* 1876, *p.* 187 *et suiv.*)

Nous, Guillaume, par la grâce de Dieu, empereur d'Allemagne, Roi de Prusse, etc.

Vu l'article 145 du code pénal (*Recueil des Lois* 1876, *p.* 40), ordonnons, au nom de l'Empire, en ce qui concerne les signaux de détresse et de pilotage pour les navires en mer et dans les eaux du littoral :

ARTICLE PREMIER. — Les prescriptions suivantes s'appliquent à tous les navires, bâtiments et embarcations qui naviguent sur mer, ou dans les eaux qui sont en communication avec la mer et accessibles aux bâtiments de mer.

ART. 2. — Sont *signaux de détresse* au sens de la présente ordonnance, les signaux par lesquels un navire indique qu'il est en détresse ou en danger.

Ces signaux sont les suivants :

a) Pendant le jour :

1) Des coups de canon tirés à une minute environ d'intervalle.

2) Ou le signal NC du code international des signaux.

3) Ou le signal consistant dans un pavillon carré sous lequel

ou au-dessus duquel est hissé un ballon ou un objet ressemblant à un ballon.

b) Pendant la nuit :

1) Des coups de canon tirés à une minute environ d'intervalle.

2) Ou des flammes produites par un feu soit de goudron, soit d'huile.

3) Ou des fusées , balles à feu, etc., tirées l'une après l'autre à de courts intervalles.

ART. 3. — Les signaux indiqués à l'article 2, ne peuvent être employés que si les navires sont en détresse ou en danger.

ART. 4. — Sont signaux de pilotage au sens de la présente ordonnance, les signaux par lesquels un navire fait connaître qu'il demande un pilote.

Ces signaux sont :

a) Pendant le jour :

1) Un pavillon national (pavillon de pilotage) hissé au mât d'avant, et entouré d'une bande blanche, ayant un cinquième de la largeur du pavillon.

2) Ou le signal PT, du code international des signaux.

b) Pendant la nuit :

1) Des feux bleus, allumés de quinze en quinze minutes.

2) Ou bien un feu blanc brillant, placé immédiatement sur les bastingages à de courts intervalles, et visible chaque fois pendant une minute environ.

ART. 5. — Les signaux de pilotage indiqués ci-dessus, ne peuvent être employés que par les navires qui demandent un pilote. Il n'est pas permis d'user d'autres signaux de pilotage que ceux indiqués à l'article 4.

Donné sous notre seing, etc.

Bayreuth, le 14 août 1876.

Annexe F bis.

CONVENTION internationale ayant pour objet de régler la police de la pêche dans la mer du Nord en dehors des eaux territoriales.

S. M. l'Empereur d'Allemagne, Roi de Prusse ; S. M. le Roi des Belge : S. M. le Roi de Danemark ; le Président de la République française ; S. M. la Reine du Royaume-Uni de la Grande-Bretagne et d'Irlande, et S. M. le Roi des Pays-Bas, ayant reconnu la nécessité de régler la police de la pêche dans la mer du Nord, en dehors des eaux territoriales, ont résolu de conclure à cet effet, une convention et ont nommé pour leurs plénipotentiaires savoir :

Etc., etc., etc.

Lesquels, après s'être communiqués leurs pleins pouvoirs, trouvés en bonne et due forme, sont convenus des articles suivants :

Article premier. — Les dispositions de la présente convention, qui a pour objet de régler la police de la pêche dans la mer du Nord, en dehors des eaux territoriales, sont applicables aux nationaux des Hautes Parties contractantes.

Art. 2. — Les pêcheurs nationaux jouiront du droit exclusif de pêche dans le rayon de trois milles, à partir de la laisse de basse mer, le long de toute l'étendue des côtes de leurs pays respectifs, ainsi que des îles et des bancs qui en dépendent.

Pour les baies, le rayon de trois milles sera mesuré à partir d'une ligne droite, tirée en travers de la baie, dans la partie la plus rapprochée de l'entrée, au premier point où l'ouverture n'excédera pas dix milles.

Le présent article ne porte aucune atteinte à la libre circulation reconnue aux bateaux de pêche, naviguant ou mouillant dans les eaux territoriales, à la charge par eux de se conformer aux règles spéciales de police édictées par les puissances riveraines.

Art. 3. — Les milles mentionnés dans l'article précédent sont des milles géographiques de soixante au degré de latitude.

Art. 4. — Pour l'application des dispositions de la présente

. convention, les limites de la mer du Nord sont déterminées comme suit :

I.   Au Nord par le parallèle du 61ᵉ degré de latitude ;

II.   A l'Est et au Sud :

1º   par les côtes de la Norvége entre le parallèle du 61ᵉ degré de latitude et le phare de Lindesnaes (Norvége) ;

2º   par une ligne droite tirée du phare de Lindesnaes (Norvége) au phare de Hanstholm (Danemark) ;

3º   par les côtes du Danemark, de l'Allemagne, des Pays-Bas, de la Belgique et de la France jusqu'au phare de Gris Nez.

III.   A l'Ouest :

1º   par une ligne droite tirée du phare de Gris Nez (France) au feu le plus Est de South Foreland (Angleterre) ;

2º   par les côtes orientales de l'Angleterre et de l'Écosse ;

3º   par une ligne droite joignant Duncansby Head (Ecosse) à la pointe Sud de South Ronaldsha (Iles Orcades) ;

4º   par les côtes orientales des Iles Orcades ;

5º   par une ligne droite joignant le feu de North Ronaldsha (Iles Orcades) au feu de Sumburgh Head (Iles Shetland) ;

6º   par les côtes orientales des Iles Shetland ;

7º   par le méridien du feu de North Unst (Iles Shetland) jusqu'au parallèle du 61ᵉ degré de latitude.

Art. 5. — Les bateaux de pêche des Hautes Parties contractantes sont enregistrés d'après les réglements administratifs des différents pays. Pour chaque port, il y a une série continue de numéros, précédés d'une ou plusieurs lettres initiales indiquées par l'autorité supérieure compétente.

Chaque gouvernement établira un tableau portant indication des dites lettres initiales.

Ce tableau, ainsi que toutes les modifications qui pourraient y être ultérieurement apportées, devront être notifiés aux autres puissances contractantes.

Art. 6. — Les bateaux de pêche portent la lettre ou les lettres initiales de leur port d'attache et le numéro d'enregistrement dans la série des numéros de ce port.

Art. 7. — Le nom de chaque bateau de pêche, ainsi que celui du port auquel il appartient, sont peints à l'huile, en blanc sur un fond noir, sur l'arrière de ce bateau, en caractères qui devront avoir au moins huit centimètres de hauteur et douze millimètres de trait.

ART. 8. — La lettre ou les lettres et les numéros sont placés sur chaque côté de l'avant du bateau, à 8 ou 10 centimètres au-dessous du plat-bord, d'une manière visible et apparente. Ils sont peints à l'huile en couleur blanche sur un fond noir.

Néanmoins la distance ci-dessus indiquée n'est pas obligatoire pour les bateaux d'un faible tonnage sur lesquels il n'y aurait pas de place suffisante au-dessous du plat-bord.

Les dimensions de ces lettres et de ces numéros sont, pour les bateaux de quinze tonneaux et au-dessus, de quarante-cinq centimètres de hauteur sur six centimètres de trait.

Pour les bateaux au-dessous de quinze tonneaux, ces dimensions sont de vingt-cinq centimètres de hauteur sur quatre centimètres de trait.

La même lettre ou les mêmes lettres et numéros sont également placés sur chaque côté de la grande voile du bateau, immédiatement au-dessus de la dernière bande de ris; ils sont peints à l'huile : en noir, sur les voiles blanches ou tannées; en blanc, sur les voiles noires.

La lettre ou les lettres et numéros portés sur les voiles ont un tiers de plus de dimension dans tous les sens que ceux placés sur l'avant des bateaux.

ART. 9. — Les bateaux de pêche ne peuvent avoir, soit sur les parois extérieures, soit sur les voiles, d'autres noms, lettres ou numéros que ceux qui font l'objet des articles 6, 7 et 8 de la présente convention.

ART. 10. — Il est défendu d'effacer, d'altérer, de rendre méconnaissables, de couvrir ou de cacher, par un moyen quelconque, les noms, lettres et numéros, placés sur les bateaux et sur les voiles.

ART. 11. La lettre ou les lettres et le numéro affectés à chaque bateau sont portés sur les canots, bouées, flottes principales, chaluts, grappins, ancres et en général sur tous les engins de pêche appartenant au bateau.

Ces lettres et ces numéros sont de dimensions suffisantes pour être facilement reconnus. Les propriétaires de filets ou autres instruments de pêche peuvent en outre les marquer de tels signes particuliers qu'ils jugent utile.

Art. 12. — Le patron de chaque bateau doit être porteur d'une pièce officielle, dressée par les autorités compétentes de son pays, qui lui permette de justifier de la nationalité du bateau.

Ce document indique obligatoirement la lettre ou les lettres et le numéro du bateau ainsi que sa description et le nom ou les noms, ou la raison sociale de son propriétaire.

Art. 13. — Il est défendu de dissimuler par un moyen quelconque la nationalité du bateau.

Art. 14. — Il est défendu à tout bateau de pêche de mouiller, entre le coucher et le lever du soleil, dans les parages où se trouvent établis des pêcheurs aux filets dérivants.

Toutefois, cette défense ne s'applique pas à des mouillages qui auraient lieu par suite d'accidents ou de toute autre circonstance de force majeure.

Art. 15. — Il est défendu aux bateaux arrivant sur les lieux de pêche de se placer ou de jeter leurs filets de manière à se nuire réciproquement ou à gêner les pêcheurs qui ont déjà commencé leurs opérations.

Art. 16. — Toutes les fois que, pour pêcher avec des filets dérivants, des bateaux pontés et des bateaux non pontés commenceront en même temps à mettre leurs filets à la mer, ces derniers les jetteront au vent des autres.

Les bateaux pontés doivent, de leur côté, jeter leurs filets sous le vent des bateaux non pontés.

En général, lorsque des bateaux pontés jettent leurs filets au vent des bateaux non pontés déjà en pêche et lorsque des bateaux non pontés jettent leurs filets sous le vent de bateaux pontés déjà en pêche, la responsabilité des avaries causées aux filets incombe à ceux qui se sont mis en pêche les derniers, à moins qu'ils n'établissent qu'il y a cas de force majeure ou que le dommage ne provient pas de leur faute.

Art. 17. — Il est défendu de fixer ou de mouiller des filets ou tout autre engin de pêche dans les parages où se trouvent établis des pêcheurs aux filets dérivants.

Art. 18. — Il est interdit à tout pêcheur d'amarrer ou de tenir son bateau sur les filets, bouées, flottes ou toute autre partie de l'attirail de pêche d'un autre pêcheur.

ART. 19. — Lorsque des pêcheurs au chalut se trouvent en vue de pêcheurs aux filets dérivants ou à la ligne de fond, ils doivent prendre les mesures nécessaires pour éviter tout préjudice à ces derniers ; en cas de dommage, la responsabilité encourue incombe aux chalutiers, à moins qu'ils ne prouvent soit un cas de force majeure, soit que la perte subie ne provient pas de leur faute.

ART. 20. — Lorsque des filets appartenant à des pêcheurs différents viennent à se mêler, il est défendu de les couper sans le consentement des deux parties.

Toute responsabilité cesse si l'impossibilité de séparer les filets par d'autres moyens est prouvée.

ART. 21. — Lorsqu'un bateau pêchant aux cordes croise ses lignes avec celles d'un autre bateau, il est défendu à celui qui les lève de les couper, à moins de force majeure et, dans ce cas, la corde coupée doit être immédiatement renouée.

ART. 22. — Sauf les cas de sauvetage et ceux prévus par les deux articles précédents, il est défendu à tout pêcheur de couper, de crocher ou de soulever, sous quelque prétexte que ce soit, les filets, lignes et autres engins qui ne lui appartiennent pas.

ART. 23. — Il est interdit d'employer tout instrument ou engin servant exclusivement à couper ou à détruire les filets.

La présence à bord d'engins de cette nature est également défendue.

Les Hautes Parties contractantes s'engagent à prendre les mesures nécessaires pour en empêcher l'embarquement à bord des bateaux de pêche.

ART. 24. — Les bateaux pêcheurs ont à observer les règles générales, relatives aux feux, adoptées ou qui seront adoptées d'un commun accord par les Hautes Parties contractantes, en vue de prévenir les abordages.

ART. 25. — Tout bateau de pêche, tout canot, tout objet d'armement ou de gréement de bateau de pêche, tout filet, ligne, bouée, flotte, ou instrument quelconque de pêche marqué ou non marqué, qui aura été trouvé ou recueilli en mer doit, aussitôt que possible, être remis aux autorités compétentes dans le premier port de retour ou de relâche du bateau sauveteur.

Ces autorités informent les consuls ou agents consulaires de la nation du bateau sauveteur et de celle du propriétaire des objets trouvés. Elles rendent ces objets aux propriétaires ou à leurs représentants, dès qu'ils ont été réclamés et que les droits des sauveteurs sont dûment garantis.

Les autorités administratives ou judiciaires, selon la législation des différents pays, fixent l'indemnité que les propriétaires doivent payer aux sauveteurs.

Il demeure entendu que cette disposition ne porte aucune atteinte aux conventions déjà en vigueur sur cette matière et que les Hautes Parties contractantes se réservent la faculté de régler entre elles, par des arrangements spéciaux, le montant d'une allocation fixe à allouer par filet retrouvé.

Les engins de pêche de toute nature trouvés sans marque sont considérés comme épaves.

Art. 26. — La surveillance de la pêche sera exercée par les bâtiments de la marine militaire des Hautes Parties contractantes; en ce qui concerne la Belgique, ces bâtiments pourront être des navires de l'État, commandés par des capitaines commissionnés.

Art. 27. — L'exécution des règles qui concernent le document justificatif de la nationalité, la marque et le numérotage des bateaux, etc., et des engins de pêche, ainsi que la présence à bord des instruments prohibés (art. 6, 7, 8, 9, 10, 11, 12, 13 et 23, § 2), est placée sous la surveillance exclusive des bâtiments croiseurs de la nation du bateau pêcheur.

Toutefois, les commandants des bâtiments croiseurs se signaleront mutuellement les infractions aux dites règles commises par les pêcheurs d'une autre nation.

Art. 28. — Les bâtiments croiseurs de toutes les Hautes Parties contractantes sont compétents pour constater toutes les infractions aux règles prescrites par la présente convention, autres que celles indiquées dans l'article 27, et tous les délits se rapportant aux opérations de pêche, quelle que soit d'ailleurs la nation à laquelle appartiennent les pêcheurs qui commettent ces infractions.

Art. 29. — Lorsque les commandants des bâtiments croiseurs ont lieu de croire qu'une infraction aux mesures prévues par la présente convention a été commise, ils peuvent exiger du patron du bateau auquel une contravention est ainsi imputée d'exhiber la pièce officielle justifiant de sa nationalité. Mention sommaire de cette exhibition est faite immédiatement sur la pièce produite.

Les commandants des bâtiments croiseurs ne peuvent pousser plus loin leur visite ou leur recherche à bord d'un bateau pêcheur qui n'appartient pas à leur nationalité, à moins, toutefois, que cela ne soit nécessaire pour relever les preuves d'un délit ou d'une contravention relative à la police de la pêche.

ART. 30. — Les commandants des bâtiments croiseurs des Puissances signataires apprécient la gravité des faits de leur compétence, parvenus à leur connaissance et constatent le dommage, quelle qu'en soit la cause, éprouvé par les bateaux de pêche appartenant aux Hautes Parties contractantes.

Ils dressent, s'il y a lieu, procès-verbal de la constatation des faits, telle qu'elle résulte tant des déclarations des parties intéressées que du témoignage des personnes présentes.

Si le cas lui semble assez grave pour justifier cette mesure, le commandant d'un bâtiment croiseur aura le droit de conduire le bateau en contravention dans un port de la nation du pêcheur. Il pourra même prendre à son bord une partie des hommes de l'équipage pour les remettre entre les mains des autorités de la nation du bateau.

ART. 31. — Le procès-verbal prévu à l'article précédent est rédigé dans la langue du commandant du bâtiment croiseur et suivant les formes en usage dans son pays.

Les inculpés et les témoins ont le droit d'y ajouter ou d'y faire ajouter, dans leur propre langue, toute mention ou témoignage qu'ils croiront utile. Ces déclarations devront être dûment signées.

ART. 32. — La résistance [1] aux prescriptions des commandants des bâtiments croiseurs chargés de la police de la pêche ou de ceux qui agissent d'après leurs ordres sera, sans tenir compte de la nationalité du croiseur, considérée comme résistance envers l'autorité nationale du bateau pêcheur.

ART. 33. — Lorsque le fait imputé n'est pas de nature grave, mais que néanmoins il a occasionné des dommages à un pêcheur quelconque, les commandants des bâtiments croiseurs peuvent

---

[1] Il a été expressément dit que la conférence entendait par là aussi bien la résistance violente que le refus d'obéir. *(Note du Tr.)*.

concilier à la mer les intéressés et fixer l'indemnité à payer, s'il y a consentement des parties en cause.

Dans ce cas, si l'une des parties n'est pas en mesure de s'acquitter immédiatement, les commandants font signer en double expédition par les intéressés un acte réglant l'indemnité à payer.

Un exemplaire de cette pièce reste à bord du croiseur ; l'autre est remise au patron en crédit, afin qu'il puisse au besoin s'en servir devant les tribunaux du débiteur.

Dans le cas, au contraire, où il n'y aurait pas consentement des parties, les commandants agiront conformément aux dispositions de l'art. 30.

ART. 34. — La poursuite des délits et contraventions prévus dans la présente convention, aura lieu au nom de ou par l'État.

ART. 35. — Les Hautes Parties contractantes s'engagent à proposer à leurs législatures respectives les mesures nécessaires pour assurer l'exécution de la présente convention et notamment pour faire punir soit de l'emprisonnement, soit de l'amende, soit de ces deux peines, ceux qui contreviendront aux dispositions des articles 6 à 23 inclusivement.

ART. 36. — Toutes les fois que des pêcheurs de l'un des pays contractants se seront livrés à des voies de fait contre les pêcheurs d'une autre nationalité ou leur auront causé volontairement des dommages ou des pertes, les tribunaux du pays auquel appartiendront les bateaux des délinquants seront compétents pour les juger.

La même règle est applicable en ce qui concerne les délits et contraventions prévus par la présente convention.

ART. 37. — La procédure et le jugement des contraventions aux dispositions de la présente convention ont toujours lieu aussi sommairement que les lois et règlements en vigueur le permettent.

ART. 38. — La présente convention sera ratifiée. Les ratifications seront échangées à La Haye, dans le plus bref délai possible.

ART. 39. — La présente convention sera mise à exécution à partir du jour dont les Hautes Parties contractantes conviendront.

Elle restera en vigueur pendant cinq années à dater de ce jour et, dans le cas où aucune des Hautes Parties contractantes n'aurait notifié douze mois avant l'expiration de la dite période de cinq années son intention d'en faire cesser les effets, elle continuera à rester en vigueur une année et ainsi de suite d'année en année. Dans le cas, au contraire, où l'une des Puissances signataires dénoncerait la convention, celle-ci sera maintenue entre les autres Parties contractantes, à moins qu'elles ne la dénoncent également.

ARTICLE ADDITIONNEL. — Le gouvernement de Sa Majesté le Roi de Suède et de Norvége aura la faculté d'adhérer à la présente convention, pour la Suède et pour la Norvége, soit ensemble, soit séparément.

Cette adhésion sera notifiée au gouvernement des Pays-Bas et par celui-ci aux autres gouvernements signataires.

Fait à La Haye en six exemplaires, le 6 mai 1882.

Suivent les signatures.

La convention n'a pas encore été ratifiée. (Juillet 1883.)

ANNEXE G.

Extrait des instructions pour les commandants des navires ou bâtiments de Sa Majesté, approuvées par ordre impérial du 28 septembre 1872. (Conduite à suivre à l'étranger par les commandants.)

ART. 6. — Le commandant du navire représente l'empereur. Lorsqu'il est sans communications directes avec ses chefs, il doit, dans tous les cas non prévus par les présentes instructions, agir sous sa propre responsabilité et en tenant compte des circonstances.

ART. 7. — Il doit toujours se conduire et prendre ses décisions en considérant les intérêts du service de l'empereur et du pays.

ART. 8. — Le navire représente, à l'étranger, la force armée du pays.

ART. 9. — A son arrivée dans un port étranger, le commandant doit prendre connaissance des prescriptions de police, de douane et de quarantaine qui y sont en vigueur, et veiller à leur constante observation; il doit autant que possible s'enquérir des règlements sanitaires lorsqu'il se trouve encore dans le port de départ. En répondant aux questions qui lui sont posées par les employés de la santé et autres, il doit user d'une exactitude et d'une attention très grandes, afin d'éviter les malentendus qui pourraient donner lieu à des plaintes et à des réclamations. Avant d'entrer dans les eaux intérieures soumises à une puissance étrangère, il doit demander l'autorisation aux fonctionnaires locaux compétents.

Dans les cas de nécessité urgente où l'on ne peut attendre cette autorisation, elle doit être demandée postérieurement.

Art. 10. — Il doit, d'accord avec les consuls, fournir aide et protection aux sujets de l'empire d'Allemagne, ainsi qu'à leurs intérêts maritimes, commerciaux et autres, mais en respectant et en observant les lois du pays où il se trouve.

Art. 12. — Les instructions générales pour le service consulaire de l'empire, du 6 juin 1871, serviront de guide dans les rapports avec les agents consulaires allemands.

Tout représentant de l'empereur qui provoque une intervention militaire, de la marine impériale, porte exclusivement la responsabilité administrative et politique des conséquences qui en résultent. Il a le devoir de négocier avec les autorités locales compétentes, et notamment de s'assurer que tous les moyens pacifiques propres à écarter les périls menaçant la vie, la liberté ou la propriété des sujets de l'empire, sont épuisés; il doit s'assurer également que tout retard présente un danger sérieux, ou que l'emploi de la force est exigé par les circonstances et constitue le seul moyen d'empêcher une violation des droits, ou d'obtenir satisfaction et réparation pour le dommage causé ou pour l'offense faite au pavillon allemand.

Les commandants des bâtiments de la marine impériale, lorsqu'ils n'ont point d'instructions spéciales ou lorsqu'il y a possibilité de s'entendre préalablement avec un représentant de l'empereur, n'agissent que sur l'invitation de ce représentant et portent toute la responsabilité militaire des mesures prises en vue d'exécuter la réquisition qu'ils ont acceptée; ils doivent en conséquence examiner dans quelle mesure elle peut être exécutée, et garantir que l'honneur du pavillon impérial sera sauvegardé après avoir été engagé. Ils sont toujours libres de faire valoir verbalement ou par écrit auprès du représentant de l'empereur leurs objections personnelles contre la réquisition tendant à l'emploi de la force, ou leur opinion concernant l'opportunité d'une mesure déterminée; ils ne peuvent apprécier l'aspect politique et juridique des questions, prendre des décisions officielles à cet égard, entrer en négociations avec les autorités du pays ou avec les chefs de peuplades non civilisées que s'il ne se trouve pas sur les lieux un représentant régulier de l'empereur.

ORDONNANCE IMPÉRIALE DU 28 DÉCEMBRE 1875 (*M. V. Bl,*, p. 242).

Au chef de l'amirauté. — Sur le rapport que vous m'avez adressé, je décide que les dispositions suivantes qui déterminent les relations réciproques de mes agents à l'étranger et des commandants de mes navires, et fixent les bornes de leur compétence et de leur responsabilité en cas d'action politique et militaire, seront ajoutées à l'article 12 des instructions pour les commandants de mes navires et bâtiments de guerre.

En cas de réquisition adressée par les missions ou les consulats allemands aux commandants des navires de guerre, il sera de principe que la responsabilité administrative et politique qui résultera d'une intervention militaire de la marine provoquée par un représentant de l'empereur incombera exclusivement à cet agent. Il a le devoir de négocier avec les autorités locales compétentes, et notamment de s'assurer que tous les moyens pacifiques propres à écarter les périls menaçant la vie, la liberté ou la propriété des sujets de l'empire, sont épuisés; il doit s'assurer également que tout retard présente un danger sérieux, ou que l'emploi de la force est exigé par les circonstances et constitue le seul moyen d'empêcher une violation des droits, ou d'obtenir satisfaction et réparation pour le dommage causé ou pour l'offense faite au pavillon allemand.

Les commandants des bâtiments de la marine impériale, lorsqu'ils n'ont point d'instruction spéciale, ou lorsqu'il y a possibilité de s'entendre préalablement avec un représentant de l'empereur, n'agissent que sur l'invitation de ce représentant, et portent toute la responsabilité militaire des mesures prises en vue d'exécuter la réquisition qu'ils ont acceptée; ils doivent en conséquence examiner dans quelle mesure cette réquisition peut être exécutée, et garantir que l'honneur du pavillon impérial sera sau-

vegardé après avoir été engagé. Ils sont toujours libres de faire
valoir verbalement ou par écrit auprès des représentants de
l'empereur leurs objections personnelles contre la réquisition
tendant à l'emploi de la force, ou leur opinion propre sur l'opportunité d'une mesure déterminée; ils ne peuvent apprécier l'aspect
juridique et politique des questions, prendre des décisions officielles à cet égard, entrer en négociations avec les autorités du
pays ou avec les chefs de peuplades sauvages, que s'il ne se
trouve point de représentant de l'empereur sur les lieux.

Vous avez à prendre les mesures ultérieures requises.

(S.) GUILLAUME.

ART. 13. — Si un commandant entre en conflit avec les autorités
d'un pays étranger, il doit remettre la suite de l'affaire à l'agent
diplomatique ou consulaire de l'empire, et adresser un rapport à
ses propres chefs hiérarchiques.

ART. 14. Si une intervention immédiate est absolument nécessaire, il doit prendre en considération les principes du droit des
gens maritime, et, en agissant, il ne doit pas oublier qu'il portera
la responsabilité entière des conséquences.

ART. 15. — L'intérêt de l'empire exigeant que ses représentants
à l'étranger jouissent d'une considération aussi haute que possible,
tout commandant a le devoir de leur rendre avec tout l'apparat
possible les honneurs qui leur reviennent en vertu des règlements;
il a également le devoir d'agir après s'être librement entendu avec
les représentants diplomatiques ou consulaires, et de déférer
autant que possible à leurs réquisitions. Enfin, il doit se servir des
consuls, comme étant les agents désignés pour pourvoir aux besoins du navire. La liste des agents diplomatiques et des consuls
et vice-consuls de l'empire, accrédités dans les divers pays avec
l'indication de l'étendue de leurs circonscriptions, se trouve sur le
catalogue de chaque navire.

ORDRE IMPÉRIAL DU 7 JANVIER 1879. (*M. V. Bl.*, p. 1.)

Au chef de l'amirauté. — Sur le rapport que vous m'avez adressé,
et pour compléter les dispositions contenues dans les articles 12, 13
et 15 des *Instructions pour les commandants* approuvées par moi,
je décide que l'article 15 sera précédé de ce qui suit : En visitant
les ports étrangers, le commandant doit se mettre sans retard en

rapport avec le représentant de l'empereur qui y résiderait (ambassadeur, ministre, consul), et lui faire connaître le but et la durée probable de la présence du navire. Il doit faire la même communication au représentant de l'empereur dans la capitale du pays chaque fois qu'il s'agit non pas seulement de compléter ses approvisionnements et d'acheter des vivres, mais d'accomplir une mission déterminée ou de réclamer l'assistance ou le secours des autorités étrangères, même si la démarche du commandant du navire n'implique pas une réquisition faite par le représentant de l'empereur.

Berlin, 7 janvier 1879.

(S.) Guillaume.

Art. 16. — Dans le cas d'action politique et militaire, exécutée en vertu des ordres que le commandant a reçus à son départ ou en vertu d'une réquisition des envoyés diplomatiques et autres agents politiques, il faut se guider d'après les règles suivantes :

1) L'honneur du pavillon doit être sauvegardé en tout état de cause ; il en résulte qu'à partir du moment où le commandant a accepté une réquisition, il assume la responsabilité pleine et entière de l'exécution ; une entreprise commencée doit être poursuivie par lui en y appliquant toutes les forces dont il dispose.

2) Avant d'entrer en action, il faut s'y préparer aussi complètement que possible et s'entourer de tous les renseignements nécessaires ; il faut aussi s'abstenir d'entreprendre plus qu'on ne pourrait accomplir, les circonstances étant favorables.

Chez les peuples sauvages ou peu civilisés, rien ne produit une impression plus fâcheuse que l'abandon d'une entreprise sans que le but soit atteint.

3) Il faut traiter généreusement un ennemi inférieur en forces, mais sans montrer de la faiblesse.

ANNEXE H.

Déclaration de Paris, du 16 avril 1856, concernant le droit des gens
maritime.

(*L'adhésion de la Prusse a été donnée par ordonnance*
royale du 12 juin 1856.)

Les plénipotentiaires qui ont signé le traité de Paris du 30 mars 1856, réunis en conférence, considérant :

Que le droit maritime, en temps de guerre, a été pendant longtemps l'objet de contestations regrettables;

Que l'incertitude du droit et des devoirs en pareille matière donne lieu, entre les neutres et les belligérants, à des divergences d'opinion qui peuvent faire naître des difficultés sérieuses et même des conflits;

Qu'il y a avantage par conséquent à établir une doctrine uniforme sur un point aussi important;

Que les plénipotentiaires assemblés au congrès de Paris ne sauraient mieux répondre aux intentions dont leurs gouvernements sont animés qu'en cherchant à introduire dans les rapports internationaux des principes fixes à cet égard;

Dûment autorisés, les susdits plénipotentiaires sont convenus de se concerter sur les moyens d'atteindre ce but, et, étant tombés d'accord, ont arrêté la déclaration solennelle ci-après :

1° La course est et demeure abolie;

2° Le pavillon neutre couvre la marchandise ennemie, à l'exception de la contrebande de guerre;

3° La marchandise neutre, à l'exception de la contrebande de guerre, n'est pas saisissable sous pavillon ennemi;

4° Les blocus, pour être obligatoires, doivent être effectifs, c'est-à-dire maintenus par une force suffisante pour interdire réellement l'accès du littoral de l'ennemi.

Les gouvernements des plénipotentiaires soussignés s'engagent à porter cette déclaration à la connaissance des états qui n'ont pas été appelés à participer au congrès de Paris et à les inviter à y accéder.

Convaincus que les maximes qu'ils viennent de proclamer ne

sauraient être accueillies qu'avec gratitude par le monde entier, les plénipotentiaires soussignés ne doutent pas que les efforts de leurs gouvernements pour en généraliser l'adoption, ne soient couronnés d'un plein succès.

La présente déclaration n'est et ne sera obligatoire qu'entre les puissances qui y ont ou qui y auront accédé.

Fait à Paris, le 16 avril 1856.

Annexe I.

Résolutions votées par une assemblée de commerçants de Brême, au sujet de l'inviolabilité des personnes et de la propriété sur mer en temps de guerre, du 2 décembre 1859.

Considérant que l'inviolabilité des personnes et de la propriété est le fondement unique sur lequel reposent la sécurité et le développement des rapports matériels et moraux des peuples, la condition indispensable du progrès, du bien-être et de la moralité, et de leur extension aux parages les plus reculés; que ce principe doit, en conséquence, être tenu pour sacré, même en temps de guerre, par les nations qui tiennent à honneur de promouvoir la civilisation;

Considérant que, contrairement à ce principe, le droit des gens permet encore, dans les guerres maritimes, ce qui depuis longtemps est flétri sur terre comme un abus de la force brutale, à savoir: d'enlever leur liberté et leur propriété à des particuliers qui exercent paisiblement leur profession, de prendre et de détruire les navires de commerce et leurs cargaisons, de retenir prisonniers leurs équipages;

Considérant que partout on a conscience de l'injustice de cette manière d'agir; que la déclaration du congrès de Paris du 16 avril 1856, revêtue de l'adhésion de presque tous les états, a commencé à faire prévaloir une appréciation plus équitable des choses; qu'elle ne protège pas seulement les intérêts des sujets des états neutres, mais aussi la propriété des sujets des belligérants, lorsque celle-ci se trouve à bord d'un navire neutre; qu'à la suite de ce précédent, et du vœu manifesté par plusieurs gouvernements, surtout par les États-Unis d'Amérique, de voir cesser complètement cette ancienne injustice, il est devenu plus facile de faire droit aux réclamations générales des commerçants et des navigateurs, qui demandent la sécurité pour eux-mêmes et pour leurs propriétés, dans la mesure où ils n'accomplissent aucun acte contraire aux exigences de la guerre;

Considérant, en outre, que le congrès des grandes puissances de l'Europe qui va se réunir doit avoir pour mission d'achever l'œuvre commencée par celui qui l'a précédé, et de s'assurer un souvenir éternel dans les annales de la civilisation, en effaçant des règles du droit des gens maritime toute trace de l'arbitraire des temps barbares;

Considérant enfin que, dans ce but, tous ceux que guident leur intérêt propre ou leurs sympathies pour le progrès du droit, ont l'obligation d'élever la voix et de faire connaître le jugement du monde civilisé à leur gouvernement et au conseil des nations qui va se réunir;

L'assemblée décide que :

1. L'inviolabilité des personnes et de la propriété sur mer en temps de guerre, étendue aux sujets des états belligérants, pour autant qu'elle ne soit pas restreinte par les nécessités de la guerre, est la conséquence inéluctable de la conscience du droit qui se manifeste en notre temps.

2. Le sénat de la ville libre et hanséatique de Brême sera invité à se faire le défenseur de ce principe, et à proposer sa réalisation en s'adressant soit aux gouvernements confédérés d'Allemagne, soit aux puissances du congrès.

3. Tous ceux qui ont à cœur le triomphe de ce principe, soit à cause de leurs propres intérêts, soit en vue des intérêts du droit et de la civilisation, doivent, autant que possible, manifester en même temps leur opinion, et agir unanimement sur leurs gouvernements.

4. Un comité sera formé pour réaliser ces résolutions; il sera chargé de les communiquer au sénat, à la chambre de commerce, aux consuls des états étrangers, et, aussi loin que possible, aux personnes et aux associations de l'Allemagne et de l'étranger qui s'intéressent aux relations maritimes, en les priant d'agir dans le même sens.

ANNEXE K.

Convention pour l'amélioration du sort des militaires blessés dans les armées en campagne.

Sa Majesté le Roi des Belges, Son Altesse Royale le Grand-Duc de Bade, Sa Majesté le Roi de Danemark, Sa Majesté la Reine d'Espagne, Sa Majesté l'Empereur des Français, Son Altesse Royale le Grand-Duc de Hesse, Sa Majesté le Roi d'Italie, Sa Majesté le Roi des Pays-Bas, Sa Majesté le Roi de Portugal et des Algarves, Sa Majesté le Roi de Prusse, la Confédération Suisse, Sa Majesté le Roi de Wurtemberg, également animés du désir d'adoucir, autant qu'il dépend d'eux, les maux inséparables de la guerre, de supprimer les rigueurs inutiles, et d'améliorer le sort des militaires blessés sur les champs de bataille, ont résolu de conclure une convention à cet effet et ont nommé pour leurs plénipotentiaires, etc., etc., etc.; lesquels, après avoir échangé leurs pouvoirs, trouvés en bonne et due forme, sont convenus des articles suivants :

Art. I. — Les ambulances et les hôpitaux militaires seront seront reconnus neutres, et comme tels protégés et respectés par les belligérants aussi longtemps qu'il s'y trouvera des malades ou des blessés.

La neutralité cesserait si ces ambulances ou ces hôpitaux étaient gardés par une force militaire.

Art. II. — Le personnel des hôpitaux et des ambulances, comprenant l'intendance, les services de santé, d'administration, de transport des blessés, ainsi que les aumôniers, participera au bénéfice de la neutralité lorsqu'il fonctionnera et tant qu'il restera des blessés à relever ou à secourir.

Art. III. — Les personnes désignées dans l'article précédent pourront, même après l'occupation par l'ennemi, continuer à remplir leurs fonctions dans l'hôpital ou l'ambulance qu'elles desservent, ou se retirer pour rejoindre le corps auquel elles appartiennent.

Dans ces circonstances, lorsque ces personnes cesseront leurs fonctions, elles seront remises aux avant-postes ennemis, par les soins de l'armée occupante.

ART. IV. — Le matériel des hôpitaux militaires demeurant soumis aux lois de la guerre, les personnes attachées à ces hôpitaux ne pourront, en se retirant, emporter que les objets qui sont leur propriété particulière.

Dans les mêmes circonstances, au contraire, l'ambulance conservera son matériel.

ART. V. — Les habitants du pays qui porteront secours aux blessés seront respectés et demeureront libres.

Les généraux des puissances belligérantes auront pour mission de prévenir les habitants de l'appel fait à leur humanité et de la neutralité qui en sera la conséquence. Tout blessé recueilli et soigné dans une maison y servira de sauvegarde. L'habitant qui aura recueilli chez lui des blessés sera dispensé du logement des troupes ainsi que d'une partie des contributions de guerre qui seraient imposées.

ART. VI. — Les militaires blessés ou malades seront recueillis et soignés, à quelque nation qu'ils appartiennent.

Les commandants en chef auront la faculté de remettre immédiatement aux avant-postes ennemis les militaires blessés pendant le combat, lorsque les circonstances le permettront, et du consentement des deux parties.

Seront renvoyés dans leur pays ceux qui, après leur guérison, seront reconnus incapables de servir.

Les autres pourront être également renvoyés, à la condition de ne pas reprendre les armes pendant la durée de la guerre.

Les évacuations, avec le personnel qui les dirige, seront couvertes par une neutralité absolue.

ART. VII. — Un drapeau distinctif et uniforme sera adopté pour les hôpitaux, les ambulances et les évacuations. Il devra être, en toute circonstance, accompagné du drapeau national.

Un brassard sera également admis pour le personnel neutralisé; mais la délivrance en sera laissée à l'autorité militaire.

Le drapeau et le brassard porteront croix rouge sur fond blanc [1].

----

[1] Sur la substitution du croissant rouge à la croix rouge comme marque distinctive de neutralité, voir le *Staatsarchiv*, t. XXXII, nᵒˢ 6467-6471 et 6483.

Art. VIII. — Les détails d'exécution de la présente convention seront réglés par les commandants en chef des armées belligérantes, d'après les instructions de leurs gouvernements respectifs et conformément aux principes généraux énoncés dans cette convention.

Art. IX.— Les hautes puissances contractantes sont convenues de communiquer la présente convention aux gouvernements qui n'ont pu envoyer des plénipotentiaires à la conférence internationale de Genève, en les invitant à y accéder; le protocole est à cet effet laissé ouvert.

Art. X. — La présente convention sera ratifiée, et les ratifications en seront échangées, à Berne, dans l'espace de quatre mois, ou plus tôt si faire se peut.

En fait de quoi, etc.

Fait à Genève, le 22 août 1864.

———

Articles additionnels à la convention du 22 août 1864 pour l'amélioration du sort des militaires blessés dans les armées en campagne.

Les gouvernements de l'Allemagne du Nord, l'Autriche, Bade, la Bavière, la Belgique, le Danemark, la France, la Grande-Bretagne, l'Italie, les Pays-Bas, la Prusse, Suède et Norvége, la Suisse, la Turquie, le Wurtemberg;

Désirant étendre aux armées de mer les avantages que la convention conclue à Genève, le 22 août 1864, pour l'amélioration du sort des militaires blessés dans les armées en campagne, et préciser davantage quelques-unes des stipulations de ladite convention, ont nommé pour leurs commissaires, etc......, lesquels, dûment autorisés à cet effet, sont convenus sous réserve d'approbation de leurs gouvernements, des dispositions suivantes :

Art. Ier. — Le personnel désigné dans l'article II de la convention continuera après l'occupation par l'ennemi, à donner, dans la mesure des besoins, ses soins aux malades et aux blessés de l'ambulance ou de l'hôpital qu'il dessert. Lorsqu'il demandera à se retirer, le commandant des troupes occupantes fixera le moment de ce départ, qu'il ne pourra toutefois différer que pour une courte durée en cas de nécessités militaires.

ART. II. — Des dispositions devront être prises par les puissances belligérantes pour assurer au personnel neutralisé, tombé entre les mains de l'armée ennemie, la jouissance intégrale de son traitement.

ART. III. — Dans les conditions prévues par les articles I et IV de la convention, la dénomination d'*ambulance* s'applique aux hôpitaux de campagne et autres établissements temporaires qui suivent les troupes sur les champs de bataille pour y recevoir des malades et des blessés.

ART. IV. — Conformément à l'esprit de l'article V de la convention et aux réserves mentionnées au protocole de 1864, il est expliqué que, pour la répartition des charges relatives au logement des troupes et aux contributions de guerre, il ne sera tenu compte que dans la mesure de l'équité du zèle charitable déployé par les habitants.

ART. V. — Par extension de l'article VI de la convention, il est stipulé que, sous la réserve des officiers dont la possession importerait au sort des armes et dans les limites fixées par le deuxième paragraphe de cet article, les blessés tombés entre les mains de l'ennemi, lors même qu'ils ne seraient pas reconnus incapables de servir, devront être renvoyés dans leur pays après guérison, ou plus tôt, si faire se peut, à la condition toutefois de ne pas reprendre les armes pendant la durée de la guerre.

ARTICLES CONCERNANT LA MARINE.

ART. VI. — Les embarcations, qui, à leurs risques et périls, pendant et après le combat, recueillent ou qui, ayant recueilli des naufragés ou des blessés, les portent à bord d'un navire soit neutre, soit hospitalier, jouiront, jusqu'à l'accomplissement de leur mission, de la part de neutralité que les circonstances du combat et la situation des navires en conflit permettront de leur appliquer.

L'appréciation de ces circonstances est confiée à l'humanité de tous les combattants.

Les naufragés et les blessés ainsi recueillis et sauvés ne pourront servir pendant la durée de la guerre.

ART. VII. — Le personnel religieux, médical et hospitalier de tout bâtiment capturé est déclaré neutre. Il emporte, en quittant le navire, les objets et les instruments de chirurgie qui sont sa propriété particulière.

ART. VIII. — Le personnel désigné dans l'article précédent doit continuer à remplir ses fonctions sur le bâtiment capturé, concourir aux évacuations de blessés faites par le vainqueur, puis il doit être libre de rejoindre son pays conformément au second paragraphe du premier article additionnel ci-dessus.

Les stipulations du deuxième article additionnel ci-dessus sont applicables au traitement de ce personnel.

ART. IX. — Les bâtiments hôpitaux militaires restent soumis aux lois de la guerre, en ce qui concerne leur matériel; ils deviennent la propriété du capteur, mais il ne pourra les détourner de leur affectation spéciale pendant la durée de la guerre [1].

ART. X. — Tout bâtiment de commerce, à quelque nation qu'il appartienne, chargé exclusivement de blessés et de malades dont il opère l'évacuation, est couvert par la neutralité, mais le fait seul de la visite, notifié sur le journal du bord, par un croiseur ennemi, rend les blessés et les malades incapables de servir pendant la durée de la guerre. Le croiseur aura même le droit de mettre à bord un commissaire pour accompagner le convoi et vérifier ainsi la bonne foi de l'opération.

Si le bâtiment de commerce contenait en outre un chargement, la neutralité le couvrirait encore, pourvu que ce chargement ne fût pas de nature à être confisqué par le belligérant.

Les belligérants conservent le droit d'interdire aux bâtiments neutralisés toute communication et toute direction qu'ils jugeraient nuisibles au secret de leurs opérations.

Dans les cas urgents, des conventions particulières pourront être faites entre les commandants en chef pour neutraliser momentanément d'une manière spéciale les navires destinés à l'évacuation des blessés et des malades.

---

[1] La France avait proposé de compléter l'article 9 de la manière suivante : « Cependant, les navires impropres à la guerre, qui, d'après une disposition « officielle du gouvernement, prise déjà en temps de paix, avaient été destinés à « servir de lazareth flottant, jouissent pendant la guerre d'une neutralité com- « plète en ce qui concerne le matériel et le personnel, pourvu que leur équipe- « ment soit fait exclusivement à la vue de cette destination spéciale. » — Cette addition a obtenu l'assentiment de l'Angleterre et de l'Allemagne du Nord.

Art. XI. — Les marins et les militaires embarqués, blessés ou malades, à quelque nation qu'ils appartiennent, seront protégés et soignés par les capteurs.

Le repatriement est soumis aux prescriptions de l'article VI de la convention et de l'article V additionnel.

Art. XII. — Le drapeau distinctif à joindre au pavillon national pour indiquer un navire ou une embarcation quelconque qui réclame le bénéfice de la neutralité, en vertu des principes de cette convention, est le pavillon blanc à croix rouge.

Les belligérants exercent, à cet égard, toute vérification qu'ils jugent nécessaire.

Les bâtiments hôpitaux militaires seront distingués par une peinture extérieure blanche avec batterie verte.

Art. XIII. — Les navires hospitaliers équipés aux frais des sociétés de secours reconnus par les gouvernements signataires de cette convention, pourvus de commission émanée du souverain qui aura donné l'autorisation expresse de leur armement, et d'un document de l'autorité maritime compétente, stipulant qu'ils ont été soumis à son contrôle pendant leur armement et à leur départ final, et qu'ils étaient alors uniquement appropriés au but de leur mission, seront considérés comme neutres ainsi que tout leur personnel.

Ils seront respectés et protégés par les belligérants.

Ils se feront reconnaître en hissant, avec leur pavillon national, le pavillon blanc à croix rouge. La marque distinctive de leur personnel dans l'exercice de ses fonctions sera un brassard aux mêmes couleurs; leur peinture extérieure sera blanche avec batterie rouge.

Ces navires porteront secours et assistance aux blessés et aux naufragés des belligérants sans distinction de nationalité.

Ils ne devront gêner en aucune manière les mouvements des combattants.

Pendant et après le combat, ils agiront à leurs risques et périls.

Les belligérants auront sur eux le droit de contrôle et de visite; ils pourront refuser leur concours, leur enjoindre de s'éloigner et les détenir si la gravité des circonstances l'exigeait.

Les blessés et les naufragés recueillis par ces navires ne pourront être réclamés par aucun des combattants, et il leur sera imposé de ne pas servir pendant la durée de la guerre.

Art. XIV.—Dans les guerres maritimes, toute forte présomption que l'un des belligérants profite du bénéfice de la neutralité dans un autre intérêt que celui des blessés et des malades, permet à l'autre belligérant, jusqu'à preuve du contraire, de suspendre la convention à son égard.

Si cette présomption devient une certitude, la convention peut même lui être dénoncée pour toute la durée de la guerre.

Art. XV. — Le présent acte sera dressé en un seul exemplaire original, qui sera déposé aux archives de la Confédération Suisse.

Une copie authentique de cet acte sera délivrée avec l'invitation d'y adhérer, à chacune des puissances signataires de la convention du 22 août 1864, ainsi qu'à celles qui y ont successivement accédé.

En foi de quoi, etc......

Fait à Genève, le 20 octobre 1868.

ANNEXE L.

Déclarations de neutralité publiées à l'occasion de la guerre de 1870.

I. — GRANDE-BRETAGNE.

a) Proclamation concernant l'observation de la neutralité, du 19 juillet 1870. (Voir Hertslet, *Coll.* XIII, p. 458 et s.)

Cette proclamation a été remplacée par une autre, qui porte la date du 9 août 1870, et qui est reproduite sous le litt. c.

b) Circulaire du département des affaires étrangères, concernant la conduite des navires de guerre des puissances belligérantes dans les eaux soumises à la souveraineté territoriale de la couronne de Grande-Bretagne, du 19 juillet 1870. (Hertslet, *Coll.* XIII, p. 462 et s.)

Foreign Office, July 19th 1870.

My Lords,

Her Majesty being fully determined to observe the duties of neutrality during the existing state of war between the Emperor of the French and the King of Prussia, and being moreover resolved to prevent, as far as possible, the use of Her Majesty's harbours, ports and coasts, and the waters within Her Majesty's territorial jurisdiction, in aid of the warlike purposes of either belligerent, has commanded me to communicate to your Lordships, for your guidance, the following rules, which are to be treated and enforced as Her Majesty's orders and directions :

Her Majesty is pleased further to command that these rules shall be put in force in the United Kingdom, and in the Channel Islands, on and after the 26th of July instant, and in Her Majesty's territories and possessions beyond the seas, 6 days after the day when the Governor, or other chief authority, of each of such territories or possessions respectively, shall have notified and published the same; stating in such notification that the said rules are to be obeyed by all persons within the same territories and possessions.

1) During the continuance of the present state of war, all ships of war of either belligerent are prohibited from making use of any port or roadstead in the United Kingdom of Great Britain and Ireland, or in the Channel Islands, or in any of Her Majesty's colonies or foreign possessions or dependencies, or of any waters subject to the territorial jurisdiction of the British Crown, as a station or place of resort, for any warlike purpose, or for the purpose of obtaining any facilities of warlike equipment; and no ship of war of either belligerent shall hereafter be permitted to sail out of, or leave any port, roadstead or waters subject to British jurisdiction, from which any vessel of the other belligerent (whether the same shall be a ship of war or a merchant ship) shall have previously departed, until after the expiration of, at least, 24 hours from the departure of such last — mentioned vessel beyond the territorial jurisdiction of Her Majesty.

2) If any ship of war of either belligerent shall, after the time when this order shall be first notified and put in force in the United Kingdom, and in the Channel Islands, and in the Several Colonies and foreign possessions and dependencies of the Her Majesty respectively, enter any port, roadstead, or waters belonging to Her Majesty, either in the United Kingdom or in the Channel Islands, or in any of Her Majesty's Colonies or foreign possessions or dependencies, such vessel shall be required to

depart and to put to sea within 24 hours after her entrance
into such port, roadstead or waters, except in case of stress of
weather, or of her requiring provisions or things necessary for
the subsistence of her crew, or repairs; in either of which cases
the authorities of the port, or of the nearest port (as the case
may be), shall require her to put to sea as soon as possible after
the expiration of such period of 24 hours, without permitting
her to take in supplies beyond what may be necessary for her
immediate use; and no such vessel which may have been allowed
to remain within British waters for the purpose of repair shall
continue in any such port, roadstead, or waters, for a longer
period than 24 hours after her necessary repairs shall have been
completed. Provided, nevertheless, that in all cases in which
there shall be any vessel (whether ships of war or merchant
ships) of the said belligerent parties in the same port, roadstead
or waters within the territorial jurisdiction of Her Majesty, there
shall be an interval of not less than 24 hours between the departure therefrom of any such vessel (whether ships of war or mer
chant ships), of the one belligerent, and the subsequent departure
therefrom of any ship of war of the other belligerent; and the
time hereby limited for the departure of such ships of war respectively shall always, in case of necessity, be extended so far as
may be requisite for giving effect to this proviso, but no further
or otherwise.

3) No ship of war of either belligerent shall hereafter be permitted, while in any port, roadstead or waters subject to the
territorial jurisdiction of Her Majesty, to take in any supplies,
except provisions and such other things as may be requisite for
the subsistence of her crew, and except so much coal only as may
be sufficient to carry such vessel to the nearest port of her own
country, or to some nearer destination and no coal shall again be
supplied to any such ship of war in the same or any other port,
roadstead or waters subject to the territorial jurisdiction of Her
Majesty, without special permission, until after the expiration of
3 months from the time when such coal may have been last supplied to her within British waters as afore said.

4) Armed ships of either party are interdicted from carrying
prises made by them into the ports, harbours, roadstead, or
waters of the United Kingdom, or any of Her Majesty's colonies
or possessions abroad.   I have, etc. (s) Granville.

c) Proclamation concernant l'observation de la neutralité. (Hertslet, *Coll.* XIII, p. 464 et s.)

VICTORIA R. — Whereas we are happily at peace with all Sovereigns, Powers and States :

And whereas, notwithstanding our utmost exertions to preserve peace between all Sovereign Powers and States, a state of war unhappily exists between His Imperial Majesty the Emperor of the French, and His Majesty the King of Prussia, and between their respective subjects and others inhabiting within their countries, territories or dominions :

And whereas we are on terms of freindship and amicable intercourse with each of these Sovereigns and with their Several subjects and others inhabiting within their countries, territories, or dominions :

And whereas great numbers of our loyal subjects reside and carry on commerce, and possess property and establishments, and enjoy various rights and privileges, within the dominions of each of the aforesaid Sovereigns, protected by the faith of Treaties between us and each of the aforesaid Sovereigns :

And whereas we, being desirous of preserving to our subjects the blessings of peace, which they now happily enjoy, are firmly purposed and determined to abstain altogether from taking any part, directly or indirectly, in the war now unhappily existing between the said Sovereigns, their subjects and territories, and to remain at peace with and to maintain a peaceful and friendly intercourse with each of them, and ther respective subjects, and others inhabiting within any of their respective countries, terri- torie sand dominions, and to maintain a strict and impartial neu- trality in the said state of war unhappily existing between them :

We, therefore, have thought fit, by and with the advice of our Privy Council, to issue this our Royal Proclamation :

And we do hereby strictly charge and command all our loving subjects to govern themselves accordingly and to observe a strict neutrality in and during the aforesaid war, and abstain from violating or contravening either the laws and statutes of the realm in this behalf, or the law of nations in relation thereto, as they will answer to the contrary at their peril :

And whereas in and by a certain statute made and passed in the present year of Her Majesty, intituled « An Act to regulate the conduct of Her Majesty's subjects during the existence of hostilities between foreign States with which Her Majesty is at peace, » it is, amongst other things, declared and enacted as follows.

ILLEGAL ENLISTMENT.

« If any person, without the licence of Her Majesty, being a British subject, whithin or without Her Majesty's dominions, accepts or agrees to accept any commission or engagement in the military, or naval service of any foreign state at peace with Her Majesty and in this Act referred to as a friendly state, or whether a British subject or not within Her Majesty's dominions, induces any other person to accept or agree to accept any commission or engagement in the military or naval service of any such foreign state as aforesaid.

« He shall be guilty of an offence against this Act, and shall be punishable by fine and imprisonment, or either of such punishments, at the discretion of the Court before which the offender is convicted; and imprisonment, if awarded, may be either with or without hard labour.

« If any person, without the licence of Her Majesty, being a British subject, quits or goes on board any ship with a view of quitting Her Majesty's dominions, with intent to accept any commission or engagement in the military or naval service of any foreign state at war with a friendly state, or, whether a British subject or not within Her Majesty's dominions, induces any other person to quit or to go on board any ship with a view of quitting Her Majesty's dominions with the like intent.

« He shall be guilty of an offence against this Act, and shall be punishable by fine and imprisonment or either of such punishments, at the discretion of the Court before which the offender is convicted; and imprisonment, if awarded, may be either with or without hard labour.

« If any person induces any other person to quit Her Majesty's dominions, or to embark on any ship within Her Majesty's dominions under a misrepresentation or false representation of the service in which such person is to be engaged, with the intent or in order that such person may accept or agree to accept any commission or engagement in the military or naval service of any foreign state at war with a friendly state,

« He shall be guilty of an offence against this Act, and shall be punishable by fine and imprisonment, or either of such punishments, at the discretion of the Court before wich the offender is convicted; and imprisonment, if awarded, may be either with or without hard labour.

« If the master or owner of any ship, without the licence of Her Majesty, knowingly either takes on board, or engages to take on board, or has on board such ship within Her Majesty's dominions any of the following persons, in this Act referred to as ille gally enlisted persons; that is to say,

1) « Any person who, being a British subject within or without the dominions of Her Majesty, has, without the licence of Her Majesty, accepted or agreed to accept any commission or engagement in the military or naval service of any foreign state at war with any friendly state;

2) « Any person, being a British subject who, without the licence of Her Majesty, is about to quit Her Majesty's dominions with intent to accept any commission or engagement in the military or naval service of any foreign state at war with a friendly state;

3) « Any person who has been induced to embark under a misrepresentation or false representation of the service in which such person is to be engaged, with the intent or in order that such person may accept or agree to accept any commission or engagement in the military or naval service of any foreign state at war with a friendly state;

« Such master or owner shall be guilty of an offence against this Act, and the following consequences shall ensue, that is to say :

1) « The offender shall be punishable by fine and imprisonment, or either of such punishments, at the discretion of the Court, before which the offender is convicted; and imprisonment, if awarded, may be either with or without hard labour; and,

2) « Such ship shall be detained until the trial and conviction or acquittal of the master or owner, and until all penalties inflicted on the master or owner have been paid, or the master or owner has given security for the payment of such penalties to

the satisfaction of two Justices of the Peace, or other magistrate or magistrates having the authority of two Justices of the Peace; and,

3) « All illegally enlisted persons shall, immediatly on the discovery of the offence, be taken on shore, and shall not be allowed to return to the ship. »

ILLEGAL SHIPBUILDING AND ILLEGAL EXPEDITIONS.

« If any person within Her Majesty's dominions, without the licence of H. M. does any of the following acts, thas is to say :

1) « Builds or agrees to build, or causes to be built any ship with intent or knowledge, or having reasonable cause to believe that the same shall or will be employed in the military or naval service of any foreign state at war with any friendly state; or

2) « Issues or delivers any commission for any ship with intent or knowledge, or having reasonable cause to believe that the same shall or will be employed in the military or naval service of any foreign state at war with any friendly state; or

3) « Equips any ship with intent or knowledge or having reasonable cause to believe that the same shall or will be employed in the military or naval service of any foreign state at war with any friendly state; or

4) « Dispatches, or causes or allows to be dispatched, any ship with intent or knowledge, or having reasonable cause to believe that the same shall or will be employed in the military or naval service of any foreign state at war with any friendly state;

« Such person shall be deemed to have committed an offence against this Act, and the following consequences shall ensue :

1) « The offender shall be punishable by fine and imprisonment, or either of such punishments, at the discretion of the Court before which the offender is convicted; and imprisonment, if awarded, may be either with or without hard labour.

2) « The ship in respect of which any such offence is committed, and her equipment, shall be forfeited to Her Majesty.

« Provided, that a person building, causing to be built, or equipping a ship in any of the cases aforesaid, in pursuance of a contract made before the commencement of such war as aforesaid, shall not be liable to any of the penalties imposed by this section in respect of such building, or equipping if he satisfies the conditions following (that is to say) :

1) « If forthwith upon a proclamation of neutrality being issued by Her Majesty, he gives notice to the secretary of state that he is so building, causing to be built, or equipping such ship and furnishes such particulars of the contract and of any matters relating to, or done, or to be done under the contract as may be required by the secretary of state.

2) « If he gives such security, and takes and permits to be taken such other measures, if any, the secretary of state may prescribe for ensuring that such ship shall not be dispatched, delivered, or removed without the licence of Her Majesty until the termination of such war as aforesaid.

« Where any ship is built by order of or behalf of any foreign state when at war with a friendly state, or is delivered to or to the order of such foreign state, or any person who, to the knowledge of the person building, is an agent of such foreign state or is paid for by such foreign state or such agent, and is employed in the military or naval service of such foreign state, such ship shall, until the contrary is proved, be deemed to habe been built with a view to being so employed, and the burden shall lie on the builder of such ship of proving that he did not know that the ship was intended to be so employed in the military or naval service of such foreign state.

« If any person within the dominions of Her Majesty, and without the licence of Her Majesty,

« By adding to the number of the guns, or by changing those on board for other guns, or by the addition of any equipment for war, increases or augments or procures to be increased or augmented, or is knowingly concerned in increasing or augmenting the warlike force of any ship which at the time of her being within the dominions of Her Majesty, was a ship in the military or naval service of any foreign state at war with any friendly state,

« Such person shall be guilty of an offence against this Act, and shall be punishable by fine and imprisonment, or either of such punishments, at the discretion of the Court before which the offender is convicted; and imprisonment, if awarded, may be either with or without hard labour.

« If any person within the limits of Her Majesty's dominions, and without the licence of Her Majesty,

« Prepares or fits out any naval or military expedition to proceed against the dominions of any friendly state, the following consequences shall ensue :

1) « Every person engaged in such preparation or fitting out, or assisting therein, or employed in any capacity in such expedition, shall be guilty of an offence against this Act, and shall be punishable by fine and imprisonment, or either of such punishments, at the discretion of the Court before which the offender is convicted ; and imprisonment, if awarded, may be either with or without hard labour.

2) « All ships, and their equipments, and all arms and munitions of war used in or forming part of such expedition, shall be forfeited to Her Majesty.

« Any person who aids, abets, counsels, or procures the commission of any offence against this Act shall be liable to be tried and punished as a principal offender. »

And whereas by the said Act it is further provided that ships built, commissionned, equipped or dispatched in contravention of the said Act, may be condemned and forfeited by judgment of the court of admiralty ; and that if the secretary of state or chief executive authority is satisfied that there is a reasonable and probable cause for believing that a ship within Her Majesty's dohminions as been, or is being built, commissioned, or equipped, contrary to the said Act, and is about to be taken beyond the limits of such dominions, or that a ship is about to be dispatched contrary to the Act, such secretary of state, or chief executive authority, shall have power to issue a warrant authorising the seizure and search of such ship and her detention until she has been either condemned or released by process of law. And whereas certain powers of seizure and detention are conferred by the said act on certain local authorities :

Now, in order that none of our subjects may unwarily render themselves liable to the penalties imposed by the said statute, We do hereby strictly command, that no person or persons whatsoever do commit any act, matter or thing whatsoever contrary to the provisions of the same statute, upon pain of the several penalties by the said statute imposed and of our high displeasure.

And we do hereby further warn and admonish all our loving subjects, and all persons whatsoever entitled to our protection, to observe towards each of the aforesaid sovereigns, their subjects and territories, and towards all belligerents whatsoever, with whom We are at peace, the duties of neutrality; and to respect, in all and each of them, the exercise of those belligerent rights, which We and our royal predecessors have always claimed to exercise.

And We hereby further warn all our loving subjects, and all persons whatsoever entitled to our protection, that if any of them shall presume, in contempt of this our royal proclamation, and of our high displeasure, to do any acts in derogation of their duty as subjects of a neutral sovereign in a war between other sovereigns, or in violation or contravention of the law of nations in that behalf, as more especially by breaking, or endeavouring to break any blockade lawfully and actually established by or on behalf of either of the said sovereigns; or by carrying officers, soldiers, dispatches, arms, ammunition, military stores or materials, or any article or articles considered and deemed contraband of war according to the law or modern usages of nations for the use or service of each of the said sovereigns, that all persons so offending, together with their ships and goods, will rightfully incur and be justly liable to hostile capture, and to the penalties denounced by the law of nations in that behalf.

And We do hereby give notice that all our loving subjects and persons entitled to our protection who may misconduct themselves in the premises will do so at their peril, and of their own wrong; and that they will in nowise obtain any protection from us against such capture, or such penalties as aforesaid, but will, on the contrary, incur our high displeasure by such misconduct.

Given at our Court at Osborne House, Isle of Wight, this 9th day of August in the year of our Lord 1870, and in the 34th year of our reign.

II. — Pays-Bas.

a. *Avis du Ministre des affaires étrangères, du 20 juillet* 1870.

Le Ministre des Affaires étrangères se croit obligé, en raison de la guerre qui vient d'éclater, d'attirer l'attention des patrons de navires, des armateurs et des chargeurs, sur les dangers et les inconvénients auxquels ils s'exposent, si, contrairement aux devoirs des puissances neutres, ils ne respectent pas un blocus effectif, ou transportent soit de la contrebande de guerre, soit des dépêches militaires destinées à l'une des parties belligérantes.

Dans des cas semblables, les auteurs du fait devront encourir toutes les conséquences qui en résulteraient, sans pouvoir réclamer aucune protection ou intervention du gouvernement de Sa Majesté.

Le gouvernement veillera strictement à ce que personne n'équipe dans le pays des navires de guerre ou autres bâtiments armés pour le service des parties belligérantes, et à ce que des Néerlandais ne prennent point part à de semblables armements; il veillera également à ce que des navires de guerre ou autres bâtiments armés ne soient pas vendus aux belligérants, et à ce que des navires de transport ne soient pas construits pour eux et et conduits chez eux.

La Haye, le 20 juin 1870.

b. *Avis des Ministres des affaires étrangères, de la justice et de la marine, du 20 juillet 1870.*

I. A l'occasion de la guerre qui vient d'éclater, les ministres des affaires étrangères, de la justice et de la marine, autorisés par le Roi, font savoir aux habitants du royaume qu'ils ont à éviter toute immixtion dans la course maritime, et à n'accepter aucune lettre de marque étrangère. Les Néerlandais qui, munis de semblables lettres de marque, feraient la course ou la favoriseraient, seraient traduits devant les tribunaux du chef de ces actes que la loi frappe d'une peine.

II. Par ordre du Roi, les ministres des affaires étrangères, de la justice et de la marine, portent à la connaissance de tous ceux que la chose concerne, les dispositions suivantes arrêtées en vertu de l'avis qui précède (a), et ayant pour but l'observation d'une neutralité complète pendant la guerre.

ARTICLE PREMIER. — Aucun navire de guerre ou corsaire appartenant à l'une des parties belligérantes, ne pourra entrer avec des prises dans les ports ou baies des Pays-Bas, ni séjourner dans les rades, sauf dans les cas de nécessité évidente, tels que acci-

dent de mer et manque de vivres. Ils devront s'éloigner sans retard, aussitôt que le motif de leur relâche n'existera plus.

ART. 2. — La vente, l'échange, la donation de toute espèce de
prises ou d'objets qui proviennent de capture ou de butin de
guerre, sont interdits dans les baies ou ports néerlandais. Sont
également interdits dans ces pórts : le dégréement et la vente de
navires de guerre, ou de croiseurs des parties belligérantes; il en
sera de même des corsaires (pour autant qu'ils soient admis), à
moins qu'en raison de circonstances extraordinaires le gouvernement juge que la vente puisse s'opérer sans soulever de difficultés en ce qui concerne la neutralité du pays.

ART. 3. — Les corsaires, même sans être accompagnés de prises,
ne sont pas admis dans les baies et ports néerlandais, sauf dans
les cas prévus à l'article 1er. Le paragraphe final de cet article
leur est applicable. Ils ne pourront prendre plus de vivres que
ne l'exigent leurs besoins immédiats, ni embarquer plus de charbon qu'ils n'en consomment pendant 24 heures.

ART. 4. — Les navires de guerre des puissances belligérantes,
s'ils se soumettent aux dispositions prescrites par le droit des
gens pour l'admission dans les ports neutres, pourront séjourner
un temps indéterminé dans les baies et ports néerlandais; ils pourront se fournir de vivres et de charbon en quantité suffisante pour
gagner le port le plus proche du pays auquel ils appartiennent.

ART. 5. — Lorsque des navires des diverses parties belligérantes (bâtiments de guerre ou de commerce ou corsaires) se
trouvent en même temps dans un port, ou golfe, ou dans la même
rade ou dans les eaux territoriales du pays, il devra s'écouler un
espace d'au moins 24 heures entre le départ d'un navire d'une
partie belligérante et le départ d'un navire de l'autre partie.

Les autorités de la marine dans les ports pourront, selon les
circonstances prolonger la durée de ce délai.

ART. 6. — Il est défendu de livrer aux navires de guerre des
puissances belligérantes des armes ou des munitions, ou de les
assister de quelque manière que ce soit pour augmenter leur équipage, leur armement ou leur équipement.

La Haye, 20 juillet 1870.

III. — DANEMARK.

Lettre patente concernant la remise en vigueur de l'ordonnance du 4 mai 1803, qui a pour but de régler la conduite des commerçants et gens de mer en temps de guerre entre puissances maritimes étrangères. — Copenhague, le 25 juillet 1870.

Suivant une autorisation de Sa Majesté en date de ce jour, le ministère des affaires étrangères porte à la connaissance du public que, par suite de la guerre qui vient d'éclater entre la France et la Prusse, l'ordonnance du 4 mai 1803 entre de nouveau en vigueur, toutefois avec les changements et dispositions nouvelles qui suivent :

§ 1. — D'après la loi du 13 mars 1867, le passeport royal en langue latine, prescrit par l'ordonnance du 4 mai 1803, n'est plus exigé des navires qui sont munis du certificat de nationalité et d'enregistrement, et quant à ceux qui naviguent encore avec les anciens papiers, la lettre de jauge, conjointement avec les autres documents de légitimation, constitue une preuve suffisante de leur nationalité.

§ 2. — La règle contenue dans le § 8 de l'ordonnance du 4 mai 1803, et relative à la nationalité de l'équipage, a été abolie par la loi du 23 janvier 1862 sur l'engagement des marins étrangers à bord des navires danois.

§ 3. — La déclaration concernant les droits des états neutres en cas de guerre entre puissances maritimes étrangères, qui a été signée à Paris le 16 avril 1856 par les puissances belligérantes, et à laquelle Sa Majesté le Roi a adhéré le 25 juin de la même année, renferme les dispositions suivantes :

1. La course est et demeure abolie ;

2. Le pavillon neutre couvre la marchandise ennemie, à l'exception de la contrebande de guerre ;

3. La marchandise neutre, à l'exception de la contrebande de guerre, n'est pas saisissable sous pavillon ennemi ;

4. — Les blocus, pour être obligatoires, doivent être effectifs, c'est-à-dire maintenus par une force suffisante pour interdire réellement l'accès du littoral de l'ennemi.

§ 4. — Outre les objets mentionnés dans l'article 13 de l'ordonnance du 4 mai 1803, seront encore considérés comme contrebande de guerre tous les articles manufacturés qui peuvent servir directement à un usage de guerre.

Dans le cas où, par suite de conventions particulières conclue entre Sa Majesté le roi et des puissances étrangères, il deviendrait nécessaire de modifier les dispositions concernant la contrebande de guerre ou d'en prendre de nouvelles, le ministère des affaires étrangères se réserve, après avoir obtenu l'autorisation de Sa Majesté, de les porter à la connaissance du public.

§ 5. — Sa Majesté le Roi ayant l'intention de garder la neutralité pendant la guerre actuelle, il est défendu aux sujets danois de s'engager, en quelque qualité que ce soit, au service des puissances belligérantes, soit dans leurs armées, soit dans leur marine, et plus spécialement d'entreprendre le pilotage des bâtiments de guerre ou de transport de ces puissances en dehors des parages où fonctionnent ordinairement les pilotes danois.

Les dispositions qui précèdent sont portées par la présente à la connaissance de tous ceux que cela regarde, pour leur information et pour leur servir de gouverne.

IV. — AUTRICHE-HONGRIE.

Ordonnance des ministres de l'intérieur, de la justice et du commerce, indiquant les règles que doivent observer les autorités et les sujets de la monarchie, en ce qui concerne le commerce et la navigation sur mer, pendant la guerre qui vient d'éclater entre la France d'une part, et la Confédération de l'Allemagne du Nord ainsi que les états de l'Allemagne du Sud, de l'autre. — 29 juillet 1870.

A l'occasion de la guerre qui vient d'éclater, et en vertu d'une décision du conseil des ministres, prise de commun accord avec le ministère I. et R. des affaires étrangères et le ministère royal hongrois, nous publions les dispositions suivantes, auxquelles doivent se conformer toutes les autorités aussi bien que tous les sujets de la monarchie :

1. Il est défendu de transporter sur des navires portant le pavillon austro-hongrois des troupes appartenant aux états belligérants, ou de leur apporter des objets qui, d'après le droit des gens général ou d'après des règlements rendus publics par ces gouvernements, sont considérés comme contrebande de guerre.

Les navires austro-hongrois qui sont en relations avec les pays susdits, ne peuvent avoir à leur bord les objets de cette espèce, qu'en quantité rigoureusement nécessaire pour leur propre usage ou leur défense.

Il est défendu aux navires austro-hongrois de se rendre dans les places et ports qui sont assiégés par l'une des puissances belligérantes, ou mis effectivement en état de blocus.

Celui qui enfreint la défense ci-dessus, ne peut réclamer aucune protection du gouvernement, si la saisie et la confiscation des marchandises sont régulièrement appliquées.

2. En dehors de ces cas, les navires austro-hongrois ne sont pas empêchés, malgré l'état de guerre, de continuer leurs relations commerciales ou autres avec les ports des puissances belligérantes; de même, il est permis aux bâtiments de commerce des belligérants d'entrer sans être inquiétés dans les ports du pays, d'y séjourner selon leurs convenances, d'y faire des réparations, etc., pourvu qu'ils observent les lois et ordonnances existantes, et que leur conduite soit conforme aux règles de la neutralité.

En ce qui concerne l'admission des vaisseaux de guerre étrangers dans les ports du pays, on doit s'en référer à la circulaire du 28 mai 1866 (*Journal des ordonnances de l'armée,* nᵒ 16 de 1866); à la circulaire du 16 novembre 1866 (*Journal des ordonnances de la marine,* nᵒ 38 de 1866), et aux instructions qui s'y rapportent.

3. Dans la juste attente que le commerce des neutres sera exactement respecté par les belligérants, et que les droits ordinaires des belligérants seront exercés suivant les principes du droit des gens général ou de la manière déterminée par les traités, il est ordonné par la présente aux patrons des bâtiments austro-hongrois de ne point s'opposer, en pleine mer, à la visite des navires de guerre étrangers, mais au contraire de produire sans difficulté les papiers et documents qui prouvent la qualité de neutre du navire, de ne jeter à la mer ou de ne détruire aucun de ces papiers, encore moins de n'en point posséder qui soient faux ou tenus secrètement en double.

4. Si malgré l'observation des prescriptions qui précèdent, un navire austro-hongrois est traité d'une manière injuste, il doit en être donné connaissance sans retard aux autorités austro-hongroises, consulaires ou autres, les plus proches, afin que le gou-

vernement soit en mesure de faire les démarches nécessaires pour réclamer satisfaction et réparation auprès de l'état étranger, ou d'appuyer les réclamations qui auraient été déjà faites par ceux qui auraient subi le traitement injuste.

5. La présente ordonnance entrera en vigueur le jour de sa publication.

Vienne, le 29 juillet 1870.

V. — Italie.

Ordonnance concernant la neutralité dans les ports, du 6 avril 1864, mise en vigueur par décret royal du 26 juillet 1870.

Victor Emmanuel II, par la grâce de Dieu et la volonté nationale, roi d'Italie, etc., avons décrété et décrétons :

Article premier. — Il n'est pas permis aux navires de guerre ou aux bâtiments armés en course des états belligérants d'entrer avec du butin de guerre dans les ports et rades du royaume et d'y séjourner, hors les cas où ils y seraient forcés par suite d'un danger de mer.

Art. 2. — Dans le cas de relâche forcée, les navires de guerre et les bâtiments armés en course dont il est question à l'article précédent, et qui se trouvent dans la situation indiquée, doivent s'éloigner des côtes du royaume aussitôt que disparaît la cause qui les a obligés à chercher un port de refuge ; est excepté toutefois le cas prévu à l'article 11.

Art. 3. — On ne peut, sous aucun prétexte, vendre, échanger ou donner, dans ces ports et rades ou sur les côtes, les objets provenant de prises.

Art. 4. — Il est interdit aux sujets italiens d'accepter les propositions que leur feraient les parties belligérantes pour l'armement de navires de guerre, ou de recevoir des lettres de marque pour faire des croisières, ou de participer d'une manière quelconque à l'équipement ou à l'armement d'un navire de guerre ou d'un bâtiment corsaire des dites parties belligérantes.

Art. 5. — L'article 35 du code pénal maritime défend à tous les sujets du royaume d'Italie de se faire enrôler à bord des bâtiments de guerre ou des corsaires de l'un des états belligérants, ou d'y prendre du service.

ART. 6. — Les sujets italiens qui agiraient contrairement aux prescriptions des articles 4 et 5 ci-dessus, ou contrairement aux devoirs de la neutralité observée par le gouvernement italien à l'égard des dites puissances belligérantes, ne peuvent réclamer aucune protection contre les actes ou les mesures dont ils seraient l'objet de la part des belligérants, sans préjudice des peines que commine, en vertu de l'article 5 du présent décret, la disposition de l'article 80 du code pénal pour la marine marchande du 13 janvier 1827.

ART. 7. — Aucun navire de guerre ou corsaire des puissances belligérantes ne peut séjourner plus de vingt-quatre heures dans un port ou sur une rade, ou sur la côte du royaume, ou dans les eaux avoisinantes, même s'il se trouvait seul, sauf le cas de relâche forcée à la suite de mauvais temps, d'avaries ou de manque d'approvisionnements nécessaires à la sécurité de la navigation.

ART. 8. — Les navires de guerre d'une puissance amie, si même elle est belligérante, peuvent entrer dans les ports ou rades, et mouiller sur les côtes du royaume, pour autant que le but de leur mission soit d'une nature exclusivement scientifique.

ART. 9. — Un navire d'une puissance belligérante ne peut en aucun cas se servir d'un port italien pour atteindre un but d'hostilité, ou bien pour se fournir d'armes ou de munitions. Il ne peut sous aucun prétexte entreprendre des travaux qui seraient de nature à augmenter d'une manière quelconque son aptitude aux opérations de la guerre.

ART. 10. — Les navires de guerre des puissances belligérantes ou les corsaires ne peuvent se fournir que des vivres, des objets de consommation et des moyens de réparation, qui sont absolument nécessaires pour l'entretien de l'équipage ou la sécurité de la navigation. S'ils veulent se pourvoir de charbon, ils ne pourront le recevoir que vingt-quatre heures après leur arrivée.

ART. 11. — Si des navires de guerre, des corsaires ou des bâtiments marchands des deux puissances belligérantes se trouvent ensemble dans un port ou une rade, ou sur une côte du royaume, il doit s'écouler un délai d'au moins vingt-quatre heures entre le départ d'un navire de l'une des parties belligérantes et le départ suivant d'un navire de l'autre partie belligérante. Les autorités maritimes du lieu pourront, selon les circonstances, augmenter la durée de cet intervalle.

ART. 12. — Dans les ports qui sont considérés comme places fortes, comme ports militaires ou sièges de la flotte, dans les lieux d'ancrage où se trouvent des établissements de la marine militaire, des arsenaux ou des chantiers, les navires de guerre des puissances étrangères ne peuvent séjourner au delà de huit jours et lorsqu'ils sont plus de trois du même pavillon. Cette durée de séjour peut être prolongée seulement dans le cas de relâche forcée pour cause de danger de mer ou d'avarie, ou si le gouvernement du roi donne l'autorisation expresse; les autorités maritimes locales auront à demander cette autorisation par l'intermédiaire du ministre de la marine.

ART. 13. — Les ports et lieux d'ancrage dont il est fait mention à l'article précédent sont les suivants : Gênes jusqu'à l'extrémité du quai de l'Embouchure, le Golfe de la Spezzia, Livourne, Porto-Ferraio, Naples, Baia, Castellamare, Gaëte, Messines avec les lieux d'ancrage du détroit et de Reggio (en Calabre), Millazzo, Syracuse, Augusta, Palerme, Trapani, Tarente, Brindisi, Ancône, Cagliari, l'île Madeleine.

ART. 14. — Les autorités maritimes des endroits cités dans le précédent article doivent, après l'arrivée des navires de guerre étrangers, adresser au commandant de chacun d'eux ou à leurs commandants en chef une copie de la présente ordonnance pour leur gouverne, en les invitant à s'y conformer.

ART. 15. — Les autorités maritimes du royaume auront à veiller exactement à l'exécution de ce qui est prescrit par le présent décret. Ce décret entrera en vigueur au jour de sa publication dans les différentes parties du royaume.

ART. 16. — Toutes les ordonnances qui sont présentement en vigueur sont abrogées dans leurs dispositions contraires à celles du présent décret.

Nous ordonnons que le présent décret, revêtu du sceau de l'état, soit inséré dans le recueil des lois et décrets du royaume d'Italie, et ordonnons à tous ceux que la chose concerne de l'observer et de le faire observer.

Donné à Turin, le 6 avril 1864.

VI. — ESPAGNE.

Décret du régent, du 26 juillet 1870.

Vu les raisons que m'a exposées le ministre d'état, d'accord avec le conseil des ministres, je décrète ce qui suit :

ARTICLE PREMIER. — Les Espagnols qui s'engageront dans les armées belligérantes, ou qui s'enrôleront pour le service de leur marine de guerre, comme ceux qui accompliront, soit sur les frontières, soit sur les côtes, quelque acte hostile pouvant être considéré comme contraire à la plus stricte neutralité dans la guerre déclarée entre la France et la Prusse, perdront tout droit à la protection du gouvernement espagnol et subiront les conséquences des mesures que les belligérants prendront contre eux, sans préjudice des peines qu'ils encourront conformément aux lois espagnoles.

ART. 2. — Est prohibé dans tout le territoire espagnol le recrutement de soldats pour l'une des armées belligérantes ; les agents indigènes ou étrangers qui s'y livreront ou le faciliteront seront punis conformément à l'article 151 du code pénal.

ART. 3. — Conformément à ce même article du code pénal, il est défendu, dans tous les ports d'Espagne et des provinces d'outre-mer, d'armer, de pourvoir de vivres, d'équiper un navire quelconque, quelque soit le pavillon dont il se couvre, et qui serait destiné à agir contre l'une des puissances belligérantes. De même, il est défendu aux propriétaires, patrons et capitaines des navires marchands, de les armer en course, d'accepter des lettres de marque à cet effet, ou de contribuer d'une manière quelconque à l'armement, à l'équipement des navires de guerre des puissances belligérantes.

ART. 4. — Il est défendu à tous les navires de guerre et corsaires qui amènent avec eux des prises d'entrer et de séjourner dans les ports, rades et baies de l'Espagne, sauf dans le cas de relâche forcée. Si ce cas se présente, les autorités surveilleront le navire et l'obligeront à reprendre aussitôt que possible la mer, sans lui permettre de se ravitailler pendant son séjour plus qu'il n'est nécessaire, ni de se pourvoir sous aucun prétexte d'armes ou de munitions.

Art. 5. — Les navires de guerre des puissances belligérantes ne peuvent, dans les ports espagnols, se fournir d'une plus grande quantité de vivres que celle exigée pour l'entretien de l'équipage. On ne leur livrera pas une plus grande quantité de charbon que celle qui sera nécessaire pour gagner le port le plus proche de leur pays. Sans autorisation spéciale, il ne sera pas permis à un seul et même navire de prendre du charbon si quatrevingt-dix jours ne se sont pas écoulés depuis qu'il l'a fait pour la dernière fois dans un port espagnol.

Art. 6. — Un navire de guerre de l'une des puissances belligérantes ne pourra quitter un port, une rade ou baie d'Espagne d'où sera sorti un navire de guerre ou de commerce appartenant à l'autre belligérant, si vingt-quatre heures ne se sont pas écoulées depuis le départ de ce dernier des eaux soumises à la juridiction espagnole.

Art. 7. — Il n'est pas permis de vendre dans les ports espagnols des objets provenant du butin de guerre.

Art. 8. — Le transport de tous les articles de commerce est autorisé sous pavillon espagnol, sauf dans les eaux comprises dans la ligne de blocus des ports soumis à cette mesure de guerre. Est prohibé le transport du matériel de guerre, de dépêches et de messages pour les belligérants.

Donné à San Ildefonse, le 26 juillet 1870.

VII. — Portugal.

Ordonnance royale du 30 juillet 1870.

L'empire français se trouvant depuis le 19 courant en guerre avec le royaume de Prusse et les alliés qui lui prêtent le concours de leurs armes, ainsi qu'il résulte de la communication faite par le ministre de France à cette cour, en date du 25 de ce mois; il est convenable que les relations de bonne amitié et de parfaite entente qui existent entre le Portugal et les autres gouvernements, soient maintenues par l'observation de notre part d'une neutralité stricte et complète envers les puissances belligérantes; considérant l'article 75, § 15, de la constitution de la monarchie, les décrets du 30 août 1780, du 3 juin 1803, du 5 mai 1854 et du 29 juillet 1861, les articles 148, 150, 154, 155, 156 et 162 du code pénal du 10 décembre 1852, ainsi que les principes formulés dans dans la déclaration de Paris du 16 avril 1856 par les plénipotentiaires des puissances signataires du traité de paix du 30 mars de la même année, auquel le Portugal adhéra le 28 juin suivant; considérant également les principes généraux admis en ce qui concerne les droits et les devoirs des neutres, après avoir entendu le Conseil d'État, il nous a plu d'ordonner ce qui suit :

ARTICLE PREMIER. — Il est défendu aux sujets portugais et aux étrangers, d'armer dans les ports et eaux du royaume, soit sur le continent, soit dans les îles adjacentes ou dans les provinces d'outre-mer, des bâtiments destinés à la course.

ART. 2. — Il est également interdit aux corsaires d'entrer dans les ports et eaux dont il s'agit à l'article précédent, avec les prises faites par eux-mêmes ou par les navires de guerre des puissances belligérantes.

§ unique. — Sont exceptés de la disposition du présent article les cas de force majeure, dans lesquels, d'après le droit des gens, l'hospitalité doit être accordée; mais il n'est pas permis aux navires qui conduisent des prises avec eux de vendre des objets provenant de ces prises ou de séjourner plus longtemps que cela serait rigoureusement nécessaire pour recevoir les secours réclamés.

ART. 3. — L'entrée et le séjour dans les ports et eaux dont il s'agit à l'article 1er, sont permis aux navires de guerre des puissances belligérantes, qui n'ont point de prises avec eux, et qui se conforment aux prescriptions des paragraphes suivants :

§ 1er. Les bâtiments de guerre des puissances belligérantes ne pourront, dans les ports et eaux du Portugal, se livrer à aucun acte d'hostilité contre les bâtiments ou les sujets de n'importe quelle autre puissance, pas même contre ceux de la puissance avec laquelle ils sont en guerre.

§ 2. Dans les eaux et ports, les susdits bâtiments ne pourront ni augmenter leur équipage, ni même engager des individus qui appartiendraient à leur propre nation.

§ 3. Il leur est de même interdit dans lesdits ports et eaux d'augmenter le nombre et le calibre de leurs canons et de recevoir à bord des armes portatives ou des munitions de guerre.

§ 4. Ces mêmes bâtiments ne peuvent quitter le port avant que 24 heures se soient écoulées depuis le départ d'un navire appartenant à une nation avec laquelle ils se trouvent en guerre, à moins qu'ils aient été dispensés de l'observation de ce délai par les autorités compétentes en fournissant des garanties suffisantes pour assurer qu'ils n'entreprendront aucun acte d'hostilité contre le navire ennemi.

ART. 4. — Est permis sous pavillon portugais le transport de tous objets dont le commerce est licite, pour le compte des sujets de l'une ou l'autre partie des belligérants, ainsi que le transport d'objets dont le commerce est licite pour compte de sujets portugais et sous le pavillon de l'une des puissances belligérantes.

§ 1. Les objets qui peuvent être considérés comme contrebande de guerre sont expressément exclus des dispositions de cet article.

§ 2. Les dispositions de cet article ne sont pas applicables aux ports des puissances belligérantes qui se trouvent en état de blocus effectif.

ART. 5. — Les sujets portugais et les étrangers qui résident en Portugal et dans les possessions portugaises, doivent s'abstenir de tous les actes qui portent atteinte à la sûreté extérieure et aux intérêts de l'état; ceci par rapport aux puissances étrangères.

ART. 6. — Le gouvernement n'accordera aux sujets portugais et à tous ceux des autres nations qui ne régleront pas leur conduite sur les prescriptions du présent décret, aucune protection contre les mesures violentes et autres que prendraient à leur égard les puissances belligérantes.

La disposition de cet article n'exclut pas les poursuites criminelles qui pourraient être intentées en vertu des lois qui sont en vigueur.

Le président du conseil des ministres et tous les ministres prendront connaissance de la présente ordonnance et la mettront à exécution.

Palais des Ajoudes le 30 juillet 1870.

VIII — États-Unis d'Amérique.

a) *Proclamation du Président, concernant la neutralité du 22 août 1870.*

Whereas a state of war unhappily exists between France on the one side, and the North German Confederation and its allies, on the other side; and whereas the United States are on terms of friendship and amity with all the contending powers, and with the persons inhabiting their several dominions; and whereas great numbers of the citizens of the United States reside within the territories and dominions of each of the said belligerents, and carry on commerce, trade or other business or pursuits therein, protected by the faith of treaties and whereas great numbers of the subjects or citizens of each of the said belligerents reside within the territory or jurisdiction of the United States, and carry on commerce, trade or other business or pursuits therein; and whereas the laws of the United States without interfering with the free expression of opinion and sympathy, or with the open manufacture or sale of arms or munitions of war nevertheless impose upon all persons who may be within their territory and jurisdiction the duty of an impartial neutrality during the existence of the contest :

Now therefore, I, Ulysses S. Grant, President of the United States, in order to preserve the neutrality of the United States and of their citizens, and of persons within their territory and jurisdiction, and to enforce their laws, and in order that all persons being warned of the general tenor of the laws and treaties of the United States in this behalf, and of the law of nations, may thus be prevented from an unintentional violation of the same, do hereby declare and proclaim that by the act passed on the 20th day of april, A. D. 1818, commonly known as the « neutrality law, » the following acts are forbidden to be done under severe penalties, within the territory and jurisdiction of the United States, to wit :

1. Accepting and exercising a commission to serve either of the said belligerents by land or by sea against the other belligerent.

2. Enlisting or entering into the service of either of the said

belligerents as a soldier, or as a marine, or seaman on board of any vessel of war, letter of marque, or privateer.

3. Hiring or retaining another person to enlist, or enter himself in the service of either of the said belligerents as a soldier or as a marine, or seaman on board of any vessel of war, letter of marque, or privateer.

4. Hiring another person to go beyond the limits or jurisdiction of the United States, with intent to be enlisted as aforesaid.

5. Hiring another person to go beyond the limits of the United States with the intent to be entered into service as aforesaid.

6. Retaining another person to go beyond the limits of the United States with intent to be enlisted as aforesaid.

7. Retaining another person to go beyond the limits of the United States with the intent to be entered into service as aforesaid. (But the said act is not to be construed to extend to a citizen or subject of either belligerent who, being transiently within the United States, shall, on board of any vessel of war, which at the time of its arrival within the United States, was filled and equipped as such vessel of war, enlist or enter himself or hire or retain another subject or citizen of the same belligerent who is transiently within the United States to enlist or enter himself to serve such belligerent on board such vessel of war, if the United States shall then be at peace with such belligerent.)

8. Fitting out and arming, or attempt to fit out and arm, or procuring to be fitted out and armed, or knowingly being concerned in the furnishing, fitting out or arming of any ship or vessel with intent that such ship or vessel shall be employed in the service of either of the said belligerents.

9. Issuing or delivering a commission within the territory or jurisdiction of the United States for any ship or vessel to the intent that she may be employed as aforesaid.

10. Increasing or augmenting, or procuring to be increased or augmented, or knowingly being concerned in increasing or augmenting the force of any ship of war, cruiser, or other armed vessel which at the time of her arrival within the United States was a ship of war, cruiser or armed vessel in the service of either of the said belligerents, or belonging to the subjects or citizens of either, by adding to the number of guns of such vessels, or by

changing those on board of her for guns of a larger caliber, or by the addition thereto of any equipment solely applicable to war.

11. Begining or setting on foot, or providing, or preparing the means for any military expedition or enterprise to be carried on from the territory or jurisdiction of the United States against the territories or dominions of either of the said belligerents.

And I do further declare and proclaim that by the nineteenth article of the treaty of amity and commerce which was concluded between his Majesty the King of Prussia and the United States of America, on the 11th day of July A. D. 1799, which article was revived by the treaty of Mai I, A.D. 1828, between the same parties, and is still in force, it was agreed that « the vessels of war, public and private, of both parties, shall carry freely, wheresoever they please, the vessels and effects taken from their enemies, without being obliged to pay any duties, charges or fees to officers of admiralty, of the customs, or any others, nor shall such prizes be arrested, searched or put under any legal process, when they come to and enter the ports of the other party, but may freely be carried out again at any time by their captors to the place expressed in their commissions which the commanding officer of such vessel shall be obliged to show.

And I do further declare and proclaim that it has been officially communicated to the government of the United States by the envoy extraordinary and minister plenipotentiary of the North German Confederation, at Washington, that private property on the high seas will be exempted from seizure by the ships of His Majesty the King of Prussia, without regard to reciprocity.

And I do further declare and proclaim that it has been officially communicated to the government of the United States by the envoy extraordinary and minister plenipotentiary of his Majesty the emperor of the French, at Washington, that orders have been given that, in the conduct of the war, the commanders of the French forces on land and on the seas shall scrupulously observe toward neutral powers the rules of international law, and that they shall strictly adhere to the principles set forth in the declaration of the Congress of Paris of the 16th of April, 1856, that is to say : 1st. That privatering is and remains abolished. 2ᵈ, That the neutral flag covers enemy's goods with the exception of contraband of war. 3ᵈ, That neutral goods, with the exception of contraband of war, are not liable to capture under the enemy's flag. 4ᵗʰ, That blockades, in order to be binding, must be effective, that is to say, maintained by a force sufficient really to prevent access to the coast of the enemy; and that, although the United States have not adhered to the declaration of 1856, the vessels of His Majesty will not seize enemy's property found on board of a vessel of the United States, provided that property is not contraband of war.

And I do further declare and proclaim that the statutes of the United States and the law of nations alike require that no person within the territory and jurisdiction of the United States shall take part, directly or indirectly, in the said war, but shall remain at peace with each of the said belligerants and shall maintain a strict and impartial neutrality, and that whatever privileges shall be accorded to one belligerent within the ports of the United States, shall be in like manner accorded to the other.

And I do hereby enjoin all the good citizens of the United States, and all persons residing, or being within the territory or jurisdiction of the United States, to observe the laws thereof, and to commit no act contrary to the provisions of the said statutes, or in violation of the law of nations in that behalf.

And I do hereby warn all citizens of the United States, and all persons residing or being within their territory or jurisdiction, that, while the free and full expression of sympathies in public and private is not restricted by the laws of the United States, military forces in aid of either belligerent cannot lawfully be originated or organized within their jurisdiction; and that while all persons may lawfully and without restriction, by reason of the aforesaid state of war, manufacture and sell within the United States arms and munitions of war, and other articles ordinarily known as « contraband of war », yet they cannot carry such articles upon the high seas for the use or service of either belligerent, nor can they transport soldiers and officers of either, or attempt to break any blockade which may be lawfully established and maintained during the war, without incurring the risk of hostile capture, and the penalties denounced by the law of nations in that behalf.

And I do hereby give notice that all citizens of the United States, and others who may claim the protection of this Government, who may misconduct themselves in the premises, will do so at their peril, and that they can, in no wise, obtain any protection from the Government of the United States against the consequences of their misconduct.

In witness whereof I have hereunto set my hand and caused the seal of the United States to be affixed.

Done at the city of Washington, this twenty second day of August, in the year of our Lord one thousand eight hundred and seventy, and of the independence of the United States of America the ninety-fifth.

U. S. Grant.

[Seal]

By the President :

    Hamilton Fish
    Secretary of State.

b) *Proclamation du président, concernant la conduite des navires de guerre des puissances belligérantes dans les eaux territoriales des États-Unis, du* 8 *octobre* 1870.

Whereas on the 22d day of August, 1870, my proclamation was issued, enjoining neutrality in the present war between France and the North German Confederation and its allies, and declaring, so far as then seemed to be necessary, the respective rights and obligations of the belligerent parties and of the citizens of the United States; and whereas subsequent information gives reason to apprehend that armed cruisers of the belligerents may be tempted to abuse the hospitality accorded to them in the ports, harbours, roadsteads, and other waters of the United States, by making such waters subservient to the purpose of war :

Now, therefore, I, Ulysses S. Grant, President of the United States of America, do hereby proclaim and declare that any frequenting and use of the waters within the territorial jurisdiction of the United States by the armed vessels of either belligerent, whether public ships or privateers, for the purpose of preparing for hostile operations, or as posts of observation upon the ships of war or privateers or merchant vessels of the other belligerent lying within or being about to enter the jurisdiction of the United States, must be regarded as unfriendly and offensive, and in violation of that neutrality which it is the determination of this Government to observe; and to the end that the hazard and inconvenience of such apprehended pratices may be avoided, I further proclaim and declare that, from and after the 12th day of October instant, and during the continuance of the present hostilities between France and the North German Confederation and its allies, no ship of war or privateer of either belligerent shall be permitted to make use of any port, harbour, roadstead, or other waters within the jurisdiction of the United States as a station or place of resort for any warlike purpose, or for the purpose of obtaining any facilities of warlike equipment; and no ship of war or privateer of either belligerent shall be permitted to sail out of or leave any port, harbour, or roadstead, or waters subject to the jurisdiction of the United States from which a vessel of the other belligerent (whether the same shall be a ship of war, a privateer, or a merchant ship), shall have previously departed, until after the expiration of at least twenty four hours from the departure of such lastmentioned vessel beyond the jurisdiction of the United States. If any ship of war or privateer of either belligerent shall, after the time this notification takes effect, enter any port, harbour, roastead, or waters of the United States, such vessel shall be required to depart ant to put to sea within twenty four hours after her entrance into such port, harbour, roadstead or waters, except in case of stress of weather or of her requiring provisions or things necessary for the subsistence of her crew, or for repairs; in either of which cases the authorities of the port or of the nearest port (as the case may be) shall require her to put to sea as soon as possible after the expiration of such period of twenty four hours, without permitting her to take in supplies beyond what may be necessary for her immediate use; and no such vessel, which may have been permitted to remain within the waters of the United States for the purpose of repair, shall continue within such port, harbour, roadstead, or waters for a longer period than twenty-four hours after her necessary repairs shall have been completed, unless within such twenty-four hours a vessel, whether ship of war, privateer or merchant ship of the other belligerent, shall have departed therefrom, in which case the time limited for the departure of such ship of war, or privateer shall be extended so far as may be necessary to secure an interval of no less than twenty-four hours between such departure, and that of any ship of war, privateer or merchant ship of the other belligerent, which may have previonsly quitted the same port, harbour, roadstead, or waters. No ship of war or privateer of either belligerent shall be detained in any port, harbour, roadstead, or waters of the United States more than twenty-four hours, by reason of the successive departures from such port, harbour, roadstead or waters of more than one vessel of the other belligerent. But if there be several vessels of each or either of the two belligerents in the same port, harbour, readstead, or waters, the order of their departure therefrom shall be so arranged as to afford the opportunity of leaving alternately to the vessels of the respective belligerents, and to cause the least detention consistent with the objects of this proclamation. No ship of war or privateer of either belligerent shall be permitted, while in any port, harbour, roadstead, or waters within the jurisdiction of the United States, to take in any supplies except provisions and such other things as may be requisite for the subsistence of her crew, and except so much coal only as may be sufficient to carry such vessel, if without sail power, to the nearest European port of her own country; or in case the vessel is rigged to go under sail, and may also be propelled by steam power, then with half the quantity of coal which she would be entitled to receive if dependent upon steam alone; and no coal shall be again supplied to any such ship of war or privateer in the same or any other port, harbour, roadstead or waters of the United States, without special permission, until after the expiration of three months from the time when such coal may have been last supplied to her within waters of the United States, unless such ship of war or privateer shall, since last thus supplied, have entered a European port of the government to which she belongs.

In testimony whereof I have hereunto set my hand and caused the seal of the United States to be affixed.

Done at the city of Washington this 8th day of October, in the year of our Lord one thousand eight hundred and seventy, and of the independence of the United States of America the ninety-fifth.

U. S. Grant.

[Seal.]

By the President :

Hamilton Fish,

Secretary of State.

IX. — CHILI.

Décret du département de l'intérieur, du 26 septembre 1870.

Prenant en considération les obligations qui lui sont imposées par le droit des gens et les relations d'amitié qu'il entretient aussi bien avec la France qu'avec la Prusse, engagées actuellement toutes deux dans une guerre, le gouvernement donne aux autorités du pays les instructions suivantes :

1. On doit veiller à ce que les navires de guerre des belligérants, qui se trouvent dans les ports et les eaux soumises à la domination de la République, s'abstiennent de toute hostilité et ne prennent à bord aucun objet ayant une destination belliqueuse.

2. Il faut veiller de même à ce qu'aucun navire de guerre de l'une des puissances belligérantes ne soit autorisé à quitter un port ou un lieu quelconque du territoire de la République avant qu'un délai de 24 heures se soit écoulé depuis le départ d'un navire de guerre ou de commerce appartenant à l'autre nation belligérante.

3. La vente d'articles qui sont considérés comme contrebande de guerre est défendue par le présent décret.

4. Les navires de guerre des puissances belligérantes ne peuvent entrer avec des prises dans les ports et les eaux de la République.

X. — Pérou.

Décret du Président de la République, du 24 octobre 1870.

Considérant :

1. Que le Pérou, uni à la France et à la Confédération de l'Allemagne du Nord par des relations d'amitié, doit demeurer neutre pendant la guerre dans laquelle ces deux nations sont malheureusement engagées;

2. Que pour ce motif et à la suite d'une demande du chargé d'affaires de la République du Chili, le décret du 9 septembre dernier a été rendu;

3. Que, conformément à la déclaration de neutralité contenue dans ledit décret, la conduite qu'il convient d'observer à l'égard des bâtiments de guerre des puissances belligérantes doit être réglée;

Je décrète :

Article premier. — Les navires de guerre français et de l'Allemagne du Nord, qui entrent dans les ports de la République, s'abstiendront de tout acte d'hostilité, et il leur est interdit de s'équiper et de s'armer dans un but de guerre.

Art. 2. — Il n'est pas permis aux navires de guerre des puissances belligérantes de quitter un port dont est parti un navire de guerre ou de commerce de l'ennemi, avant que 24 heures se soient écoulées depuis le départ de celui-ci.

Art. 3. — Lesdits navires ne peuvent pas conduire des prises dans les ports de la République, ni vendre leurs cargaisons dans ces ports.

Art. 4. — La vente de tout article considéré comme contrebande de guerre est interdite.

. . . .

Lima, le 24 octobre 1871.

XI. — JAPON.

a. *Prescriptions pour l'observation de la neutralité.*

(Annexe au n° 181 de l'*A. M. B.*)

La guerre ayant éclaté entre la Prusse et la France, il a été ordonné que la neutralité soit strictement observée dans notre empire. C'est pourquoi les dispositions suivantes seront prises en considération dans tous les ports ouverts et sur les points principaux du littoral de la mer, et les mesures nécessaires seront prises afin qu'il ne se présente aucun incident fâcheux.

Dans les ports et les eaux intérieures, comme en pleine mer, jusqu'à la distance d'environ 3 ris de la côte (la portée d'un coup de canon tiré sur le rivage), les sujets des deux pays ne peuvent pas livrer combat. La navigation des bâtiments de guerre et de commerce est permise comme auparavant.

Le bois à brûler, l'eau et les vivres sont fournis, sans partialité et de la manière prescrite par les instructions ordinaires, aux navires de guerre et de commerce des deux pays, lorsqu'ils entreront, après avoir souffert un accident dans les ports ouverts et dans ceux qui ne le sont pas.

Si des navires de guerre des deux puissances belligérantes entrent dans un port, lorsque l'un d'eux en voudra sortir, l'autre ne pourra le faire pendant les 24 heures qui suivront.

Il y a des nations auxquelles il est permis de faire stationner des soldats ou des navires de guerre et d'établir des dépôts de soldats de marine dans nos ports ouverts. Comme cela est permis en vue d'assurer la protection des nationaux qui résident dans les ports en temps de paix, mais non en vue des choses de la guerre, il est défendu, dans les dépôts susdits, de rien faire qui soit différent du service en temps de paix, et puisse offrir des avantages pour combattre l'ennemi.

Il est interdit à nos navires de guerre d'amener aux parties belligérantes des soldats, du matériel de guerre ou d'autres articles ayant un rapport direct avec la guerre. Si d'autres que des pilotes, après avoir pris du service à bord de navires de guerre ou de commerce des parties belligérantes, sont atteints par les conséquences de la guerre pendant le voyage, il est interdit de les poursuivre pour ce motif.

Le butin fait dans le combat ne peut être négocié dans nos ports. S'il se présentait un cas où cela serait nécessaire, un rapport sera rédigé, puis l'agent diplomatique de la puissance qui a fait le butin sera consulté et ensuite une ordonnance sera rendue.

En ce qui concerne les autres marchandises importées et exportées, il sera procédé comme en temps de paix, sauf pour les articles interdits par les traités.

S'il se produit des infractions contre le contenu des prescriptions ci-dessus, et en ce qui concerne les étrangers, les consuls intéressés qui se trouvent dans les ports ouverts en seront informés, et on agira en vue d'empêcher ces infractions. Si les dispositions prises ne sont pas observées, les navires de guerre stationnant dans les ports en seront avisés, et l'on prendra des mesures militaires.

S'il arrive quelque chose de semblable dans les ports non ouverts, ou à quelque endroit de la côte, on s'adressera aux autorités du port ouvert le plus proche et aux navires de guerre qui y seront stationnés. Dans les endroits écartés on fera connaître aussi promptement que possible les faits au ministère de la guerre ou au ministère des affaires étrangères.

Les prescriptions ci-dessus seront prises en considération dans tous les ports ouverts et dans les *Fus* de Hans et de Kens qui touchent à la mer.

Kanoge-Uma, le 7ᵉ mois.

b. *Correspondance entre le chargé d'affaires d'Allemagne et le gouvernement japonais*, des 11 et 12 octobre 1870.

(Annexe au nº 181 de l'A. M. Bl.)

Yokohama, le 11 octobre 1870.

Le soussigné, chargé d'affaires de la Confédération de l'Allemagne du Nord, a l'honneur de porter les faits suivants à la connaissance de LL. EE. les ministres des affaires étrangères.

Le 8 octobre, à 3 heures de relevée, le bâtiment de commerce allemand *le Rhin* a quitté le port de Yokohama.

La corvette française *le Linois*, aussitôt qu'elle remarqua à bord du *Rhin* des préparatifs de départ, commença à chauffer, suivit immédiatement *le Rhin*, le dépassa, et quitta la baie à pleine vapeur.

Le Linois revint le 9 à 9 h. 1/2 du matin, reçut, sans jeter l'ancre, des instructions du vaisseau-amiral et quitta ensuite de nouveau la baie.

Le même jour, à deux heures de l'après-midi, *le Linois* arrêta, entre Plymouth-Rocks et Kanonsaki, la barque anglaise *Violette*, et l'obligea, par un coup de canon tiré à poudre, de montrer son pavillon.

Il est établi par là qu'un navire de guerre français à l'ancre dans le port de Yokohama, aussitôt qu'il a vu qu'un navire de commerce allemand se préparait au départ, a commencé de chauffer, qu'il a quitté le port après le navire allemand, qu'il l'a devancé dans les eaux territoriales du Japon, et qu'il s'est placé à l'entrée de la baie de Yeddo, avec l'intention évidente de se rendre maître du navire allemand au moment où celui-ci quitterait les eaux neutres.

La conduite tenue par le navire de guerre français n'est pas seulement en contradiction avec les principes fondamentaux du droit des gens, mais aussi avec l'article 4 de la déclaration de neutralité japonaise, qui, en assimilant les navires de guerre à l'ancre dans les ports ouverts aux troupes qui y sont stationnées, impose aux uns et aux autres de ne point tirer parti de leur position exceptionnelle pour combattre la puissance ennemie.

Le soussigné proteste en conséquence, au nom de son gouvernement, contre la conduite des autorités françaises, et il invite LL. EE. les ministres des affaires étrangères à prendre les mesures nécessaires pour prévenir le retour de semblables incidents.

Il semble que le moyen le plus propre à atteindre ce but serait la publication de prescriptions nouvelles destinées à compléter la déclaration de neutralité en ce qui concerne le délai à garantir aux navires de commerce des parties belligérantes à leur sortie des ports japonais, et affirmant la résolution du gouvernement japonais de ne pas tolérer que les ports et les eaux territoriales du Japon servent de base d'opération pour les puissances belligérantes.

Le soussigné prie LL. EE. de lui faire part le plus tôt possible des mesures que le gouvernement impérial compte prendre pour terminer cette affaire.

(S.) v. BRANDT.

A LL. EE. les ministres des affaires étrangères du Japon.

Nous avons lu avec toute la déférence qu'elle mérite votre lettre du 11 octobre 1870. Vos observations tendent à établir que le 8 du mois dernier le vapeur de commerce de votre pays, le *Rhin*, ayant quitté le port, le vapeur de guerre français, le *Linois*, a chauffé et a immédiatement pris le large, et a paru vouloir poursuivre le *Rhin*. Elles tendent en conséquence à établir qu'il est nécessaire de porter encore une fois à la connaissance du public les prescriptions concernant la neutralité qui ont déjà été promulguées, en y ajoutant qu'aucun combat ne peut avoir lieu dans nos eaux. L'article 3 des prescriptions concernant la neutralité publiées récemment par nous étant incomplet, il y sera ajouté la disposition suivante :

« Dans les vingt-quatre heures qui suivent le départ d'un na-
« vire de commerce de l'une des parties belligérantes, aucun
« navire de guerre de l'autre partie ne peut quitter le port. »

L'article 4 sera complété par la disposition suivante :

« Les ports japonais et les mers japonaises ne peuvent devenir
« la base d'opération d'un combat (de la guerre). Il n'est pas permis
« de croiser dans les limites de ces eaux pour empêcher l'entrée
« ou la sortie des navires de l'autre puissance, ou de se servir des
« mers japonaises pour s'y cacher dans un but d'hostilité. »

En publiant encore une fois les dispositions complémentaires indiquées dans ces deux points, nous vous prions de les porter aussitôt que possible à la connaissance des sujets de notre nation qui résident dans les divers ports ouverts.

Meidji, 3e année. Kanoge Uma, 9e mois, 18e jour. Le 12 octobre 1870.

(*Signé*) Sawa edju sammi kyo Baru No bu Goshi Gai mu kio.
Teraskeina Dja shii Fudjiwara Mune Nori Gai mu tain.

A Son Exc. le représentant de la Confédération de l'Allemagne du Nord.

ANNEXE M.

Prescriptions prussiennes en matières de prises.

I. — DÉCRET ROYAL DU 20 JUIN 1864 APPROUVANT LE RÈGLEMENT SUR
LES PRISES ET LES DISPOSITIONS RELATIVES A LA PROCÉDURE EN MA-
TIÈRES DE PRISES. (*R. des lois*, p. 369 et suiv.)

Vu le rapport du ministère d'état en date du 10 de ce mois,
j'approuve le règlement sur les prises et les dispositions relatives
à la procédure en matières de prises qui y sont annexées. Le présent décret, ainsi que le règlement sur les prises et celui relatif
à la procédure, seront publiés par le *Recueil des lois*.

Carlsbad, 20 juin 1864.

(*S.*) GUILLLAUME.

(*C. s.*) Bismarck-Schoenhausen, Bodelschwingh, Roon,
comte Itzenplitz, Muhler, comte Zur Lippe,
Selchow, comte Eulenburg.

II. — RÈGLEMENT DES PRISES.

CHAPITRE PREMIER.

De la saisie des navires ennemis ou suspects.

ARTICLE PREMIER. — Les bâtiments de la marine royale sont seuls
autorisés à arrêter et à saisir les navires ennemis ou suspects.

ART. 2. — Doivent être arrêtés et saisis tous les navires qui
appartiennent à un état ennemi ou à ses sujets (navires ennemis.)

ART. 3. — Les navires neutres, c'est-à-dire ceux des puissances
neutres ou de leurs sujets, ne peuvent être saisis, quelque soit le
propriétaire de leur cargaison, sauf dans les cas prévus dans les
articles 4 à 6.

ART. 4. — On doit arrêter et saisir sans distinction de nationalité :

1) Les navires dont la cargaison se compose de contrebande de
guerre destinée à l'ennemi ou à un port de l'ennemi, sous les réserves indiquées à l'article 7, n° 2.

2) Les navires qui opposent la force à l'ordre d'arrêter.

ART. 5. — Doivent encore être arrêtés et saisis sans distinction de nationalité :

1) Les navires qui ont des papiers doubles, ou des papiers paraissant faux ou falsifiés.

2) Les navires qui n'ont pas de papiers ou dont les papiers ont été détournés et cachés, surtout lorsque cela s'est fait depuis le moment où le croiseur a été en vue.

3) Les navires qui, sur la sommation du croiseur, ne stoppent pas ou ne mettent pas en panne, ou ceux dont les patrons s'opposent à la visite des endroits et des meubles qui contiennent vraisemblablement des papiers ou de la contrebande de guerre.

ART. 6. — Sont sujets également à l'arrestation et à la saisie, sans distinction de nationalité, les navires qui ne peuvent donner des renseignements satisfaisants sur leur nationalité.

Les lois du pays auquel appartient le navire déterminent quels sont les papiers nécessaires pour la preuve de sa nationalité.

ART. 7. — Sont de bonne prise :

1) Les navires ennemis (art. 2) avec leur cargaison; cependant la propriété neutre à bord d'un navire ennemi est libre, à l'exception de la contrebande de guerre.

2) Les navires dont la cargaison se compose de contrebande de guerre (art. 4, n° 1), ainsi que les objets de contrebande. Si une partie de la cargaison est contrebande de guerre, le patron du navire peut la décharger immédiatement ou dans le port le plus proche; dans ce cas, il échappe à la saisie et peut continuer sans être inquiété le voyage avec le reste de la cargaison.

3) Les navires qui s'opposent par la force à la visite (art. 4, n° 2).

4) Les navires saisis comme suspects, pour autant que les soupçons élevés contre eux n'aient point été dissipés.

ART. 8. — Seront considérés comme contrebande de guerre les objets suivants lorsqu'ils sont destinés à l'ennemi ou à un port de l'ennemi :

Les canons, mortiers, armes de toute espèce, bombes, grenades, balles, capsules, mèches, poudres, cuirasses, objets d'armement, selles, mors, comme en général tous les objets qui peuvent servir directement à la guerre.

Les objets indiqués ci-dessus, lorsqu'ils sont destinés à l'usage du navire lui-même, ne sont pas considérés comme contrebande.

Art. 9. — Toute arrestation ou saisie est interdite sur territoire neutre.

Art. 10. — Les navires indigènes qui ont été pris par l'ennemi et qui lui ont été enlevés sont considérés comme étant de bonne prise, à moins qu'ils ne soient tenus pour reprises.

Art. 11. — Le commandant du croiseur doit, en opérant la visite d'un navire, se conduire de la manière suivante :

Il donne au navire le signal de mettre en panne ou de stopper; ensuite, il fait venir à son bord le patron avec les papiers du bâtiment. Si leur examen ne soulève aucune objection, il permet au navire de continuer sa route immédiatement et librement. S'il trouve une raison fondée d'élever un soupçon qui justifierait la saisie, il doit envoyer un officier sur le bâtiment pour s'enquérir plus exactement des circonstances. Dans cette enquête, les endroits fermés, les cloisons, les armoires, les caisses, les tonneaux et autres contenants ne seront ni ouverts ni fracturés. L'officier chargé de l'enquête doit faire ouvrir par le patron ces endroits clos ou meubles fermés s'il juge nécessaire d'y faire des perquisitions. Les marchandises chargées en vrac sur le navire ne peuvent être visitées qu'en la présence du patron.

Art. 12. — Les bâtiments neutres qui naviguent sous convoi d'un navire de guerre d'une puissance neutre ne sont pas soumis à la visite; est considérée comme suffisante la déclaration du commandant du convoi, affirmant que les papiers des navires convoyés sont en règle et qu'ils n'ont pas de contrebande de guerre à bord.

Art. 13. — Le commandant d'un croiseur qui a fait une capture doit veiller rigoureusement à ce qu'aucun objet de la cargaison ou de l'inventaire du navire capturé ne soit débarqué, vendu, échangé ou détourné, ou perdu. Il doit, en se faisant assister du patron ou du pilote, mettre autant que possible la cargaison du navire sous clef ou sous scellé.

Les papiers de bord, avec un inventaire signé par lui et par le patron du navire capturé, seront réunis en farde close sous les cachets du commandant du croiseur et du patron du bâtiment saisi.

Art. 14. — Le commandant du croiseur doit prendre ensuite les mesures nécessaires, envoyer en cas de besoin un officier avec un équipage suffisant à bord du navire capturé pour le conduire dans un port prussien, ou bien, si cela présente trop de difficultés, dans un port d'une puissance alliée à la Prusse, où il pourra trouver une assistance militaire. La cargaison ne peut être ouverte auparavant, à moins que le patron ou son suppléant n'y consente en vue de la conservation des marchandises.

ART. 15. — Il n'est permis de conduire la prise dans un autre port ou place que si la tempête, le mauvais temps, le manque de vivres, la poursuite de l'ennemi ou quelque autre danger de mer l'exige. Même dans ce cas, le navire sera conduit, sans que la cargaison ait été ouverte, dans un des ports indiqués à l'article 14, aussitôt que les circonstances le permettront.

ART. 16. — Si des avaries ne permettent pas de conduire plus loin le bâtiment capturé, ou si la cargaison consiste en objets qui ne se conservent pas, il appartient au commandant du croiseur ou à l'officier qui conduit la prise, après avoir consulté le patron du navire et le consul allemand, s'il s'en trouve un sur place, de décider les mesures à prendre dans l'intérêt du navire et de la cargaison.

ART. 17. — Aussitôt que le navire est amené dans l'un des ports indiqués à l'article 14, il est remis aux autorités chargées de la police du port ou à celles qui sont compétentes d'après l'article 39 du règlement de procédure en matière de prises, afin qu'il soit procédé conformément aux articles 8 et 39 de ce règlement.

ART. 18. — L'équipage du navire capturé sera entretenu et nourri aux frais de l'état jusqu'à l'issue du procès. Si la prise est condamnée, les hommes de l'équipage qui seraient de nationalité ennemie, seront traités en prisonniers de guerre. Les sujets de puissances alliées ou neutres seront remis à la disposition des consuls de ces puissances.

ART. 19. — Le commandant du croiseur qui a fait la capture, doit adresser un rapport détaillé à ses chefs hiérarchiques.

CHAPITRE II.

Du blocus des ports ennemis.

ART. 20. — Un port est considéré comme bloqué lorsqu'un ou plusieurs navires de guerre en ferment l'accès, de telle manière qu'un bâtiment de commerce ne peut y entrer ou en sortir sans danger évident de capture.

ART. 21. — Le commandant, qui est chargé de la mise en état de blocus, doit, après son arrivée à la station de blocus, en donner notification écrite à tous les consuls résidant dans le port et inviter en même temps les navires neutres qui y seraient mouillés, à le quitter dans un délai convenable, à fixer par le commandant, après avoir entendu les propositions des patrons des bâtiments.

ART. 22. — Tout navire, sans distinction de nationalité, qui tente de rompre le blocus, doit être capturé et doit être considéré comme de bonne prise. Toutefois, un navire neutre qui quitte le port bloqué dans le délai indiqué à l'article 21, ne peut être ni arrêté, ni saisi pour rupture de blocus.

ART. 23. — Lorsqu'il s'agit d'un navire neutre, il ne peut y avoir tentative de rompre le blocus que si le navire avait connaissance du blocus.

ART. 24. — On doit décider d'après les circonstances de chaque espèce, si le navire avait connaissance du blocus. Sous ce rapport, on tiendra particulièrement compte de la durée du temps qui s'est écoulé depuis que le blocus a été publié et notifié.

Si le commandant du croiseur estime que le navire n'avait pas connaissance du blocus, il doit l'en informer, noter cet avis sur les papiers de bord, particulièrement sur ceux qui servent à prouver la nationalité et sur le journal du bord, puis inviter le navire à rebrousser chemin ou à changer de route.

ART. 25. — Le fait de mettre à la voile pour un port bloqué ou de naviguer dans la direction de ce port, ne suffit pas pour qu'il y ait tentative de rompre le blocus.

ART. 26. — La conduite ultérieure à tenir, en cas de capture d'un bâtiment pour violation de blocus, est déterminée d'après les prescriptions du chapitre 1er.

DISPOSITIONS FINALES.

ART. 27. — Les commandants et officiers des navires de guerre ont à se conduire en observant strictement les dispositions du présent règlement. S'ils venaient à les enfreindre, ils en subiraient la responsabilité et pourraient en outre être condamnés à la réparation des dommages et des frais causés par leurs actes illégaux.

Art. 28. — Un exemplaire du présent règlement doit se trouver à bord de tout bâtiment de guerre qui est chargé d'une croisière.

III. — Règlement sur la procédure en matière de prises.

CHAPITRE PREMIER.

De l'établissement d'un conseil des prises.

Article premier. — Il est établi, sous le nom de conseil des prises, une cour spéciale pour les affaires de prises, laquelle a son siège à Berlin.

Art. 2. — Le conseil des prises est composé d'un président et de six membres.

Il est établi en outre auprès du conseil des prises un organe du ministère public, qui est chargé de la défense des intérêts de l'état, et de faire au conseil telles propositions qui seront jugées convenables.

Art. 3. — Les membres du conseil des prises et le représentant du ministère public sont nommés par le Roi.

Art. 4. — Le président du conseil des prises doit appartenir aux grades supérieurs de la magistrature: parmi les autres membres du conseil, il doit se trouver un officier supérieur de la marine, un conseiller-rapporteur du ministère de la marine, un conseiller-rapporteur du ministère des affaires étrangères et deux membres remplissant des fonctions judiciaires.

Art. 5. — Aucun traitement n'est attaché aux fonctions de membre du conseil des prises ou de représentant du ministère public auprès du conseil.

Art. 6. — Le conseil des prises est soumis au contrôle commun des ministres des affaires étrangères, de la marine et de la justice, qui appliqueront les dispositions relatives au droit de contrôle du ministre de la justice sur les fonctionnaires de l'ordre judiciaire.

Art. 7. — Le conseil des prises ne peut prendre ses décisions que si cinq membres, y compris le président, sont présents.

CHAPITRE II.

De la procédure en matière de prises.

ART. 8. — Le commandant du navire qui a fait une capture, doit, aussitôt après avoir amené la prise dans un des ports nationaux indiqués à l'article 14 du règlement en matière de prises, adresser un rapport écrit et détaillé des faits qui ont donné lieu à la capture au tribunal du lieu compétent pour les affaires maritimes, ou à défaut d'un tel tribunal, au tribunal de première instance, dans la circonscription duquel le port est situé. Dans ce rapport, doivent être mentionnés particulièrement les motifs qui ont amené la saisie et tous les faits qui seraient de nature à justifier la condamnation. Seront joints à ce rapport les livres, papiers, passeports, chartes-parties, connaissements, lettres et autres documents, qui ont été remis au moment de la saisie ou ensuite, ou qui ont été trouvés à bord du navire (art. 13, règl. cité).

Si le port appartient à la circonscription d'une députation (*Gerichtsdeputation*) ou d'une commission judiciaire (*Gerichtscommission*), la chambre déléguée (*Zweiggericht*) est compétente.

ART. 9. — Le tribunal procédera sans retard, en présence du commandant du croiseur ou de l'officier qui a conduit la prise et du patron du navire capturé, à l'ouverture des pièces qui lui ont été remises et à leur inventaire. En même temps, il doit faire recueillir par un juge assisté d'un greffier les témoignages du patron du navire capturé et de tous les hommes qui font partie de son équipage, ainsi que ceux de l'équipage qui a pris part à la capture et des passagers qui se seraient trouvés à bord de la prise, pour autant que cela soit nécessaire à la constatation des faits et des circonstances qui ont accompagné la capture. Si les déclarations des personnes entendues diffèrent notablement de la relation écrite remise par le commandant du croiseur ou l'officier qui a conduit la prise, celui-ci sera entendu contradictoirement. Le tribunal établira ensuite avec toute la diligence possible, en réunissant les preuves d'après les prescriptions du code d'instruction, les faits importants pour la condamnation ou l'acquittement du navire capturé et de tout ou partie de sa cargaison.

Le tribunal transmet ensuite au représentant du ministère public auprès du conseil des prises, la relation de l'officier qui a opéré la capture ou qui a amené le navire dans le port, ainsi que toutes les pièces de la procédure.

ART. 10. — L'organe du ministère public remet au conseil des prises les pièces qui lui sont parvenues accompagnées d'un réquisitoire écrit. Si, après examen de la procédure, il estime que la prise doit être acquittée, il doit requérir son acquittement immédiat. Si le conseil des prises trouve cette opinion fondée, il rend sans autre forme de procès une décision en ce sens. Une expédition de la sentence sera communiquée avec les pièces au ministère public, qui provoque les mesures nécessaires pour la mise en liberté du navire, sauf ce qui est prescrit à l'article 26. Avant d'adresser son réquisitoire, le ministère public peut réclamer des autorités compétentes un supplément d'enquête.

ART. 11. — Si le ministère public ne juge pas qu'un acquittement immédiat soit fondé, il requiert le conseil des prises de faire un appel public à tous ceux qui ont intérêt à ce que la prise ne soit pas condamnée. Si le conseil des prises est également d'avis qu'il n'y a pas lieu d'acquitter immédiatement le navire capturé, il rend une décision, en vertu de laquelle les intéressés qui n'auraient pas encore élevé de réclamation, sont invités à faire valoir leurs droits par requête écrite adressée au conseil des prises dans le délai de quatorze jours. Cette invitation, qui ne doit pas contenir la menace d'une déchéance, sera portée à la connaissance du public par une insertion faite au *Journal officiel.*

Après l'expiration du délai, si aucune réclamation n'est parvenue au conseil des prises, la décision sera rendue immédiatement sur réquisition écrite du ministère public, et elle lui sera communiquée ainsi qu'il est dit à l'article 10.

Le conseil des prises doit acquitter le navire s'il juge que la condamnation n'est pas justifiée, même dans le cas où aucune réclamation n'a été produite. En cas de condamnation, il n'est pas nécessaire de proclamer la déchéance des intéressés, connus ou inconnus, qui auraient omis d'introduire une réclamation écrite.

ART. 12. — Si une réclamation est introduite, il y sera donné suite d'après les prescriptions suivantes :

ART. 13. — Toute réclamation sans distinction, qu'elle ait été introduite avant ou après l'invitation insérée au journal officiel (art. 11), doit être présentée par écrit et être signée d'un avoué (Rechtsanwalt). Cet écrit sera accompagné des documents à l'appui et indiquera les autres preuves à faire valoir.

ART. 14. — Le conseil jugera la réclamation sur délibération orale, après avoir entendu le ministère public et le réclamant.

Le réclamant doit être assigné à l'audience, d'après les formes prescrites pour les citations judiciaires, sans qu'il soit nécessaire de le menacer de déchéance. L'assignation peut aussi être valablement faite à l'avoué (Rechtsanwalt) qui a signé la réclamation.

Le réclamant pourra, sur sa demande, prendre connaissance des actes de la procédure ou en obtenir copie. Il peut se faire représenter à l'audience par un avoué (Rechtsanwalt) muni de sa procuration.

Le ministère public recevra communication des pièces lorsque l'assignation lui sera notifiée.

ART. 15. — La procédure orale sera ouverte par l'exposé de la cause, fait par un membre du conseil des prises. On entendra ensuite le réclamant et le ministère public ; il leur sera permis de produire alors de nouveaux faits et de nouvelles preuves.

ART. 16. — Après clôture de la procédure orale, le tribunal doit rendre la sentence. Il peut cependant en remettre le prononcé; dans ce cas, il doit fixer immédiatement un nouveau terme, et le faire connaître au ministère public et au réclamant. Le prononcé de la sentence ne doit pas être remis si le ministère public ou le réclamant est seul présent à la nouvelle date assignée. S'ils ne paraissent ni l'un ni l'autre, le procès-verbal qui en sera dressé (art. 19) tiendra lieu de notification. Une expédition de la sentence sera remise au réclamant et au ministère public sur leur demande.

ART. 17. — Si le conseil estime qu'il y a lieu, avant la sentence, de recueillir un supplément de preuves, il prendra en ce sens une décision que le ministère public exécutera en adressant des réquisitions aux fonctionnaires compétents. Lorsque les preuves seront réunies, on fixera un nouveau terme pour la procédure orale, le réclamant recevra assignation conformément à l'article 14 et avec communication de la copie des actes de l'enquête supplémentaire. A l'audience qui suivra, le réclamant et le ministère public pourront l'un et l'autre produire de nouveaux faits et de nouvelles preuves.

Art. 18. — Si le réclamant ne comparaît pas à l'audience fixée, il n'en sera pas moins procédé aux débats et à la décision de l'affaire. Il n'y a pas de remise en l'état primitif, mais le conseil des prises peut spontanément ou sur la demande qui lui en serait faite remettre les débats et la décision.

Art. 19. — Les débats devant le conseil des prises ne sont pas publics.

Il sera tenu procès-verbal, par un greffier assermenté, de tous les débats devant le conseil des prises. Ce procès-verbal contiendra le résumé des déclarations et des propositions faites par le réclamant et par le ministère public, les décisions interlocutoires et la sentence rendues par le conseil des prises, et la mention que cette sentence a été signifiée. Le procès-verbal sera signé par le président du conseil et par le greffier, après lecture, devant le ministère public et le réclamant, de la partie qui relate les déclarations et propositions faites à l'audience, afin qu'elle soit au besoin rectifiée ou complétée.

Art. 20. — Un appel au conseil supérieur des prises peut être interjeté contre la décision rendue par le conseil des prises.

Art. 21. — Le conseil supérieur des prises est composé :

D'un président, choisi parmi le président et les vice-présidents du tribunal suprême ;

Du président (praeses) du ministère de la marine ;

Du directeur du ministère des affaires étrangères;

Du directeur de la section du commerce et de l'industrie au ministère du commerce, et de trois membres du tribunal suprême.

Le président et les membres du conseil supérieur des prises qui appartiennent au tribunal suprême, sont nommés par le roi.

La disposition de l'article 5 s'applique aussi aux membres du conseil supérieur des prises.

Art. 22. — L'appel peut être interjeté par le ministère public et par le réclamant.

Art. 23. — Le délai d'appel est de dix jours.

Il commence à courir du jour où la sentence a été rendue ; mais ce jour n'est pas compris dans le délai.

Art. 24. — L'appel se fait par le moyen d'un écrit adressé au conseil des prises et qui indique les griefs avec les motifs à l'appui.

Cet écrit, s'il émane du réclamant, sera signé par un avoué (Rechtsanwalt).

Le conseil des prises doit communiquer au réclamant ou au ministère public l'acte d'appel qui émane de l'autre partie, afin de lui permettre de répondre dans un délai qui ne dépassera pas dix jours. La réponse du réclamant sera signée par un avoué (Rechtsanwalt).

Après expiration du délai fixé pour la réponse ou après réception de cette pièce, le conseil des prises enverra le dossier de la procédure au conseil supérieur des prises.

ART. 25. — Le conseil supérieur des prises rend sa sentence après examen des pièces de la procédure et sur le rapport écrit de l'un de ses membres, et en tenant compte des faits nouveaux et preuves nouvelles qui auront été produits depuis l'appel.

Si le conseil supérieur des prises juge nécessaire une enquête ultérieure, le dossier de la procédure sera renvoyé au conseil des prises.

Le ministère public provoquera l'enquête comme si elle avait été ordonnée par le conseil des prises (art. 17). Les actes de l'enquête seront communiqués par écrit au réclamant par le conseil des prises, avant qu'ils soient renvoyés au conseil supérieur des prises.

Le conseil des prises fera connaître la sentence du conseil supérieur des prises au réclamant et au ministère public en leur faisant parvenir une expédition de cette sentence.

La disposition de l'article 7 s'applique également au conseil supérieur des prises.

ART. 26. — Dans les cas prévus aux articles 10 et 11, le ministère public peut interjeter appel de la sentence d'acquittement rendue par le conseil des prises.

Cet appel doit être déposé dans un délai de dix jours à dater du jour de la notification, mais sans que ce jour y soit compris, conformément aux dispositions de l'article 24. La procédure ultérieure se règle d'après les articles 24 et 25, pour tout ce qui ne concerne pas la participation du réclamant à l'instance.

Dans les cas prévus à l'art. 11, et si la partie intéressée n'a pas introduit devant le conseil des prises une réclamation écrite dans le délai indiqué, une sentence de condamnation ne peut être attaquée soit par la voie d'appel, soit par le moyen d'une demande tendant à obtenir la remise de l'affaire en l'état primitif.

ART. 27. — Il n'y a pas de recours contre la sentence rendue par le conseil supérieur des prises.

ART. 28. — Les sentences rendues par le conseil des prises et par le conseil supérieur des prises doivent être motivées.

ART. 29. — Le conseil des prises et le conseil supérieur des prises ne sont point, dans leurs décisions, tenus d'observer des règles déterminées quant aux preuves ; ils jugent les faits d'après la conviction qu'ils auront formée librement sur l'ensemble des débats et des preuves. Ils apprécieront également d'après les circonstances de l'espèce dans quelle mesure les faits et documents, au sujet desquels il n'y a eu aucune déclaration, doivent être tenus pour exacts et véritables.

En ce qui concerne les règles juridiques à suivre, les prescriptions légales en matière de prises, à leur défaut les autres principes du droit des gens, serviront de guide, sauf ce qui serait stipulé dans les traités conclus avec les puissances neutres, et sauf application, le cas échéant, de la retorsion.

ART. 30. — Les propositions et réclamations des consuls et des agents des puissances étrangères ne peuvent être portées à la connaissance du conseil et du conseil supérieur des prises que par l'intermédiaire du ministère public.

ART. 31. — Si plusieurs réclamations sont présentées, elles seront examinées et jugées en même temps.

ART. 32. — Le conseil et le conseil supérieur des prises ne sont pas compétents pour décider s'il y a obligation de réparer le dommage et de payer les frais particulièrement dans les cas prévus par l'article 27 du règlement sur les prises.

ART. 33. — La procédure en matière de prises se fait sans frais et sans droit de timbre.

Les débours courants seront, en cas de condamnation, soldés sur le prix de vente et avant tout autre prélèvement.

CHAPITRE III.

Dispositions provisoires et exécution de la sentence.

ART. 34. — Lorsque le navire capturé aura été, conformément à l'article 17 du règlement sur les prises, remis par le commandant ou l'un des officiers du croiseur aux autorités chargées de la police du port, celles-ci prendront, en s'entendant si cela est nécessaire avec les autorités militaires, les mesures propres à assurer la conservation du navire et de la cargaison, ainsi que la surveillance et l'entretien de l'équipage. En ce qui regarde le navire et la cargaison, les autorités de la police du port dresseront un inventaire avec le concours d'experts assermentés. Les papiers du bord qui concernent la cargaison, serviront autant que possible de base à l'inventaire, et l'on procédera pour autant que cela soit nécessaire, à l'ouverture des endroits clôturés ou mis sous scellés.

Le patron et les gens de l'équipage auront libre pratique à terre, aussitôt qu'ils auront été entendus conformément à l'art. 9. Les passagers du navire seront immédiatement mis en liberté.

ART. 35. — Avant que la sentence définitive soit rendue par le conseil des prises, on doit s'abstenir de toute mesure ultérieure qui modifierait l'état des choses, ou qui ne serait pas conforme aux prescriptions de l'article 34, sauf application de ce qui est ordonné ci-dessous.

1. S'il est certain que la cargaison, en tout ou en partie, ne peut être déclarée de bonne prise, elle doit être immédiatement rendue libre en entier ou pour la partie qui sera acquittée. Il en est de même du navire quand il est certain que la cargaison seule pourra être condamnée.

2. Le navire sera déchargé en tout ou en partie, et la cargaison mise en magasin ou vendue pour que le prix en soit consigné judiciairement, si de semblables mesures sont indispensables pour empêcher un dommage notable, surtout si la cargaison menace de se gâter.

3. Si le navire a besoin d'une réparation qui ne peut être remise sans danger de perte ou de grande dépréciation, cette réparation doit être exécutée; si le navire n'est pas réparable ou ne

vaut pas la réparation, il sera vendu et le prix consigné judiciairement.

4. Si les circonstances exigent d'autres mesures pour éviter un dommage, elles pourront également être prises.

5. S'il y a des inconvénients à laisser l'équipage du navire capturé circuler librement à terre, on pourra interdire ou restreindre ces rapports.

Les dispositions indiquées ci-dessus ne pourront être ordonnées que par le tribunal désigné à l'article 8, sur la requête des autorités de la police du port ou de tiers intéressés. Avant de prendre une décision, le tribunal doit, à moins qu'il n'y ait péril en la demeure, entendre les intéressés et demander l'avis du ministère public auprès du conseil des prises. On peut réclamer contre la décision du tribunal, auprès du conseil des prises, à la décision duquel on se tiendra. Le tribunal pourra aussi ordonner *motu proprio* la mesure indiquée au n° 5; dans ce cas également, il est permis d'en appeler auprès du conseil des prises.

ART. 36. — La prise sera, après condamnation et sur requête adressée au conseil des prises par le ministère public, vendue publiquement par les soins des autorités de la police du port.

Le prix, déduction faite des débours, est versé dans la caisse de l'état. Les officiers et équipage du navire de guerre qui a opéré la capture, ont droit aux deux tiers du produit net. La distribution en est faite conformément à un règlement qui sera rendu par le ministre de la marine.

ART. 37. — Si le conseil des prises a prononcé une sentence de condamnation, celle-ci est provisoirement exécutoire, notamment en ce qui concerne les mesures relatives à l'équipage et à son entretien (article 18 du règlement sur les prises), à moins que, dans sa sentence, le conseil des prises n'ait décidé le contraire, ou que le conseil supérieur des prises, après avoir été saisi de l'affaire, n'ait prescrit une autre mesure. Le réclamant ne peut empêcher l'exécution, que s'il consigne en argent comptant ou en papiers assimilés à l'argent et ayant cours aux bourses du pays, une somme proportionnée au montant des frais et dommages qui resulteraient d'une remise de l'exécution. La valeur des papiers se détermine d'après le cours du jour.

La somme d'argent exigée comme garantie est fixée par le conseil des prises.

La sentence d'acquittement rendue par le conseil des prises n'est exécutoire qu'après expiration du délai d'appel ou rejet de l'appel qui aurait été formé.

DISPOSITIONS FINALES.

ART. 38. — Les dispositions qui précèdent sont également applicables, pour autant que cela soit possible, lorsque ce n'est pas le navire capturé, mais seulement la cargaison ou le prix du navire ou de la cargaison, qui est remis aux autorités du port (art. 16 du règlement sur les prises).

Elles ne s'appliquent point dans le cas de capture d'un navire de guerre.

ART. 39. — Si le navire capturé est conduit dans le port d'une puissance alliée à la Prusse (article 14 du règlement sur les prises), les mesures, qui d'après les articles ci-dessus, doivent être prises par le tribunal et les autorités chargées de la police du port, seront exécutées par des fonctionnaires que les ministres des affaires étrangères et de la marine désigneront par ordonnance spéciale.

IV. — RÈGLEMENT SUR LA RÉPARTITION DES PARTS DE PRISES ET DES PRIMES, DU 31 DÉCEMBRE 1865, APPROUVÉ PAR ORDRE SOUVERAIN DU 4 JANVIER 1866.

(Annexe au *A. M. Bl.*, n° 122.)

CHAPITRE PREMIER.

Des droits aux parts de prises.

a. *Dispositions générales.*

ARTICLE PREMIER. — Le droit aux parts de prises se fonde sur la capture de navires ennemis et neutres, quand ceux-ci peuvent être saisis, et sur la condamnation régulière de ces navires par le conseil des prises.

Ce droit est acquis à tout l'équipage du ou des bâtiments ou navires de guerre qui ont fait la prise (capteurs).

ART. 2. — Les individus ou les corps appartenant à la marine, qui sont embarqués sur les navires ou bâtiments de guerre, pour des motifs de service public, mais uniquement en vue de leur transport, n'ont droit aux captures faites pendant leur traversée, que s'ils y ont concouru en exécution d'ordres à eux donnés par leurs chefs.

Dans ce cas ils sont assimilés à l'équipage.

Art. 3. — Celui qui a droit à des parts de prises, les reçoit en proportion de son grade et de l'emploi qu'il remplissait à bord du capteur au moment de la capture.

Il n'est pas tenu compte d'une promotion postérieure, ou notifiée postérieurement.

Si au moment de la capture, un officier remplit plusieurs fonctions à bord, il n'a droit qu'aux parts de prises qui reviennent au plus élevé de ces emplois.

Art. 4. — Ceux qui appartiennent à l'équipage d'un navire ou bâtiment de guerre, et qui ne se trouvent temporairement pas à bord, soit à cause de blessures reçues, soit à cause de maladies dont ils ne sont point les auteurs, soit à cause d'absence pour raison de service, conservent leur droit aux parts de prises du chef des captures faites après leur débarquement, aussi longtemps qu'ils sont maintenus sur le rôle de l'équipage, et que leur ordre de départ n'a pas été rendu.

Art. 5. — Dans la répartition des parts de prises, sont compris ceux qui appartenaient à l'équipage du capteur, et qui ont été tués dans un combat à l'occasion de la capture, ou sont morts des blessures qu'ils y ont reçues.

Les parts qui leur reviennent sont envoyées au tribunal civil de leur domicile pour être remises aux héritiers.

b. *Des prises qui sont faites par des croiseurs et des escadres, etc.;
du concours de flottes alliées.*

Art. 6. — Un croiseur isolé qui n'appartient pas à une escadre, acquiert pour son propre compte toutes les prises faites pendant la durée de sa mission conformément aux dispositions contenues dans les articles 16 à 21, du chapitre deuxième du présent règlement.

Art. 7. — Si un navire ou bâtiment de guerre n'appartenant pas à une escadre, reçoit l'ordre d'en rejoindre une pour y rester attaché d'une manière durable, son équipage a droit à toutes les prises qui auront été faites par lui jusqu'à son arrivée à l'es cadre.

Si le commandant du navire avait reçu déjà auparavant du chef de l'escadre un ordre concernant la destination du navire, celui-ci participe à toutes les prises qui auront été faites depuis la réception de l'ordre.

Il en est de même pour les navires et bâtiments d'une escadre, qui la quittent par ordre supérieur pour rejoindre une autre, et y être attachés d'une manière permanente.

ART. 8. — Si un croiseur isolé fait une capture en vue d'un autre croiseur ou d'une escadre, qui par un concours efficace contribue à la capture ou qui par ses manœuvres empêche que la prise ne s'échappe, les équipages de ce croiseur ou des navires de l'escadre acquièrent un droit aux parts de prises égal à celui de l'équipage du capteur proprement dit.

En cas de doute sur la participation de ces navires à la prise, la décision appartient aux autorités supérieures de la marine.

ART. 9. — Si une escadre fait une capture en pleine mer, les équipages de tous les navires et bâtiments, qui étaient présents au moment de la capture, ont droit à des parts de prises, sans considérer si un ou plusieurs navires avaient reçu l'ordre de donner la chasse au bâtiment ennemi. S'il y a eu un combat au moment de la capture, le produit sera distribué entre les équipages des navires, conformément aux articles 19, 20 et 21 sur la répartition des parts, mais de telle manière que tout individu qui se sera trouvé à bord d'un navire ou bâtiment réellement engagé dans le combat, reçoive le double de ce qui sera attribué à chaque individu du même grade, à bord d'un des navires ou bâtiments qui n'auront pas été au feu.

ART. 10. — Si un navire ou bâtiment de guerre appartenant à une escadre est détaché par le commandant en chef en croisière ou en reconnaissance, mais avec ordre de retour, son équipage conserve ses droits aux parts de prises, du chef de toutes les captures opérées pendant la durée de cette mission, après déduction des parts du commandant de l'escadre, etc.

Il en est également ainsi lorsqu'une escadre est, sous les mêmes conditions, détachée d'une flotte.

ART. 11. — Si une escadre, envoyée au secours d'une autre, fait une prise en route, il y aura lieu d'appliquer les dispositions de l'article 7 du présent chapitre, concernant les croiseurs et les navires isolés.

ART. 12. — Si un navire ou bâtiment appartenant à une escadre fait une capture dans les limites assignées à la station d'une autre escadre, le chef de celle-ci n'aura droit à aucune part de prise, à moins qu'il n'exerce en même temps le commandement sur l'escadre à laquelle appartient le capteur.

ART. 13. — Si le commandant d'une escadre est relevé de son commandement, ou reçoit une mission prolongée ailleurs, son droit aux parts de prises s'éteint au jour de la remise de son commandement à son successeur ou remplaçant. Mais ce droit subsiste s'il n'est que temporairement absent dans l'intérêt du service ou en vertu d'ordres supérieurs et sous la condition de retour.

ART. 14. — Le commandant d'une escadre dans un port prussien ne participe pas aux prises des navires ou bâtiments qui lui sont subordonnés, et qui prennent la mer en vertu d'ordres spéciaux des autorités supérieures de la marine.

ART. 15. — Si des captures sont faites en commun par des navires d'une flotte alliée et par des navires ou bâtiments de guerre prussiens, le produit net sera, sauf dispositions spéciales de traités internationaux, réparti d'après le nombre d'hommes des deux états qui ont pris part à l'action sans avoir égard aux différences de grades; la part revenant aux alliés sera remise à leur gouvernement ou à un fondé de pouvoirs désigné par lui, et la part revenant à la marine prussienne sera distribuée conformément aux prescriptions du présent règlement.

CHAPITRE II.

De la répartition des parts de prises.

ART. 16. — Sur le produit d'une prise régulièrement condamnée, il sera prélevé le montant des frais de conduite dans le port du pays ou d'un pays allié, des avaries, de tous les débours occasionnés par la mise en sûreté du navire ou de la cargaison, et par la surveillance et l'entretien des hommes de l'équipage, ainsi que les dépenses courantes résultant nécessairement de l'expertise, de l'enquête et de la vente. Sur le produit net qui restera, un tiers sera attribué au trésor public, et les deux autres tiers seront distribués entre les capteurs d'après les principes suivants :

ART. 17. — Le commandant en chef d'une escadre battant pavillon reçoit un vingtième sur toutes les prises faites par les navires et bâtiments qui sont sous ses ordres, qu'il ait été, ou non, présent lors de la capture.

S'il y a plusieurs officiers battant pavillon dans une escadre, et si l'escadre fait des prises en pleine mer, ces officiers se partagent le vingtième de la manière suivante : s'ils sont deux, le plus élevé en commandement aura les deux tiers, l'autre un tiers; s'ils sont trois ou plus, le plus élevé en commandement aura la moitié, les autres se partageront également le reste.

S'il y a plusieurs officiers battant pavillon dans une escadre qui se trouve en station, et si des captures sont faites par des navires ou bâtiments détachés de l'escadre, le commandant en chef partage le vingtième avec l'officier battant pavillon, sous le commandement immédiat duquel se trouve le capteur.

Si des navires ou bâtiments qui appartiennent à des escadres différentes et indépendantes l'une de l'autre font des captures en commun, chacun des officiers battant pavillon reçoit un vingtième des parts de prises qui doivent échoir aux officiers et équipages sous ses ordres, conformément au tableau de répartition de l'article 19.

Si des navires de cette catégorie font une prise en commun avec un croiseur n'appartenant à aucune escadre, le vingtième revenant à l'officier ou aux officiers battant pavillon, ne sera compté que sur les parts de prises des officiers et équipages se trouvant sous leurs ordres, à l'exclusion des parts destinées au croiseur.

ART. 18. — Les commodores et capitaines de vaisseau, qui commandent une escadre, participent aux prises comme les officiers battant pavillon, lorsque les navires et bâtiments qui leur sont subordonnés font des prises; ils y participent comme les commandants, s'ils commandent eux-mêmes un navire et font avec ce navire la capture.

ART. 19. — Ce qui reste sur le produit des prises, déduction faite du prélèvement opéré pour la caisse de l'état et pour le chef de l'escadre, d'après les articles 16 et 17, sera divisé en douze catégories :

Reçoivent :

Dans la 1re catégorie :

Chaque mousse, 1 part.

Dans la 2e catégorie :

Chaque matelot, chauffeur, ouvrier, soldat de marine, cuisinier, domestique, 2 parts.

Dans la 3e catégorie :

Chaque sous-officier de 2e classe, sous-officier de l'infanterie de marine, et musicien, pour autant qu'il soit réellement sous-officier, 4 parts.

Dans la 4e catégorie :

Chaque sous-officier de 1re classe, adjudant d'état-major, enseigne (feldwebel) et sergent de l'infanterie de marine, chef de musique et pilote, 6 parts.

Dans la 5e catégorie :

Chaque cadet, 8 parts.

Dans la 6e catégorie :

Chaque officier d'avant de 2e classe, administrateur, cadet de marine, enseigne-porte-épée, 10 parts.

Dans la 7e catégorie :

Chaque officier d'avant de 1re classe, 15 parts.

Dans la 8e catégorie :

Chaque sous-lieutenant de vaisseau (zur see) et chaque officier ou employé du même grade, 20 parts.

Dans la 9e catégorie :

Chaque lieutenant de vaisseau (zur see) et chaque officier ou employé du même grade, 25 parts.

Dans la 10e catégorie :

Chaque capitaine-lieutenant qui n'est pas *premier officier*, et chaque officier ou employé du même grade, 28 parts.

Dans la 11e catégorie :

Le commandant d'une canonnière ou d'un bâtiment du même rang, et le *premier officier* d'un plus grand navire, 35 parts.

Le *premier officier*, s'il est capitaine de corvette, 50 parts.

Dans la 12e catégorie :

Chaque commandant et chef d'une division de la flottille (à l'exception des commandants de canonnières), 70 parts.

Art. 20. — Les officiers appartenant à l'état-major du chef d'une escadre reçoivent :

Chaque capitaine de vaisseau (zur see), 70 parts.

»	capitaine de corvette,	50	»
»	médecin-général,	50	»
»	intendant,	50	»

Chaque autre officier ou employé, selon les classifications de l'article 19.

ART. 21. — Si une capture est faite par une escadre, le produit de la prise sera, avec application, s'il y a lieu, de l'article 8, § 2, partagé entre l'équipage proportionnellement au nombre de parts qui reviennent à chaque navire et bâtiment en vertu des articles 19 et 20.

ART. 22. — La distribution des parts de prises se fait d'après un tableau de répartition dressé par les autorités supérieures de la marine.

CHAPITRE III.

Du concours de l'armée.

ART. 23. — Si des détachements appartenant à l'armée sont embarqués sur des navires ou bâtiments de la marine royale au lieu de soldats de marine, ils ont, dans le produit des prises faites pendant la durée de leur embarquement par ces navires, une part égale à celle des équipages des capteurs. La répartition se fait en tenant compte du grade de chacun.

Si l'embarquement des troupes de terre ou des soldats de marine n'est que provisoire et n'a d'autre but que de les transporter d'une base d'opération à une autre, les troupes de terre n'acquièrent un droit aux prises faites pendant la traversée que dans le cas où elles auraient participé au combat qui a eu lieu à l'occasion de la capture, ou si elles y avaient concouru de quelque autre manière par des actes rentrant dans leur service.

ART. 24. — Si des détachements de l'armée font des captures dans une action commune avec la marine, ceux de ces détachements qui ont réellement contribué à la capture par un concours actif, ont un droit aux parts de prises égal à celui des équipages des navires ou bâtiments de guerre.

S'il y a doute sur la nature de la participation des détachements de l'armée, il sera décidé par une commission nommée par les départements de la guerre et de la marine, et composée de deux officiers de l'armée et deux de la marine, n'ayant pas pris part à l'action, sous la présidence d'un officier d'état-major du corps des officiers de marine.

ART. 25. — Dans les cas prévus par les articles 23, al. 2, et 24, les parts de prises seront partagées entre les corps de l'armée et ceux de la marine qui auront été à l'engagement sans distinction de grade; la part afférente à la marine sera répartie d'après les prescriptions du chapitre II du présent règlement, celle afférente à l'armée sera remise au ministère de la guerre, pour qu'il en dispose.

ART. 26. — Les détachements de l'armée, qui, par leur feu et sans le secours de la marine, forcent des navires ennemis à amener leur pavillon et en prennent possession, ou qui s'en rendent maîtres de quelque autre manière n'excluant pas l'attribution de parts de prises, acquièrent un droit exclusif sur le produit de la capture; la répartition de ce produit sera opérée par le ministre de la guerre.

CHAPITRE IV.

Du butin.

ART. 27. — Les navires de guerre et tous les bâtiments employés à une destination hostile, qui sont capturés sur l'ennemi, avec tout leur armement et leur matériel, et la contrebande de guerre se trouvant sur des navires ennemis ou neutres saisis, ne sont pas considérés comme des prises, mais deviennent propriété de l'état comme butin de guerre.

ART. 28. — Pour chaque navire de guerre qui sera capturé sur l'ennemi, l'état paie aux capteurs une prime égale à la moitié de la valeur fixée par expertise. La moitié de la valeur de la contrebande de guerre et de tous les objets ayant été propriété de l'état ennemi sera aussi remise aux capteurs.

Si les bâtiments capturés n'ont aucune valeur pour l'état, ils peuvent être peuvent être abandonnés par lui aux capteurs à titre de prises.

ART. 29. — Les primes mentionnées à l'article 28, à moins de dispositions spéciales, seront considérées comme des parts de prises, et partagées entre les officiers et équipages qui auront participé à l'action, d'après les prescriptions du présent règlement.

DISPOSITIONS FINALES.

Art. 30. — L'état a un droit de préemption, qui sera exercé par le ministère de la marine sur tout navire régulièrement condamné, mais non sur la cargaison. Ce droit s'éteint si, dans les huit jours qui suivent le moment où le jugement entre en vigueur, une déclaration concernant la préemption n'a pas été adressée au ministère public près le conseil des prises.

Si l'état fait usage de son droit de préemption, il acquiert le bâtiment au prix d'expertise. Si une expertise valable n'a pas encore eu lieu, il y sera procédé par une commission de deux membres, dont l'un sera choisi par le ministère de la marine, l'autre par l'officier sous le commandement supérieur duquel la prise a été faite.

Ces formalités n'entraîneront aucun frais. S'il y en a qui soient inévitables, c'est l'état seul qui les supportera.

Art. 31. — Il n'est pas permis aux officiers et aux hommes de l'équipage du capteur de se dessaisir de leur droit à des parts de prises par vente, cession ou tout autre mode de transfert admis par la loi.

Les contrats passés dans ce but sont nuls; celui qui enfreint la présente disposition perd son droit à la part de prises au profit de la caisse de l'état.

Berlin, le 31 décembre 1865.

Le ministre de la guerre et de la marine,
(S.) DE ROON.

V. — CONVENTION ENTRE LA PRUSSE ET L'AUTRICHE CONCERNANT LA JURIDICTION COMPÉTENTE EN MATIÈRE DE CAPTURES FAITES CONJOINTEMENT PAR LES MARINES DE GUERRE DES DEUX PAYS, ET LA RÉPARTITION DES PARTS DE PRISES, EN DATE DU 6 JUIN 1864.

(A. M. Bl., n° 105.)

Le gouvernement royal prussien et le gouvernement impérial autrichien, ayant jugé opportun de déterminer par un accord spécial la juridiction compétente en ce qui concerne les captures faites en commun par les marines de guerre des deux états contre le Danemarck, et de régler en même temps la répartition du produit des prises qui seront opérées, ont nommé pour leurs plénipotentiaires en vue de conclure un arrangement à cet effet, à savoir :

Sa Majesté le roi de Prusse,

Son président du ministère d'état et ministre des affaires étrangères, Othon-Édouard-Léopold de Bismarck-Schœnhausen,

Et Sa Majesté l'empereur d'Autriche,

Son envoyé extraordinaire et ministre plénipotentiaire à la cour royale de Prusse et chambellan, Aloys, comte Karoly de Nagy-Karoly,

Qui, après avoir échangé leurs pleins pouvoirs trouvés en bonne et due forme, sont convenus des articles suivants :

ARTICLE PREMIER. — Lorsqu'une prise est faite en commun par les forces navales des deux parties contractantes, la décision sur la validité de la capture appartiendra aux autorités compétentes en la matière de l'état auquel appartenait l'officier exerçant le commandement supérieur dans le combat.

ART. 2. — Lorsqu'une prise est faite par un croiseur de l'une des parties contractantes en vue d'un croiseur de l'autre, et que ce dernier a contribué par sa présence à faire céder l'ennemi et à encourager le capteur, la décision appartient aux autorités compétentes en matière de prises du pays dont le capteur porte le pavillon.

ART. 3. — Dans le cas où un bâtiment de la marine marchande de l'un des états contractants serait, pour violation de blocus, transport de contrebande de guerre ou tout autre motif autorisant la capture, saisi soit par les forces navales des deux états agissant en commun, soit par les forces navales de l'état dont il ne porte pas le pavillon, le jugement en ce qui concerne le navire et la cargaison incombera aux autorités du pays auquel appartient le bâtiment capturé.

ART. 4. — En cas de condamnation d'un navire de commerce capturé en commun (art. 1 et 2), le produit net de la prise, déduction faite des débours nécessaires, sera partagé en autant de parts qu'il y a de têtes dans les équipages des navires qui ont opéré la capture, sans qu'il soit tenu compte des grades. Les parts revenant aux équipages des navires de guerre de l'état allié seront remises à ceux qui auront été dûment autorisés pour les recevoir;

et la répartition se fera entre les divers navires par les soins du gouvernement, d'après les lois et règlements du pays.

De même, après condamnation d'une prise faite par un croiseur de l'une des parties contractantes devant les autorités compétentes de l'autre (art. 3), le produit net de la prise sera, sous déduction des débours nécessaires, remis au gouvernement du capteur pour être distribué conformément à ses lois et règlements.

Art. 5. — Lorsqu'un bâtiment de commerce ennemi ou suspect est capturé de la manière indiquée ci-dessus, dans une action commune, par les forces navales des deux parties contractantes, la constatation du fait de la saisie et de toutes les circonstances qui devront servir de fondement à la condamnation, les dispositions à prendre provisoirement pour la conservation du navire, de sa cargaison, pour la mise en sûreté du produit de la vente, ainsi que celles concernant l'équipage, seront prises par les autorités compétentes de celui des deux états à qui, d'après la présente convention, revient la décision du sort du navire capturé lui-même.

Toutefois, dans les cas urgents, ou si des circonstances spéciales rendent impraticable l'intervention des autorités susdites, une commission mixte sera nommée par les parties contractantes et établie dans un port occupé par les troupes des puissances alliées ou dans un port où le gouvernement du pays donnera l'autorisation nécessaire. Cette commission procédera aux actes d'enquête indiqués ci-dessus et fera parvenir les pièces de la procédure aux autorités qui, d'après la présente convention, sont compétentes pour juger l'affaire ou bien à l'organe du ministère public qui serait établi auprès de ces autorités.

La commission sera composée d'un officier de marine, d'un auditeur ou d'un membre de l'ordre judiciaire, et d'un assesseur négociant ou armateur, choisis par chacune des deux parties contractantes; parmi ceux-ci, l'auditeur ou le membre de l'ordre judiciaire remplira les fonctions de juge d'instruction et de rapporteur. La présidence appartiendra à un officier de l'état-major de la marine de celui des deux états qui, en vertu de la présente convention, sera compétent pour juger l'affaire; le même gouvernement nommera celui des membres qui remplira l'office de juge d'instruction et de rapporteur.

Dans l'accomplissement de ses fonctions la commission mixte

appliquera autant que possible la législation prussienne en matière de prises si le jugement de l'affaire appartient aux autorités prussiennes ; elle appliquera l'ordonnance autrichienne du 21 mars 1864 dans le cas où les autorités autrichiennes sont compétentes.

Art. 6. — S'il arrivait que la présente convention dût recevoir son application à la suite de la capture d'un navire de guerre opérée en commun, le commandant en chef des forces navales des alliés désignera l'endroit où la prise devra être amenée et prendra les mesures militaires requises. L'évaluation d'une prise semblable se fera sur le pied de la valeur réelle, et chacune des deux parties contractantes déléguera un ou plusieurs officiers de marine pour y prendre part.

En cas de dissentiment, le sort décidera quel est l'officier dont la voix sera prépondérante.

Art. 7. — Les équipages des navires saisis ou capturés seront traités conformément aux lois de l'état auquel, d'après la présente convention, appartient le jugement de la prise.

Art. 8. — Les commandants des navires de guerre des deux parties contractantes se régleront, pour ce qui concerne le renvoi et la remise des prises faites en commun, d'après les instructions qui seront données en exécution de la présente convention, et qui, s'il était nécessaire, seraient modifiées plus tard par une entente des deux parties contractantes.

En foi de quoi, etc.

Berlin, le 6 juin 1864.

(s.) v. Bismarck.   (s.) Comte Karoly.

VI. — Instruction pour les commandants des navires de guerre de Sa Majesté le roi de Prusse et de Sa Majesté l'empereur d'Autriche.

(A. M. Bl., n° 105.)

Pour assurer l'exécution de la convention signée à Berlin le 6 juin dernier par les plénipotentiaires du gouvernement de S. M. le roi de Prusse et du gouvernement de S. M. l'empereur d'Autriche, concernant les prises faites en commun sur le Danemark par les marines des deux états, les instructions suivantes sont adressées aux commandants des navires de guerre de Sa Majesté.

Article premier. — Si à la suite d'une action commune les commandants ont à adresser le rapport prescrit sur la saisie d'un navire, ils doivent y indiquer exactement les noms des bâtiments de guerre et de leurs commandants qui étaient présents à l'action, et autant que possible le nombre total des hommes se trouvant à bord de ces bâtiments au commencement de l'action.

Une copie du rapport sera remise à l'officier de la puissance alliée qui a exercé le commandement supérieur pendant l'action, et il doit être obtempéré aux instructions de cet officier, concernant les mesures ultérieures à prendre pour le renvoi des prises faites en commun et l'exécution des formalités préparatoires au jugement.

Si le commandement supérieur a été exercé par un officier du même pavillon, les prescriptions en vigueur dans l'état auquel il appartient doivent être exclusivement suivies; toutefois, une copie certifiée du rapport sera remise à l'officier de la puissance alliée qui avait assisté à l'action et était revêtu du grade le plus élevé.

ART. 2. — Si les commandants opèrent des prises en présence et en vue d'un navire de guerre allié, ils indiqueront exactement dans leur rapport le nombre total des hommes qui se trouvaient à bord au commencement de l'action, ainsi que le nom du navire de guerre allié qui était en vue, et dans le cas où cela serait possible, le nombre total des sommes qui se trouvaient à bord de ce navire. Une copie certifiée du rapport sera transmise au commandant de ce navire.

ART. 3. — Aussitôt après la capture d'un bâtiment appartenant à la marine marchande de l'un des états alliés et saisi du chef soit de violation de blocus, soit de transport de contrebande de guerre ou de troupes ennemies de terre ou de mer, ou de dépêches destinées à l'ennemi ou provenant de lui, le commandant doit :

a. Rédiger un rapport où seront indiqués le lieu, la date et le motif de la saisie, les noms du bâtiment et du capitaine, le nombre des hommes de l'équipage et, le cas échéant, des passagers. Le rapport contiendra en outre une description exacte de l'état du navire et de sa cargaison.

b. Dresser un inventaire de tous les papiers de bord; tels que : documents concernant la nationalité et la propriété du navire, rôle d'équipage, certificat de santé, chartes-parties, connaissements, factures et autres pièces servant à déterminer la nature du navire, ses propriétaires et ceux de la cargaison. Cet inventaire sera signé par le commandant du capteur et par le patron du bâtiment saisi, et les papiers seront mis en une farde scellée du cachet du croiseur et de celui du patron de la prise.

c. Prendre les mesures nécessaires en vue d'assurer la conservation du navire et de la cargaison.

d. Placer à bord, en cas de besoin, un officier ou un cadet avec le nombre d'hommes nécessaires pour garder et conduire la prise.

e. Envoyer la prise dans le port le plus proche de la puissance dont il porte le pavillon, ou dans le cas prévu par l'article 5 de la convention du 6 juin de l'année courante, l'envoyer dans le port indiqué par cet article.

f. Faire remettre le navire aux autorités compétentes avec une copie du rapport et la farde scellée contenant les papiers de bord.

ART. 4. — Le conducteur de la prise doit se faire délivrer par les autorités compétentes un accusé de la réception du navire et des papiers, ainsi qu'une expédition du rapport indiqué ci-dessus et de l'inventaire.

ART. 5. — Le conducteur de la prise ne peut s'écarter de la route qui lui est prescrite qu'en cas de danger de mer, et, lorsque les obstacles auront disparu, il devra continuer sa route sans retard, ou bien si cela est impossible en informer les autorités auxquelles le navire devrait être remis.

ART. 6. — Parmi les personnes qui se trouvent à bord du navire capturé, seront traités comme prisonniers de guerre et surveillés en conséquence le capitaine, le subrécargue, les hommes de l'équipage, ainsi que toutes les personnes qui sont au service civil ou militaire de l'ennemi; enfin tous ceux qui sont soupçonnés d'avoir porté assistance à l'ennemi ou d'avoir eu des intelligences avec lui.

Les sujets de l'ennemi qui ne sont pas au service de l'ennemi et qui ne sont point en suspicion légitime, mais qui exercent la profession de marin, ainsi que toutes les personnes, sans distinction de nationalité, dont les déclarations seraient nécessaires pour le jugement de la prise, ne peuvent être relâchés, mais seront conservés à bord; il leur sera accordé toutes les facilités compatibles avec la sécurité de la prise, jusqu'à ce que les autorités compétentes aient décidé leur élargissement.

Les autres passagers, les femmes et les enfants doivent être mis en liberté et débarqués aussitôt que possible.

Si parmi les prisonniers de guerre ou les autres personnes retenues à bord, il se trouve des sujets de l'état auquel appartient le croiseur ou de son allié, on doit user envers eux de tous les égards compatibles avec la sécurité du navire et avec le but que l'on poursuit.

Le commandant donnera au conducteur de la prise les instructions nécessaires.

FIN.

OUVRAGES CITÉS

Ægidi (L. K.) et Klauhold (H.). — *Das Staatsarchiv*. (Les Archives d'état, recueil d'actes officiels pour servir à l'histoire contemporaine.) — Hambourg, depuis 1861. Appendice au tome XIX (1870) : *Aktenstuecke in Bezug auf Handel und Schiffahrt waehrend des deutsch-franzoesischen Krieges im Jahre* 1870. (Documents concernant le commerce et la navigation pendant la guerre franco-allemande de 1870.)

Les mêmes. — *Frei Schiff unter Feindes Flagge. Urkundliche Darstellung der Bestrebungen zur Fortbildung des Seerechts seit* 1856. (Navire libre sous pavillon ennemi. Exposé, d'après les documents authentiques, des efforts faits depuis 1856 pour les progrès du droit maritime.) — Hambourg, 1866.

Assensio (R.). — *Les questions de droit maritime au Congrès de Naples*. — Havre, 1871.

Attlmayr (F.) — *Die Elemente des internationalen Seerechts und Sammlung von Verträgen. Ein Handbuch fur die K. und K. œsterreichischen See-Offizieren*. (Éléments du droit international maritime et recueil des traité. Manuel pour les officiers de la marine impériale et royale autrichienne.) — 2 vol. Vienne, 1872 et 1873.

Azuni (D.-A.). — *Sistema universale dei principi del diritto maritimo dell' Europa*. (Système général des principes du droit maritime de l'Europe.) — 2 vol., 2e édit. Trieste, 1796.

Bax (L.). — *Das internationale Privat and Strafrecht*. (Le droit international pénal et privé.) — Hannovre, 1862.

Barboux (H.). — *Jurisprudence du conseil des prises pendant la guerre de 1870-1871*. — Paris, 1872.

Berner (A.-F.). — *Wirkungskreis des Strafgesetzes nach Zeit, Raum und Personen, besonders von der Bestrafung der im Auslande begangenen Verbrechen, vom Asylrecht und von der Auslieferung der Verbrecher, von der Rückwirkung der Strafgesetze und vom Rechtsirrthum*. (De l'étendue de l'action de la loi pénale quant au temps, au lieu et aux personnes, particulièrement de la répression des délits commis à l'étranger, du droit d'asile, de l'extradition des criminels, de la rétroactivité de la loi pénale et de l'erreur juridique.) — Berlin, 1853.

BISCHOF (H.) — *Grundriss des positiven œffentlichen internationalen Seerechts.* (Esquisse du droit maritime international positif.) — Gratz, 1868.

BLUNTSCHLI (J.-C.). — *Le droit international codifié,* traduit de l'allemand, par C. Lardy. 2e édit. — Paris, 1874.

LE MÊME. — *Das Beuterecht im Krieg und das Seebeuterecht insbesondere. Eine voelkerrechtliche Untersuchung.* (Le droit de butin et spécialement le droit de capture sur mer. Étude de droit des gens.) — Noerdlingen, 1878.

BOROUGH (J.) — *Imperium maris britannici.* — Londres, 1686.

BOUCHER (P.-B.) — Consulat de la mer, ou Pandectes du droit commercial et maritime, faisant loi en Espagne, en Italie, à Marseille et en Angleterre, et consulté partout ailleurs comme raison écrite. — 2 vol. Paris, 1808.

BULMERINCQ (A.). — *Commission des prises maritimes.* Rapport extrait de la Revue de droit international et de législation comparée. Gand, 1880.

BURGH (W. DE). — *The Elements of Maritime International Law.* (Éléments du droit maritime international.) — London, 1868.

BYNKERSHOEK (C. VAN). — *Quæstiones Juris publici.* — Leyde, 1737.

—   *De dominio maris.* — 1702.

CALVO (CH.). — *Le droit international théorique et pratique, précédé d'un exposé historique des progrès de la science du droit des gens.* — 3e édit. Paris, 1879-1881. 4 vol.

CANCRIN (FR.-L.). — *Abhandlungen von dem Wasserrechte, sowohl dem natürlichen als positiven, hauptsaechtlich aber dem deutschen.* (Étude sur le droit des eaux, tant naturel que positif, principalement allemand.) — Halle, 1800.

CARRON (E.). — *La course maritime.* — Paris, 1875.

CAUCHY (E.). — *Le droit maritime international, considéré dans ses origines et dans ses rapports avec les progrès de la civilisation.* (Ouvrage couronné par l'Académie des sciences morales et politiques.) — 2 vol. Paris, 1862.

CAUMONT (A.). — *Dictionnaire universel de droit maritime, au point de vue commercial, administratif et pénal, ou répertoire méthodique et alphabétique de législation, doctrine et jurisprudence nautiques;* nouv. édit. — Paris, 1867.

CLEIRAC. — *Us et coustumes de la mer; divisées en trois parties : 1o de la navigation; 2o du commerce naval et contracts maritimes; 3o de la jurisdiction de la marine. Avec un traité des termes de marine et réglements de la navigation des fleuves et rivières.* — Bourdeaux, 1661.

CODE DES PRISES, *ou recueil des édits, déclarations, lettres patentes, arrêts, ordonnances, règlements et décisions sur la course et l'administration des prises depuis 1400 jusqu'à présent. Officiel.* — 2 vol. Paris, 1784.

COMMISSION *on fugitive Slaves. Report of the commissioners. Minutes of evidence and appendix.* (Commission concernant les esclaves fugitifs. Rapport des commissaires. Procès-verbaux des dépositions et appendice. — Londres, 1876.

CUSSY (F., BARON DE). — *Phases et causes célèbres du droit maritime des nations.* — 2 vol. Leipzig, 1856.

DAHLGREN (J.-A.). — *Maritime international Law. Ed. by Charles Cowley.* (Loi maritime internationale. Édité par C. Cowley.) — Boston, 1877.

DAHN (F.).— *Der deutsch-franzoesische Krieg und das Voelkerrecht. In den von Loebell'schen Jahrbuechern fuer die deutsche Armee und Marine.* (La guerre franco-allemande et le droit des gens, dans les Annales pour l'armée et la marine allemandes de Loebell.) — T. V, p. 113 et s.

DEANE (H.-B.). — *The law of blockade : its history, present condition and probable future. An international Law Essay.* (Essai sur le droit de blocus; son histoire, son état présent et son avenir probable. — Londres, 1870.

DEANE (J.-G.). — *The law of blockade as contained in the report of eight cases argued and determined in the high Court of Admiralty on the blockade of the coast of Courland,* 1854. (Le droit de blocus, tel qu'il résulte de huit cas jugés par la haute cour d'amirauté, à l'occasion du blocus des côtes de la Courlande en 1854.) — Londres, 1855.

ENGELBRECHT (J.-A.). — *Corpus juris nautici oder Sammlung aller Seerechte der bekanntesten handelnden Nationen alter und neuer Zeiten nebst den Assecuranz, Havarey und anderen zu den Seerechten gehörenden Ordnungen zusammengetragen und zum Theil ins Deutsche uebersetzt.* (Recueil des législations maritimes des principales nations commerçantes de l'antiquité et des temps modernes, ainsi que des ordonnances concernant les assurances, les avaries, etc., en partie traduites en allemand.) — Lubeck, 1790.

Ce recueil contient :

1. Les lois rhodiennes. — 2. Un recueil des dispositions du droit romain concernant le droit maritime. — 3. Le droit maritime d'Oleron. — 4. Le droit maritime de Wisby. — 5. Celui des villes libres allemandes. — 6. Celui de la ligne hanséatique. — 7. L'ordonnance du roi Pierre d'Aragon pour la sécurité de la navigation; les ordonnances de Barcelone et de Florence. — 8. L'ancien droit maritime de Riga. — 9. Le droit maritime danois.— 10. Le consulat de la mer. — 11. Les ordonnances pour les navires armés qui croisent en mer.

FŒLIX (M.). — *Traité du droit international privé, ou du conflit des lois des différentes nations en matière de droit privé.* — 4ᵉ édit. Paris, 1868.

FISCHER (P. D.). — *Die Telegraphie und das Voelkerrecht.* (La télégraphie et le droit des gens.) — Leipzig, 1876.

GALLOIS. — *Der Hansabund.* (La ligne hanséatique.) — 3ᵉ édit. Leipzig, 1868.

GEFFKEN (F.-H.). — Voir HEFFTER.

GESSNER (L.). — *Le droit des neutres sur mer.* — 2ᵉ édit. Berlin, 1876.

— *Das Recht des Neutralen Seehandels und eine Revision der darueber geltenden Grundsætzen des Vœlkerrechts.* (Du droit de commerce maritime neutre et de la révision des règles du droit des gens qui le régissent.) — Brême, 1855.

— *Zur Reform des Kriegsseerechts.* (De la réforme du droit de la guerre maritime.) — Berlin, 1875.

— *Kriegfuerende und neutrale Maechte. Ein Beitrag zur Reform des internationalen Rechts in Kriegszeiten.* (Puissances belligérantes et puissances neutres. Essai sur la réforme du droit international en temps de guerre.) — Berlin, 1877.

GROTIUS (H.). — *Mare liberum, seu de jure quod Batavis competit ad indica commercia. Dissertatio.* Leyde, 1616.

— *De jure belli ac pacis libri tres.* Ed. Barbeyrac. — Amsterdam, 1735. (1re édition. Paris, 1625.)

HARTMANN (AD.). — *Institutionen des praktischen Vœlkerrechts in Friedenszeiten, mit Rucksicht auf die Verfassung, die Vertræge und die Gesetzgebung des deutschen Reichs.* (Institutes du droit des gens positif en temps de paix, au point de vue de la constitution, des traités et des lois de l'empire d'Allemagne.) — 2e édit. Hanovre, 1878.

HAUTEFEUILLE (L.-B.). — *Des droits et des devoirs des nations neutres en temps de guerre maritime.* — 2e édit. 3 vol. Paris, 1858.

— *Histoire des origines, des progrès et des variations du droit maritime international.* — 2e édit. Paris, 1869.

— *Questions de droit maritime.* — Paris, 1869.

HEFFTER (J.-W.). — *Das europaeische Vœlkerrecht der Gegenwart.* — 1re édit. Berlin, 1844, 7e édition, annotée par Geffken, 1881. Une traduction française a paru sous ce titre : *Le droit international de l'Europe,* traduit par J. Bergson. — 4e édition française. Berlin, 1883.

HERTSLET (E.). — *A complete collection of the treaties and conventions and reciprocal regulations at present subsisting between Great Britain and Foreign Powers; and of the Laws, Decrees, Orders in Council, etc.,* concerning the same, etc. (Collection complète des traités, conventions et arrangements qui existent actuellement entre la Grande-Bretagne et les puissances étrangères ; ainsi que des lois, décrets, ordres en conseil, etc., qui s'y rapportent.) — Londres, depuis 1827.

HIRTH (G.) et VON GOSEN (J.). — *Tagebuch des deutsch-französischen Krieges, 1870-1871. Eine Sammlung der wichtigeren Quellen.* (Annales de la guerre franco-allemande de 1870-1871, recueil des documents les plus importants.) — 3 vol. Leipsig, 1871-1874.

HOPF (J.). — *Die Wegnahme der « Fréy » in britischem Gewæsser. Aus der Neutralitaetspraxis des deutsch-französischen Krieges.* (La saisie du navire *le Frey* dans les eaux britanniques. Épisode tiré de la pratique de la neutralité pendant la guerre franco-allemande.) — Gotha, 1871.

HUBNER. — *De la saisie des bâtiments neutres, ou du droit qu'ont les nations belligérantes d'arrêter les navires des peuples amis.* — La Haye, 1795.

INSTITUT DE DROIT INTERNATIONAL. — *Annuaire,* depuis 1877. — Gand.

JACOBSEN (F.-J.). — *Seerecht des Friedens und des Krieges in Bezug auf die Kauffahrteischiffahrt.* (Le droit maritime en temps de paix et de guerre, dans ses rapports avec la navigation marchande.) — Altona, 1815.

JOUFFROY. — *Le droit des gens maritime universel.* — Berlin, 1806.

KALTENBORN (C. DE). — *Grundsätze des praktischen europaeischen Seerechts, besonders im Privatverkehr.* (Principes du droit maritime positif de l'Europe, particulièrement au point de vue des rapports privés.) — 2 vol. Berlin, 1851.

— *Kriegsschiffe auf neutralem Gebiet. Mit Rucksicht auf das Benehmen Lubecks gegenueber dem « von der Tann » im gegenwærtigen schleswig-holsteinischen und dænischen Kriege.* (Des navires de guerre sur territoire neutre. A propos de la conduite de la ville de Lubeck envers le « Von der Tann » dans la guerre actuelle entre le Danemark et le Schleswig-Holstein). — Hambourg, 1850.

KATCHENOWSKI. — *Prize law, particularly with reference to the duties and obligations of belligerents and neutrals. Translated from the Russian by F.-R. Pratt.* (Le droit de capture, particulièrement en ce qui concerne les devoirs et obligations des belligérants et des neutres. Traduit du russe par F.-R. Pratt.) — Londres, 1867.

KENT (J.). — *Commentaries on American Law.* (Commentaires sur les lois américaines.) — 4 vol. 1ʳᵉ édit. 1826, et s., 12ᵉ édit., par O.-W. Holmes. Boston, 1873.

KLOBUTOWSKI (St.). — *Die Seebeute oder das feindliche Privateigenthum zur See. Inaugural Dissertation.* (Droit de capture maritime, ou la propriété privée de l'ennemi sur mer. Dissertation inaugurale.) — Bonn, 1877.

KLUBER (J.-L.). — *Europaeisches Vœlkerrecht* (1ʳᵉ édit., 1819). — A paru en français sous le titre : *Droit des gens moderne de l'Europe, avec un supplément contenant une bibliothèque choisie de droit des gens,* annoté et complété par M. A. Ott. 2ᵉ édit. Paris, 1874.

KOENIG (B.-W.). — *Handbuch des deutschen Consularwesen.* (Manuel du droit consulaire allemand.) — Berlin, 1875.

LAMPREDI (G.-M.). — *Tratato del commercio dei popoli neutrali in tempo di guerra.* (Traité du commerce des peuples neutres en temps de guerre.) — Milan, 1831.

LAWRENCE (W.-B.). — *Commentaire sur les éléments du droit international et sur l'histoire des progrès du droit des gens de Henry Wheaton.* — 4 vol. Leipzig, 1868-1873.

LEHMANN (H.). — *Die Zufuhr von Kriegscontrebande nach kriegfuehrenden Lœndern seitens Neutraler. Inaug. Dissertation.* (Du transport de la contrebande de guerre, opéré par les neutres vers les pays belligérants. Dissertation inaugurale.) — Kiel, 1878.

LUEDER (C.). — *Die Genfer Convention. Historisch und kritisch-dogmatisch mit Vorschlaegen zu ihrer Verbesserung unter Darlegung und Pruefung der mit ihr gemachten Erfahrungen und unter Benutzung der amtlichen theilweise ungedruckten Quellen bearteitet.* (La convention de Genève, étudiée au point de vue historique, critique et dogmatique, en elle-même et dans les expériences qui en ont été faites, d'après des sources officielles, en partie inédites.) — Erlangen, 1876.

MACHLACHLAN (D.). — *A treatise on the Law of Merchant Shipping.* (Traité des lois concernant la marine marchande.) — 2ᵉ édit. Londres, 1876.

MARCO (P.). — *Le guerre marittime secondo i principii del codice italiano del 21 giugno 1865.* (Les guerres maritimes selon les principes du code italien du 21 juin 1865.) — Palerme, 1877.

MARDSEN (R.-G.). — *A treatise on the law of collisions at sea.* (Traité de la loi sur les collisions en mer.) Londres, 1880.

MARQUARDSEN (H.). — *Der Trentfall. Zur Lehre von der Kriegscontrebande und dem Transportdienst der Neutralen.* (Le cas du *Trent,* à propos de la théorie de la contrebande de guerre et du service de transport opéré par les neutres.) — Erlangen, 1862.

MARTENS (CH. DE). — *Causes célèbres du droit des gens.* — 4 vol. Leipsig, 1858 (1re édit. 2 vol. 1827 et 2 vol. 1843).

MARTENS (G.-FR. DE). — *Précis du droit des gens moderne de l'Europe ;* 1re édit., 1788. *Augmenté des notes de Pinheiro Ferreira, précédé d'une intro- duction et complété par l'exposition des doctrines des publicistes contem- porains et suivi d'une bibliographie raisonnée du droit des gens, par M. Ch. Vergé.* 2 vol. 2e édit. Paris, 1864.

— *Versuch ueber Caper, feindliche Nehmungen und insonderheit Wiederneh- mungen. Nach den Gesetzen, Vertrægen und Gebräuchen der Europæischen Seemaechte.* (Essai sur la course, les prises sur l'ennemi et particulièrement les reprises, d'après les lois, les traités et les usages des puissances maritimes de l'Europe.) — Gœttingen, 1795.

— *Recueil des principaux traités d'alliance, de paix, de trève, de neutralité, de commerce, de limites, d'échange, etc., conclus par les puissances de l'Europe, tant entre elles qu'avec les puissances et états dans d'autres par- ties du monde, depuis* 1761, *précédé de traités du* XVIIIe *siècle antérieurs à cette époque et qui ne se trouvent pas dans le corps universel diplomatique de Mrs Dumont et Roussel et autres recueils généraux de traités.* — Publié à Gœttingen avec des volumes supplémentaires depuis 1791.

MEWES (L.). — *Die Strafrechtlichen Bestimmungen : I. im Gesetz betreffend die Nationalitæt der Kauffahrteischiffe und ihre Befugniss zur Fuehrung des Bundesflagge, vom* 25 *octobre* 1867, *in Verbindung mit dem Gesetze betreffend die Registrirung und Bezeichnung der Kauffahrteischiffe von* 28 *juin* 1873 ; *II. in der Seemansordnung vom* 27 *december* 1872; *III. im Gesetz, betreffend die Verpflichtung Deutscher Kauffahrteischiffe zur Mitnahme hülfsbedürftiger See- leute, von* 27 *december* 1872; *IV. in der Strandungsordnung von* 17 *mai* 1874. (Les dispositions pénales contenues : 1o dans la loi sur la nationalité des navires marchands et leur droit de porter le pavillon fédéral, du 23 octobre 1867, en rapport avec la loi sur l'enregistrement et la dénomination des navires de com- merce, du 28 juin 1873 ; 2o dans l'ordonnance concernant les gens de mer, du 27 décembre 1852; 3o dans la loi sur l'obligation de transporter les marins nécessiteux, imposée aux navires de commerce, du 27 décembre 1872; 4o dans l'ordonnance concernant les échouements, du 17 mai 1874.) — Erlangen, 1876.

— *Das deutsche Strafgesetzbuch und die Schiffahrt.* (Le code pénal allemand et navigation), dans la *Allgemeine Deutsche Strafrechtszeitung,* t. XIII.

MOSELEY. — *What is contraband of war and what is not, comprising all the american and english authorities on the subject.* (Ce qui est et ce qui n'est pas contrebande de guerre, avec l'exposé des opinions de tous les écrivains importants d'Amérique et d'Angleterre.) — Londres, 1871.

MUNRO-BUTLER-JOHNSTONE (H.-A.). — *Handbook of maritime rights and the declaration of Paris.* (Manuel du droit maritime et déclaration de Paris.) — Londres, 1876.

NAU (B.-S.). — *Grundsætze des Vœlkerseerechts.* (Principes du droit des gens maritime.) — Hambourg, 1862.

NEGRIN (J. DE). — *Tratado elemental de derecho internacional maritimo.* (Traité élémentaire du droit international maritime.) — Madrid, 1873.

NEUMANN. — *Grundriss des heutigen europæischen Vœlkerrechts.* (Esquisse du droit des gens contemporain de l'Europe.) — 2e édit. Vienne, 1877.

OKE MANNING. — *Commentaries on the law of nations.* (Commentaires sur le droit des gens.) — Londres, 1839.

OPPENHEIM (H.-B.). — *System des Vœlkerrechts.* (Théorie du droit des gens.) — 2e édit. Stuttgard et Leipsig, 1866.

ORTOLAN (TH.). — *Règles internationales et diplomatie de la mer.* — 2 vol. 4e édit. Paris, 1864 (1re édit. Paris, 1843).

PALATIUS (J.). — *De dominio maris libri duo.* — Venise, 1663.

PARDESSUS. — *Collection des lois maritimes antérieures au dix-huitième siècle.* — 5 vol. Paris, 1828.

PESTEL (FR.-G.). — *De dominio maris mediterranei.* — Rinteln, 1764.

PHILLIMORE (Sir R.). — *Commentaries upon international Law.* (Commentaires sur le droit international.) — 4 vol. 1re édit., 1854; 2e édit., Londres, 1871-1874.

PIERANTONI (A.). — *Gli arbitrati internationali et il trattato di Washington.* (Les arbitres internationaux et le traité de Washington.) — Naples, 1872.

PISTOYE (A.) et DUVERDY. — *Traité des prises maritimes, dans lequel on a refondu en partie le traité de Valin en l'appropriant à la législation nouvelle.* — 2 vol. Paris, 1855.

PRADIÉ-FODÉRÉ. — Voir VATTEL.

— *La question de l'Alabama et le droit des gens.* — Paris, 1872.

RAYNEVAL (DE). — *De la liberté des mers.* — 2 vol. Paris, 1811.

REDDIE (J.). — *Researches historical and critical on maritime international law.* (Recherches historiques et critiques sur le droit maritime international.) — 2 vol. Edinburgh, 1844-1845.

Revue de droit international et de législation comparée. — Bruxelles et Leipsig. Depuis 1869.

ROHRSCHEIDT (FR.-W. VON). — *Preussens Staatsvertræge.* (Les traités publics conclus par la Prusse.) — Berlin, 1852.

SCHIATARELLA (R.). — *Il diritto della neutralità nelle guerre maritime.* (Le droit de la neutralité dans les guerres maritimes.) — Rome, Turin, Florence, 1877.

— *Del territorio nelle sue attenenze colla legge penale.* (Du territoire dans ses rapports avec la loi pénale) — Sienne, 1879.

SELDEN (JOH.). — *Mare clausum seu de dominio maris libri duo. Primo, Mare ex jure naturæ seu gentium, omnium hominum non esse commune, sed Dominii privati seu Proprietatis capax pariter ac tellurem esse demonstratur. Secundo, Serenissimum Magnæ Britanniæ regem maris circumflui, ut individuae atque perpetuæ Imperii Britannici appendicis, dominum esse asseritur.* — Londinii, 1635.

SOETBEER (A.). — *Sammlung offizieller Actenstuecke in Bezug auf Schiffahrt und Handel in Kriegszeiten ; nebst Nachtrag.* (Recueil de documents officiels concernant le commerce et la navigation en temps de guerre; avec appendice) — Hambourg, 1855 à 1857.

STECK (VON). — *Versuch ueber Handels und Schiffahrts-Vertræge.* (Essai sur les traités de commerce et de navigation.) — Halle, 1782.

— *Essais sur divers sujets relatifs à la navigation et au commerce pendant la guerre.* — Berlin, 1794.

Surland (J.-J.). — *Grundsætze des Europæischen Seerechts.* (Principes du droit maritime de l'Europe.) — Hanovre, 1750.

Tecklenborg (H.). — *Die Freiheit des Meeres.* (La liberté de la mer.) — Brême, 1870.

— *Der « Vigilante » Fall, vœlkerrechtlich und praktisch beleuchtet.* (Le cas de la *Vigilante,* exposé au point de vue du droit des gens et de la pratique.) — Kiel, 1873.

— *Strandungsordnungen, wie sie sind und wie sie sein sollten.* (Les règlements sur les échouements, ce qu'ils sont et ce qu'ils devraient être.) — Kiel, 1874.

Trendelenburg. — *Friedrichs des Grossen Verdienst um das Vœlkerrecht im Seekrieg. Vortrag gehalten in der Koen. preuss. Academie der Wissenschaften zu Berlin;* in den Monatsberichten derselben. (Des services rendus par Frédéric le Grand au droit des gens en temps de guerre maritime. Lecture faite à l'Académie royale des sciences, à Berlin; dans les bulletins mensuels de cette académie, pour 1866.) — Berlin, 1867.

Twiss, Travers. — *The Law of Nations considered as independent political communities.* — 2 vol. Londres, 1861.

— *Territorial Waters.* (Des eaux territoriales.) — Dans le *Nautical Magazine.* 1878. Vol. XLVII, n° IV, p. 305 à 318.

— *The doctrine of continuous voyages as applied to contraband of war and blockade, contrasted with the declaration of Paris of* 1856. (La théorie de l'unité du voyage, appliquée à la contrebande de guerre et au blocus ; mise en rapport avec la déclaration de Paris de 1856.) — Dans le *Law Magazine and Review* de 1877.

Valin (R.-J.). — *Nouveau commentaire sur l'ordonnance de la marine du mois d'août 1681.* — 2 vol., nouv. édit. La Rochelle, 1776.

Vattel (E. de). — *Le droit des gens ou principes de la loi naturelle appliqués à la conduite et aux affaires des nations et des souverains.* Nouvelle édition, précédée d'un essai et d'une dissertation (de l'auteur), accompagnée des notes de Pinheiro-Ferreira et du baron de Chambrier d'Oleires, augmentée du discours sur l'étude du droit de la nature et des gens, par Sir James Mackintosh, complétée par l'exposition des doctrines des publicistes contemporains, mise au courant des progrès du droit public moderne et suivie d'une table analytique des matières, par M. Pradier-Fodéré. — 3 vol. Paris, 1863 (1re édit. Neufchatel, 1758).

Vergé (Ch.). — Voir De Martens.

Vidari (E.). — *Del rispetto della proprietà privata dei popoli belligeranti* (Du respect de la propriété privée des peuples belligérants.) — Milan, 1875.

Ward (R.). — *A treatise of the relative rights and duties of belligerent and neutral powers in maritime affairs, in which the principles of armed neutralities and the opinions of Hubner and Schlegel are fully discussed.* (Traité des droits et des devoirs des puissances belligérantes et autres dans les affaires maritimes, dans lequel les principes des neutralités armées et les opinions de Hubner et de Schlegel sont discutés.) — 2e édit. Londres, 1875.

Weiss (S.). — *Code du droit maritime international.* — 2 vol. Paris, 1858.

Wheaton (H.). — *Elements of international Law.* — 2 vol. Londres, 1836. — Une édition française a paru sous ce titre : *Éléments du droit international,* 5e édition. Leipsig, 1874.

— *Histoire des progrès du droit des gens en Europe et en Amérique depuis la paix de Westphalie jusqu'à nos jours.* — 2 vol. 3e édit. Leipsig, 1853.

Wildmann. — *Institutes of international Law.* (Institutes de droit international.) — 2 vol. Londres, 1847.

Wollheim de Fonseca (Dr A.-C.). — *Der deutsche Seehandel und die französischen Prisen-Gerichte. Ein Beitrag zur Kriegsgeschichte von* 1870-1871. (Le commerce maritime de l'Allemagne et les tribunaux de prises français. Pour servir à l'histoire de la guerre de 1870-1871. — Berlin, 1873.

Woolsey (Th.). — *Introduction in the study of international Law, designed as an aid in teaching and in historical studies.* (Introduction à l'étude du droit international, pour servir de guide à l'enseignement et aux études historiques.) — Réimprimé sur la 4e édition américaine. Londres, 1875.

PRINCIPALES ABRÉVIATIONS

EMPLOYÉES DANS LES CITATIONS.

A. M. B. — Allgemeiner Marine Befehl. (Ordonnance générale de la marine allemande.)

A. L. R. — Allgemeines Landrecht für die Preussischen Staaten. (Code général de la Prusse.)

B. G. Bl. — Bundesgesetzblatt des Norddeutschen Bundes. (Recueil des lois de la Confédération de l'Allemagne du Nord.)

G. S. — Gesetzsammlung fuer die Kœniglichen Preussischen Staaten. (Recueil des lois du royaume de Prusse.)

M. V. Bl. — Marine-Verordnungs-Blatt. (Journal des ordonnances de la marine allemande.)

Oesterr. Regl. — Dienst-Reglement fuer die k. k. Kriegsmarine von 1879. (Règlement pour le service de la marine de guerre austro-hongroise de 1879.)

P. P. R. — Preussisches Prisen-Reglement von 1864. (Règlement des prises pour la Prusse, de 1864.)

Q. R. — The Queens Regulations and Admiralty Instructions for the government of Her Majesty's Naval Service. (Règlements royaux et Instructions de l'Amirauté pour le service naval de S. M.)

R. G. Bl. — Reichs-Gesetzblatt des deutschen Reiches. (Recueil des lois de l'empire allemand.)

TABLE ALPHABÉTIQUE ET ANALYTIQUE

T

U

V

W

FIN DE LA TABLE ALPHABÉTIQUE ET ANALYTIQUE.

ERRATA

Page 98, lignes 6 et 8, *après* : revendication, *lire* : ne saurait être défendue si l'on ne se base pas... et si l'on reconnaît le droit... —.

Page 98, ligne 11, *au lieu de* : Mais, *lire* : Car.

Page 111, ligne 2, *au lieu de* : inviolables, *lire* : irresponsables.

Page 120, ligne 21, *au lieu de* : ces derniers, *lire* : les premiers.

Page 149, ligne 17, *au lieu de* : quinze, *lire* : quarante.

Page 200, ligne 26, *au lieu de* : même, *lire* : sauf.

Page 245, ligne 35, *au lieu de* : neuf, *lire* : nonante.

Page 290, ligne 15, *au lieu de* : navires, *lire* : matelots.

Page 305, lignes 16, 17, 18, *lire* : se dirigerait d'abord... pour continuer... ou expédier...

Page 332, ligne 9, *au lieu de* : en Angleterre, *lire* : en Russie.

TABLE DES MATIÈRES

PREMIÈRE PARTIE.

DROIT MARITIME DANS L'ÉTAT DE PAIX.

SECTION PREMIÈRE.

De la souveraineté de la mer.

486 TABLE DES MATIÈRES.

SECTION HUITIÈME.

Du concours que prêtent les forces navales en cas de conflit international autre que la guerre.

DEUXIÈME PARTIE.

DROIT MARITIME DANS L'ÉTAT DE GUERRE.

SECTION PREMIÈRE.

Des parties belligérantes.

SECTION DEUXIÈME.

De la neutralité.

SECTION TROISIÈME.

De la contrebande de guerre.

SECTION QUATRIÈME.

Du blocus.

SECTION CINQUIÈME.

Du droit de visite.

SECTION SIXIÈME.

De la procédure dans les affaires de prises.

FIN DE LA TABLE DES MATIÈRES.

Saint-Denis. — Imp Ch. Lambert, 17, rue de Paris.